U0949779

高职高专经管专业基础课系列教材

生产与运作管理实务

阮喜珍 韩永平 编著

WUHAN UNIVERSITY PRESS
武汉大学出版社

图书在版编目(CIP)数据

生产与运作管理实务/阮喜珍,韩永平编著．—武汉:武汉大学出版社,
2014.9
高职高专经管专业基础课系列教材
ISBN 978-7-307-13888-9

Ⅰ.生…　Ⅱ.①阮…　②韩…　Ⅲ.企业管理—生产管理—高等职业教育—教材　Ⅳ.F273

中国版本图书馆 CIP 数据核字(2014)第 167796 号

责任编辑:唐　伟　　　责任校对:汪欣怡　　　版式设计:马　佳

出版发行:**武汉大学出版社**　(430072　武昌　珞珈山)
(电子邮件:cbs22@ whu. edu. cn 网址:www. wdp. com. cn)
印刷:武汉中远印务有限公司
开本:787×1092　1/16　印张:19　字数:446 千字　插页:1
版次:2014 年 9 月第 1 版　　2014 年 9 月第 1 次印刷
ISBN 978-7-307-13888-9　　定价:32.00 元

前言

《生产与运作管理实务》是管理类专业的主要专业课程或专业基础课程，其教材和教学模式改革迫在眉睫，编写本教材可以解决当务之急，为培养满足社会需要的第一线管理人才作贡献。

考虑到高职教育突出技能性和实用性的特点和要求，本教材围绕现代生产与运作管理实务操作的相关知识、技能要求进行编写。突出以管理岗位和工作任务所需的知识、技能要求进行教材内容体系的架构，即按现行企业生产与运作相关管理岗位或管理项目所实施的实务操作技能和必备知识要求编写。采用通俗易懂的语言，既注重理论与方法的系统介绍，又穿插一些小案例、知识链接和小思考，以增强趣味性。着重介绍怎么做，力求通俗易懂，注重案例和图表的运用。每章均以生产与运作案例引入，后面附有思考题、技能训练、案例分析，以及综合实训。

本书以全国高职高专院校经济管理类及其他专业学生为教学对象，同时也可作为企业管理人员培训和普通高等教育的教材或教学参考书。在教学中可以根据实际情况进行取舍。

在本书的编写过程中，参考和引用了许多学者的研究成果，在此谨向有关作者表示诚挚的感谢！

本书由阮喜珍、韩永平编著。全书共分十二章，其中第一章至第十章由武汉职业技术学院的阮喜珍教授编写；第十一章和第十二章由阮喜珍和长江职业学院的韩永平共同编写；阮喜珍负责总纂全书。本书得到了武汉大学出版社的领导和唐伟、陈红编辑的大力支持以及同行专家的关心、帮助和指导，在此一并表示感谢！

由于编者水平有限，难免存在欠缺，恳请读者批评指正。

编　者

2014 年 8 月

目录 CONTENTS

第一章 认识和理解生产与运作管理

学习目标

◎理解生产与运作的含义和生产与运作管理的概念；
◎掌握生产与运作管理的职能范围和内容；
◎了解生产与运作战略的含义、基本内容和发展；
◎掌握不同的运作类型及不同生产类型的特征；
◎了解生产过程的构成及生产过程的空间组织和时间组织。

技能目标

◎能正确划分企业的生产类型；
◎能对简单的生产过程进行组织。

引例

某钢铁公司的生产与运作

某钢铁公司是一个特大型钢铁联合企业，年产钢能力2 000万吨左右，盈利水平居世界领先地位。该公司在长期的学习及创造性的运用中，生产与运作管理已达到国际同行业的先进水平。在产品生产过程中采用精细化设计、精细化制造、精细化物流、精细化销售的规范化的生产模式；自行设计、开发集成综合自动化系统；实现了扁平化的综合自动化系统架构设计；开发了大批生产过程控制模型；实现了对所有重要设备的优化控制，为稳定、持续、规模化生产优质产品提供了基础条件；企业管理与制造执行系统要求与企业其他信息管理系统进行密切的信息集成；贯彻了企业生产管理中一级计划、一级调度、一贯管理的指导思想，既具有生产调度、作业计划和实绩收集分析三大基本功能，同时又具有能源监控、质量一贯、设备监视等辅助功能。以价值理念、创新理念、战略理念为基础，形成了科学且极富特色的生产与运作体系。

这一案例表明：任何一个企业，要想做大做强，必须在产品设计、生产控制、质量、计划等方面加强管理，在生产与运作管理上应用新的理论和技术，并不断创新。生产与运作管理是系统管理，一定要与其他管理系统集成。总之，企业要在激烈的竞争中生存和发展，必须不断研究和使用新型生产、服务方式，加强生产与运作管理。

生产与运作管理作为一门实践性极强的管理学科，不仅包括传统的物质产品制造活动的管理，而且包括非制造性的服务活动的管理。它是伴随着近代产业革命的发展而产生的，其目的就是研究如何将生产要素组织成为现实的生产力，以有效地创造出优质的产品和服务。

1.1　生产与运作管理的概念

1.1.1　生产与运作活动

生产与运作活动是指“投入—变换—产出”的过程，即投入一定的资源，经过一系列多种形式的变换，使其价值增值，最后以某种形式的产出供给社会的过程。也可以说，它是一个社会组织通过获取和利用各种资源向社会提供有用产品的过程。其中投入包括人力、设备、物料、信息、技术、能源、土地等劳动资源要素。产出分为两大类：有形产品和无形产品。中间的变换过程，也就是劳动过程、价值增值过程，即运作过程。生产与运作活动过程如图 1-1 所示，表 1-1 是典型的社会组织的输入、转换和输出。

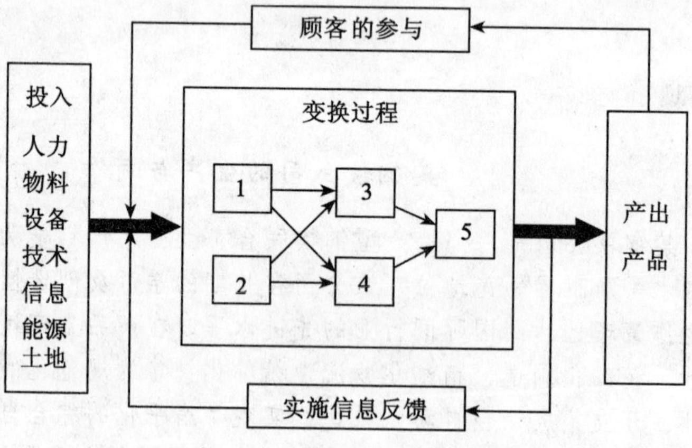

图 1-1　生产与运作活动过程

表1-1 典型的社会组织的输入、转换和输出

社会组织	主要输入	转换的内容	主要输出	利用的资源
工厂	原材料	加工制造	产品	工具、设备、工人
运输公司	产地的物资	位移	销地的物资	运输工具、工人
修理站	损坏的机器	修理	修复的机器	修理工具、修理员
医院	病人	诊断与治疗	恢复健康的人	医疗器械、医生、护士
大学	高中毕业生	教学	高级专门人才	教室、书本、教师
咨询站	情况、问题	咨询	建议、方案	咨询员、信息
饭店	饥饿的顾客	提供餐饮和服务	满意的顾客	厨师、服务员、食物

1.1.2 生产与运作管理的概念

生产与运作管理（production and operation management）就是对企业日常生产活动的计划、组织和控制，它是和产品制造密切相关的各项管理工作的总称，是指对企业生产系统的设计、运行与改进的过程。人们最初对生产变换过程的研究主要限于对有形产品变换过程的研究，即对生产制造过程的研究。

随着经济发展、技术进步以及社会工业化、信息化的发展，除了对各种有形产品的需求之外，人们对有形产品之后的相关服务的需求也逐渐提高。随着社会分工的出现，原来附属于生产过程的一些业务相继分离并独立出来，形成后来的流通、零售、金融、房地产等服务行业，使社会第三产业比重越来越大。因此，有必要对提供无形产品的运作过程进行管理和研究。在经济高速发展的今天，生产运作管理学的内涵和外延大大扩展了，它将凡是有“投入—变换—产出”的组织的活动都纳入其研究范围，不仅包括工业制造企业，而且包括服务业、社会公益组织及政府机构，特别是随着国民经济中第三产业所占比重越来越大，对其运作的管理日益重要，成为运作管理研究的重要内容。不仅如此，现代生产与运作管理内涵不仅局限于生产过程的计划、组织与控制，而且还包括运作战略制定、运作系统设计、运作系统运行等多个层次的内容。所以，从生产管理学到生产与运作管理学不仅仅是名称的变化，而且研究的外延和内涵已有非常大的变化。

1.2 生产与运作管理的职能范围和内容

1.2.1 生产与运作管理的目标与任务

生产与运作管理的目标是通过构造一个高效率、适应能力强的生产运营系统，为企业生产有竞争力的产品，可用一句话来概括：“在顾客需要的时候，以适宜的价格，向顾客提供具有适当质量的产品和服务。”生产与运作活动是价值增值的过程，是一个社会组织

向社会提供有用产品的过程，要想实现价值增值，要想向社会提供“有用”的产品，其必要条件是，生产与运作过程提供的产品，无论是有形还是无形，必须有一定的使用价值。产品使用价值的支配条件主要是产品质量和产品提供的适时性。产品质量包括产品的使用功能（functional quality）、操作性能（quality of operability）、社会性能（quality of sociabilitv）等内涵，这是生产价值实现的首要要素。产品提供的适时性是指在顾客需要的时候提供给顾客的产品的时间价值。如果超过了必要的时期，就会失去价值，在服务业中尤其如此。二者构成了生产价值实现的必不可少的两大“功效”要素，而产品的成本，以产品价格的形式最后决定了产品是否能被顾客所接受或承受，只有当答案是肯定的时候，生产价值的实现才能最终完成。由此可见，作为产品使用价值的支配条件的产品质量和产品提供的适时性，再加上成本，这三个方面就构成了生产与运作价值的实现条件，这些条件决定了企业生产与运作管理的目标必然是：“在顾客需要的时候，以适宜的价格，向顾客提供具有适当质量的产品和服务。”

生产与运作管理的两大任务是生产与运作活动的计划、组织与控制和生产与运作系统的设计、改造与升级，如图 1-2 所示。生产与运作管理的基本任务是保证和提高产品质量。这涉及产品的设计质量、制造质量和服务质量，取决于产品实际过程、制造过程、辅助过程、售后服务过程的工作质量情况，即质量管理问题。还有，如何降低产品成本，使产品的价格既为消费者接受，又为企业带来一定的利润。这涉及企业资源的合理配置与利用，生产运作系统的效率，以及企业资金的运用和管理等问题。如何保证交货期，涉及企业如何将各种生产要素在需要的时候组织起来，如何对产品生产进度进行有效控制等问题。

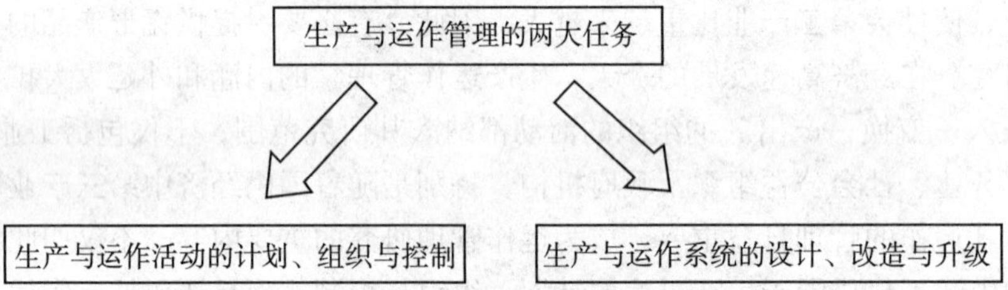

图 1-2 生产与运作管理的两大任务

1.2.2 生产与运作管理的职能范围和内容

生产与运作管理的职能范围可从企业生产与运作活动过程的角度来看，就有形产品的生产来说，生产活动的主要内容是有形产品的制造过程，即从原材料投入、工艺加工直至产品完成的过程。生产活动的中心是制造部分，即狭义的生产。所以，传统的生产管理学的中心内容，主要是关于生产的日程管理、在制品管理，等等。但是，为了进行生产，生产之前的一系列技术准备活动是必不可少的。在当今技术进步日新月异，市场需求日趋多变的环境下，产品更新换代的速度变得越来越快，这种趋势一方面使企业必须更经常地投入更大的力量和更多的注意力进行新产品的研究与开发；另一方面，技术进步和新产品对生产系统功能的要求，使企业不断面临生产与运作系统的选择、设计与调整。在产品生产完成后，产品价值的实现还要依赖于售后服务和对市场的关注。对于提供无形产品的非制造业企业来说，其生产与运作过程的核心是业务活动或服务活动。在当今市场需求日益多变，技术进步尤其是信息技术飞速发展的形势下，企业同样面临着不断推出新产品、提供多样化服务的课题，从而也面临着不断调整其运作系统和服务提供方式的课题。例如，一个保险公司，需要不断地推出新险种；一个大学，需要不断地开设新课程并改进其教学方式；一个银行，需要利用信息技术不断改变服务方式并推出新服务；等等。因此，无论是制造业企业还是非制造业企业，其生产与运作管理的职能都在扩大。

生产与运作管理的职能是从生产系统设计和运行管理两方面着手，从人员（people）、工厂（plants）、物料（parts）、生产流程（processes）和生产计划与控制（planning and control）五个方面对生产要素进行优化配置，使生产系统的增值最大化。

生产与运作系统的设计包括产品或服务的选择和设计、生产与运作设施的定点选择和布置、服务交付系统设计和工作设计。生产与运作系统的设计一般在设施建造阶段进行。但是，在生产与运作系统的生命周期内，不可避免地要对生产与运作系统进行更新，包括扩建新设施、增加新设备；或者由于产品和服务的变化，需要对生产与运作设施进行调整和重新布置。在这种情况下，都会遇到生产与运作系统设计的问题。生产与运作系统的设计对其运行有先天性的影响。如果产品和服务选择不当，将导致方向性错误，一切人力、物力、财力投入都将付之东流。厂址和服务设施的位置选择不当将铸成大错。在何处建造生产与运作设施对生产经营活动的影响很大，尤其是服务业。同时，位置和设施的布置往往决定着产品和服务的成本，决定着产品和服务在价格上的竞争力，甚至决定着一个组织的兴衰。

生产与运作系统的运行管理，主要是在现行的生产与运作系统中，组织如何适应市场的变化，按用户的需求，生产用户满意的产品和提供满意的服务。生产与运作系统的设计主要涉及生产的计划、组织和控制。

总的来说，在生产与运作管理的职能范围内，其决策内容可分为三个层次：

（1）生产与运作战略决策。决定产出什么，如何组合各种不同的产出品种，为此需要投入什么；如何优化配置所需要投入的资源要素；如何设计生产组织方式；如何确立竞争优势；等等。

（2）生产与运作系统设计决策。生产与运作战略决定以后，为了实施战略，首先需要有效的实施手段或工具，即生产与运作系统，所以接下来的问题即是系统设计问题，它包括生产运作技术的选择，生产能力规划，系统设施规划和布置，工艺设计和工作设计等问题。

（3）生产与运作系统运行决策。即生产与运作系统的日常运行决策问题，包括不同层次的生产运作计划、作业调度、质量控制、后勤管理等。

生产与运作管理的基本内容如图 1-3 所示。

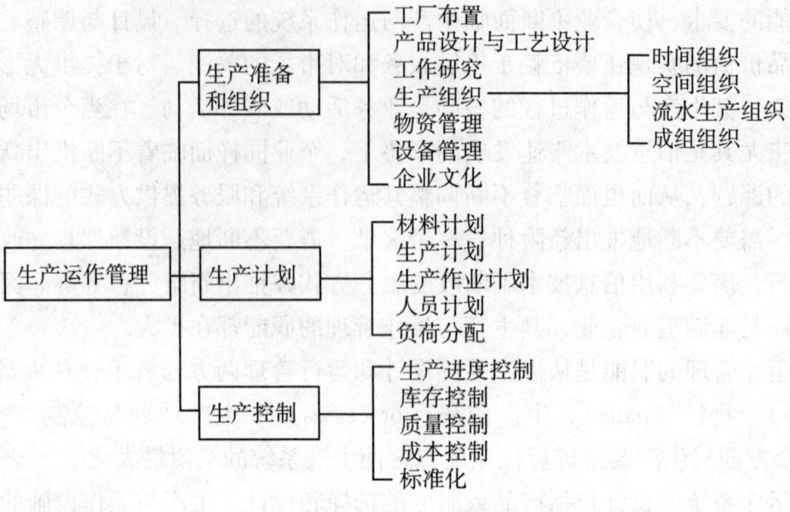

图1-3　生产运作管理的基本内容

案例分析1-1

小赵的改革故事

小赵受聘于某实业有限公司，担任公司管理部经理，负责公司管理改善工作。当时，最亟待改善管理的是其下属工厂——电线电缆厂。当时下属工厂的情况是：组织架构严重不合理，两个生产部门分别独立运作，造成人员、资源的重复和浪费；没有一套合理的生产运作程序；中高层干部素质低下，公司各方面管理无章法可依；生产订单50%无法按客户要求的时间出货；出货的产品每年有10%因质量不合格被退回。工厂几乎面临倒闭。作为公司管理部经理，小赵受命于危难之际，被公司派往工厂，以解决工厂面临的困境。在对工厂情况进行了一番调查了解之后，小赵开始着手改革。第一步，小赵从大家都关心、工厂目前最亟待解决的问题——“确立合理的生产及物料管理程序”入手，拟出一套合理的管理程序，在充分沟通、反复讨论之后确定下来，很容易被通过执行。第二步，考虑着手更换不称职的中层干部。取得了上层支持，通过人才市场公开招聘了一批素质较高的干部。新干部上任后，立即实行规范的管理办法，使工厂管理大为改善，按时出货率从50%提高到90%。第三步，拟出工厂总体改革企划方案，提出了改革工厂整体组织架构，建立合理的各部门运作机制，明确各部门职责等。将企划方案提交总经理和工厂副总，由总经理召集工厂中高层干部召开会议进行讨论，最后，大家取得一致共识，然后开始实施。第四步，在取得工厂全体干部支持的前提下推行计件工资，使生产效率提高了35%。第五步，推行实施ISO9000，使工厂管理全面走向正规化。第六步，在公司管理步入正轨，现任工厂副总经理不再胜任日渐正规化的管理工作的情况下，小赵提出招聘新副总经理，获总经理同意后付诸实施。新副总上任半年后，按时出货率由90%上升为99.5%，产量提高30%。改革推行一年半后，工厂由原先的一个管理混乱的企业变成了一个具有相当管理水平的企业，达到了一般正规化外资企业的水平。其间，小赵扮演了一个总策划师的角色，使改革获得成功。

资料来源：陈蕾等．生产运作管理教程习题集．上海：上海财经大学出版社，2003.

分析：本案例中的“小赵”改革成功正是理清了生产与运作管理的职能，从生产与运作管理的内容着手，针对公司存在的问题，一步步改革，最终成功。该案例说明了生产与运作系统运行决策的重要性，即生产与运作系统的日常运行决策问题、生产与运作计划、物料管理、人事制度、组织架构、管理作业调度、质量控制等。

1.3 生产与运作战略

为有效地实施企业战略，就生产与运作管理而言，必须对生产与运作系统的许多重大问题作出决策，例如和企业战略相适应的生产与运作管理目标是什么？应该生产和提供标准化产品还是顾客定做的特殊产品？厂址靠近目标市场还是原材料产地？应选择多大的生产与运作规模及何种扩大模式？采用什么样的工艺技术？怎样进行生产与运作成本和库存控制？等等。所有这些都属于生产与运作战略，应该认真研究。

1.3.1 生产与运作战略的含义

生产与运作活动是企业最基本的活动之一，为了达到企业的经营目的，必须将其所拥有的资源要素合理地组织起来，并且保证有一个合理、高效的运作系统来进行一系列的变换过程，保证能在需要的时候，以适宜的价格向顾客提供满足他们质量要求的产品。为了达到这个目标，在进行生产与运作管理时，首先需要考虑选择哪些产品，为了生产这样的产品需要如何组织资源，竞争重点应该放在何处，等等，在思考这样的基本问题时，必须依据企业的整体经营目标，经营战略要有一个基本的指导思想或者说指导性的原则，例如，企业的经营战略侧重于收益率的提高，那么生产与运作战略的指导思想可能应该是尽量提高生产收益，从而在进行产品选择决策时，应该注重选择高附加值产品。制定生产与运作战略的目的是为了使企业的生产与运作活动符合企业经营的整体目标和整体战略，以保证企业经营目标的实现。企业经营战略指在商品经济条件下，企业根据经营环境的变化、发展趋势，为求得生存、发展，实现企业的经营发展目标，对企业经营作出的全局性、方向性和长远性的决策。而生产与运作战略，是指在企业（或任何其他形式的组织）经营战略的总体框架下，决定如何通过运作活动来达到企业的整体经营目标，它通过对企业各种资源要素和内外部环境的分析，对与运作管理以及运作系统有关的基本问题进行分析与判断，确定总的指导思想以及一系列决策的规划、内容和程序。作为一系列决策的积累，生产与运作战略是对如何开展企业的生产与运作活动所作的具有全局性的谋划，是用以指导企业生产与运作活动的行动纲领，形成的是关于生产与运作如何成为企业立足于市场、获得竞争优势、追求不断发展的有力支持和保证的战略性计划；作为一系列决策的过程，生产与运作战略为实现生产与运作系统在企业中的有效性规定了明确的决策内容、程序、原则和模式。可见，生产与运作战略的基本任务和作用是使企业在其生产运作活动领域内为企业获得竞争优势。

1.3.2　生产与运作战略的基本内容

企业的生产与运作战略主要包括三方面的内容：生产运营的总体战略，产品的选择、设计和开发，生产与运作系统的设计。

生产运营的总体战略包括：自制或购买战略、生产方式的选择战略。产品的零部件是自制还是购买，是每个企业在制定战略时都必须回答的问题。从企业战略的角度看，这实际上涉及企业的纵向一体化政策。企业开发新产品、建立或改进生产系统之前，都需要作出是购买还是自制的决策。如果自制，需要建造必要的设施，采购所需设备，配备人员。如果外购，只需建立经销公司，就可以为消费者提供相应的服务。近几十年来，科学技术尤其是信息技术飞速发展，消费者的消费观念日趋个性化，全球性的市场竞争越来越激烈，使得制造业的生产方式面临巨大的变革。这就要求企业在作出自制或购买的决策后，应从战略的高度对生产方式作出选择。

企业进行生产与运作，先要确定向市场提供的产品或服务。产品或服务确定之后，就要对产品或服务进行设计，确定其功能、型号、规格和结构；接着，要对制造产品或提供服务的工艺进行选择，对工艺过程进行设计。

生产与运作系统的设计对生产与运作系统的运行有先天性的影响，它是企业战略决策的一个重要内容，也是实施企业战略的重要步骤，生产与运作系统的设计主要包括选址、设施布置、工作设计、考核与报酬四方面的内容。生产与运作战略内容如图 1-4 所示。

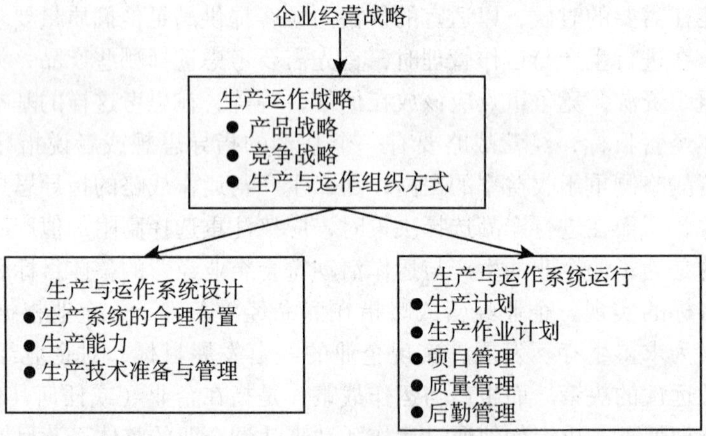

图 1-4　生产与运作战略的内容

1.3.3　质量战略

基于质量的战略是以提供合适质量的产品来满足客户需求为中心，将质量管理贯穿于企业运作各个阶段的过程。这就是说，在生产与运作过程中不仅关注最终向客户提供的产品或服务，还要关注相关的过程，如设计、生产及售后服务。

质量是企业的生命线，是企业加入竞争的资格要素。因此，不断在企业内部加强质量意识是必不可少的。但企业也不能回避这样一个问题，即一般随着质量的提高，成本也会上升，相应的价格也会增加，所以企业不应只沉溺于质量，从而导致"质量近视症"，因此，企业必须从市场竞争角度去定义质量，从客户的角度去认识质量。

案例分析1-2

家乐福六大运作战略策略

家乐福，法国零售业的龙头老大，成立于20世纪60年代，总部设在巴黎近郊，经过40多年的不断发展、并购与创新，从一个经营面积2 500平方米的店铺发展成遍布世界各地连锁店的跨国公司，成为仅次于美国沃尔玛的全球第二大零售商。目前家乐福拥有分店9 486家，雇员人数达到24万人。家乐福在经营过程中具有六大成熟的运作策略。

（1）超大规模策略。长期以来的经验让零售界有一种共识：超级市场不宜开得太大，因为如果一旦目标顾客规模达不到超级市场规模要求，别说盈利，就是正常经营都难以维持。然而，家乐福管理者认为：只有将超市扩大规模，才能满足顾客的各种需求，避免顾客因挑选余地窄而空手而回。同时大规模的销售，可以让家乐福从大规模采购中享受优惠的价格折扣，从而降低成本。

（2）跨国经营策略。面对国内有限的市场空间，激烈的市场竞争，以及政府的种种限制，为了生存和发展，家乐福不得不将触角伸向世界，以寻求新的增长点。为了实现自己的跨国经营战略，减少跨国经营的障碍，家乐福首先进军西班牙、葡萄牙和意大利等南欧国家。因为这些国家与法国毗邻，在地理文化、习俗等方面与法国比较接近，相对而言，进入较为容易。随后，家乐福便向全欧洲、中南美洲和亚洲扩张。在销售潜力巨大的中国、泰国、印度、巴西及阿根廷等市场上，家乐福首先抢滩，都已占领制高点，具有广阔的发展前景，而其在法国、比利时、西班牙及南欧地区的分店具有较强的销售收入且很稳定，两相配合，使家乐福能经受住区域性经济波动，并且具有较强的市场扩张能力。

（3）低廉价格策略。低价格一直是家乐福赖以成功的一大法宝。家乐福一直努力通过各种渠道来控制、降低成本。家乐福大规模的经营战略，使其能获得现代大商业的规模效应，可以大大降低其配送成本。家乐福与供应商签订的合同付款条件为"月结60天数"；家乐福就像鲤鱼般吞吃供应商的流动资金，利用供应商的资金周转。相应地，家乐福的自有流动资金占用少，从而大大节约了家乐福的资金成本。家乐福拥有强大的采购能力及与供应商谈判的能力，这就为其商品的迅速周转提供了保证。商品的快速周转，流动资金占用少，可以大大降低资金的成本。

（4）本土化策略。家乐福特别重视其分店的本土化工作，从员工到商品再到货架的陈列等，都实行本土化。员工本土化更容易使公司的经营理念融入经营中去，因为本地员工更了解当地的文化、习惯、风俗。在选择商品上，家乐福倾向于本地化。其商品的结构会因不同的国家或地区的消费习惯和消费心理作出相应调整。如在中国，为满足便宜和适用的原则，其商品90%以上是从当地的供应商购买；为迎合中国人“挑选”的需要，家乐福增加了货架上的同类商品的供应量。

(5) 协作联盟策略。跨国零售业在新进入一个国家或地区时，为获得在进货、人力资源方面的支持，并在短期内熟悉当地市场，往往会采取联盟战略，选择与当地有经验的零售商结成战略伙伴的关系。家乐福是选择伙伴的高手。它每到一处，都会积极地寻找当地有经验的零售商并与之建立良好的协作关系。1989年，家乐福进军我国台湾地区时，与统一企业合资开办了家乐福台北店和高雄店，双方结成了战略联盟。统一企业是我国台湾地区的第一大食品厂商，这让家乐福获益匪浅。

(6) 逼进赶超策略。家乐福受国内市场及政府的种种限制，其分店营业面积及营业额与沃尔玛相比，存在很大的差距。家乐福未来运作目标是：10年内赶超沃尔玛。为实现这一目标，家乐福扩大分店规模进军北美市场。拓展电子商务建设信息网络。在电子商务方面，家乐福的目标是在互联网上成为一家提供从金融服务到下载各种服务的网上综合性服务商。

资料来源：http：//jpkc. hdu. edu. cn/management/scyyz/ALJX_ DATA_ Show. asp? a_ id=15.

分析：六大成熟的运作战略策略助推家乐福成为仅次于美国沃尔玛的全球第二大零售商，值得所有企业借鉴。

1.4 生产与运作类型

1.4.1 生产与运作类型

由于企业种类繁多，我们不可能把每种运作类型的细节一一指出，总的来说，可以将运作分为服务企业的运作和制造企业的运作。然而，很难对服务业和制造业进行绝对的区分，而且也不是非常必要。为了让客户满意，所有的企业都会想到为顾客提供一些服务。制造公司可能会提供维修、客户培训及与它们的产品有关的其他服务。

服务型生产企业向用户提供以劳务为主的服务功能，这种输出特性决定了服务过程与制造过程的差异，也形成了服务型生产企业自己的特点。服务业主要以提供服务为主，虽然与产品有一些直接接触，但更多的是从事接触产品之外的工作，并且与顾客打交道是其与制造业的最主要区别。各种服务业之间也存在着很多的不同，例如提供产品的服务型企业（如快餐店）更接近于制造业的批量制造，而不提供产品的服务型企业（如理发店）则接近于制造业的个别定制。服务满足的是消费者的个性化的需求，相比较而言，商品满足的则是消费者的标准化的需求。服务业运作的特殊性表现在如下几个方面：

生产者和消费者的共同参与。因为服务是个性化的，所以服务必然要求生产者和消费者的共同参与，服务的结果使得生产者和消费者的状态发生了改变：生产者获得了收入而消费者得到了效用。与服务相比，商品可以由生产方单独提供。

服务的效用需要“事后检验”。这是服务业的一个重要特征，其根源来自于服务的个性化和过程化。这种“事后检验”性有两方面的含义：其一，同标准化的商品相比，消费者在服务尚未发生前是难以准确地评估出某项服务的价值和效用的；其二，服务的质量难以标准化，消费者很难在事后针对服务的质量进行“讨价还价”（相比较而言，商品的质量事后是较易鉴别的）。正是这一性质使得在事前签订合同以及事后进行诉讼的交易成本非常高，因而服务一经发生，消费者往往只能接受。

服务范畴的外延或者说服务集合的边界是动态的，技术进步可以使得某些个性化服务的生产变得更加标准化和批量化，由此原本属于服务集合的某些元素在技术进步的作用下可能会逐渐演化为一种商品。比如信息技术的发展使得银行等金融机构可以将其部分业务“标准化”，从而具有部分制造业的生产特征，我们所熟知的ATM机便是如此。另外，这种变化还鲜明地表现在零售（自动售货机）以及教育（网络教学）等传统的服务业领域。

服务往往是无法储存的。制造型企业生产管理的一个主要手段是生产库存，产品通过库存调节来适应需求的波动。由于服务的消费往往与生产同时发生，服务无法储存。如理发店的服务是完全不能储存的。

制造业和服务业的区别如表1-2所示。

表1-2　**制造业和服务业的区别**

制造型企业的运作	服务型企业的运作
产品是有形的、耐久的	产品是无形的、不耐久的
生产与消费分离	生产与消费同步
产出可储存	产出不可储存
顾客与生产系统接触少	顾客与生产系统接触频繁
质量相对易于度量	质量难于度量
辐射范围小	辐射范围广
绩效难测量	绩效易测量

1.4.2　生产类型

产品和服务千差万别，产量大小相差悬殊，工艺过程又十分复杂，如何按照其基本特征将其分类，把握各种生产类型的特点和规律，是进行生产与运作管理的基本前提。

（1）按生产方法分类法。

按生产方法划分有四种生产类型，分别是合成型、分解型、调制型和提取型，每一种类型都有自己的基本生产过程形式。合成型的基本生产过程特点是把不同的成分（零件）合成或装配成一种产品，是一种具有加工装配性质的生产，如机电产品制造厂。分解型的基本生产过程特点正好相反，它把单一的生产原料经过加工处理后分解成多种产品，如石油化工厂、煤化工厂。调制型的特点是通过改变加工对象的形状或性能而制成产品，如钢铁厂、橡胶制品厂。提取型的特点是从自然界中直接提取产品，如煤矿、油田企业。基本生产过程不同，生产与运作管理的具体方法差别很大，其中最复杂的是合成型生产企业，结构复杂的产品可以由上万个零件组成。生产这样的产品，需要大量的加工设备和具有各种技能的生产人员，需要一个庞大的后勤保障系统，生产过程的组织结构变得非常复杂。

（2）按产品或服务的专业化程度分类。

按照生产过程的稳定性、重复性程度进行分类，通常把各类生产分为大量生产、成批生产和单件小批生产三种基本生产类型。

所谓大量生产类型，是指生产的品种很少，每一种产品的产量很大（或单位产品劳动量和年产量的乘积很大），生产能稳定地不断重复进行。一般来说，这类产品在一定时期内有相对稳定的社会需求，而且需求量很大，如各种标准件、各类标准元器件、家电产品、小轿车等。因为生产稳定、数量大，工作的专业化程度高，可以采用高效专用设备，按对象专业化原则，采用流水生产线的生产组织方式。

单件小批生产类型的特点是产品对象基本上为一次性需求的专用产品，一般不重复生产。单件小批生产类型的典型代表，有重型机器产品、远洋船舶、试制阶段的新产品等。单件小批量生产类型的特点正好与大量生产相反，产品多为一次性需求的专用产品，很少重复生产，生产的品种繁多。由于生产对象经常在变，工作的专业化程度低，所以必须选用通用设备，采用工艺专业化原则机群式布置的生产组织方式。

成批生产类型的特点介于以上两者之间，它的生产对象是通用产品，生产具有重复性，产品品种较多，每种产品的产量不大，形成多品种、周期性地轮番生产的特点。

在现实社会中，严格意义上的单件生产不重复制造的企业十分少见，即使是航天航空工业、远洋巨轮制造，这些行业的产品也有标准型号，仅仅是重复生产的周期比较长，如半年、一年等。所以也有人把后两种生产类型通称为周期性生产类型。其实大量生产类型也是重复性生产，也有周期，只不过周期很短，短至几分钟，甚至几十秒，因此把它看成连续性生产更合理一些。

值得注意的是，随着科学技术的进步，人们生活条件的不断改善，消费者的价值观念变化很快，消费需求多样化，从而引起产品的寿命周期相应缩短。为了适应市场需求，企业越来越多地采用多品种、小批量的生产方式。

知识链接1-1

服务性生产的生产类型

对于服务性生产，也可以划分成与制造性生产类似的生产类型。医生看病，可以看作单件小批生产，因为每个病人的病情不同，处理方法也不同，而学生体检，每个学生体检的内容都一致，可以看作大量大批生产。

知识链接1-2

制造业和服务业不同生产类型划分举例，如表1-3所示。

表1-3　**制造业和服务业不同生产类型划分举例**

生产类型	制造性生产	服务
单件小批	模具、电站锅炉、大型船舶等	特快专递、出租车服务、包机服务等
大量大批	汽车、轴承、紧固件	公共交通、快餐服务、普通邮件
流程式生产	化工、炼油、面粉、造纸	

1.5　生产过程组织

1.5.1　生产过程

生产过程是指从投料开始，经过一系列的加工，直至成品生产出来的全部过程。其中包括：劳动过程和自然过程。劳动过程是指人利用劳动工具，作用于劳动对象，按照预定的方法和步骤，改变几何形状和性质，使其成为产品的过程。自然过程是指在自然力的作用下，改变其物理和化学状况的过程。影响生产过程的因素：企业产品的特点、企业的规模、企业生产采用的设备和工艺方法、企业对外协作关系等。

生产过程的构成按各部分分担不同的任务可分为四部分：

生产技术准备工作——指产品在投入生产前所进行的各种生产技术准备工作。

基本生产过程——指对构成产品实体的劳动对象直接进行工艺加工的过程。

辅助生产过程——指为保证基本生产过程的正常进行而从事的各种辅助性生产活动的过程。如为基本生产提供动力、工具和维修工作等。

生产服务过程——指为保证生产活动顺利进行而提供的各种服务工作。如供应工作、运输工作、技术检验工作等。

这里有必要介绍一下工艺阶段和工序。工艺阶段是指按照使用的生产手段的不同加工性质的差别而划分的局部生产过程。若干相互联系的工艺阶段组成基本生产过程和辅助生产过程。工序是指一个工人或一组工人在同一工作上对同一劳动对象进行加工的生产环节。它是组成生产过程的最小单元。若干个工序组成工艺阶段。按照工序的性质，可把工序分为基本工序和辅助工序：基本工序是指直接使劳动对象发生物理或化学变化的工序；辅助工序是指为基本工序的生产活动创造条件的工序。

综上所述，生产过程的构成，就是指生产过程的各个部分（生产技术准备过程、基本生产过程、辅助生产过程、生产服务过程，生产过程的各个工艺阶段、基本工序和辅助工序）之间的组成情况和相互联系。

知识链接1-3

服装生产厂家生产过程的构成

对于服装生产厂家而言，其生产技术准备过程包括：服装产品的设计、工艺准备、标准化工作、定额工作、劳动组织调整、设备布置和人员培训等。服装生产中的裁剪、缝制、整烫属于基本生产过程；服装生产设备的维修属于辅助生产过程；服装企业中的面料、辅助材料和生产设备、器具等的保管、供应等工作属于服装生产服务过程。服装生产企业的裁剪、缝制、整烫是其基本生产过程的三个工艺阶段。

1.5.2　生产过程组织

生产过程组织是指对生产过程中劳动者、劳动手段、劳动对象以及生产过程的各个阶段、环节和工序的合理组织与安排。包括生产过程的空间组织和生产过程的时间组织。其目的是在空间上、时间上衔接平衡、紧密配合，形成一个有机协调的产品生产系统，保证产品在制造时行程最短、时间最省、耗费最小，并按计划规定的产品品种、质量、数量、交货期生产产品，满足市场需要，获得最大的经济效益。

1. 生产过程组织必须满足的基本要求

（1）连续性。企业产品生产过程的各个阶段、各个环节、各个工序应相互衔接，连续进行，不间断或少间断。

（2）比例性，又叫协调性。表现为企业的各种生产过程之间、各生产阶段之间和各工作地之间，在设备生产能力、劳动力配备和物料、动力、工具等供应上，应保持合理的比例关系，使之平衡、协调地按比例生产。

（3）均衡性，又叫节奏性。企业从材料投入生产到最后成品完工的过程中，应避免时紧时松、前松后紧等现象，保证企业生产负荷均衡、有节奏地进行。

（4）平行性。企业生产过程的各个组成部分、各个生产阶段和各个工序实行平行作业，使产品的各个零部件的生产能在不同的空间同时进行。

（5）适应性。企业生产过程能根据市场多变、品种变换的需要，灵活地改变生产组织形式，增强适应能力，能及时满足变化了的市场需要，即朝着多品种、小批量、能够灵活转向、应急应变性强的方向发展。

2. 生产过程的空间组织

生产过程的空间组织就是指企业的各个生产单位的组成、相互联系及在空间上的分布情况。目的是使生产活动能高效、顺利地进行。这里主要从生产单位（如车间）布置角度加以说明。

（1）工艺专业化形式。工艺专业化形式又称工艺原则，就是按照生产工艺的特点来设置生产单位。在工艺专业化的生产单位内，集中着同种类型的生产设备和同工种的工人，每一个生产单位只完成同种工艺方法的加工或同种功能。即加工对象是多样的，但工艺方法是同类的。每一个生产单位只完成产品生产过程中的部分工艺阶段和部分工序的加工任务，产品的制造完成需要数个生产单位的协同努力。如机械制造业中的铸造车间、机加工车间、热处理车间及车间中的车工段、铣工段等，都是工艺专业化生产单位。

工艺专业化形式的优点是：可以充分利用设备；适应产品品种的要求，适应分工的要求；便于工艺管理和提高技术水平；有利于加强专业管理和进行专业技术指导；个别设备出现故障或进行维修，对整个产品的生产制造影响小。它的缺点是：加工路线长；经过许多车间，增加交接等待时间；车间之间的相互联系比较复杂，使计划管理和在制品管理工作更加复杂。

工艺专业化形式适用于企业生产品种多、变化大、产品制造工艺不确定的单件小批生产类型。一般表现为按订货要求组织生产，特别适用于新产品的开发试制。

(2) 对象专业化形式。对象专业化形式又称对象原则，是指各基本车间独立完成产品、零件、部件的全部或大部分工艺过程，工艺过程是封闭的。在对象专业化生产单位（如汽车制造厂中的发动机车间、底盘车间、机床厂中的齿轮车间等）里，集中了不同类型的机器设备、不同工种的工人，对同类产品进行不同的工艺加工，能完成一种或几种产品（零件、部件）的全部或部分的工艺过程，而不用跨越其他的生产单位。

对象专业化形式有两类主要形式：以成品或部件为对象的专业化形式和以同类零件为对象的专业化形式。其优点是加工路线短；为采用先进的生产过程组织形式（流水线、自动化）创造条件；大大减少车间之间的联系，有利于在制品管理。它的缺点是：对产品变动的应变能力差；设备利用率低；工人之间的技术交流比较困难，因此工人技术水平的提高受到一定限制。

对象专业化形式适用于企业的专业方向已定、产品品种稳定、工艺稳定的大量大批生产如家电、汽车、石油化工产品生产等。

在实际生产中，上述两种专业化形式往往是结合起来应用的。根据它们所占比重的不同，专业化形式又可分为：在对象专业化形式基础上，局部采用工艺专业化形式；在工艺专业化形式基础上，局部采用对象专业化形式。

知识链接1-4

机械制造企业车间布置

现实中的机械制造企业中，有的铸造车间按工艺专业化原则设置了熔化工部、浇注工部、清理工部、配砂工部等，而造型部分又按对象专业化原则建立了床身造型工段、箱体造型工段和杂件造型工段等。又如，按对象专业化原则建立的齿轮车间内，又按工艺专业化原则设置了粗车组、精车组、滚齿机组、插齿机组和磨齿机组等。

3. 生产过程的时间组织

合理组织生产过程，不仅要求生产单位在空间上密切配合，而且要求劳动对象和机器设备在时间上紧密衔接，以实现有节奏的连续生产，达到以提高劳动生产效率和设备利用率、减少资金占用、缩短生产周期的目的。生产过程的时间组织指研究产品生产过程的各生产单位之间和各工序之间在时间上衔接和结合的方式。企业生产过程时间组织包括的内容很多，涉及的范围比较广，它同生产进度的安排、生产作业计划、生产调度等都有密切联系。生产过程在时间上的衔接程度，主要表现在劳动对象在生产过程中的移动方式。劳动对象的移动方式，与一次投入生产的劳动对象数量有关。以加工零件为例，当一次生产的零件只有一个时，零件只能按顺序经过各道工序。当一次投产的零件有两个或两个以上时，工序间就有不同的三种移动方式，就是顺序移动、平行移动、平行顺序移动，不同移动方式下的零件加工周期也不同。

（1）顺序移动方式。

顺序移动方式是指一批产品（或零件）在上一道工序全部加工完毕后才能整批地转入下一道工序，其特点是：一道工序在加工，其他工序在等待。若将各工序间的运输、等待加工等停歇时间忽略不计，则该批零件的加工周期的计算如图 1-5 所示。

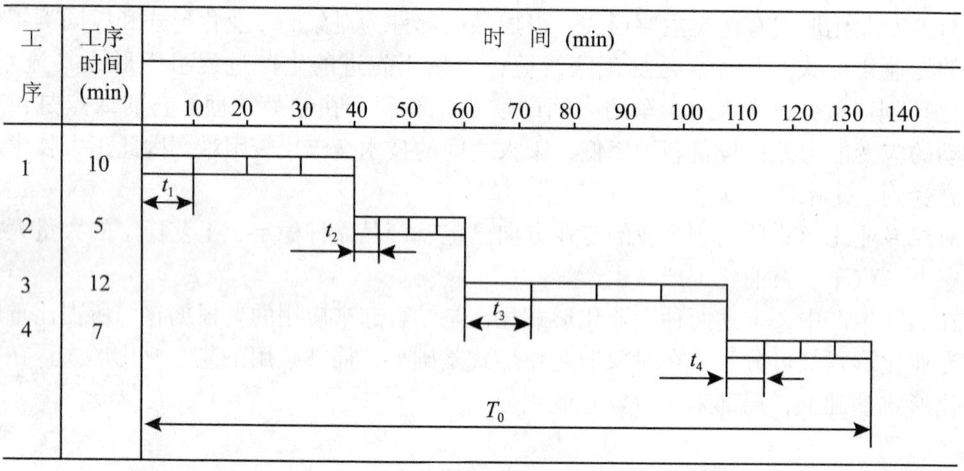

图 1-5　顺序移动方式示意图

一批零件在顺序移动方式下的加工周期，按下列公式计算：

$$T_0 = nt_1 + nt_2 + \cdots + nt_m = \sum_{i=1}^{m} nt_i = n\sum_{i=1}^{m} t_i$$

式中：T_0—— 零件批在顺序移动方式下的加工周期；

n—— 零件批量；

t_i—— 零件在第 i 工序的单件工时；

m—— 工序数目。

（2）平行移动方式。

平行移动方式是指每件产品(或零件)或每个运输批量在一道工序加工完毕后，立即转入下一道工序进行加工，各个零件在各道工序上平行地进行加工，如图 1-6 所示，在平行移动方式下，其加工周期的计算公式为：

$$
\begin{aligned}
T_p &= t_1 + t_2 + \cdots + nt_L + \cdots + t_m \\
&= t_1 + t_2 + \cdots + t_L + \cdots + t_m + (n-1)t_L \\
&= \sum_{i=1}^{m} t_i + (n-1)t_L
\end{aligned}
$$

式中：t_L—— 最长的单件工序时间。

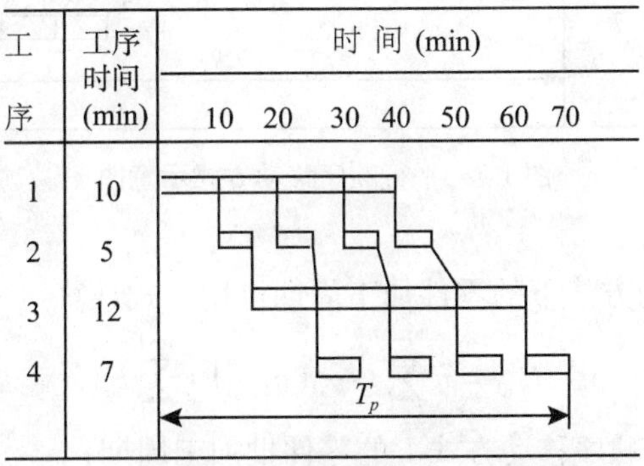

图 1-6 平行移动方式示意图

在平行移动方式下，零件的加工周期最短。但由于前后工序时间不等，当后一道工序时间小于前一道工序时间时，后一道工序在每个零件加工完毕之后，都会发生设备和工人的停歇。为了充分利用人力和设备，使各工序连续作业，必须使零件在各工序的单件时间相等或成整数倍。

(3) 平行顺序移动方式。

平行顺序移动方式是指保持一批产品（或零件）在一道工序上连续加工，在相邻工序间加工时间尽量做到平行。此方式是介于顺序移动方式与平行移动方式之间，如图 1-7 所示。

平行顺序移动方式的特点是，当一批制件在前一道工序尚未全部加工完毕时，就将已加工的部分制件转到下一道工序进行加工，并使下一道工序能连续、全部地加工完该批制件。为了达到这一要求，要按以下规则运送零件：当前一道工序的单件时间小于或等于后一道工序的单件时间时，加工完的每一个零件应立即转入后一道工序去加工，即按平行移动方式转移，如图 1-7 中第二道工序与第三道工序的情况所示。当前一道工序的单件时间大于后一道工序的单件时间时，只有当前一道工序上完工的零件数量足以保证后一道工序连续加工时，才开始将完工的零件转入后一道工序加工。这样既可以避免后一道工序发生作业时断时续的现象，又可以集中利用设备。如图 1-7 中第一道工序与第二道工序及第三道工序与第四道工序的情况所示。

平行顺序移动方式下的加工周期，可用顺序移动方式下的加工周期减去各重合部分的

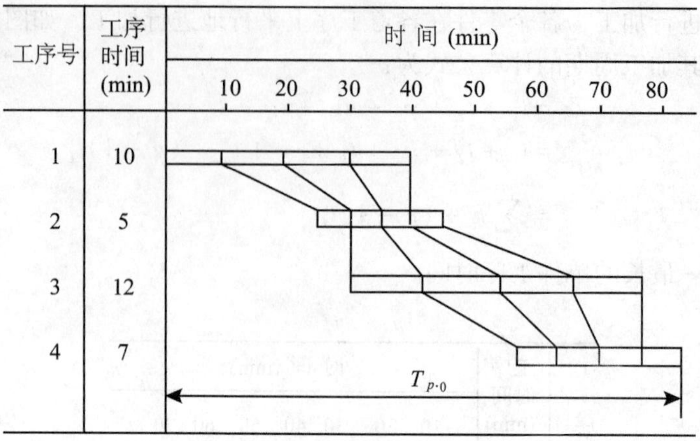

图 1-7　平行顺序移动方式示意图

时间求得。平行顺序移动方式下的零件加工周期可用下式计算：

$$T_{p\cdot 0} = n\sum_{i=1}^{m} t_i - (n-1)\sum_{j=1}^{m-1} t_{ij}$$

式中：$T_{p\cdot 0}$—— 平行顺序移动方式下的零件批加工周期；

t_{ij}—— 每相邻两工序中较短工序的单件时间。

上述公式又可以转换为下式：

$$T_{p\cdot 0} = \sum_{i=1}^{m} t_i + (n-1)\left(\sum t_{lk} - \sum t_{ij}\right)$$

式中：t_{lk}—— 同前后工序相比都是较长工序的单件时间；

t_{ij}—— 同前后工序相比都是较短工序的单件时间。

知识掌握

□ 判断题

（1）对象专业化形式适用于企业的专业方向已定、产品品种稳定、工艺稳定的大量大批生产如家电、汽车、石油化工产品生产等。(　　)

（2）以平行移动方式组织生产，生产周期最长。(　　)

（3）大量生产类型，是指生产的品种很多，每一种产品的产量很大（或单位产品劳动量和年产量的乘积很大），生产能稳定地不断重复进行。(　　)

（4）JIT 生产方式将“降低成本”作为企业基本目标。(　　)

（5）生产运作过程提供的产品，无论是有形还是无形，必须有一定的使用价值。(　　)

□选择题

（1）按照生产工艺的特点来设置生产单位的是(　　)。

A. 工艺专业化原则　　B. 对象专业化原则　　C. 混合原则

（2）劳动对象按照一定的工艺过程，顺序地、一件接一件地通过各个工作地，并按照统一的生产速度和路线，完成工序作业的生产过程组织形式是(　　)。

A. 成组加工单元　　B. 流水线　　C. 柔性加工单元

（3）下面生产周期最短的移动方式是(　　)。

A. 平行移动方式　　B. 顺序移动方式　　C. 平行顺序移动方式

（4）运用泰勒的科学管理原理，在汽车移动装配线上进行大规模的流水线生产，使一辆 T 型车的生产时间由十多个小时降低到一个多小时的是(　　)。

A. 亨利·福特　　B. 埃尔·惠特尼　　C. 甘特

（5）为了适应市场需求，企业越来越多地采用的生产方式是(　　)。

A. 大量大批生产　　B. 单件生产　　C. 多品种、小批量

□简答题

（1）生产与运作的含义是什么？怎样理解生产与运作管理的概念？

（2）简述生产与运作管理的发展历史。

（3）制造型企业的运作和服务型企业的运作有哪些区别？

（4）大量生产、成批生产和单件生产各有何特点？

（5）生产与运作战略有哪些内容？

知识应用

□案例分析

某汽车公司的生产与运作

某汽车公司是世界汽车工业中的一个巨无霸，多年来长盛不衰。这是为什么呢？这在很大程度上要归因于其传奇般的高效的生产运作体系。

一、公司的一切不设防

在美国肯塔基州乔治敦的规模巨大的该公司的汽车制造厂，每月有两天的时间接待 50 多位来自美国各个汽车公司的经理和工程技术人员，尽管这些专程到该汽车公司取经的参观者都是与之竞争的汽车业同行，但该公司既不向他们收费，也不加以任何限制。向对手们展示造汽车的过程有点儿像可口可乐公司让百事可乐公司偷看它的秘密配方。在乔治敦展示的生产体系不仅用于制造业务，而且几乎用于公司的所有业务，包括产品开发、与供应商的关系和分销。公司负责人对展示这一切并不在乎。当然在内心深处，他们知道参观者看到的公司生产体系的技巧——传票卡、紧急拉绳和质量环，这些都只是表面的东西，不是生产体系的精髓。公司并不担心对外开放会泄露重要机密。

二、完备井然的生产体系

公司的生产体系很难说是没有多少人知道的东西，从表面上看，其生产体系很简单，可以用公司喜欢印在3×5 英寸见方的卡片上的那种口号式的语句来解释：最大

限度地流动，消灭浪费，尊重人。从概念上讲，生产体系并不复杂，但是执行和协调会使人流汗、流血。在该公司，超产被视为最严重的一种浪费形式。公司设计的一道道工序有条不紊地进行，没有上下波动，给客户的数量正合适，结果是工厂平稳运转，每个人都在忙碌。该生产体系需要大量详尽的计划、严格的纪律、勤奋的工作和对细微之处的专注。公司的装配厂有一种比较活跃的氛围：每个动作都有明确的目的，没有懒散现象。在一般的工厂你会看到一堆堆未加工完的零件，装配线停下来检修，工人站在那里无所事事。

在该公司，生产过程就像设计的舞蹈，而工人看上去就像舞蹈演员：取零件，进行安装，检查质量，而这一切都是在完美的环境中进行的。工人们以以下四条为工作原则：清扫、分类、筛选、整洁。由于没有零件库存，供应商和工人都受到很大的按计划生产的压力，如果没有完成计划，则要加班，一个环节薄弱会使整个系统瘫痪。

三、产品开发快中求变

在20世纪90年代早期，该公司系统精明强干，推出了更多型号的产品，提供了更多选择，但是价格高出市场能承受的程度。公司是几种类似的型号同时开发，工程方面的工作是重叠的，比如悬置小组能同时研究几种不同的方案。

四、积极的技术改造和完善的零件供应

除了努力推出新型号外，该公司在技术方面也让人眼花缭乱。成为日本第一家出售成批生产的混合型发动机汽车的公司。该公司它对外部供应商的依赖甚至超过其他大多数公司，它自己生产30%的汽车零件。然而几年前，公司就开始把供应商作为其生产系统的一个组成部分，常常通过购买股票获得控股权来完善这种关系，并且还推出实时交付零件的制度，这一经验已经传播到了其他行业，公司还通过让供应商充分参与它经营活动的各个方面来加深和丰富与供应商的关系。

五、立足本土，开拓海外

尽管其生产体系在肯塔基和其他地方取得成功，但它仍然难以在本国以外的地方扎根。它把制造、设计和供货融为一体，需要有共同的目的、畅通的交流、经验丰富的经理，这一切在国内比较多，因为大家都同属一种文化，讲同一种语言。该公司是从19世纪的自动织造机制造厂发展过来的。为了应付它认为汽车开始走下坡路的那一天，公司发展多种经营，进入活动住房和电话业。现在这些经营收入约占总收入的10%。但是鉴于汽车的重要性，很难想象有一天汽车不再是该公司的主要经营项目。所以，随着它从跨国公司变为真正的全球性的公司，其生产体系也必须继续改变。

资料来源：http：//www. ask123. net/space/index. shtml？ p = newsDetail&uid = Peggy&id = 200611070252541277.

问题：

1. 该公司的运作系统在设计上与其他大多数的汽车公司运作系统有哪些不同之处？

2. 该公司这样的运作系统在实际运营过程中容易出现哪些问题？该如何解决？

□实践训练

（1）参观1~2家企业，要求学生写一份参观报告，报告内容包括企业生产与运作流程模式、先进生产方式的使用、企业生产类型、生产过程组织等情况。

实训目的：要求学生了解典型企业的生产方式、企业生产类型和生产过程组织。

实训要求：仔细观察，认真听讲解，结合所学知识理解企业实际问题。

（2）查阅企业管理的知名网站，写出3~4个网址，对某一自己感兴趣的网页栏目的话题写一篇1000字左右的关于生产与运作管理的体会。

实训目的：对生产与运作管理的重要性有进一步认识。掌握一些企业生产与运作管理的经验。

实训要求：认真思考，结合所学知识，用自己的语言写出关于生产与运作管理的体会。

（3）某产品生产3件，经4道工序加工，每道工序加工的单件工时分别为10分钟、5分钟、20分钟、10分钟，要求按三种移动方式计算其生产周期。

实训目的：掌握生产过程时间组织中产品在工序间的移动方式有哪些？利用公式法和作图法计算不同移动方式的生产周期。

实训要求：学生认真分析提供的数据，利用量尺仔细作图，并将公式法计算的结果和作图法的结果相对照。

□综合实训

实训目的及要求：

（1）提高学生学习兴趣；

（2）掌握多门相关学科知识的综合应用；

（3）针对问题应用所学运作管理以及相关管理学科理论与方法进行分析，提出解决方案。提高学生解决企业运作系统实际问题的能力。

实训内容：

（1）公司背景：企业长期以来一直专注于某行业，P产品市场知名度很高，客户也很满意。同时企业拥有自己的厂房，生产设施齐备，状态良好。最近，一家权威机构对该行业的发展前景进行了预测，认为P产品将会从目前的相对较低水平发展为一个高技术产品。为此，公司董事会及全体股东决定将企业交给一批优秀的新人去发展，他们希望新的管理层投资新产品的开发，使公司的市场地位得到进一步提升；开发本地市场以外的其他新市场，进一步拓展市场领域；扩大生产规模，采用现代化生产手段，努力提高生产效率。

（2）公司管理团队确定；

（3）企业生产运营规则介绍；

（4）企业经营竞争模拟；

（5）现场解析与评价。

具体内容及程序如表1-4所示。

表 1-4 **综合实训具体内容**

序号	内容	实训内容
1	企业整体介绍（PPT）	以订单为主线讲述企业的主要流程，理解企业的关键术语
2	企业规则介绍	借助模拟沙盘介绍企业规则
3	引导生产与运营	业务模拟经营（一年），教师指导学生模拟沙盘完成
4	第一年业务经营（感性经营期）	企业的经营本质、如何盈利、增加利润的关键
5	第二年业务经营（理性经营期）	生产运作战略的解析；产品的分析
6	第三、四年经营（科学经营时代）	科学的生成运作计划，现代化信息工具的运用
7	第五、六年经营（全成本核算时代）	费用成本效益、企业精细化管理
8	第七年经营（化战略为行动时代）	竞争战略、人力资源战略、无形资产的提升
9	第八年经营（全面信息化时代）	信息化整合、经营绩效综合分析
10	总体点评	交流实训心得

第二章 选址与设施布置

学习目标

◎了解选址和设施布置的重要性；
◎明确选址和设施布置需要考虑的因素以及选址的一般步骤；
◎熟知制造业设施布置的方法；
◎掌握非制造业设施布置的方法。

技能目标

◎能熟练利用选址的方法；
◎能进行简单设施布置。

引例

远祥鞋厂有限公司迁址

2006年10月，远祥鞋厂有限公司高层管理者宣布将其位于沿海某市的生产车间迁往内地某农村小镇接官镇。前者是一个人口比较密集的工业化城市，而后者则是一个位于农村的小镇。远祥鞋厂有限公司的主要产品是中低档旅游鞋。近年来，公司经营不是很景气，生产成本不断上升，利润连年下降。人工成本、原材料成本和水电费用增长显著，尽管销售收入也有所增加，但公司还是经历了自创办以来的第一次亏损。

公司管理决策层在最初考虑迁址时，从地域的角度对一些选址进行了仔细的考察，主要考虑的因素是交通设施的便利程度，当地政府的税收政策，劳动力资源状况，当地人们的态度，新厂址建设费用和财务方面所能得到的支持。经过综合考察对比，远祥鞋厂有限公司的高层管理者对农村小镇接官镇发展当地经济所持的积极态度和给予的热情支持留下了深刻的印象，并对当地的生产环境极其满意。

公司高层管理者最终确定工厂迁址的计划并宣布了这一决策。公司将当地一闲置的、集体所有制时的一幢建筑物作为其新厂址，经过翻新、装修便投入了使用。并且开始通过当地劳动市场管理部门招聘新员工。与此同时，公司也开始准备出租或出售其位于沿海某市的不动产。吸引公司迁往内地农村小镇接官镇的主要因素有：附近农村劳动力资源丰富；劳动力成本相对较低，且不需提供住宿；交通便利，该小镇位于318国道旁；水资源丰富，当地用水很多是自给自足；当地用电可享受优惠；当地政府积极支持，给予很多优惠政策。

经过一年多的运营，实践证明公司这一迁址决策是合适的。

这一案例表明：任何一个组织在进行选址决策时，都会面临各种各样的，包括地理、政治、社会等因素的影响。而作为企业的决策者，在进行选址决策时，他的理念和能力在于能够综合分析各种因素可能给企业带来的利与弊，扬长避短，最终做出选址决策，为企业的发展创造条件。

2.1　设施选址

设施选址（facility location）就是确定在何处建厂或建立服务设施。它不仅关系到设施建设的投资和建设速度，而且在很大程度上决定了所提供的产品和服务的成本，从而影响到企业的生产管理活动和经济效益。特别是服务设施选址，直接关系到营业额的多少。

2.1.1　选址决策的原则与类型

1. 选址决策的原则

选址决策的过程实际上是解决这样一对矛盾的过程：一方面，人们对选址有着主观的要求；另一方面，各备选场地客观具备着不同的现实条件。选址就是要解决这对矛盾，即选择那些使人们对场址的主观要求和该场址具备的现实条件相互协调的决策，同时根据选址决策的长期性效应，对于对企业未来的发展有着重要影响的因素进行全面考虑。这是选址决策最基本的原则。

2. 选址决策的类型

从企业为何要进行选址的内在动因考虑，可把选址决策分为三种类型：

（1）企业创建选址决策。这是企业初创选址决策，它在企业选址决策中难度最大。因为决策必须以拥有足够的信息资料为基础，而企业创建时，创建者面临着多种变化的未知因素，信息资料常常不足，于是与其他类型企业选址决策相比，其决策的难度自然就增大了，这同时也说明企业未来发展的不确定性尤为突出。企业创建场地选择的这种特点，在小企业创建时尤为明显。由于它们常常资金有限，人手不足，根本就无法对创建选址进行广泛、深入的调研，信息资料掌握较少。事实上，由于种种原因，很多小企业创建者很少进行真正的关于企业选址的规范性决策，常常以便利，甚至就把自己的居住地作为新建企业的位置。而现代企业的创建则要求克服小企业创建选址的随意性。

(2) 企业战略性迁移选址决策。企业发生战略性迁移选址的原因，包括：现有场址不利于企业扩展；销售或供应的市场状况发生变化；企业发展壮大后，政府税收等方面的优惠政策对迁址有重大吸引力；等等。与初创企业时的选址决策相比，企业迁移选址决策虽然在资金、信息方面的准备要充足得多，但是由于是进入新的经济地理环境，而且常常会打破原有的一些业务关系，从而在选址上的风险仍是很大的。

(3) 企业分设选址决策。由于以下原因，企业场址可能要增布新点：目前场址存在一些不利之处，如面积不足，劳动力短缺。企业设一些分址可能会带来一系列直接投资好处，如离目标市场更近，减少运输成本，或离重要原材料供应地更近，减少生产成本等。这时，就可能提出企业到另一地区去建立分支机构的决策问题。企业选址决策，不仅初创选址十分重要，在市场经济和社会化大生产不断发展的条件下，随着企业的扩张，企业迁移和分设在企业选址决策中也越来越重要。但不管是哪一种选址决策，都主要解决两个问题，一是在约束条件下提出可供选址的备选方案，二是从中选出满足利润最大化目标的方案为最优方案。

小思考2-1

沃尔玛采购总部从香港迁居深圳

雄踞世界500强第一的沃尔玛集团在2002年2月就悄悄地把它除美国本土之外的全球采购总部，从香港迁居到深圳，但直到8月中旬才向新闻界宣布这一举动。沃尔玛为什么要采取迁址的措施？

答：沃尔玛运用先进的信息技术和现代化的管理方式，采用集中采购和集中配送等模式，以达到降低企业运营成本，实现天天低价的目标。香港与深圳的地域差异，以及中国内地庞大的业务网络，使沃尔玛能够更好地实现这一目标。

2.1.2 选址的重要性和难度

1. 选址的重要性

(1) 投资。建设新工厂或新的服务设施需要一大笔投资。在不同的地点建厂对投资有很大的影响。在偏僻的山区建厂，而且要求“靠山、分散、隐蔽”，甚至要“进洞”，从备战的角度讲，有一定道理，但从经济上分析，则是巨大的浪费。显然，在山区建厂比在平原建厂的投资要大得多，建设速度也要慢得多。在不同的地点建立服务设施的投资也大不一样。在城市的中心地段建服务设施，地价很高，以至“寸土寸金”；在城郊建服务设施，投资较少。

（2）成本。不同的选址会影响到提供产品和服务的成本，从而影响到价格和竞争力。生产服务设施若建在远离原料供应地或远离市场的地方，原料或产品的运输成本会很高；建在城市或经济发达的地区，容易找到协作厂家，但职工工资较高，这些都影响到成本。

（3）职工。不同的选址还会影响到职工的生活和工作的积极性。不同地方的风俗习惯、气候条件、生活标准、教育水平、精神风貌不同，对职工生活、子女上学都会有影响。这些问题，会使一些内迁职工不能长期安心工作，影响积极性。

（4）改变困难，作用深远。选址建厂是一件巨大的永久性投资，工厂一旦建成，如发现厂址选择错误，则为时已晚，难以补救。因为新建的厂房如果不利于经营，那么出售也必无人问津；将厂房移动是不可能的，将设备搬迁易地重建，则耗资巨大；如果继续维持下去，投资大、成本高、职工队伍不稳，企业将永远处于不利地位，一旦发生市场冲击，很可能就要倒闭。因此可以说，选址不当，将“铸成大错”，也就决定了企业失败的命运。

2. 选址的难度

选址重要，同时又十分困难。其原因有：

（1）选址因素互相矛盾。选址关系到很多因素，而这些因素常常是互相矛盾的。有利于营业的地方能接受较多订货，但常常地价贵、租金高。

（2）不同因素的相对重要性很难确定和度量。

（3）不同的决策部门利益不同，所追求的目标不同。

（4）判断的标准会随时间变化，现在认为是好的选址，过几年可能就不一定是好的了。

在作选址决策时，必须针对企业的经营特点，如原材料、产品、销售渠道、运输工具等，就其所处的环境，提出数个备选方案，逐个分析，权衡利弊，再决定取舍。

2.1.3　影响选址的因素

一个企业的输出（产品）是另一个企业的输入（原料、材料）。从采矿到冶金，从冶金到毛坯制造、到零件加工和产品装配，从产品发运到批发、到零售，最后到达顾客手中，一系列的输入和输出，一环扣一环，形成了一条生产分配链。因此，任何企业选址既要考虑供应厂家，又要考虑顾客，还要考虑产品分配。

选址决策需要考虑很多因素。大致可分为以下四类：

1. 经济因素

（1）运输条件与费用。企业的一切生产经营活动都离不开交通运输。原材料、工具和燃料进厂，产品和废物出厂，零件协作加工，都有大量的物料需要运输；职工上下班，也需要交通方便。交通便利能使物料和人员准时到达需要的地点，使生产活动能正常进行，还可以使原材料产地与市场紧密联系。

在企业输入和输出过程中，有大量的物流进出。有的企业输入运输量大，有的企业输出运输量大。在选址时，要考虑是接近原材料供应地，还是接近消费市场。

①接近原料或材料产地。原材料成本往往占产品成本的比重很大。下述情况的企业应该接近原料或材料产地：原料笨重而价格低廉的企业，如砖瓦厂、水泥厂、玻璃厂、钢铁冶炼厂和木材厂等；原料易变质的企业，如水果、蔬菜罐头厂；原料笨重，产品由原料中的一小部分提炼而成，如金属选矿和制糖；原料运输不便，如屠宰厂。

②接近消费市场。一般来说，下述情况的企业应该接近消费市场：产品运输不便，如家具厂、预制板厂；产品易变化和变质，如制冰厂、食品厂；大多数服务业，如商店等。

(2) 劳动力可获性与费用。对于劳动密集型企业，人工费占产品成本的大部分，必须考虑劳动力的成本。工厂设在劳动力资源丰富、工资低廉的地区，可以降低人工成本。一些发达国家的公司纷纷在经济不够发达的国家设厂，一个重要原因是降低人工成本。对于需要大量具有专门技术员工的企业，人工成本占制造成本的比例很大，而且员工的技术水平和业务能力，又直接影响产品的质量和产量，劳动力资源的可获性和成本就成为选址的重要条件。

(3) 资源可获性与费用。没有燃料（煤、油、天然气）和动力（电），企业就不能运转。对于耗能大的企业，如钢铁、炼铝、火力发点厂，其厂址应该靠近燃料、动力供应地。

(4) 厂址条件和费用。建厂地方的地势、利用情况和地质条件，都会影响到建设投资。显然，在平地上建厂比在丘陵或山区建厂要容易施工得多，造价也低很多。在地震区建厂，则所有建筑物和设施都要达到抗震要求。同样，在有滑坡、流沙或下沉的地面上建厂，也都要有防范措施，这些措施都将导致投资增加。此外，选择在荒地上或良田上建厂，也会影响到投资。地价是影响投资的重要因素。城市地价高，城郊地价较低，农村地价更低。厂址条件还应考虑协作是否方便。由于专业化分工，企业必然与周围其他企业发生密切的协作关系。大城市是企业群居的地方，但地价高。因此，这些因素需要综合考虑。

小思考2-2

武汉部分高校迁移到江夏区

随着高校规模的扩展和重建，武汉部分高校纷纷迁址或选址到交通不太便利的市郊区域——江夏区，从而在该地形成了一个大学城。高校的选址为什么会定在交通不便的市郊呢?

答：随着高校规模的扩展和重建，需要更多的土地来满足校园的建设，而市区土地价格的上涨，会导致建校成本增加。与此同时，市郊土地价格相对便宜，而且随着武汉城市圈的规划，市郊环境不但优化，而且交通也比较便利。综合这几种因素考虑，我们就可以理解武汉高校纷纷采取这一举措的原因所在。

2. 政治因素

政治因素包括政治局势是否稳定，法制是否健全，税赋是否公平等。建厂，尤其是在国外建厂，必须考虑政治因素。政治局势稳定是发展经济的前提条件。在一个动荡不安，甚至打内战的国家投资建厂，是要冒极大风险的。有些国家或地区的自然环境很适合设厂，但其法律变更无常，资本权益得不到保障，也不宜建厂。要了解当地有关法规，包括环境保护方面的法规，不能将污染环境的工厂建在法规不允许的地方。若税赋不合理或太重，使企业财务负担过重，也不宜建厂。

3. 社会因素

投资建厂要考虑的社会因素包括居民的生活习惯、文化教育水平、宗教信仰和生活水平。不同国家和地区、不同民族的生活习惯不同。企业的产品一定要适合当地的需要。本国流行的产品或流行的款式，拿到外国就不一定流行了。

在文化教育水平高的地区设厂，不仅有利于招收受过良好教育和训练的员工，而且文化教育水平高的地区的氛围也有利于吸引更多的优秀人才，这对企业的发展是至关重要的。

到经济不发达的地区建厂，要注意当地居民的开化程度和宗教信仰。清朝末年，创办铁路曾遭到全国上下的反对，甚至受到愚民和顽吏的破坏。如果生产企业的性质与当地宗教信仰相矛盾，则不仅原料来源和产品销路有问题，招收职工有困难，而且会遭到无端的干涉和破坏。

4. 自然因素

自然因素主要是气候条件和水资源状况。根据美国制造业协会的资料，气温15～20℃，人们的工作效率最高。气温的高低关系着厂房和办公室的建筑设计。通过空调来保持适宜的温度，不仅作用范围有限，而且耗费能源，增加成本。有的产业对气候条件的要求较高，如纺织和乐器等对气候条件敏感的产业。英国的曼彻斯特是世界著名的纺织业区，温度及湿度合适是一个主要原因。电影制片厂之所以集中在好莱坞，是因为该地终年温和而干燥，适于室外拍片活动。

有些企业耗水量巨大，应该靠近水资源丰富的地区，例如，造纸厂、发电厂、钢铁厂、化纤厂等。耗水量大的企业给水质造成的污染也大。有些企业，如啤酒厂，对水质要求高，则不仅要靠近水源，而且要考虑水质。

2.1.4 选址的一般步骤

1. 选择某一个地区

要按照企业发展战略，选择若干地区新建厂或扩建厂。选择地区时要综合考虑经济因素、政治因素、社会因素和自然因素，最后确定某一个地区。可以选择在城市建厂、农村建厂和城郊建厂。

（1）城市建厂。城市人口稠密，人才集中，交通便利，通信发达，各种企业聚集，协作方便，动力供应便利，资金容易筹集，基础设施齐备。但是，城市高楼林立，地价昂贵，生活水平高，对环境保护要求高。综合比较，以下情况较适于在城市设厂：工厂规模不大，需大量受过良好教育和培训的员工；服务业，因大部分服务业需要与顾客直接接触；厂地占用空间少，最好能设置于多层建筑内；对环境污染小。

（2）农村建厂。农村设厂与城市设厂的优缺点相反，以下情况较适于在农村设厂：工厂规模大，需占用大量土地；生产对环境污染较大，如噪音、有害气体或液体；需大量非技术性粗工；有高度制造机密，需与周围隔离。

（3）城郊建厂。城郊具有城市和农村的优点，且由于现代交通和通信发达，将有越来越多的工厂设在城郊。

2. 选择适当的地点

地区选定之后，要确定在哪片土地建厂。通常考虑的是产品的可变成本，如直接人工、物料搬运费和管理费等。具体要求有：

（1）确定厂址应考虑厂区平面布置方案，并留有适当扩充余地。按一般程序，先定厂址，再搞厂区平面布置设计。实际上，做任何工作都不可能如此刻板，都有一个交互的过程。在购置厂地之前，即应有厂区平面布置方案。留有余地会增加投资，但不考虑长远发展可能会导致更多的投资。

（2）整理厂址环境的费用。不能只考虑厂房和仓库的建设费用，还要考虑周围环境、道路、供水、下水道及废料堆放处理的场地等费用。尤其在远离城市的地方建厂，公共设施缺乏，一切都需自理，所需费用往往很大。

（3）职工生活方便。在远离城市的地区建厂，还要考虑职工的住房问题，厂区和生活区要同时考虑。在城市或城郊建厂，要考虑职工上下班交通问题。

案例分析2-1

中百超市走进居民区

中百超市的总体发展目标是便民超市，方便社区居民。根据这一发展战略，中百超市几乎遍及所有的社区。目前中百超市达到300家，成为武汉市网点数量最多的社区型连锁超市，社区覆盖面达70%以上。由于便民超市这一业态外资目前尚没有进入，而内资进入者规模远不及中百，因此，形成了中百的独特优势。

中百超市的居民区选址决策说明了什么问题?

资料来源：http：//blog. 163. com/lina89227s@ 126/blog/static/3497898920071183l4190.

分析：中百超市的总体发展目标是为社区居民服务，因此它的网点布局主要选择社区，伴随着这样一种理念，它在武汉社区的覆盖率达70%以上。从这里我们可以看出，一个公司或企业的选址决策离不开其总体发展战略目标。

2.2 制造业的设施布置

2.2.1 影响企业生产单位构成的因素

1. 企业的产品

企业的目标最终是要通过它所提供的产品来实现的，因此，企业的产品从根本上决定了企业经济活动单元的构成。对于制造企业来说，首先，企业的产品品种将决定企业所要配置的主要生产单元，如汽车制造厂需有冲压车间，而仪器制造公司则不需要；其次，由于产品的结构工艺特点决定着产品粗加工和原材料的种类，决定着产品的劳动量构成，因此，也就影响着生产单元的构成；最后，产品的生产规模也会影响到生产单元的构成，如某产品的产量较大且加工劳动量也较大，具有一定规模时，就要考虑设置该种产品的专门生产车间或分厂。

2. 企业规模

企业经济活动单元的构成与企业规模的关系十分密切。这是因为企业所需经济活动单元的数目、大小是由企业规模决定的。企业规模越大，所需要的单元数目也越多。

3. 企业的生产专业化与协作化水平

这主要是从两个方面影响企业的经济活动单元构成：一是采用不同专业化形式（指产品对象专业化或工艺对象专业化）的企业，对工艺阶段是否配备完整的要求不同，从而带来了经济活动单元构成上的不同；二是企业的协作化水平越高，即通过协作取得的零部件、工具和能源等越多，则企业的主要生产单元就越少。例如，很多标准件都可容易地通过外协加工而得到，没必要全部自己建立这样的生产单元。现在企业正在向两个不同的趋势发展，一是生产的集中化和专业化，即生产要素越来越多地向大型专业化企业集中；二是生产的分散化，即生产要素向与大企业协作配套的小型企业扩散。这两种发展趋势对企业的设施布置提出了一些新要求。

4. 企业的技术水平

企业的技术水平，主要是装备的技术水平，直接影响着企业经济活动单元的构成。数控设备、加工中心等高技术设备拥有率较高的企业，其生产单位的组成较简单；反之，则较复杂。

2.2.2 制造业设施布置的影响因素

在设施布置中，除了要考虑生产组织方式战略以及产品加工特性外，还应考虑如下因素。

1. 所需投资

设施布置将在很大程度上决定所要占用的空间、所需设备以及库存水平，从而决定投资规模。如果产品的产量不大，设施布置人员可能愿意采用工艺专业化布置，这样可节省空间，提高设备的利用率，但可能会带来较高的库存水平，因此，这里有一个平衡的问题。如果是对现有的设施布置进行改造，更要考虑所需投资与可能获得的效益相比是否合算。

2. 物料搬运

在考虑各个经济活动单元之间的相对位置时，物流的合理性是一个主要考虑因素，即应该使搬运量较大的物流的距离尽可能短，使相互之间搬运量较大的单元尽量靠近，以便使搬运费用尽可能小，搬运时间尽可能短。一般情况下，在一个企业中，从原材料投入直至产品产出的整个生产周期中，物料只有15%左右的时间是处在加工工位上，其余时间都处于搬运过程中或库存中，搬运成本可达总生产成本的25%～50%。由此可见，物料搬运是生产运作管理中相当重要的一个问题。而好的设施布置，可使搬运成本大为减少。

3. 柔性

设施布置的柔性一方面是指对生产的变化有一定的适应性，即使变化发生后也仍然能达到令人满意的效果；另一方面是指能够容易地改变设施布置，以适应变化了的情况。因此，一方面，在一开始设计布置方案时，就需要对未来进行充分预测；另一方面，从一开始就应该考虑到以后的可改造性。

4. 其他

其他需要着重考虑的因素有：劳动生产效率，为此在进行设施布置时要注意不同单元操作的难易程度不宜相差过大；设备维修，注意不要使空间太狭小，这样会导致设备之间的相对位置不好；工作环境，如温度、噪音水平和安全性等，均受设施布置的影响；人的情绪，要考虑到是否可使工作人员之间能有所交流，是否给予不同单元的人员相应的责任与机会，使他们感到公平等。

2.2.3　制造业设施布置的形式

1. 物料流程形式

布置问题的目标是使物流成本最小，流程形式可以分为水平的和垂直的。如果所有的设备、设施都在同一个车间里，就按水平方式考虑，当生产作业是在多个楼层周转时，就按垂直方式考虑。常见的水平流程形式如图2-1所示。

2. 设施布置形式

（1）工艺导向布局。工艺导向布局，也称车间或功能布置，是指一种将相似的设备

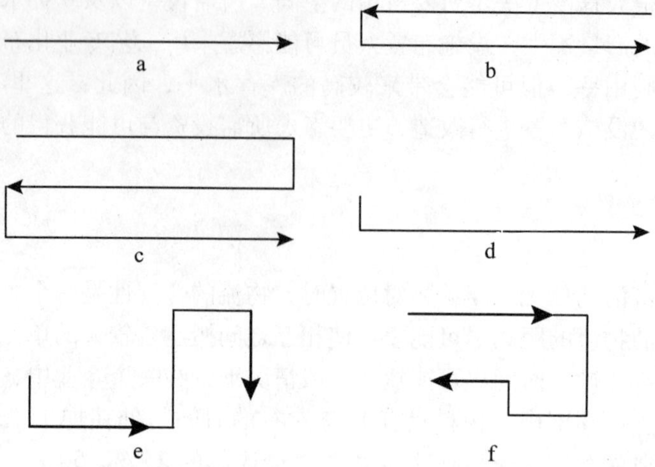

图 2-1 常见流程布置形式

或功能放在一起的生产布局方式。例如将所有车床放在一处，将冲压机床放在另一处。被加工的零件，根据预先设定好的流程从一个地方转移到另一个地方，每项操作都由适宜的机器来完成。工艺导向布置的计划中，最为常见的做法是合理安排部门或工作中心的位置，以减少材料的处理成本。也就是说，零件和人员流动较多的部门应该相邻。工艺导向布局适合于处理小批量、顾客化程度高的生产与服务，其优点是设备和人员安排具有灵活性；缺点是设备使用的通用性要求劳动力具备较高的技术熟练程度和创新能力，在制品较多。

（2）产品导向布局。产品导向布局，也称装配线布局，是指一种根据产品制造的步骤来安排设备或工作过程的布局方式。鞋、化工设备和汽车清洗剂的生产都是按产品导向原则设计的。产品导向布局是对生产大批量、相似程度高和少变化的产品进行组织规划。一个典型的实例是：飞机制造公司巨大的产品的最后组装线采用的就是产品导向布局。产品导向布局的两种类型是生产线和装配线。

生产线是在一系列机器上制造零件，诸如汽车轮胎或冰箱的金属部件。装配线是在一系列工作台上将制造出的零件组合在一起。两种类型都是重复过程，而且两者都必须"平衡"。即在生产线上的一台机器所做的工作必须与另一台机器所做的工作相平衡，就像装配线上的一个雇员在一个工作站上所做的工作必须和另一雇员在另一工作站上做的工作相配合一样。生产线趋向于机械化，并要求通过机器和工程上的改变来达到平衡。装配线则相反，生产的步调由分配给个人或工作站的任务来确定。所以，装配线上可以将一个人的工作转移给另一个人来达到平衡。在这种情况下，每个人或工作站要求的时间是一样的。

产品导向布局适合于大批量的、高标准化的产品生产，其优点是：单位产品的可变成本低，物料处理成本低，存货少，对劳动力标准要求低。缺点是：投资巨大，不具产品弹性，一处停产影响整条生产线。

（3）混合类型布局。混合类型布局是指将两种布局方式结合起来的布局方式。混合布置是一种常用的设施布置方法。比如，一些工厂总体上是按产品导向布局（包括加工、部装和总装三个阶段），在加工阶段采用工艺导向布局，在部装和总装阶段采用产品导向布局。这种布置方法的主要目的是：在产品产量不足以大到使用生产线的情况下，也尽量根据产品的一定批量、工艺相似性来使产品生产有一定顺序，物流流向有一定秩序，以达到减少中间在制品库存、缩短生产周期的目的。混合布置的方法又包括一人多机、成组技术等具体应用方法。

一人多机（one worker multiple machine，OWMM）是一种常用的混合布置方式。基本原理是：如果生产量不足，一个人看管一台机器就足够的话，可以设置一人可看管的小生产线，既可使操作人员保持满工作量，又可在这种小生产线内使物流流向有一定秩序。这个所谓的小生线，即指由一个人同时看管几台机器，如图 2-2 所示（图中 M_1、M_2 等分别表示不同的机器设备）。

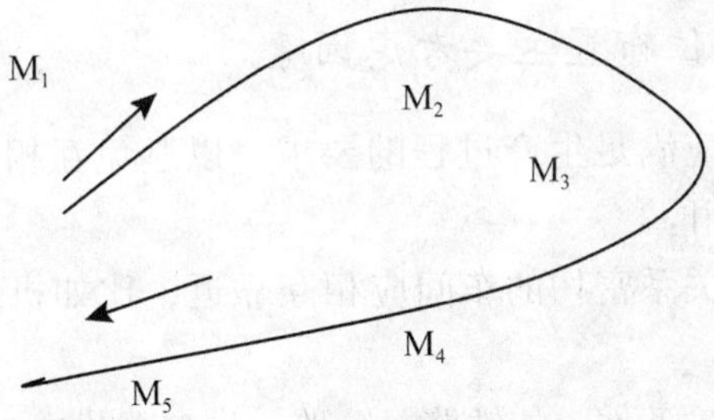

图 2-2　一人多机布置示意图

在一人多机系统中，因为有机器自动加工时间，员工只在需要看管的时候（装、卸、换刀和控制等）看管，因此就可能在 M_1 自动加工时，去看管 M_2，依此类推。通过使用不同的装夹具或不同的加工方法，具有相似性的不同产品可以在同一 OWMM 布局中生产。这种方法可以减少在制品库存以及提高劳动力生产率，其原因是工件不需要在每一机器旁积累到一定数量后再搬运至下一机器。通过一些小的技术革新，例如在机器上装一些自动换刀、自动装卸、自动启动和自动停止的小装置，可以增加 OWMM 布局中的机器数量，以进一步降低成本。

图 2-2 所示的“OWMM”系统呈现一种 U 形布置，最大特点是物料入口和加工完毕的产品的出口在同一地点。其中加工的产品并不一定必须通过所有的机器，可以是 $M_1 \rightarrow M_3 \rightarrow M_4 \rightarrow M_5$，也可以是 $M_2 \rightarrow M_3 \rightarrow M_5$ 等。进一步的，通过联合 U 形布置，可以获得更大的灵活性，这在日本丰田汽车公司的生产实践中已被充分证实。

成组技术布局则是将不同的机器分成单元来生产具有相似形状和工艺要求的产品。成组技术布局现在被广泛应用于金属加工、计算机芯片制造和装配作业。其优点是：改善人际关系，增强参与意识；减少在制品和物料搬运及生产过程的存货；提高机器设备利用率；减少机器设备投资与缩短生产准备时间等。

（4）固定位置布局。固定位置布局是指产品由于体积或重量大，需停留在一个地方，从而需要生产设备移到要加工的产品处，而不是将产品移到设备处的布局方式。造船厂、建筑工地和电影外景制片场往往采用这种布局方式。

在一个固定位置的布局中，生产项目保持在一个地方，工作人员和设备都到这个地点工作。但由于在建设过程中的不同阶段需要不同的材料，所以随着项目的进行，不同材料的安排变得关键；材料所需的空间是不断变化的，例如，随着工程进展，建造一艘船的外壳使用的钢板量是不断改变的。

2.2.4　制造业设施布置方法

企业厂区确定之后，企业的平面布置是企业建设要解决的重要问题之一。任何生产过程，其运输（车间之间和工序之间）所需的费用和时间是十分客观的，因此，各个生产单位的布置是否有利于建立合理的物流，使总的运输路线最短、运输费用最小，是评价企业布局的主要标准。

1. 企业内部生产单位布置主要考虑因素

（1）企业厂房的布置应满足生产过程的要求，以避免互相交叉和迂回运输，从而缩短生产周期，节约生产费用。

（2）生产联系和协作关系密切的车间应相互靠近，比如机械加工和装配车间应安排在相邻位置。

（3）充分利用现有运输条件，如铁路、公路、港口及供电、供水等公共设施等。

（4）按照生产性质、防火和环保要求，合理划分厂区。如热加工车间区、冷加工车间区、动力设施区。为了减少生活区的工业污染，企业生活区应设在上风方向。

（5）考虑防火和卫生条件，总平面布置力求占地面积小。

（6）企业布置应考虑有扩建的余地。

2. 制造业设施布置的常用方法

（1）物料运量比较法。物料运量比较法是按照生产过程中物料的流向及生产单位之间运输量布置企业的车间及各种设施的相对位置，其步骤为：

- 根据原材料、在制品在生产过程中的流向，初步布置各个生产车间和生产单位的相对位置，绘出初步物流图。
- 统计车间之间的物料流量，制定物料运量表（见表 2-1）。

按运量大小进行初试布置，将车间之间运输量大的安排在相邻位置，并考虑其他因素进行改进和调整。最后的结果如图 2-3 所示。因为部门 A_2 和 A_3，部门 A_3 和 A_4 之间的运量最大，所以应该相邻布置。

表 2-1　　制定物料运量表　　（单位：吨）

从车间＼到车间	A_1	A_2	A_3	A_4	A_5	总　计
A_1		4		2	1	7
A_2	1		4	3	1	9
A_3	2	3		5	2	12
A_4	1	1	4		1	7
A_5	1	1	1	1		4
总　计	5	9	9	11	5	39

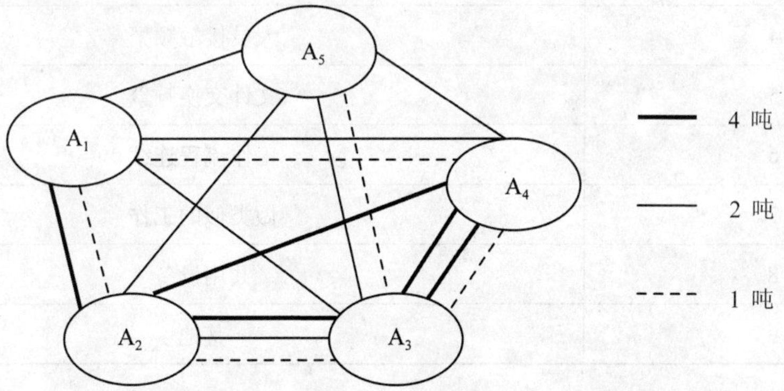

图 2-3　运量图

（2）作业相关图法。作业相关图是根据企业各个部门之间的活动关系密切程度布置其相互位置。首先将关系密切程度划分为 A、E、I、O、U、X 六个等级（见表 2-2）。然后，列出导致不同程度关系的原因（见表 2-3）。使用这两种资料，将待布置的部门一一确定出相互关系，根据相互关系重要程度，按重要等级高的部门相邻布置的原则，安排出最合理的布置方案。

表 2-2　　关系密切程度分类表

代　号	密切程度
A	绝对重要
E	特别重要

续表

代 号	密切程度
I	重要
O	一般
U	不重要
X	不予考虑

表2-3 **关系密切原因**

代号	关系密切原因
1	使用共同的原始记录
2	共用人员
3	共用场地
4	人员接触频繁
5	文件交换频繁
6	工作流程连续
7	做类似的工作
8	共用设备
9	其他

案例分析2-2

小饭店的设施布置

一个小饭店欲布置其生产与服务设施。该饭店共分成6个部门，计划布置在一个2×3的区域内。已知这6个部门间的作业关系密切程度，如图2-4所示。请根据图2-4做出合理布置。

分析：第一步，列出关系密切程度（只考虑A和X）。

第二步，根据列表编制主联系簇，如图2-5所示。原则是，从关系“A”出现最多的部门开始，如本例的部门6出现3次，首先确定部门6，然后将与部门6的关系密切程度为A的部门一一联系在一起。

第三步，考虑其他“A”关系部门，如能加在主联系簇上就尽量加上去，否则画出分离的子联系簇。本例中，所有的部门都能加到主联系簇上去，如图 2-6 所示。

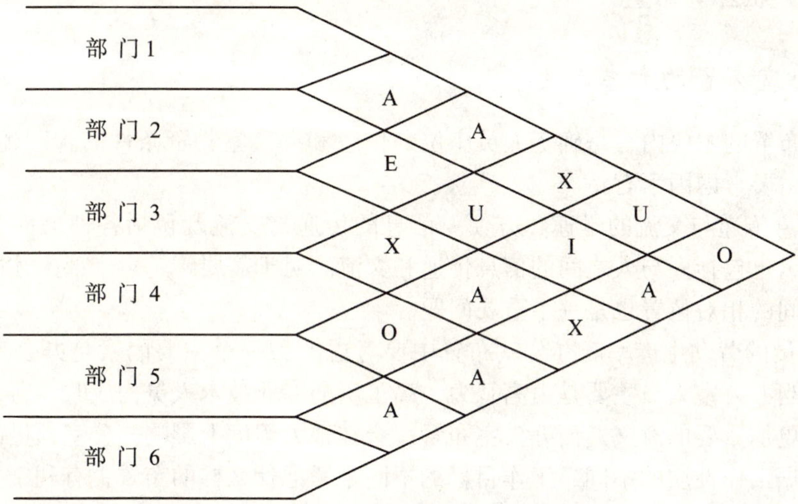

图 2-4　作业相关图示例

注：图中的符号表示两者的关系

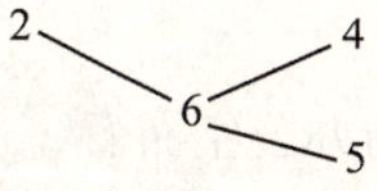

图 2-5　联系簇

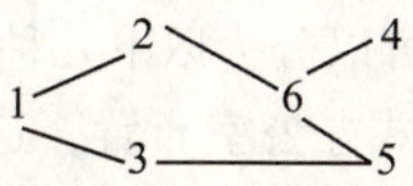

图 2-6　联系簇

第四步，画出“X”关系联系图，如图 2-7 所示。

第五步，根据联系簇图和可供使用的区域，用实验法安置所有部门，如图 2-8 所示。

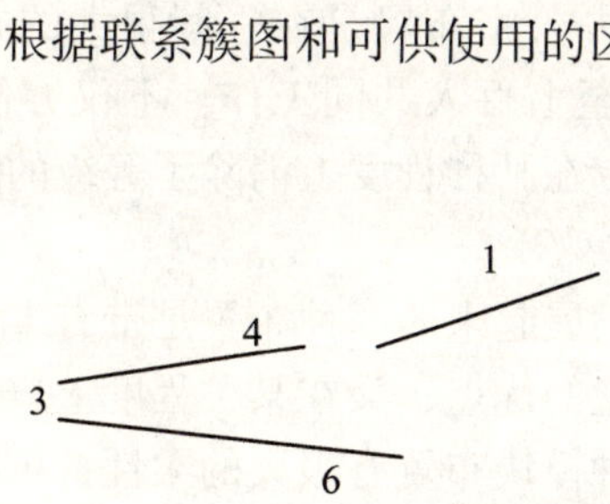

图 2-7　X 关系联系簇

1	2	6
3	5	4

图 2-8　最后结果

资料来源：陈荣秋，马士华．生产与运作管理［M］. 北京：高等教育出版社，2005：136-137.

2.3　非制造业的设施布置

2.3.1　办公室布置

1. 办公室布置的考虑因素

办公室布置的主要内容是确定人员座位的位置和办公室物资条件的合理配置。因此，办公室布置主要考虑因素有：

（1）信息传递与交流的迅速、方便。信息的传递与交流既包括各种书面文件、电子信息的传递，也包括人与人之间的信息传递和交流。对于需要跨越多个部门才能完成的工作，部门之间的相对位置也是一个重要问题。

（2）人员的劳动生产率。办公室布置中要考虑的另一个主要因素是办公室人员的劳动生产率。当办公室人员主要是由高智力、高工资的专业技术人员构成时，劳动生产率的提高就具有更加重要的意义。而办公室布置，会在很大程度上影响办公室人员的劳动生产率。必须根据工作性质的不同、工作目标的不同来考虑什么样的布置更有利于生产率的提高。例如，在银行营业部、贸易公司和快餐公司的办公总部等环境下，开放式的大办公室布置使人们感到交流方便，可以促进工作效率的提高；而在一个出版社，这种开放式的办公室布置可能会使编辑们感到受到干扰，无法专心致志地工作。

2. 办公室布置的主要模式

办公室布置大致可以分为以下几种模式：

（1）传统的封闭式办公室布置。这种形式的办公室布置，通常情况下是指办公楼被分割成多个小房间，伴之以一堵堵墙、一扇扇门和长长的走廊。这种布置可以保持工作人员足够的独立性，但不利于人与人之间的信息交流和传递，使人与人之间产生疏远感，也不利于上下级之间的沟通，而且几乎没有调整和改变布局的余地。

（2）开放式办公室布置。这种模式的办公室布置是在一间很大的办公室内，可同时容纳一个或几个部门的十几人、几十人甚至上百人共同工作。不仅方便了同事之间的交流，也方便了部门领导与一般职工的交流，在某种程度上消除了等级的隔阂。但有时会互相干扰，也会导致职员之间闲聊等。

在开放式办公室布置的基础上进一步发展起来的一种布置是带有半截屏风的组合办公模块。这种布置既利用了开放式办公室布置的优点，又在某种程度上避免了开放式布置情况下的相互干扰、闲聊等弊病。而且，这种模块布置有很大的柔性，可随时根据情况的变化重新调整和布置。有人曾估计过，采用这种形式的办公室布置，建筑费用能比传统的封闭式办公建筑节省 40%。

20 世纪 80 年代，在西方发达国家又出现了一种称为“活动中心”的新型办公室布置。在每个活动中心，有会议室、讨论间、电视电话、接待处、打字复印和资料室等进行一项完整工作所需的各种设备。楼内有若干个这样的活动中心，每一项相对独立的工作集中在这样一个活动中心进行，工作人员根据工作任务的不同在不同的活动中心之间移动。但每人仍保留有一个小小的传统式个人办公室。这是一种比较特殊的布置形式，比较适合于项目型的工作。

20世纪90年代以来，随着信息技术的迅猛发展，一种更加新型的办公形式——“远程”办公也正在从根本上冲击着传统的办公室布置形式。所谓“远程”办公，是指利用信息网络技术，将处于不同地点的人们联系在一起，共同完成工作。例如，人们可以坐在家里办公，也可以在出差地的另一个城市或飞机、火车上办公，等等。

3. 办公室布置的基本方法

根据一些企业的经验，搞好办公室布置，要注意以下问题：

（1）力求使办公室有一个安静的工作环境。办公室应布置在比较安静、适中的位置。如修建办公大楼，则大部分办公室可以集中在一起，这样既便于工作上相互联系，又可以求得比较安静的工作环境。

（2）办公室应有良好的采光、照明条件。室内光线过强或过弱，都会增加人的疲劳，降低工作效率。一般来说，自然光优于人造光，间接光优于直光，匀散光优于聚焦光。

（3）最有效地利用办公室面积，合理布置工作人员的座位。安排座位时要考虑业务工作的流程和同一业务小组工作需要，尽可能采取对称布置，避免不必要的文书移动。

（4）办公室布置应力求整齐、清洁。室内用品应摆放整齐，使用方便。文件箱、文件柜的大小、高度最好一致，并尽量靠墙放置或背对背放置。常用的文件箱相应布置在使用者附近。办公用品和其他室内装饰物要经济实用，不要不切实际地一味追求豪华。

2.3.2 仓库布置

仓储业是制造业中占比重很大的一个行业，一般仓库布置的目的都是寻找一种布置方案，使得总搬运量最小。这个目标函数与很多制造企业设施布置的目标函数是一致的。实际上，这种仓库布置的情况比制造业工厂中的生产单元的布置更简单，因为全部搬运都发生在出入口和货区之间，而不存在各个货区之间的搬运。

案例分析2-3

家电用品的仓库布置

有一个家电用品仓库，共有14个货区，分别储存7种家电。仓库有一个出入口，进出仓库的货物都要经过该口。假设该仓库每种物品每周的存取次数如表2-4所示。问：应该如何布置不同物品的货区，使总的搬运量最小？

表 2-4　**家电用品仓库的存储信息**

存储物品	搬运次数　（每周）	所需货区
1 电烤箱	280	1
2 空调	160	2
3 微波炉	360	1
4 音响	375	3
5 电视	800	4
6 照相机	150	1
7 其他	100	2

分析提示：这种仓库布置可进一步分为两种情况：

（1）各种物品所需货区面积相同。这种情况下，只需把搬运次数最多的物品货区布置在靠近出入口之处，即可得到最小总负荷数。

（2）各种物品所需货区面积不同。首先需要计算某物品的搬运次数与所需货区数量之比，取该比值最大者靠近出入口，依次往下排列。

在该案例中，各种物品的比值从大到小的排列顺序为（括号中为比值数）：3（360），1（280），5（200），6（150），4（125），2（80），7（50）。因此：根据这种排列所做出的布置方案就如图 2-9 所示。

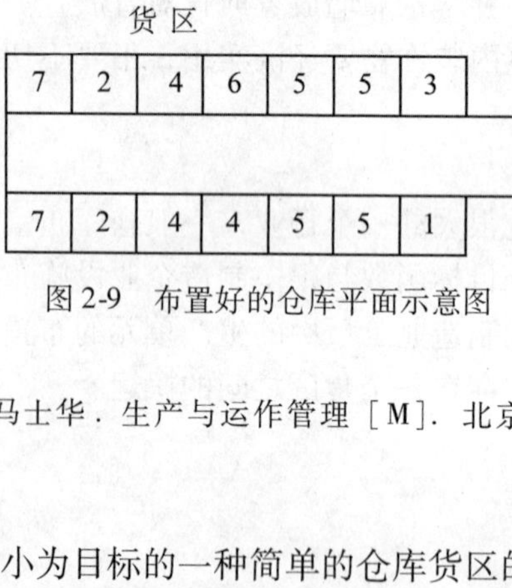

图 2-9　布置好的仓库平面示意图

资料来源：陈荣秋，马士华．生产与运作管理［M］．北京：高等教育出版社，2005：137-138.

上面是以总负荷数量最小为目标的一种简单的仓库货区的布置方法。在实际中，根据情况的不同，仓库布置可以有多种方案。例如，不同物品的需求经常是季节性变化的，在元旦、春节期间应把电视机、音响放在靠近出入口处。

2.3.3　服务企业的平面布置

1. 服务场所布置考虑的因素

（1）环境条件。环境条件是指背景特征，如噪音、音乐、照明和温度等，这些都会影响雇员的表现和士气，同时也会影响顾客对服务的满意程度、顾客的逗留时间以及顾客的消费。虽然其中许多特征主要是受建筑设计（照明布置、吸音板和排风扇的布置等）影响，但建筑内的布置也有一定影响。比如，食品柜台附近的地方常可以闻到食物的气味，剧院外走廊里的灯光必须是暗淡的，靠近舞台处会比较嘈杂，而入口处的位置往往通风良好。

（2）空间布置及其功能性。在空间布置及其功能性中有两个方面非常重要：设计出顾客的行走路径以及将商品分组。行走路径的设计目的就是要给顾客提供一条路径使他们能够尽可能多地看到商品，并沿着这个路径按需要安排各项服务。

通道也非常重要，除了要确定通道的数目之外，还要决定通道的宽度。通道的宽度也会影响服务流的方向。此外，将顾客认为相关的物品放在一起，而不是按照商品的物理特性或货架大小与服务条件来摆放商品，这是目前很流行的做法，多用在百货商店的精品服务柜台、专卖店和超市的美食柜台等。

（3）徽牌、标志和装饰品。徽牌、标志和装饰品是服务场所中有重要社会意义的标志物，这些物品与周围环境常常体现着建筑物的风格。比如，麦当劳的标志使人在很远的地方就可以找到它。

2. 服务企业的布置形式

服务企业的布置形式可以分为工艺专业化和产品专业化，不过以工艺专业化居多。图2-10是一家诊所的平面布置示意图。

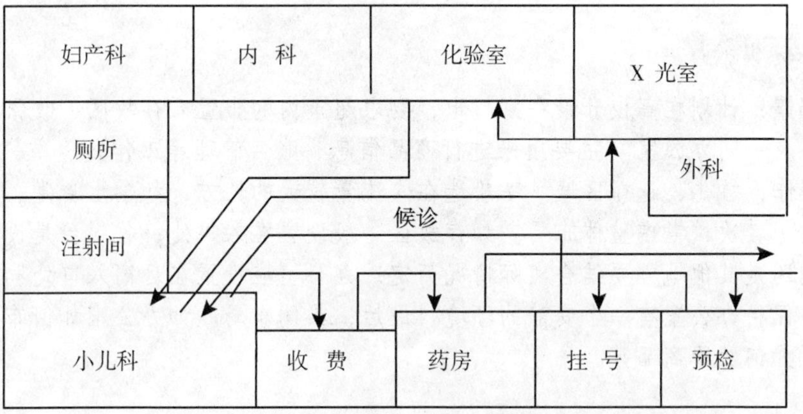

图 2-10 诊所平面布置示意图

从图 2-10 中可以看出病人要在多个部门停留。可以想象，当诊所规模扩大成一所大医院，疾病的诊断和治疗越来越需要依靠先进的设备，病人在医院中要到许多部门做仪器设备检查，行走距离会很长。特别对于病情较重的住院病人，需护工运送，无疑会增加成本。这时我们会遇到运输费用最小化的医院平面布置问题。

再如百货零售商店，它的平面布置有两条要求，一是能使顾客进店后很容易找到自己想要商品的柜台；二是店面的走道布置不能太拥挤，图 2-11 为一家超市的平面布置图。

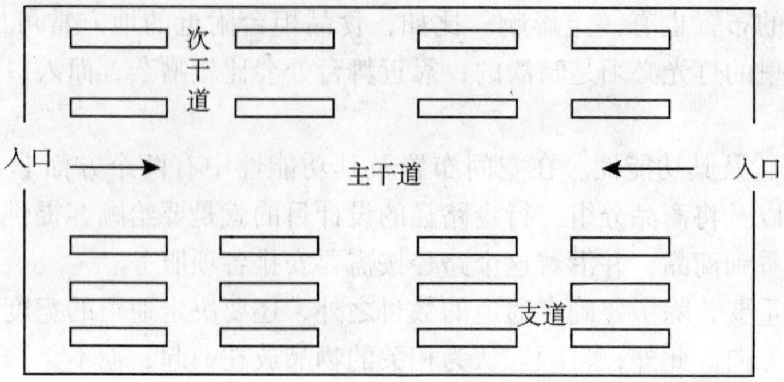

图 2-11 超市平面布置示意图

图 2-11 的这种角度的布置，好处是视线更开阔，顾客进入店铺后在主干道上就可以看清通道上方的标志，查找货物比较方便。由于服务业的生产过程和消费过程合为一体，消费者会对整个服务过程提出质量要求，因此服务业还十分强调环境的布置，如家具的式样、颜色、室内的灯光、墙壁的色彩和图案，等等。

零售服务业布置的目的是要店铺的每平方米的净收益达到最大。在实际应用中，这个目标经常被转化为这样的标准，如“最小搬运费用”或“产品摆放最多”，同时应该还考虑到许多其他人性化的因素。

情境模拟 2-1

场景： 计划在高校开设一家超市，要求超市内的布置有存放区、收银台、商品展示区以及一间办公室（主要用来进行商品信息、账目管理等工作）。

操作： 首先，选择区域。一般选在人流量较大的地方，如学生食堂、学生宿舍楼等附近。其次，考虑整体布局。如存放区一般设置在入口处；收银台是设置在入口处同一侧还是其他地方要结合实际情况而定；办公室应设置在远离入口处和收银台的地方，以保持办公室有一个安静的环境。最后，具体布局。如办公室如何布置，商品展示区又如何放置商品等。

知识掌握

□ 判断题

（1）设施选址就是确定在何处建厂或建立服务设施，它直接关系到企业的生产管理活动和经济效益。（　）

（2）企业选址的类型有三种，其中企业战略性迁移选址决策在企业选址决策中难度最大。（　）

（3）工厂规模大，需占用大量土地的选址可考虑在农村建厂；工厂规模不大，需大

量受过良好教育和培训的员工的选址可考虑在城市建厂。(   )

(4) 物料运量比较法是按照原材料、在制品以及其他物资在生产过程中的总流向来布置工厂的各车间、仓库和其他设施，并绘制物料流向图。(   )

(5) 作业相关图是根据企业各个部门之间的活动关系密切程度布置其相互位置。(   )

□选择题

(1) 影响企业生产单位构成的因素有(   )。

A. 企业的产品　B. 企业的技术水平　C. 企业规模　D. 以上都对

(2) 在设施布置形式中，将相似的设备或功能放在一起的生产布局方式是(   )。

A. 混合类型布局　B. 产品导向布局　C. 工艺导向布局　D. 以上都不是

(3) 办公室布置的主要考虑因素不包括(   )。

A. 员工的劳动生产率　B. 信息传递的迅速性

C. 信息交流的方便性　D. 员工休息的舒适性

(4) 服务场所组成部分较多，其中有具备重要社会意义的标示物，常常能体现建筑物风格的是(   )。

A. 环境条件　B. 空间布置

C. 徽牌、标志和装饰品　D. 空间的功能性

(5) 一般仓库布置时，追求的总目标是(   )。

A. 搬运量最小　B. 工人最省力　C. 运输最方便　D. 储存量最大

□简答题

(1) 制造业设施布置的原则是什么?

(2) 选址决策的难度体现在哪些方面?

(3) 服务业的选址与制造业的选址有哪些不同?

(4) 导致选址决策复杂化的原因有哪些?

(5) 试比较办公室布置与生产制造系统布置的特点。

(6) 试述服务业的三种运作模式。一家服务公司能否既采用生产线的模式或自动服务模式，又能保持以客户为核心？请举例说明。

知识应用

□ 案例分析

江城银行的设施布置

江城银行在城市商业区新建的办公大楼已竣工，银行整个业务机构将搬进新的办公场所，这也给银行提供了合理布置办公设施，进一步提高作业效率的机会。

江城银行的一个主要业务环节是支票业务受理部，该部门主要负责受理商业支票和个人支票的结算。这些支票来自楼下营业服务窗口或其他金融机构。支票业务受理

部的业务内容主要包括：支票分类，对转来的支票进行归类整理，这可以通过识别支票底部的磁性墨水数字号码来完成；支票调节，对经由支票进出资金的总额进行平衡；支票结算，完成业务交易和资金过户；支票分送，将已归类整理的支票进行捆扎和发送。

支票业务处理部还负责受理来自政府部门的支票和通过系统返回的支票。由于业务处理程序不同，这类支票由分管商业支票业务的一个分部来受理，该分部也位于同一楼层的办公大厅。楼层电梯从底层通到2层，支票业务受理部设在新办公楼2层的办公大厅内。办公大厅被划分为8个相等面积的工作间，如图2-12所示，但没有隔墙。每个工作间面积为23m×23m（$529m^2$）。有8个业务分部的办公场所设在2层大厅，每个分部所需面积大约为$466m^2$，所以还留有一些供存放物品和未来扩展的空间。

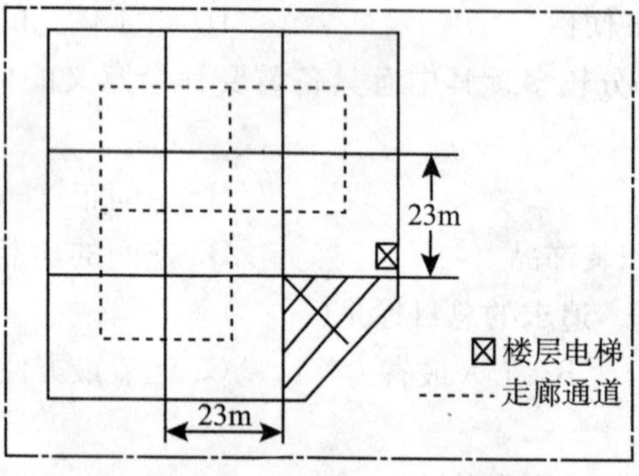

图2-12　江城银行2层业务大厅设施平面布置方案

工作物流，诸如业务处理过程中的支票和计算机打印输出票据等，将沿着走廊通道移动，走廊通道从各工作间的中心穿过，参见图2-12。支票的传递将通过楼层电梯，因此有必要将支票分送业务设置在距离电梯较近的工作间。对给定的工作间，其他分部的设置没有任何物理条件限制。

作为分析的第一步，有必要确定来往于各分部之间的业务流量。经过数周积累和搜集有关数据，给出了各分部之间每天业务的平均往来次数。虽然一周当中不同工作日所受理的支票数量有所不同，但所统计的业务平均往来次数仍然能反映和代表各分部之间的工作流实际数量。

通过对工作流的考察还发现一些重要的但未被考虑到的相关问题。例如，虽然在商业支票分类和政府支票业务受理之间没有直接的工作流，但它们使用同样类型的设备。该种设备产生较大的噪声，需要隔音墙来防止噪声干扰。因此，有必要将所有这类设备集中安置，可节约装修成本。此外，还希望使这些产生噪声的设备远离那些需要安静的工作环境以便能够集中精力工作的业务部门，如支票调节办公室。考虑到这些因素，需要对两分部之间的业务紧密程度进行识别和排序。以下是表述业务联系紧密程度时所使用的字母符号表示的含义：

A——绝对重要；

E——特别重要；

I——重要；

O——一般；

U——不重要；

X——不予考虑。

在表 2-5 中，对角线右上部分给出了各分部之间每天的平均工作流（业务平均往来次数），对角线的左下部分是各分部之间的业务紧密程度。比如，在支票分类与支票调节之间的工作流是每天业务往来 50 次，它们之间的业务关系是“X”，即无紧密程度可言。

表 2-5 **工作流和业务关系紧密程度**

业务部门	1. 支票分类	2. 支票调节	3. 支票结算	4. 支票分送	5. 政府支票	6. 返回支票	7. 结算调整	8. 办公室
1. 支票分类	…	50	0	250	0	0	0	0
2. 支票调节	X	…	50	0	0	0	0	0
3. 支票结算	X	A	…	0	0	0	0	10
4. 支票分送	U	U	U	…	40	60	0	0
5. 政府支票	A	U	U	E	…	0	0	0
6. 返回支票	U	U	U	E	U	…	12	0
7. 结算调整	X	A	A	U	U	E	…	10
8. 办公室	X	I	I	U	O	O	I	…

问题：（1）制订平面布置设计方案，使总工作流最小。

（2）对上述不同的平面布置设计方案进行评价。

（3）在设计平面布置时，还有哪些其他因素应当予以考虑？

资料来源：申元月．生产运作管理［M］．济南：山东人民出版社，2005.

□实践训练

（1）参观一家企业，对其选址情况进行分析，并考虑决定其选址的因素有哪些，说明其利与弊。

实训目的：通过对企业选址的分析，加强对企业选址的原则、步骤及方法的理解，并能在实践当中灵活地加以运用。

实训要求：深入实地观察一家企业的选址，通过采访企业相关人员，利用所掌握的知识，就其选址动因进行分析。并结合社会发展的变化，对其选址提出相应的观点和建议。

（2）假定你所在学校的旁边有一家小餐厅需要改进布置（自己观察，并选择一家），请你收集相关数据，给这家小餐厅出谋划策。

实训目的：通过观察小餐厅的服务状况，来规划小餐厅的整体布置，以达到增加收益的目的。

实训要求：对其客户资源、服务状况进行客观调查，然后画出一张平面布置图。

（3）根据图 2-13，将 6 个部门安排在一个 2×3 的区域内，要求把部门 5 安排在右上角的位置上。

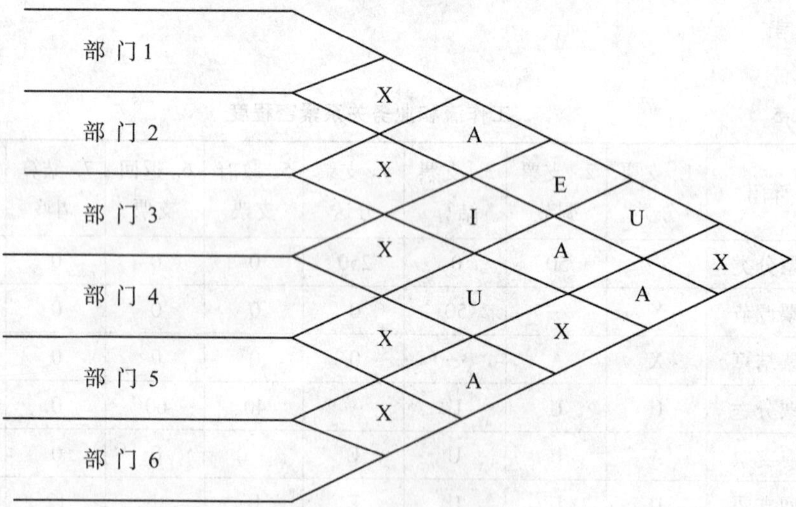

图 2-13　作业相关图

注：这里的符号表示两者的关系

实训目的：掌握作业相关图法的运用。

实训要求：根据相关作业图所表达的含义，安排出各部门间最合理的布置方案。

□综合实训

一、训练目标

（1）能动手对制造企业进行设施布置。

（2）理解设施布置对企业生产的重要性。

（3）对企业的生产流程有明确的认识。

（4）进一步理解设施布置与生产之间的关系。

二、学员人数

30～50 人。

三、训练方法

1. 有效引导

设施布置方案的实训，以教师前期对理论知识点的介绍为前提，在学员动手操作的过程中教师加以引导展开。

2. 控制进程

课程以体验方式进行，由于学员对知识点的掌握会有所差异，会出现速度不均衡的情况，教师对速度较慢的学员可重点辅导，速度较快的学员给予引导即可。也可让进度较快的学员参与指导。

四、实训工具

教师用：给出既定的题目、授课用 PPT。

学生用：相关资料及道具。

五、实训准备

1. 实训场地及实训用品

实训场地：教室或实训室。

实训桌椅：30 ~ 50 张。

实训用品如表 2-6 所示。

表 2-6

序号	品名	数量	序号	品名	数量
1	投影仪	1	5	A4 白纸	200 张
2	电脑	最少 1 台	6	白板笔	红蓝各 1 支
3	音响设备	1 套	7	铅笔	按学院人数准备
4	白板	1	8	实训效果评估表	按学员人数

2. 教学准备

提前告知学员要准备的资料及应了解的知识点。

七、实训内容

一个制造厂计划在某车间旁增加一条新的生产线，可生产五种型号的产品：A、B、C、D、E。现有两个布置备选方案，如图 2-14 所示。五种产品在六个部门间的移动距离和移动次数见表 2-7。如何选择设施布置方案，以实现月运输量最小的目标？简要说明选择此方案的原因。

1	2	3
4	5	6

布置方案 A

4	1	3
2	5	6

布置方案 B

图 2-14　新建侧房内生产线设备布置方案

表 2-7　　生产线的条件

产品型号	产品工艺路线	月产量（件）	移动方向	设备间的距离（m）	
				方案 A	方案 B
A	1–2–3	2000	1–2	15	25
B	4–5–6	2000	1–5	30	10
C	1–5–6	3000	2–3	15	35
D	2–5–6	1000	2–4	20	10
E	2–4–3	3000	2–5	15	15
			3–4	35	25
			4–5	15	25
			5–6	10	10

第三章 工作设计与组织

学习目标

◎了解劳动生产率的计算方法与提高劳动生产率的途径；
◎了解工作设计的内容与方法；
◎掌握劳动定额的作用与制定方法；
◎掌握劳动定员的编制方法。

引例

小王面临的困境

小王大学毕业后，进入了一家外资企业，从事电脑维护工作，起初工作干劲很大，如今算起来参加工作快两年了，对工作早已失去了当初的激情，而且越来越多地抱怨工作单调乏味。与朋友聊天时也常说，他早晚要跳槽，找一个能让自己感兴趣的工作。像小王这样的情况，在职场中可以说很常见，相信多数人都对单调的工作产生过抱怨。

如果一个员工觉得他的工作枯燥乏味，并产生抱怨甚至抵触心理，试想他会如何对待他的工作？这样的工作状态又会产生怎样的工作效果？

很多人把工作仅仅作为谋生的手段，并不在乎工作是否有趣，自己是否喜欢。但是，对于那些受过较多教育，有更多追求的员工来说，他们并不这样认为，他们对工作寄予了很高的期望，希望自己的人生更丰富，渴望更多的成就感，希望能达到自我实现。对工作有所期望的员工往往也是企业最重要的人力资源。

这个案例表明 在价值多元化的社会 人们有理由对工作有更多的要

求　每个人从内心来说都向往拥有一份丰富　有趣的工作　只不过由于各种原因　很多人并不能实现　员工带着消极情绪工作　将很难达到理想的工作效果　因此　管理者应该认真思考一下　如何使工作本身成为激励员工的重要因素　如何进行工作设计

3.1　劳动生产率

3.1.1　劳动生产率的概念及计算方法

1. 劳动生产率的概念

劳动生产率是指劳动者在一定时期内创造的劳动成果与其相适应的劳动消耗量的比值，即劳动者生产某种产品的劳动效率。劳动生产率水平可以用单位时间内所生产的产品的数量来表示，也可以用生产单位产品所耗费的劳动时间来表示。单位时间内生产的产品数量越多，劳动生产率就越高，反之，则越低；生产单位产品所需要的劳动时间越少，劳动生产率就越高，反之，则越低。

2. 劳动生产率的计算

劳动生产率是在一定时间内生产出来的有用产品（或完成工作）的数量与相应的劳动消耗量之间的比率。劳动生产率有两种算法：

（1）劳动生产率的直（接）算法：以单位时间内生产的产品数量或销售额为单位进行计算，即：

工业企业的劳动生产率＝产品数量/生产时间。如：某企业在 8 小时内生产的产品数量为 1000 件，则劳动生产率＝1000÷8＝125（件/小时）。

商业企业的劳动生产率＝销售额/销售人数。如：某贸易公司有销售人员 20 名，实现销售收入 100 万元，则劳动生产率＝100÷20＝5（万元/人）。

（2）劳动生产率的逆算法：以工人生产单位产品所消耗的工时为单位进行计算，即：

劳动生产率＝生产时间/产品的数量。如：某车间生产 100 件产品需要 4 小时，则劳动生产率＝4÷100＝0.04（小时/件）。

说明：直接算法的数值越大，即单位时间生产的产品越多，劳动生产率也就越高。逆算法结果越小，说明生产一个产品所消耗的工时越少，当然劳动生产率也就越高。

3.1.2　提高劳动生产率的途径

1. 提高劳动生产率的意义

提高劳动生产率，可以缩短个别劳动时间，是生产者增加收入的主要途径；可以缩短社会必要劳动时间，使商品物美价廉，可以提高人民的生活水平。因此有必要研究提高劳动生产率的途径。

2. 提高劳动生产率的途径

如何提高劳动生产率？首先要搞清楚影响劳动生产率的因素有哪些。劳动生产率的状况是由社会生产力的发展水平决定的。具体来说，决定劳动生产率高低的因素主要有：劳动者的平均熟练程度；科学技术的发展程度；生产过程的组织和管理；生产资料的规模和效能；自然条件，如地质状态、资源分布、矿产品位、气候条件和土壤肥沃程度等。这些因素中，除某些自然条件外，绝大多数可以提出相应的改善途径。总的来说，提高劳动生产率的途径有：

(1) 提高劳动者的平均熟练程度。劳动者的平均熟练程度越高，劳动生产率就越高。劳动者的平均熟练程度不仅指劳动实际操作技术，而且也包括劳动者接受新的生产技术手段，适应新的工艺流程的能力。

(2) 应用先进的科学技术。科学技术越是发展，而且越是被广泛地运用于生产过程，劳动生产率也就越高。

(3) 对生产过程进行科学的组织和管理。主要包括生产过程中劳动者的分工、协作和劳动组合，以及与此相适应的工艺规程和生产管理方式。

(4) 提高生产资料的有效使用程度。主要指劳动工具有效使用的程度，对原材料和动力燃料等利用的程度。

小思考3-1

合理的报酬

在提高劳动生产率的过程中，报酬一直起着关键作用。报酬太低不利于提高员工的生产积极性，报酬太高增加了企业的人力成本，只有合理的报酬才能既有利于企业发展，又有利于劳动生产率的提高。那么，合理的报酬应该包括哪些内容呢？

答：合理的报酬应该包括以下几个方面：①多劳多得。多干少干一个样，只能在短时间内取得平衡，时间长了必将导致劳动生产率的下降。②优质优价。优质的服务、优质的工作都应该获得优质的报酬，干好干坏一个样也是劳动生产率下降的主要原因。③不定期奖励。定期的、固定的奖励很容易被员工看成是固定收入，很容易产生“有了是应该”的消极想法，只有不定期奖励才能起到提高劳动生产率的效果。④分享成果。当企业发展时，员工应该增加收入，反之，员工应该减少收入。员工的报酬应该在企业利润中占有一个相对固定的比例，这样才能使员工意识到企业的兴旺发达与自己的利益息息相关。

3.2 工作设计

3.2.1 工作设计的概念及内容

随着技术的不断创新和广泛应用，劳动者的生产效率得到了显著提高。但是，单纯为了提高效率导致很多工作变得无聊乏味，这些工作专业面窄、易学、重复性强，工作者很难从中得到满足。于是，如何使工作成为激励员工的重要因素，如何进行工作设计就成为管理者应该认真思考的问题。

1. 工作设计的含义

工作设计又称岗位设计，是指根据组织需要，并兼顾个人的需要，规定每个岗位的任务、责任、权力以及组织中与其他岗位关系的过程。工作设计要解决两个问题：①工作怎样做——最大限度地提高组织的效率和劳动生产率。②怎样使工作者在工作中得到满足——最大限度地帮助个人成长和增加个人福利。

工作设计是否得当，对于激发员工的工作积极性，增强员工的工作满意感以及提高员工的工作绩效，都有重大的影响。

2. 工作设计的内容

工作设计的主要内容包括工作内容、工作职责和工作关系的设计三个方面。

（1）工作内容。工作内容的设计是工作设计的重点，一般包括工作广度、工作的深度、工作的自主性、工作的完整性以及工作的反馈性五个方面：

①工作的广度。即工作的多样性。工作设计得过于单一，员工容易感到枯燥和厌烦，因此设计工作时，尽量使工作多样化，使员工在完成任务的过程中能进行不同的活动，保持工作的兴趣。

②工作的深度。设计的工作应具有从易到难的一定层次，对员工工作的技能提出不同程度的要求，从而增加工作的挑战性，激发员工的创造力和克服困难的能力。

③工作的完整性。保证工作的完整性能使员工有成就感，即使是流水作业中的一个简单程序，也要是全过程的，让员工见到自己的工作成果，感受到自己工作的意义。

④工作的自主性。适当的自主权力能增加员工的工作责任感，使员工感到自己受到了信任和重视。认识到自己工作的重要性，使员工工作的责任心增强，工作的热情提高。

⑤工作的反馈性。他人对自己工作能力、工作态度的评价；工作本身的反馈，如工作的质量、数量、效率等。工作反馈信息使员工对自己的工作成果有全面的认识，能正确引导和激励员工，有利于工作的精益求精。

（2）工作职责。工作职责设计主要包括工作的责任、权限、方法等方面。

①工作责任。工作责任设计就是员工在工作中应承担的职责及压力范围的界定，即工作负荷的设定。

②工作权限。权限与责任是对应的，权限范围越广，责任越大，二者脱节会影响员工的工作积极性。

③工作方法。工作方法的设计具有灵活性和多样性，不同性质的工作，根据其工作特点的不同，采取的具体方法也不同。

（3）工作关系。确定与其他人相互交往联系的范围及相互配合协作的要求。

小思考3-2

工作再设计

工作设计不是一成不变的，那么在哪些情况下，管理者应该考虑进行工作再设计？

答：在下列情况下，可以考虑进行工作再设计：

①岗位设置不合理。有些岗位工作量大，员工经常要加班才能完成工作；有些岗位却工作量少，员工经常无事可做。这是人力资源配置不合理的表现，无形中加大了人力资源的成本，也可能会破坏员工之间的公平与和谐，由此带来整体工作效率的降低。

②企业计划进行管理变革。企业的不断发展，或者外部市场环境的变化，使得企业必须对现有的经营模式和管理模式进行改革时，人力资源部门应该进行相应的工作设计，以此来配合企业的改革，使工作能够适应企业发展的需要。

③员工工作效率下降。诚然，员工工作效率下降的原因很多，但如果是由于员工对现有工作失去兴趣而产生的效率下降，那么对这些工作进行再设计也不失为一种解决措施。

3.2.2 工作设计的主要方法

一般在如下两种情况下，需要进行工作设计。一种是对组织中新设置的岗位按照一定的要求和原则进行设计，另一种是对目前组织中已存在的缺乏激励因素和满意度较低的岗位进行重新设计。常见的工作设计方法有三种，即工作轮换、工作扩大化、工作丰富化。

1. 工作轮换

工作轮换是在组织的不同部门或在某一部门内部调动雇员的工作。目的在于让员工积累更多的工作经验。长期从事相同的工作，尤其是从事常规性工作，会使员工对工作感到枯燥乏味，缺乏变化和挑战。而员工到一个新的岗位工作，往往具有新鲜感，能激励员工做出更大的努力。

工作轮换有利于员工了解组织的不同部门，从而对整个组织的运作形成一个完整的概念；有利于提高员工解决问题的能力和决策能力，帮助他们选择更合适的工作；有利于部门之间的了解和合作。

工作轮换应注意的几个问题：

（1）必须先对工作岗位进行分析，明确哪些职位之间可以互相轮换。一般来说，工作轮换首先在同一个职位类别中的职位之间开始，然后在不同职位类别中的职位之间进行。

（2）工作轮换必须有序进行，以免影响正常的工作秩序和工作效率。

（3）应充分考虑个人意愿，并非所有员工都愿意过多地尝试新的职位，一些员工更希望专注于一个领域进而深入发展。

知识链接3-1

某公司的岗位轮换管理办法

以下是某公司的岗位轮换管理办法，其中对岗位轮换的部门范围、应遵循的原则、参加轮换员工的条件，以及具体的操作办法等做了详细的规定，具体如下：

第1条　为完善人力资源管理体系，培养高素质、复合型的人才队伍，特制定本办法。

第2条　本办法适用于公司内各单位。岗位轮换的范围包括经营单位内部、公司部门间、公司部门与经营单位之间、经营单位之间。

第3条　各单位安排员工进行轮换时，必须遵循以下原则：

(1) 符合公司的发展战略，符合公司的人力资源发展规划；

(2) 有利于提高员工的综合能力，做到量才适用；

(3) 干部轮换建立在年终考核结果的基础上，遵循有利于提高其综合素质的原则，着重培养干部的综合管理能力。

第4条　各单位应结合本单位的人力资源发展规划，每年按以下比例安排员工进行轮换：

(1) 按现有专业人员数的3%~5%的比例进行轮换；

(2) 按10%~15%的比例对中高层干部进行轮换。

第5条　符合以下条件的员工应参加轮换：

第一类：在外协、采购、广告、财务、审计、人事、劳资、资金结算等关键、敏感岗位工作满三年的员工。

第二类：大学专科以上，有一定的专业技术知识和管理经验，有较强的事业心和上进心，有较大发展潜力的员工、后备干部优先。

第6条　每年12月初，进行下一年度的轮换安排。专业人员的轮换由个人提出申请，并填写《工作轮换申请表》(见附件一：表3-1)。公司由人力资源管理中心负责审核，部长审批；经营单位由各人力资源部门负责审核，总经理审批，报人力资源部备案。

第7条　每年12月初，人力资源部与各单位拟定本单位参加轮换的关键、敏感岗位人员名单。其中，各经营单位将名单报人力资源部审核。

第8条　进行轮换的员工由所在单位的人力资源管理部门建立《员工工作轮换登记卡》(见附件二：表3-2)，记录员工的基本情况、优缺点、轮换期间工作与培训情况，由专人负责保管。

第9条　工作轮换的具体操作以内部调动形式进行，审批手续按内部调动程序执行。

第10条　每年由各单位人力资源管理部门针对本单位轮换员工的情况，做好轮换计划，报人力资源部备案。

第11条　对安排轮换的员工，根据其培养方向及集团的发展需要，由人力资源管理部门安排其相关工作。向管理方向发展的员工以安排行政管理、企划、品牌管理、营销管理、科技管理、生产管理等工作为主；向技术方向发展的员工以安排开发、品质管理、设备管理、工艺等工作为主。条件成熟时，可安排到市场营销队伍中进行短期锻炼。

第12条　集团可根据实际情况，安排有关员工进行跨部门、跨单位的轮换。

第13条　各单位、各部门必须密切配合轮换工作，指定专人负责对轮换人员进行工作指导及考核。在符合轮换原则的基础上，不得以任何理由推托、拒收。

第14条　参加工作轮换的员工必须遵守新单位的工作纪律，服从单位的领导，接受考核，考核结果记录在《员工工作轮换登记卡》上，作为奖惩、培训、晋升、轮换的依据。

第15条　对轮换人员新岗位的考核每半年进行一次，主要考核其工作态度、工作能力、发展潜力、工作绩效。其直接主管对其考核结果负责，考核结果报人力资源管理部门备案。

第16条　每次考核结束后，人力资源管理部门会同其所在单位与轮换员工进行面谈，评价其长处与不足，并商讨改进方案及提出培训建议。

第17条　对连续两次考核结果为C及D者，可根据所在单位意见，安排其调岗、培训或降职。

第18条　各单位及集团开发中心应积极对轮换对象进行有针对性的培训，提高其各方面的素质，以适应新岗位的要求，培训结果记录在《员工工作轮换登记卡》上。

第19条　由人力资源委员会、人力资源部和各单位人力资源管理部门共同组成岗位轮换管理体系，负责轮换工作的运作和管理。

第20条　人力资源部在部长的领导下，负责公司总部员工轮换工作的安排、管理、培训和考核；负责对各单位轮换工作的指导与监控；负责对跨单位轮换的审批等。

第21条　在总经理的领导下，各单位人力资源管理部门负责本单位轮换员工工作的安排、管理、培训和考核等。

第22条　每年11月底，人力资源部及各单位人力资源管理部门向人力资源委员会提交上年度轮换工作总结，接受人力资源委员会的考评，考评结果列入年度考核中。

第23条　本规定由人力资源部负责制定、修改并解释。

第24条　本规定由下发之日起执行。

以上管理办法中的附件如下：

附件一：

表 3-1　　　　　　　　　　**工作轮换申请表**

审核人：　　　　　　　　　　　　　　　　　　　　　　年　月　日

<table>
<tr><td>姓名</td><td></td><td>性别</td><td></td><td>年龄</td><td></td><td>学历</td><td></td></tr>
<tr><td>当前工作部门</td><td colspan="3"></td><td>职位名称</td><td colspan="3"></td></tr>
<tr><td>目标部门/岗位</td><td colspan="7"></td></tr>
<tr><td>轮换原因</td><td colspan="7"></td></tr>
<tr><td>本部门
领导意见</td><td colspan="7">审批人：
年　月　日</td></tr>
<tr><td>目标部门
领导意见</td><td colspan="7">审批人：
年　月　日</td></tr>
<tr><td>人力资源
部门意见</td><td colspan="7">审批人：
年　月　日</td></tr>
</table>

附件二：

表 3-2　　　　　　　　　　**员工工作轮换登记卡**

<table>
<tr><td>姓名</td><td></td><td>性别</td><td></td><td>学历</td><td></td></tr>
<tr><td colspan="6">工作轮换经历</td></tr>
<tr><td rowspan="4">第一次轮换</td><td></td><td>工作部门</td><td>部门领导</td><td>具体工作</td><td>工作期限</td></tr>
<tr><td>轮换前</td><td></td><td></td><td></td><td></td></tr>
<tr><td>轮换后</td><td></td><td></td><td></td><td></td></tr>
<tr><td>接受培训</td><td colspan="4">1.
2.
3.</td></tr>
<tr><td rowspan="3">第二次轮换</td><td></td><td>工作部门</td><td>部门领导</td><td>具体工作</td><td>工作期限</td></tr>
<tr><td>轮换后</td><td></td><td></td><td></td><td></td></tr>
<tr><td>接受培训</td><td colspan="4">1.
2.
3.</td></tr>
<tr><td rowspan="3">第三次轮换</td><td></td><td>工作部门</td><td>部门领导</td><td>具体工作</td><td>工作期限</td></tr>
<tr><td>轮换后</td><td></td><td></td><td></td><td></td></tr>
<tr><td>接受培训</td><td colspan="4">1.
2.
3.</td></tr>
</table>

资料来源：姚月娟．工作分析与应用［M］．大连：东北财经大学出版社，2007.

2. 工作扩大化

工作扩大化是指工作范围的扩大或工作多样性，从而给员工增加工作种类和工作强度。它增加了所设工作岗位的工作内容，使员工有更多的工作可做。

工作内容的增加，要求员工掌握更多的知识和技能，从而能提高员工的工作兴趣。在制造领域，增加员工在一件产品上的工作内容，而不是单单从事某一项工作，员工在心理上可以得到安慰，同时也减少了把产品从一个人传给另一个人的环节，因而节约了时间，提高了工作效率。

工作扩大化增加了员工的工作满意度，提高了工作质量。IBM公司声称虽然工作扩大化导致工资支出和设备检查的增加，但因质量改进，职工满意度提高而抵消了这些费用。美国梅泰格（Maytag）公司声称通过实行工作扩大化提高了产品质量，降低了劳务成本，工人满意度提高，生产管理变得更有灵活性。

工作扩大化要求员工具有更高的知识技能，给员工带来新的挑战，但并未从根本上解决员工内在驱动力问题。

3. 工作丰富化

工作扩大化在20世纪60年代盛行一时，但很快工作者便不再满足于简单地增添工作内容，原因是在“参与、控制与自主权”方面，工作扩大化和工作轮换没有增加任何新东西，而工作丰富化却较好地解决了这些问题。

工作丰富化是指在工作中赋予员工更多的责任、自主权和控制权。工作丰富化是以员工为中心的工作再设计，它将员工对工作的满意程度与组织的使命联系起来，鼓励员工参加对其工作的再设计。

工作丰富化与工作扩大化、工作轮换不同，它不是水平地增加员工工作的内容，而是垂直地增加工作内容。这样员工要完成更多的任务，承担更大的责任，员工有更多的自主权和更高程度的自我管理。

管理者可以通过增加工作的多样性、完整性、重要性、自主性、反馈性来丰富工作的内容，具体采取以下五个步骤：

（1）确定工作单元。工作单元可以根据地理位置、产品或生产线、业务或顾客来划分。

（2）合并任务。即尽可能地把独立的和不同的工作合成一个有意义的整体。

（3）建立和顾客之间的联系。使生产者和产品的使用者（其他生产部门、顾客、销售团体等）建立联系。

（4）直接分派任务。即尽可能地给生产者计划、控制自己工作的权力，这也意味着给生产者更多计划工作、控制存货、预算资金和质量控制的权责。

（5）公开信息反馈渠道。尽可能给生产者提供更多的成本、产量、质量、消费者抱怨等信息。

工作丰富化的缺点是培训费用的增加、工资报酬的上升及工作设施的完善或扩充带来的开支增加，以及对员工个人素质要求较高。

无论是工作轮换、工作扩大化还是工作丰富化，都不应单独拿来作为解决员工不满的灵丹妙药，必须在职务设计、人员安排、劳动报酬及其他管理策略方面进行系统考虑，最大限度地激发员工的积极性，以便使员工个人需求与组织需求实现最佳组合，从而促进企业目标的实现。

3.2.3 工作研究

工作设计解决的是分配工作任务和职责的方式问题，那么，如何寻求更好、更经济、更容易的工作方法，以提高劳动生产率，则是工作研究所要解决的问题。工作研究的基本过程是运用动作分析获得最佳程序和方法，然后再利用时间研究对所有作业制定出标准时间。

知识链接3-2

动作研究的提出

19世纪末至20世纪初，美国的泰勒首创时间研究。吉尔布雷斯夫妇提出动作研究。第二次世界大战期间，军工产品大量生产，必须在短时间内使大批新工人掌握操作方法和迅速提高工作效率。动作研究和时间研究两种方法便结合起来，被称为动作和时间研究，又称为工作研究。

1. 动作分析

人的生产作业活动实际上是由一系列的动作所组成，这些动作的快慢、多少、有效与否，直接影响了生产效率的高低。进行动作分析，最主要的目的就是消除无效的动作，以最省力的方法实现最佳的工作效率。

动作分析是把某项作业的动作，分解为最小的分析单位（动素），来对作业进行定性分析，以找出最合理的动作，使作业达到标准化的一种方法。动素由吉尔布雷斯创立，后经美国机械工程师协会等修改补充为18项，各个动素的符号及含义如表3-3所示。

表3-3 **动素符号图表**

序号	动素名称	文字符号	形象符号	含　义	符号说明
1	伸手	R		空手移动，接近或离开目的物的动作（运空）	空手或空碟的形状
2	握取	G		利用手指充分控制物体	抓东西的形状
3	移物	M		手持物从一处移到另一处的动作（运实）	手里或碟子里有东西的形状

续表

序号	动素名称	文字符号	形象符号	含　义	符号说明
4	放手	RL		从手中放掉东西，又称放开	东西从手里或碟子掉下来的形状
5	预对	PP		物体定位前先将物体安置到预定位置	把两个将要对准的东西接近的形状
6	装配	A		为了两个以上的物件的组合而做的动作	把东西组合起来的形状
7	使用	U		利用器具或装置所做的动作，又称应用	形如 USE 的“U”
8	拆卸	DA	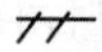	对两个以上组合的物体，作分解动作	从组合中去掉物件的形状
9	检验	I		将产品和所制定的标准作比较的动作，又称检查	透视的形状
10	寻找	SH		确定目标物的位置的动作	用眼睛找东西的形状
11	选择	ST		选取欲抓取目的物的动作	指示选择出来东西的形状
12	计划	PN		在操作进行中，为决定下一步骤所作的考虑	把手放在头上进行思考的形状
13	定位	P		为将物体放置在正确位置而进行动作，又称对准	螺旋曲线向心导入的形状
14	保持	H		手握物并保持静止状态，又称拿住	磁铁吸住东西的形状
15	休息	RT		不含有用的动作，而以休息为目的	人坐在椅子上的形状
16	延迟	UD		含有有用的动作，而作业者本身所不能控制的动作	人失控倒下的形状
17	故迟	AD		不含有有用的动作，作业者本身所可以控制而不去控制的动作	人躺着休息的形状
18	发现	F		物品已找到的瞬间动作。此动素为美国机械工程师学会增加	

根据这些动素在作业过程中的实际作用的大小，可以将其分成三类：

第一类：有效动素，即进行工作所必要的动素，包括伸手、握取、移物、装配、使用、拆卸、放手、检验。

第二类：辅助性动素，它虽然有时是必要的，但这类动素会使作业时间消耗过多，降低作业效率，除了非用不可的之外应尽量取消，包括寻找、发现、选择、计划、定位、预对。

第三类：无效动素，属于不进行任何工作的动素，是一定要设法取消的，包括保持、休息、延迟、故迟。

如何对构成某作业的动素进行分析呢？具体步骤如下：

第一步：找出作业中存在的问题，决定应进行动素分析的作业。

第二步：动素分析的准备：动素分析表、记录纸、秒表、卷尺等。

第三步：动素分析的实施：在分析表中填写必要的事项；观察、分解、记录动作；整理分析结果，填写总结表（将动素记号按左右手分开，填写合计数）；画出作业现场布置图。

第四步：讨论分析结果，确定改进方案：找出第二、三类动作过多的原因并进行改善；运用“5W1H分析法”从六个方面反复提出问题；在确定改进方案后，应作出改进作业后的动素分析表，比较改进前后的动素数，评价改进效果。

知识链接3-3

5W1H分析法

5W1H分析法（见表3-4）也叫六何分析法，是一种思考方法，也可以说是一种创造技法，是对选定的项目、工序或操作，从原因（何因）、对象（何事）、地点（何地）、时间（何时）、人员（何人）、方法（何法）六个方面提出问题并思考，寻求解决问题的答案。

表3-4 **5W1H分析法**

	现状如何	为什么	能否改善	该怎么改善
对象（What）	生产什么	为什么生产这种产品	是否可以生产别的	到底该生产什么
原因（Why）	什么目的	为什么是这种目的	有无别的目的	应该是什么目的
地点（Where）	在哪儿干	为什么在那儿干	是否能在别处干	应该在哪儿干
时间（When）	何时干	为什么在那时干	能否其他时候干	应该什么时候干
人员（Who）	谁来干	为什么由那人干	是否由其他人干	应该由谁干
方法（How）	怎么干	为什么那样干	有无其他方法	应该怎么干

以上六个问题的英文第一个字母为 5 个 W 和 1 个 H，所以简称 5W1H 分析法。运用这种方法分析问题时，先将这六个问题列出，得到回答后，再考虑列出一些小问题，又得到回答后，便可进行取消、合并、重排和简化工作，对问题进行综合分析研究，从而产生更新的创造性设想或决策。

知识链接 3-4

电阻元件插入电路板的作业过程的动素分析

表 3-5 是把电阻元件插入电路板的作业过程的动素分析表，通过分析，可以发现左手的动作存在一些无效动素，因而有针对性地提出了几点改善措施。

表 3-5　　动素分析表

序号	要素作业	左手动作	动素记号			右手动作	改善点
			左	眼	右		
1	把电阻元件放到左手	等待				伸手到容器	• 把容器放在靠近左手便于抓取元件 • 用左手抓元件 • 探讨用两手同时插元件的可行性
2		等待				抓起数个电阻元件	
3		伸手到右手				移物到左手	
4		接右手中的电阻元件				把电阻元件放到左手	
5	把电阻元件插入电路板	拿住电阻元件				伸手到左手	
6		拿住电阻元件				选择拿起一个元件	
7		等待				移动到电路板，调整方位	
8		等待				把引线对准电路板孔	
9		等待				把引线插入孔中	
10		等待				放开电阻元件	
11	剩余电阻元件放回容器	等待				伸手到左手	
12		剩下的元件放入右手				接左手的元件	
13		手缩回原处				把元件移动到容器	
14		等待				把元件放回容器	

合计	类别	第 1 类								合计	第 2 类			合计	第 3 类			合计	注：共插入 5 个元件
	记号																		
	左手																		
	右手																		

2. 动作经济原则

（1）定义。动作经济原则，就是人在操作作业时，能以最少的劳力收获最大的工作效果的经济法则。在作业过程中要经济地使用动作，必须经常观察和分析操作动作，彻底排除动作中的不合理成分和浪费。

（2）动作经济的四条基本原则。

①减少动作的数量。检讨是否有多余的寻找、选择、计划和预对。简化握取与装配动作。

②双手同时进行动作。检讨某一只手是否处于拿物或故迟状态。

③缩短动作的距离。减少需全身运动的动作；检讨手腕动作的距离；检讨是否用不必要的大动作进行作业。

④舒适的工作。减少动作的困难性；避免改变工作姿势；减少需要用力的动作。

（3）动作经济原则应用实例。

①取消不必要的动作。不必要的动作会使作业时间变长，使宝贵的时间消耗在无用的动作上。

知识链接3-5

焊锡作业动作的改善

改善前的焊锡作业过程中，左手动作数为5个，电烙铁需要右手频繁地拿起和放下，如图3-1所示。通过将电烙铁固定，左右手的动作得以改善，取消了不必要的动作，动作数也由5个减少为3个，如图3-2所示。动作改善前后对比如表3-6所示。

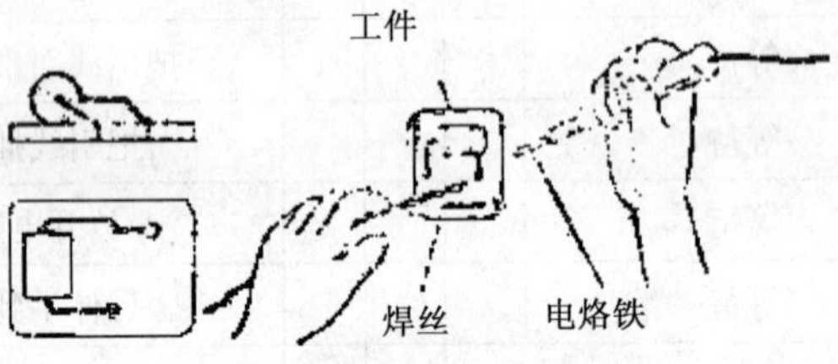

图3-1 改善前的焊锡作业

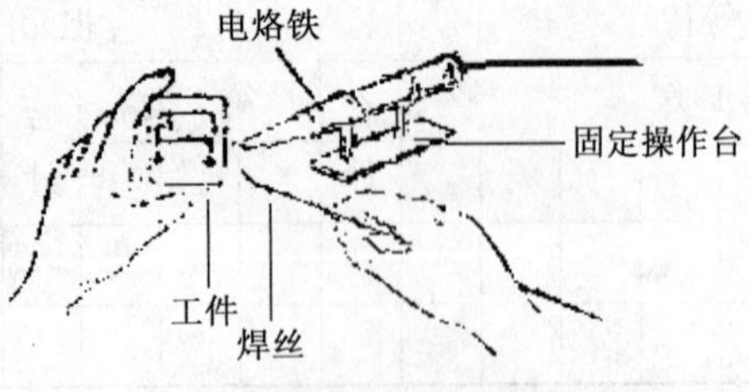

图3-2 改善后的焊锡作业操作

表3-6 **锡焊作业改善前后的对比**

改善前		改善后	
左手	右手	左手	右手
取工件放在操作台上	空手等待	取制品	拿起焊丝（等待）
拿起焊丝	拿起电烙铁	锡焊	焊锡
锡焊	锡焊	将工件放入产品箱中	拿住焊丝（等待）
放下焊丝	放下电烙铁		
将制品放入成品箱中	空手等待		

②合并两个及以上动作。作业过程中，有些动作是非常相似的，只是简单的重复操作，这时可以考虑将这些动作进行合并。

知识链接3-6

改善前用两个不同的印章先后在工件上盖印，显然效率不高，既然两次盖印的动作基本相似，那么我们可以把两个印章组合成一个印章，这样在工件上就只进行一次盖印动作，工作效率几乎提高了一倍，如图3-3所示。

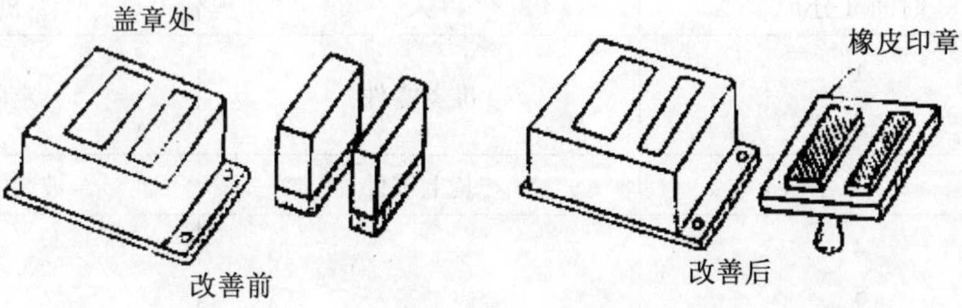

图3-3 减少盖印次数

③双手同时进行动作。在作业过程中某一只手闲着，不仅造成浪费，而且还会加重另一只手的负担，造成动作的不平衡。因此，要尽可能地让双手同时进行作业动作。从动作经济原则来讲，除休息以外作业过程中不允许双手出现空闲。

知识链接3-7

原来是用一只手把元件插入电路板，造成另一只手在大部分时间内处于空闲状态，现在改用双手同时操作，同时在两个电路板上进行元件的插入操作，工作效率提高近一倍，如图3-4所示。

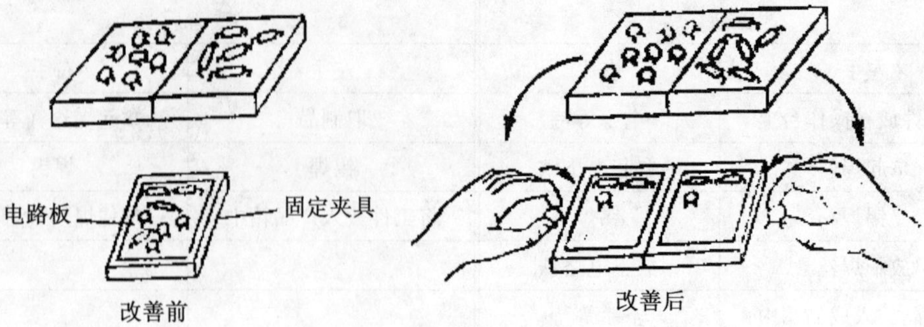

图 3-4　双手同时作业

④对作业程序重新组合。调整作业过程中动作的先后顺序，有时也会减少空闲时间，带来工作效率的提高。

知识链接 3-8

一个塑料压铸机压铸某制品的作业程序，如表 3-7 所示，调整前，加工一次零件总共花费 10 分钟，其中人和机器的空闲时间都达到 4 分钟，利用率只有 60%。

表 3-7　**调整前的作业程序及时间利用率**

时间（分）	人	机
1 2	准备零件	空闲
3	装上零件	被装零件
4 5 6 7	空闲	加工
8	卸下零件	被卸零件
9 10	修整和存放零件	空闲
利用率	60%	60%

现在进行第一次调整，在机器加工的同时进行“准备下一个零件”的操作，这样调整后，人和机器的空闲时间减少为 2 分钟，一次加工的时间也减少为 8 分钟，利用率达到了 75%，如表 3-8 所示。

表 3-8 第一次调整后的作业程序及时间利用率

时间（分）	人	机
1	装上零件	被装零件
2 3	准备下一个零件	加工
4 5	空闲	
6	卸下零件	被卸零件
7 8	修整和存放零件	空闲
利用率	75%	75%

可以发现，机器被装零件、加工、被卸零件的时间总共只需 6 分钟，而人的各个作业动作时间总共也只需 6 分钟，那么能不能把多出来的 2 分钟空闲时间也消除掉呢？答案是肯定的。再进行第二次调整，在机器加工的时候，同时进行“修整和存放零件”的操作，这样在机器加工的 4 分钟内，人也在同时进行操作，一次加工的总时间降为 6 分钟，人和机器的利用率都达到了 100%（见表 3-9）。

表 3-9 第二次调整后的作业程序及时间利用率

时间（分）	人	机
1	装上零件	被装零件
2 3	修整和存放零件	加工
4 5	准备下一个零件	
6	卸下零件	被卸零件
利用率	100%	100%

小思考 3-3

一般情况下，企业的生产系统是庞大且复杂的，在众多的作业环节中，应该从哪些方面着手，去选择那些亟待改良的工作呢？

答：通过对企业生产中各个方面的观察，从以下几点对生产进行分析，找出切入点：①最消耗人力与机器时间的工作；②生产工序过多，时间耗用较多的工作；③质量不稳定，易出次品的工作；④生产效率低，易发生积压，需经常加班才能做完的工

作；⑤生产活动中的薄弱环节。

3. 时间研究

（1）时间研究的概念。运用动作分析获得了最佳程序和方法后，就要用时间研究的方法来建立工作的时间标准。时间研究，又称为工作测量，是对经过方法研究而确定的标准作业方法，确定作业的时间标准。

（2）时间研究的步骤。在时间研究中，研究人员用秒表观察和测量一个训练有素的人员，在正常发挥的条件下各个工作单元所花费的时间，这通常需要对一个动作观察多次，然后取其平均值，再考虑正常发挥的程度和允许变动的幅度，以决定标准时间。

为了方便阐述，结合一个茶杯包装的例子（将一套六个茶杯装入纸盒，封口，码放）来具体说明时间研究的基本方法、步骤和要注意的事项。

步骤一：将工作分解成单元。

例如，在茶杯包装事例中，可将这一工作分解成四个工作单元：①取两个纸盒；②将衬垫放入纸盒；③将茶杯放入纸盒；④纸盒封口、码放。将相关的数据记录到数据记录表中。分解工作单元时要注意的几个问题是：第一，为了测量工作单元所花费的时间，每一工作单元都应该有明确的开始和结束标志；第二，工作单元的划分不能太细，否则动作难以用秒表测量。例如，上述事例中的动作单元②如果再细分，还可分成三个单元：左手拿起衬垫；将衬垫打开（将放每个茶杯的网眼撑开）；将衬垫放入纸盒。因为这几个动作每一个都非常快，难以精确测量各自所需的时间，所以不宜将第二个动作单元再分解。第三，如果这项工作已经进行了一段时间，有约定俗成的工作方法，那么动作单元的划分应与这样的工作方法保持一致。有些非正常的、偶然发生的动作（如衬垫失手掉在地上）不应计算在工作时间内。

步骤二：测量各工作单元的时间。

选择一名训练有素的人员作为研究对象，测量其每个工作单元所需的时间。常用的测量方法是连续测量法，即研究人员在每个工作单元的动作结束时，记下该时刻，列在时间记录表中的 r 行中，然后根据相邻两个工作单元结束时刻的差即可得出后一个单元所花费的时间，填写在 t 行中。时间记录表的形式如表 3-10 所示。

表 3-10　　时间研究中的数据记录表　　单位：秒

工作单元		观测记录										$\bar{t}$
		1	2	3	4	5	6	7	8	9	10	
1. 取两个纸盒	t	9										
	r	9										
2. 将衬垫放入纸盒	t	6										
	r	15										

续表

工作单元		观测记录										$\bar{t}$
		1	2	3	4	5	6	7	8	9	10	
3. 将茶杯放入纸盒	t	13										
	r	28										
4. 纸盒码好、封口	t	4										
	r	32										

如在第一次测量结果中，第三个工作单元的所花费时间：$t=28-15=13$（秒）。

应当注意的是，如果所观察测量的数值中有明显偏离于大多数其他数值的，就应分析它是不是由偶然因素引起的，例如工具失手、机器故障等。如果是，应将这样的数据排除在外。假设共观察了10个工作循环，将测量数据填入表3-10，并对每一工作单元的t行的数据求平均值，记在上表中的$\bar{t}$列内，得到每个工作单元的观测时间。

步骤三：评定正常时间。

上述得到的观测时间为该操作者的平均操作时间，由于此人的动作可能比标准动作快，也可能比标准动作慢，所以还不能作为标准时间，必须利用“评比”予以修正，使其成为不快不慢的正常时间。

所谓“评比”，就是时间研究人员将观测到的操作速度，与理想速度（正常速度）作比较，来评判操作者动作的快慢。时间研究人员必须通过训练，在自己头脑中建立起理想速度的标准。要进行比较，必须有一个评比的尺度，以常用的100分法为例，凡观测速度与理想速度完全相同的，给予100分；观测速度大于理想速度的，给予100分以上的分数；观测速度小于理想速度的，给予100分以下的分数。由此得到：

$$正常时间=观测时间\times\frac{研究人员的评比}{正常评比}$$

式中，因为采用100分法，所以正常评比取值为100。

举例：采用100分法，得到观测时间为18秒，研究人员的评比为133，则

$$正常时间=18\times\frac{133}{100}=24\text{（秒）}$$

步骤四：确定宽放时间。

上面得到的正常时间还不能作为标准时间，还要加上宽放时间，即操作时所需的停顿或休息时间。宽放时间包括操作者由于生理上的需要所占用的时间，由于疲劳造成动作缓慢，或操作中无法避免的延迟所需要的时间，等等。宽放时间应该如何取值，也需要进行主观判断。通常宽放时间的范围是正常时间的10%～20%。宽放时间与正常时间的比值称为宽放率。宽放率和宽放时间的计算如下：

$$宽放率（\%）=\frac{宽放时间}{正常时间}\times100\%$$

$$宽放时间=正常时间\times宽放率$$

步骤五：制定标准时间。

标准时间是指在适宜的作业条件下，用最合适的操作方法，以普通熟练工人的正常速度完成标准作业所需的劳动时间。

标准时间=正常时间+宽放时间
=正常时间+正常时间×宽放率
=正常时间×（1+宽放率）

（3）时间研究的应用实例。

案例分析3-1

设某工序共有七个操作单元，通过对这七个操作单元的10次观测，得到每个操作单元的平均操作时间，例如第一单元的平均操作时间为0.143秒，第二单元为0.155秒，等等。第一、二、三、五、六、七操作单元的评比系数为110%，而第四单元的评比系数为100%，宽放率为15%，以第一单元为例。

分析：正常时间=观测时间×评比系数=0.143×1.10=0.157（秒）

标准时间=正常时间×（1+宽放率）=0.157×（1+0.15）=0.181（秒）

案例分析3-2

运用工作研究提高企业工作效率与经济效益

某彩电制造企业通过应用与工作研究有关的管理技术，几年来企业的生产效率得到了明显的提高。

以安装喇叭的工序为例。以前存在的问题有：工作台上的零件混合放置，增加了操作工人许多非生产性的动作，如寻找；经二次开箱后，喇叭从纸盒内取出，开箱后包装的清理，造成了较多的辅助工时；弯腰从纸盒内取出喇叭放到工作台上，弯腰频繁，费时又费力，增加劳动强度，消耗工时增多。

针对以上问题，采取了一些改进措施，如改进零件包装形式，用塑料周转箱替代原来的纸盒、纸箱，并要求供货单位按时按需地送货到指定工作位；设计了新的工位器具，工作位布置符合人体活动特点，使工人操作坐立适宜，同时减少了许多不必要的非生产性的动作（弯腰拿取喇叭、选择紧固件等），缩短了动作距离，降低了工人的疲劳程度。方案的实施效果是明显的，如喇叭装配的新标准时间为0.35分钟，原来为1.232分钟，工时降低71.6%。

分析：开展工作研究对于提高生产效率可以起到很大的作用。大批量生产过程中，每个动作都要成千上万次地重复出现，即便是节省几个动作、几秒钟时间，都会带来意想不到的效果。

3.2.4 工作标准

工作标准是指一个训练有素的人员完成一定工作所需的时间，完成这样的工作应该用预先设定好的方法，采用正常的努力程度和正常的技能（非超常发挥），所以也称为时间标准。

制定工作标准的关键是定义“正常”的工作速度、“正常”的技能发挥，有人精力旺盛，动作敏捷，工作速度就快，还有一些人则相反。因此，必须寻找一个能够反映大多数人正常工作能力的标准。这种标准的建立，必须观察一定的时间、做一定数量的产品，并观察若干个人，然后用统计学方法得出标准时间。此外，即使经过这样的一些步骤建立起了工作标准，在实际工作开始之后，也仍需不断地观察、统计，适时地进行修正。

1. 工作标准的作用

工作标准的制定是工作设计中的重要的基础性工作。工作标准的作用主要体现在：

（1）制订生产与运作能力计划。企业根据市场需求决定生产量，然后根据生产量和标准时间可决定所需人数和设备数量，在此基础上就可以制订设备和人员计划。

（2）进行作业排序和任务分配。根据不同工序完成不同工作的标准时间，合理安排每个人、每台设备每天的工作任务，防止出现设备、人员空闲或者忙闲不均的现象。

（3）作为一种激励手段，可根据工作标准确定“超额”完成的工作量，并给予相应的奖励。

（4）用于成本和价格计算。以工作标准为基础，可以建立产品的成本标准，这一标准又可以用来制定预算，决定产品价格，以及决定是采用自制还是分包这样的生产与运作战略。

（5）评价员工的工作绩效。将员工在一段时间内的工作成绩与工作标准进行比较，从而判断其工作绩效的好坏。

2. 使用工作标准的弊端

工作标准在工作设计以及许多管理活动中都起着重要的作用，但是，任何事物都是一分为二的，工作标准的使用也存在一些问题和争议。

一是当工作标准的使用与工资挂钩时，往往会出现这样的情况：工人说标准过高而反对工作标准，管理人员认为工作标准过低而影响生产任务完成时，也反对工作标准。工作标准过高或过低均不利，它会给制订生产计划、人员计划带来很多困难。工作标准的“高”与“低”实际上是一个相对的尺度，不同的人站在不同立场上会有不同的看法，因此，工作标准的使用有一定难度。

二是认为工作标准缺乏对人的尊重，把人当做机器来制定机械的标准，因此不赞成使用工作标准。另外，员工为避免企业将工作标准提高，即使创造了更好的新工作方法，也会保密，这样难以使生产率提高。

三是有人认为，制定工作标准本身就要耗费相当的时间、人力和费用，其成本恰好与工作标准所能带来的益处相抵消，甚至不够抵消，因此得不偿失。

四是工作标准如使用不当，容易使人出现一种只重视产出数量而忽视产出质量的倾向。

3.3 劳动组织

3.3.1 劳动定额

1. 什么是劳动定额

劳动定额，是指在一定的生产技术和组织条件下，为生产一定数量的产品或完成一定量的工作所规定的劳动消耗量的标准。现代化大生产要求分工以协作为条件，为使分工在空间和时间上紧密地协调起来，就必须以工序为对象，规定在一定的时间内应该提供一定数量的产品，或者规定生产一定数量的产品所消耗的时间。否则，生产的节奏性就会遭到破坏，造成生产过程的混乱。

2. 劳动定额的作用

劳动定额是企业管理的一项重要的基础性工作。在企业的各种技术经济定额中，劳动定额占有重要地位。正确地制定和贯彻劳动定额，对于组织和推动企业生产的发展，具有多方面的重要作用。

（1）劳动定额是企业编制计划的基础，是科学组织生产的依据。例如，制订生产计划时，必须应用台时定额，以便把生产任务和设备生产能力、各工种劳动力加以平衡。

（2）劳动定额是挖掘生产潜力，提高劳动生产率的重要手段。先进、合理的劳动定额，可以调动员工的积极性，充分挖掘潜力，不断地提高自己的文化、技术水平和熟练程度，促进车间、企业生产水平的普遍提高，不断提高劳动生产率。

（3）劳动定额是企业经济核算的主要基础资料。定额是制定计划成本的依据，是控制成本的标准。没有先进、合理的劳动定额，就无从核算和比较。所以劳动定额是企业实行经济核算，降低成本，增强积累的主要依据之一。

（4）劳动定额是衡量职工贡献大小，合理进行分配的重要依据。无论是实行计时还是计件工资制度，劳动定额都是考核工人技术高低、贡献大小、评定劳动态度的重要标准之一。没有劳动定额，就难以衡量劳动业绩，合理地进行分配。

3.3.2 劳动定额的制定方法

劳动定额的基本表现形式有两种：工时定额——生产单位产品消耗的时间；产量定额——单位时间内应当完成的合格产品的数量。两者互为倒数关系。另外，还有一种看管定额，即一个人或一组工人应同时看管几台机器设备。企业采用何种形式的劳动定额，要根据生产类型和生产组织的需要而定。如产量定额主要适用于品种少、大批量生产的企业；看管定额一般在纺织企业较多采用。

制定劳动定额的基本方法有以下几种：

1. 经验估工法

经验估工法是由定额员（必要时可以有技术人员、经验丰富的员工参加），依照产品图纸和工艺技术要求，并考虑生产现场使用的设备、工艺装备、原材料及其他生产条件，根据过去的实践经验，对产品劳动量进行估工的一种方法。

这种方法简便易行、工作量小、能满足定额制定快和全的要求。但是，用此法制定的劳动定额准确性较差，容易受估工人员水平和经验的局限，使定额出现偏高或偏低的现象，定额水平不易平衡。

2. 统计分析法

统计分析法是根据过去生产同类型产品或零件工序的实耗工时或产量的原始记录和统计资料，经过整理和分析，考虑以后企业生产技术组织条件的变化来制定或修订定额的方法。

此种方法中，比较简单的一种方法是以统计资料为依据，先求出平均数，再把大于平均数的数值排除，对剩下的数值再次求平均数，即得到所求。

这种方法一般适用于生产条件比较稳定，工艺变化比较小，而且原始统计资料比较齐全的情况。

案例分析3-3

某维修厂修理机车零件，有8名工人分别完成同一道工序的加工，其单件实耗工时为10分钟、12分钟、14分钟、15分钟、18分钟、23分钟、25分钟、27分钟，根据上述资料求出平均单件实耗工时。

分析：

$$每人平均单件实耗工时=\frac{耗用工时总数}{工人总数}$$

$$\bar{x}=\frac{10+12+14+15+18+23+25+27}{8}=18\ （分钟/件）$$

然后将大于平均数的单耗工时删除，求出二次平均数：

$$\bar{\bar{x}}=\frac{10+12+14+15+18}{5}=13.8\ （分钟/件）$$

则该工时定额为13.8分钟/件。

3. 类推比较法

类推比较法是以现有同类型产品的零件或工序的定额为依据，经过分析、比较，推算出另一种产品、零件和工序的定额方法。

4. 技术定额法

技术定额法，又称技术测定法或计算测定法，是通过对生产技术组织条件的分析，在挖掘生产潜力以及操作合理化的基础上，采用分析计算或实地测定来制定定额的方法。这种方法一般适用于生产技术组织条件比较正常和稳定的项目。

知识链接3-9

劳动定额水平合理性概述

要做好劳动定额工作，关键在于正确地确定定额水平。定额水平定得过低，工人不费力气就可以达到，就起不到促进生产发展的积极作用；相反，如果不考虑实际情况，把定额水平定得过高，工人虽经努力，但仍然不能实现，这样就会挫伤工人的积极性。

任何先进、合理的定额都是劳动者创造的，并且要依靠劳动者来贯彻执行。因而先进、合理的定额水平，是在正常生产条件下，大多数工人经过努力可以达到和超过，少数工人可以接近的水平。这种水平的劳动定额，才能对广大员工具有普遍的促进作用。

资料来源：王关义．生产管理［M］．北京：经济管理出版社，2004.

3.3.3 劳动定员

1. 劳动定员的概念

劳动定员是指企业在一定的生产技术组织条件下，为保证生产经营活动正常进行而规定的各类人员配备的质量要求和数量界限。劳动定员的内容有：定组织机构；定人员类别和职务；定人员数量和比例关系。

要注意劳动定额和劳动定员的区别。劳动定额是劳动者的活劳动消耗量，采用工时、实物产品等计量单位；定员是一定时期内承担特定生产（或工作）任务的某一级组织的人数，采用人/年或人/月的计算单位表示。

简言之，定员解决的是企业中各工作岗位配备什么样的人员以及配备多少人员的问题。

2. 劳动定员的编制方法

定员的依据是计划期总工作量和各类人员的工作效率（劳动效率）。由于各类人员的工作性质不同，总工作量和工作效率表现形式不同，以及其他影响定员的因素不同，所以确定定员的具体方法也不同。一般来说，主要有以下几种基本方法：

（1）按劳动效率定员。按劳动效率定员是指根据生产任务量、工人的劳动效率来计算定员人数。主要适用于对有劳动定额的工种工人定员的确定。

(2) 按设备定员。按设备定员是根据机器设备需要开动的数量、工人的看管定额和设备的开动班次等因素来计算定员人数的方法。适用于以机器设备操作为主的工种的定员确定。

(3) 按岗位定员。按岗位定员就是根据工作岗位的数量和每个工作岗位的工作量、工人的劳动效率、平均开动班次和出勤率等因素来计算定员人数的方法。适用于需要多人看管的大型设备的定员以及辅助工人岗位和服务人员的定员确定。

(4) 按比例定员。按比例定员就是根据职工总数或某一类人员总数的一定比例来计算定员人数的方法。适用于直接生产人员和非直接生产人员、基本生产工人和辅助生产工人、服务人员的定员确定。

(5) 按组织机构、职责范围和业务分工定员。这种方法是先确定组织机构和各职能科室，明确各项业务及职责范围以后，根据业务工作量的大小和复杂程度来确定定员，主要用于管理工作人员的定员确定。

以上五种基本定员方法，劳动效率定员是基础。在定员工作中，可根据企业内部各单位及各类人员的特点，灵活运用，也可以把几种方法结合起来加以运用。

3. 劳动定员范例

表3-11是某企业某部门的人员编制预算表，包括各基层操作人员和管理人员，生产班次和每班定员都是根据各岗位的工作性质而定的，再根据二者得出各岗位的定员人数。

表3-11　　**某部门人员编制预算表**

生产岗位和部门	生产班次（班/日）	每班定员（人/班）	岗位定员（人）	预算费用（万元）
管道维护	3	7	21	37.80
管道维护管理	1	4	4	7.20
泵站生产	3	6	18	32.40
泵站生产管理	1	3	3	5.40
环境监测	3	2	6	10.80
环境管理	1	4	4	7.20
合计	—	—	56	100.80

知识链接3-10

劳动定员的标准

不同的生产过程其人员数量差别很大，因此行业不同，定员标准也不同。

不同的国家，定员标准也不相同。这里有设备自动控制水平的问题，也有人力成本的因素。比如发达国家用人普遍少于我国，就是因为其设备可靠性高、自动化程度高。另外，在发达国家，人力资源非常昂贵，促使企业在定员标准方面权衡再三。

国内不同行业也有各自的定员标准，但这些标准立足于国内实际情况，多为计划经济的产物。随着设备制造技术水平的提高、人员文化素质的提高，特别是随着市场竞争的日益激烈，很多企业已经超越了现行的定员标准。

为了提高竞争力，现代企业不应该再拘泥于过去的定员标准，而应在提高员工素质、提高设备可靠性和自动化控制水平、优化管理流程三个方面加强管理，提高劳动生产率。

知识掌握

□ 判断题

（1）生产单位产品所需要的劳动时间越多，劳动生产率就越高。（　　）

（2）所有的员工都会对工作轮换持欢迎态度。（　　）

（3）在作业过程中，要尽量使双手同时进行动作。（　　）

（4）利用“评比”予以修正之后得到的正常时间即可作为标准时间。（　　）

（5）劳动定额水平定得越高越好。（　　）

□选择题

（1）影响劳动生产率高低的因素有(　　)。

A. 劳动者的平均熟练程度　B. 科学技术的发展程度
C. 生产过程的组织和管理　D. 生产资料的规模和效能
E. 某些自然条件

（2）工作设计的主要内容包括（　）。

A. 工作内容　B. 工作职责　C. 工作关系　D. 工作报酬

（3）下列动素中，哪些属于无效动素(　　)。

A. 握取　B. 选择　C. 保持　D. 寻找
E. 故迟

（4）劳动定额的制定方法有(　　)。

A. 经验估工法　B. 统计分析法　C. 类推比较法　D. 技术定额法

（5）某车间的工作是以钻床操作为主，其定员采用何种方法较好(　　)。

A. 按劳动效率定员　B. 按设备定员　C. 按岗位定员　D. 按比例定员

□简答题

（1）提高劳动生产率的途径有哪些?

（2）工作设计包括什么内容?

（3）简述工作设计常用的三种方法。

（4）动素分析包括哪几个步骤?

（5）动作经济的四条基本原则是什么?

（6）使用工作标准有何利弊?

（7）劳动定额的制定方法有哪几种？
（8）劳动定员的编制方法有哪几种？

知识应用

□ 案例分析

工作轮换：使用是最好的培养方式

在《21世纪经济报道》所做的一次调查中，经理们认为使潜在的领导者轮换不同的职责和海外任务是最有价值的领导才能发展技巧。企业要培养出能够独当一面的复合型人才，内部的岗位轮换可以说是一种经济又有效的方法。

定期改变中层管理者的工作部门或岗位，让他们到各个部门或岗位去丰富工作经验，扩大对企业各个工作环节的了解，以使他们对公司的经营管理或其他岗位的职责有更全面的了解，对中层管理者提高工作分析能力和内部的沟通协调能力都十分有帮助。不同地域之间的岗位轮换可以增进员工对不同文化的理解，部门之间的岗位轮换，可以提高部门之间的协作，减少部门摩擦。具体形式可以是只在每个部门做观察员，但更有效的方式是让受训者实际介入所在部门的工作，通过实际去做来了解所在部门的业务，包括销售、生产、财务和其他业务，使中层管理者"通才化"。

据了解，目前有一些大型的高科技企业和著名外企实行轮岗制，华为、西门子、爱立信、柯达、海尔、北电网络、联想、明基等公司也都在公司内部或跨国分公司之间进行了成功的岗位轮换。它们在具体的实行中，各自的方法又有所不同。

华为为了在人力资源管理中引入竞争和选择机制，在公司内部建立一个劳动力市场，目的是促进人才的合理流动，通过岗位轮换实现人力资源的合理配置和激活潜力。华为还明确规定，高中级中层管理者必须强制轮换。

爱普生公司5年来每年的业绩增长都在40%以上，最终在国内打印机市场占有率达到40%。爱普生中国公司信息产品营业部经理郭一凡说：爱普生公司这几年的飞速发展，正是得益于中层管理者的工作轮换制度。

爱普生中国公司一般要求中层管理者每两年左右轮一次岗，例如，通用市场开拓科经理张锋刚来公司时是做公关工作，后来派到武汉工作，用了一年半的时间，把武汉办事处从无到有办成一个优秀的办事处，回来以后做喷墨打印机的产品经理，干了一段时间后又做公关经理。经过这么多次的轮岗，张锋对公司的所有工作都比较清楚了，不仅自己的工作效率提高，也会跟其他部门进行很好的合作。

资料来源：根据森涛培训网（http：//www. stpxw. com）资料整理。

问题：什么是工作轮换？结合该案例分析为什么很多知名企业都实施了工作轮换制度。

□实践训练

（1）实地考察你所熟悉的某家企业，深入了解该企业的工作设计状况，发现存在的问题和不足，用学过的理论和方法对其进行工作再设计并撰出一份分析报告。

实训目的：通过实训掌握工作设计等相关知识和技能，尤其是工作设计三个基本方法的应用。

实训要求：结合企业的实际情况进行诊断和分析，找出不足之处，并且运用工作设计的三个基本方法，提出有针对性的改进措施。

（2）网上冲浪，查阅某企业劳动生产率状况，提出提高该企业劳动生产率的途径与方法。

实训目的：通过实训理解劳动生产率的概念和计算方法，掌握提高劳动生产率的途径和方法。

实训要求：能够运用所学知识和技能，找出符合企业实际的改进措施和方法。

□综合实训

实训目的及要求：

（1）培养学生的观察力、沟通能力。

（2）掌握工作设计与组织相关知识的综合应用。

（3）掌握针对企业实际问题，应用本章以及相关章节理论与方法进行分析，提出解决方案的能力。提高学生解决企业工作设计和劳动组织中实际问题的能力。

实训内容：

（1）公司背景：A企业自成立以来从事机械零件加工，企业成立一年多了，随着业务量的增加，从最初的几台机床和十几个人发展到现在的几十台各类机床和一两百人，厂长张先生感到的压力也与日俱增，他似乎感觉到工人们的工作积极性不如创业之初那么高了，生产效率也有所降低，工人每天完成的工作量也参差不齐，没有一个标准来衡量，另外人员的配备上也几乎是凭感觉，导致班组之间颇多怨言。厂长张先生觉得应该对工厂做一些变革了。

（2）劳动生产率的计算。

（3）对主要岗位进行工作设计。

（4）进行动作分析和时间研究。

（5）制定劳动定额。

（6）编制部门人员预算表。

具体内容及程序如表3-12所示。

表3-12　**综合实训具体内容**

序号	内容	实训内容
1	企业整体介绍（PPT）	对企业的劳动组织情况做一个整体的介绍
2	计算劳动生产率	根据企业实际情况选择劳动生产率的计算方法，并提出切实可行的提高劳动生产率的改进措施

续表

序号	内容	实训内容
3	进行工作设计	学生分组，每组选定一个岗位，对其进行工作内容、工作职责和工作关系三方面的设计
4	进行动作分析和时间研究	每组选定一个岗位，观察工人的操作方法，对其进行动素分析，再讨论该动作的合理性，找出最合理的动作，最后再确立该动作的时间标准
5	制定劳动定额	每组选定一个工序，搜集完成该工序的历史数据，同时访问该工序的熟练工人，依据合适的方法制定该工序的劳动定额
6	编制部门人员预算表	分析各个班组的工作性质，依据合适的方法确定每班组的岗位定员，编制一份人员预算表

第四章 生产与运作计划

学习目标

◎了解企业计划的层次和特点，生产能力的概念与类别；

◎明确生产与运作计划的主要内容和主要指标，综合计划的概念，主生产计划的概念，物料需求计划的概念，生产作业计划的概念，生产能力计划的概念，期量标准的概念；

◎熟知生产与运作计划的编制步骤，不同生产类型企业的期量标准制定方法，核定生产能力的方法；

◎掌握综合计划制订的思路和方法，主生产计划的制订方法，生产作业计划的制订步骤。

引例

AB 玩具公司

AB 玩具公司是一家较小的私人公司，公司生产非常耐用且价格低廉的塑料玩具，能制作 22 种包括游戏、娃娃、汽车和故事人物等不同的玩具。公司最近的财务状况很糟，为了改变目前的状况，公司决定努力减少库存并改善客户服务。为减少成本，公司开始为制造和生产工艺的自动化重新设计玩具。通过这些努力，每年产品的单位成本逐渐减少，公司也希望年存货周转率提高。目前的服务水平是 90%，服务水平通过每周客户订单完成情况的百分比来衡量。

生产围绕不同类型的玩具进行。每种类型的玩具都有自己的组装线和特定的工人。目前，1 线上有 10 名工人负责组装、检查和包装玩具。成品玩具的一些部件在公司的塑料成型设备上生产，其他部件外购。生产控制是以 MAPICS 的 MRP 系统为基础。每周都产生未来 6 周的总生产计划，例如对组装线 1，它将规定出每周需要生产的卡车、汽车、机器人玩具的数量。每周从营销部门那里得到需求预测。张强对每种玩具采用了批量的方法，如表 4-1 所示。这些批量是以过去公司的实践为基础的。考虑到充分利用时间，首先安排生产存货/每周需求的比率最低的玩具。这样形成总计划并进入计算机。

表 4-1　　**2007 年 6 月 19 日产生的总生产计划**

	每周开始					
周	6 月 26 日	7 月 3 日	7 月 10 日	7 月 17 日	7 月 24 日	7 月 31 日
汽车	3500	500				3500
卡车		1500	1750			
机器人				2333	233	

然后计算机通过材料单和现有存货进行部件的分解。每种玩具需要许多部件。例如，每个玩具汽车需要 1 个车身、4 个车轮、2 个车窗和 1 个风挡。每辆玩具汽车经过部件组装、产品检查、玩具包装，总共需要 0.1 个工时。10 个人共同在组装线上工作。目前每周的生产时间为 350 个小时（每人 35 个小时乘以 10 人），如果整周生产玩具汽车，总共能生产 3500 辆。生产卡车需要 0.2 个小时，生产机器人需要 0.15 个小时。如果整个生产线专门生产其中一种玩具的话，则最多可以生产 1750 辆卡车和 2333 个机器人。生产按批量进行，但整周的时间不可能全部用来生产一种玩具产品。

在产品的变化过程中，需要 10 个工人用 1 个小时的时间来改变生产线，这种变化包括把旧玩具的部件移走、把新玩具的部件移进来、安排组装线的夹具和固定物、进行试生产以确保产品的质量。

采购部门并不总是按生产控制部门所要求的零件数量进行采购。对采购数量的调整是为了利用供应商的价格折扣或满负荷装载的优势。因此为了减少订购成本，应另外购买一些零件。而且供应商也不总是承诺后就装载零部件。玩具公司设置存货的安全储备量来保证在任何情况下生产计划和生产线都能顺利运行。

公司采用以现有生产能力和准备时间为基础的 6 周的滚动生产计划。每周都加入新一周的内容以保证总计划仍为 6 周的时间。每周根据现有的零件、生产能力和玩具的观察需求来调节生产。

这一案例表明：做好企业的生产与运作计划是很重要的，而且不是一件容易的事情。企业的生产与运作计划做好了，可以降低企业的存货水平，提高企业的服务质量，从而增强企业的盈利能力和竞争力。生产与运作计划的制订除了考虑销售预测等因素外，经验也是很重要的。该玩具厂的生产计划包括六周的综合滚动计划，针对某种产品的主生产计划

以及物料需求计划（或者制造资源计划）。

4.1 生产与运作计划概述

4.1.1 企业计划的层次与特点

企业中的各种计划，一般可分为战略层计划、战术层计划和作业层计划三个层次，如表 4-2 所示。

表 4-2 不同层次计划的特点

项目＼层次	战略层计划	战术层计划	作业层计划
计划期	长（≥5 年）	中（1 年）	短（月、旬、周）
计划的时间单位	粗（年）	中（月、季）	细（工作日、班次、小时、分）
空间范围	企业、公司	工厂	车间、工段、班组
详细程度	高度综合	综合	详细
不确定性	高	中	低
管理层次	企业高层领导	中层、部门领导	低层、车间领导
特点	涉及资源获取	资源利用	日常活动处理

由表 4-2 中可以看出，三个层次的计划有不同的特点，从战略层到作业层，分别对应从高到低的管理层次，计划期由长到短，计划的时间单位越来越细，覆盖的空间范围越来越小，计划的内容越来越详细，计划的不确定性越来越小。生产计划也与其他计划一样，具有以下三个层次。

1. 长期生产计划

长期生产计划属于战略计划范围。它的主要任务是进行产品决策、生产能力决策以及确立竞争优势的决策，涉及产品发展方向、生产发展规模、技术发展水平、新生产设施的建造等。

2. 中期生产计划

中期生产计划属战术性计划。在我国企业中通常称为生产计划或生产计划大纲；其计划期一般为一年，故许多企业又称之为年度生产计划。它的主要任务是在正确预测市场需求的基础上，对企业在计划年度内的生产任务做出统筹安排，规定企业的品种、质量、数量和进度等指标。充分利用现有资源和生产能力，尽可能均衡地组织生产活动和合理地控制库存水平，尽可能满足市场需求和获取利润。

3. 短期生产作业计划

短期生产作业计划或称生产作业计划。它的任务主要是直接依据用户的订单，合理地安排生产活动的每一个细节，使之紧密衔接，以确保按用户要求的质量、数量和交货期交货。生产作业计划是生产计划的具体实施计划。它是把生产计划规定的任务，一项一项地具体分配到每个生产单位、每个工作中心和每个操作工人，规定他们在月、周、日以至每一个轮班的具体任务。

小思考4-1

影响生产计划制订的内外部环境因素

生产运作计划由三个层面的计划组成，它们的制订均受企业内外部环境的影响，请思考一下，影响生产计划制订的内外部因素有哪些？

答：外部环境因素有，经济发展水平、生产需求、现有原材料、竞争者行为、外协与外包能力；内部环境因素有，当前生产能力、现有劳动力、库存水平及生产中的活动。

4.1.2 生产与运作计划的主要内容与指标

1. 生产与运作计划的主要内容

企业的生产与运作计划应该包括以下内容：

(1) 市场研究与综合计划。包括市场调查、预测与综合计划的制订。

(2) 主生产计划。即生产大纲。是对全年生产进行综合平衡，对设备能力、劳力等进行平衡，也就是所谓的定盘子。这个环节需要落实到每一具体产品品种的安排。

(3) 生产作业计划。这是生产与运作计划的执行计划。它要求对每一产品品种的各种零部件的生产都给出非常细致的物料需求安排。

(4) 作业分配。它起到计划微调的作用，使各项工作落到实处。

(5) 生产能力计划。使计划能够从生产能力的角度进一步落实下来。

2. 生产与运作计划的主要指标

主要指标有产品品种指标、产量指标、质量指标、产值指标和产品出产期等。

(1) 产品品种指标。产品品种指标是企业在计划期出产的产品品名、规格、型号和种类数，确定品种指标是解决“生产什么”的决策。品种指标反映企业的服务方向和企业的发展水平。

(2) 产量指标。产品产量指标，是企业在计划期内应当生产的符合产品质量标准的实物数量或提供的服务数量，确定产量指标是解决“生产多少”的决策。产量指标反映企业向社会提供的使用价值的数量和企业的生产能力水平。

(3) 质量指标。产品质量指标，是企业在计划期内产品质量应当达到的质量标准和水平。质量指标通常包含两个方面的内容：一是产品的技术标准或质量要求；二是产品生产的工作标准，工作标准一般用综合性的质量指标来表示，如合格品率、一等品率、优质品率、废品率等。质量指标反映企业产品满足用户需要的程度，及企业的生产技术水平。

(4) 产值指标。产值指标就是用货币表示的产量指标，它综合体现企业在计划期内生产活动的总成果。反映一定时期内不同企业，以及同一企业在不同时期的生产规模、生产水平和增长速度。产值指标按其包含的内容不同，又分为总产值、商品产值和净产值。

(5) 产品出产期。产品出产期，是指为了保证按期交货而确定的产品出产日期。产品出产期是确定生产进度计划的重要条件，也是编制主生产计划、物料需求计划、生产作业计划的依据。

对于备货型生产企业来讲，由于生产的产品是按已有的标准产品或产品系列生产，对产品的需求可以预测，产品价格事先是知道的，顾客一般直接从成品库提货，因此编制综合生产计划的核心是确定品种与产量，有了品种与产量就可以计算产值。但对于订货型生产企业而言，由于是按用户要求生产，可能是变型产品或是无标准产品，用户可能对产品提出各种各样的要求，这就需要通过协议与合同的方式对产品性能、质量、数量、交货期等进行确认，然后才能组织设计和制造，因此综合生产计划的核心是品种、数量、价格和交货期，即确定品种、数量和价格订货决策与出产进度安排尤为重要。

知识链接4-1

商品产值的概念与组成

商品产值的概念：企业在计划期内完成的工业生产活动总成果的价值。它反映企业在一定时期的生产规模及水平，是计算劳动生产率、产值利润率等指标的依据。

商品产值的组成：全部商品产值；外单位来料加工的来料价值和对外承做工业性劳务对象价值；企业自制半成品、在制品、自制工夹模具的期末与期初结存量差额的价值；已构成固定资产并转入财务账目的企业自制设备的价值（一般以不变价格计算）。

4.1.3　生产与运作计划的编制步骤与方法

1. 生产与运作计划的编制步骤

编制生产计划的步骤和内容，大致如下：

(1) 调查研究、收集资料。通过调查研究，主要摸清三方面的情况：国家和社会对企业产品的需要；企业生产的外部环境；企业生产的内部条件。同时，认真总结和分析上期计划执行中存在的主要问题，制定在本期计划贯彻中进行改进的具体措施。

(2) 统筹安排、初步提出生产计划草案。企业根据国家、社会的需要和提高企业的经济效益的目标，在统筹安排的基础上，提出初步生产计划指标方案，其中包括：产品品种、质量、产量、产值和利润等指标；各种产品品种的合理搭配和出产进度的合理安排；生产指标分解为各个分厂（或车间）的生产任务指标等。计划部门提出的指标方案应该是多个，对多个方案进行分析研究，通过定性和定量评价、比较，选择较优的可行方案。

（3）综合平衡，确定最佳方案。对计划部门提出的初步指标方案，必须进行综合平衡，研究措施，解决矛盾，以达到社会需要与企业生产可能之间的相互平衡。使企业的生产能力和资源都能得到充分的利用，使企业获得良好的经济效益。

（4）编制年度生产计划表。企业的生产计划，经过反复核算与综合平衡，确定生产指标，最后编制出年度生产计划表，经上级主管部门批准或备案后，即作为企业正式计划。年度生产计划表，主要包括产品产量计划表、工业产值计划表及计划编制说明。生产计划的编制说明，应主要包括下述内容：编制生产计划的指导思想和主要依据；预计年度生产计划完成情况；预计年度产量、产值增长水平及出产进度安排；实现计划的有利条件和不利因素，存在的问题及解决措施；对各单位、各部门的要求等。

（5）考核和总结生产运作计划的完成情况。这一步许多企业都没有认真执行。实际上这是为下一期生产运作计划编制工作能够做得更好所进行的非常重要的一个环节。

2. 生产与运作计划的制订方法

（1）收入利润顺序法。对于多品种批量生产，有品种选择问题，确定生产什么品种是十分重要的决策。确定品种可以采取收入利润顺序法。收入利润顺序法是将生产的多种产品按销售收入和利润排序，并将其绘在收入利润图上，对于销售收入高、利润大的产品，是应该生产的。相反，对于销售收入低、利润小的产品（甚至是亏损产品），需要作进一步分析，采取相应对策。其中很重要的因素是产品生命周期。

（2）生产与运作计划的图表法。图表法又称运输表法，是一种直观、简单的也是应用较普遍的生产与运作计划优化方法。在此方法中，考虑的成本项目有以下四种：正常生产成本、加班成本、外协成本和库存成本。图表法的基本假设是：每一单位计划期内，正常生产能力、加班生产能力以及外协量均有一定限制；每一单位计划期的预测需求量是已知的，全部成本都与产量呈线性关系。在这些假设下，图表法可算出整个计划中每一单位计划期的最优生产运作计划。

（3）线性规划法。对于生产多种类型产品，具有多种约束条件的生产运作计划问题，有效的解决办法是采用线性规划模型，借助计算机求最优解。线性规划是解决资源合理利用和资源合理调配的有效方法。

4.2 综合生产计划与主生产计划

4.2.1 生产计划的基本内容

根据国际惯例，制造类企业的生产与运作计划一般来说可以分为三个层次：综合生产计划、主生产计划和物料需求计划。

1. 综合生产计划

综合生产计划又称生产计划大纲，它是企业根据市场需求和资源条件对企业未来较长一段时间内资源与需求的平衡所做的总体化规划，是根据企业所拥有的生产能力和需求预测，对企业未来一段较长时期内产出内容、产出量、劳动力水平、库存投资等问题所做出的决策性描述。

综合生产计划并不具体确定每一品种的生产数量、生产时间，也不布置每一车间、人员的具体工作任务，只是对产品、时间和人员的配置进行总体规划。

（1）产品。按照产品的需求特性、加工特性、所需人员和设备的相似性等，将产品划分为几大系列，以系列为单位来制订综合计划。例如，某自行车厂将产品分为24型、26型和28型三大系列等。

（2）时间。综合生产计划的计划期通常以年为单位（有些生产周期较长的产品，如大型机床等可能是两年、三年或五年），因此有些企业也把综合计划称为年度生产运作计划或年度生产大纲。在该计划期内，使用的计划时间单位为月、双月或季。

（3）人员。综合生产计划可以用几种不同方式来考虑人员安排问题。例如，把人员按照产品系列分成相应的组，分别考虑所需人员水平，或者将人员按工艺特点和人员所需的技能水平分组。

综合生产计划的目标是充分利用企业的生产能力及生产资源，满足用户要求和市场需求，同时使生产负荷尽量均衡稳定，控制库存的合理水平并使总生产成本尽可能低。这些目标可概括如下：成本最小、利润最大；最大限度地满足顾客要求；最小的库存费用；生产速率的稳定性；人员水平变动最小；设施、设备的充分利用。

2. 主生产计划

主生产计划是在综合生产计划的基础上制订的运作计划，是把综合生产计划具体化为可操作的实施计划，其目的是要确定企业生产的最终产品的出产数量和出产时间。主生产计划是MRP（物料需求计划）的输入部分之一，与我国通常采用的产品出产进度计划在计划的时间单位上略有不同，产品出产进度计划一般以月为计划时间单位，而主生产计划通常以周为单位。

3. 物料需求计划

物料需求计划，是根据主生产计划的要求，对所需的全部物料所做出的安排。这是最复杂而且细化的一部分工作，尤其是在企业的产品结构复杂、零部件种类繁多的情况下，这个工作是非常难以细化操作的。

传统计划管理体系实际上对这个问题无法真正很好地解决，只是针对不同生产类型制定、发展出了一些专门的方法。而现代计划管理体系主要是依赖计算机和相应的专用管理软件，即MRP，这样才从根本上解决了计划管理中这个老大难的问题。

案例分析4-1

MX 游艇公司

MX 游艇公司制造各种各样的游艇。该公司开始时为顾客制造定制的游艇。目前，顾客定制的游艇依然占该公司销售数量的3/5，占其销售额和获利的4/5。多年来，由于该公司游艇设计和做工俱佳，声名远扬，其销售扩展到整个国家。

为了利用顾客的认可，在增长极快的游艇市场占据一定份额，该公司开始制造标准的、定型的新游艇。该公司只向这个市场的大型游艇部分进军。然而，与 MX 游艇公司的顾客定制市场相比，这部分市场对价格更加敏感，对性能的要求则相对低些。该公司所有的游艇都是由一家工厂制造，使用的都是同样的设备，所有产品也是由同样的熟练劳动力制造。根据计划，顾客定制的产品优先生产，只有当这些产品需求不大时，才安排新型游艇的生产。但是，随着定型的新型游艇的销量增加，把新型游艇的生产纳入正式计划就成为必要。

该公司基本上是从下向上建造的。由于定型游艇的销量稳定增长，造船的成本和运输费用也开始急剧下降。在这段时间，当出现冲突时，该公司总是把可用来生产定型游艇的时间和资源用于生产利润更高的顾客定制的游艇。结果，在造船厂的空地上摆满了处于各种建造阶段的新型游艇。此外，目前造船厂的空地越来越少，船厂的扩建看来势在必行。

分析： 定制游艇应该继续生产。因为我们知道其销售额和利润仍然占五分之四。它继续做下去，存在的矛盾是能力限制，解决办法是要编制好生产运作计划，包括我们所说的综合生产计划、主生产计划和生产作业计划等。

4.2.2 综合生产计划的制订

综合生产计划编制按如下程序进行：

（1）收集有关资料，进行必要的市场调研。综合计划要根据企业所拥有的生产能力和需求预测对企业的产出内容、速度、劳动力水平、库存投资等问题做出概括性的决策。这些决策对与企业生产经营相关的各种信息及其生产能力、资源占有情况、销售情况，还有供应商、运输商等的有关情况等，都是需要充分了解和注意的。就企业内部而言，要做出正确的决策必须具备以下一些资料与信息：新产品研发情况、主要产品和工艺技术状况、劳动定额数据、设备状况及维修状况等；成本数据、企业的财务资金状况；劳动力市场供应状况、现有人员情况、培训水平和相关能力；现有设备能力状况、劳动生产率水平、设备投资计划等。

（2）拟定多种可行的综合生产计划方案。根据本企业的生产类型具体考虑。订货型企业可以直接按订货合同，并根据生产能力的实际状况进行调整，即可决定大体框架。备货型企业则要通过市场需求的预测、库存状况、经济形势、设备能力及其调整规律来综合平衡，安排生产计划。由于存在多种可变因素，实际工作中，可以制订多种可行方案备选，以应付各种不同的需要。

(3) 优化综合生产计划方案。初步拟定综合生产计划方案以后，还必须进行优化。对于只有一种备选方案的情况，要精益求精，增加其科学性和合理性，考虑到各种可能发生的情况，做出必要的防范措施。对于有多种备选方案的情况，首先要对各个方案进行比较、评价，确定出综合指标比较优秀的方案，然后再进一步提高其科学性、合理性水平。常用的综合生产计划优化方法有盈亏平衡分析法和线性规划法。

(4) 综合平衡，最终确定正式方案。经过优化后的方案仍然只是一个可行方案，还必须进行全面的综合平衡，考虑到各种可能的因素、各方面的影响以后，才能最终成为正式的综合计划，下达实施。

4.2.3 主生产计划的制订

1. 主生产计划与综合生产计划的区别

主生产计划是对最终项目的需求日期（计划时段）和数量的说明。主生产计划中的最终项目可以是产品、主要组件、虚拟物料单中的组件，甚至可以是产品结构中最高层次上的单个零件。一个有效的主生产计划是生产对客户需求的一种承诺，它充分利用企业资源，协调生产与市场，实现生产计划大纲中所表达的企业经营计划目标。

主生产计划决定了后续的所有计划及制造行为的目标。它有两项主要作用：在短期内，作为物料需求计划、零件生产、订货优先级和短期能力需求计划的依据；在长期内，作为估计本厂生产能力（厂房面积、机床、人力等），作为仓库容量、技术人员和资金等资源需求的依据。

综合生产计划只对产品组进行划分，它不确定具体的物料项目。其下一层是主生产计划。主生产计划是分时段的计划。它确定公司计划何时生产、生产多少产品。

案例分析4-2

综合生产计划与主生产计划

表4-3所示的是某自行车厂的综合生产计划，未来3个月24型系列产品的月产量分别为10000辆、15000辆和20000辆。实际上24型自行车又可分为三种不同车型：C型，儿童用车；D型，耐用型；E型，豪华型。表4-4是根据表4-3的综合生产计划所制订的主生产计划，从表4-4可以看出，由于D型车的需求量较大，是连续生产的，其他两种车型由于需求量较小，生产是断续的，采用分批轮番生产。

表 4-3　　**某自行车厂的综合计划**

月	1月	2月	3月
24 型产量（辆）	10000	15000	20000
28 型产量（辆）	30000	30000	30000
总工时	68000	75000	82000

表 4-4　　**某自行车厂 24 型车的主生产计划**　　单位：辆

月	1月				2月				3月			
周次	1	2	3	4	5	6	7	8	9	10	11	12
C 型产量		1600		1600		2400		2400		3200		3200
D 型产量	1500	1500	1500	1500	2250	2250	2250	2250	3000	3000	3000	3000
E 型产量	400		400		600		600		800		800	
月产量	10000				15000				20000			

分析：这一案例表明了综合生产计划与主生产计划的联系和区别，对于其他产品系列，有与上述形式雷同的主生产计划。

2. MPS 基于的信息和需求来源

（1）MPS 基于的信息：综合生产计划；预测结果；可用的原材料和部件；制造和/或采购提前期；生产准备和/或更换时间；合理的生产顺序。

（2）MPS 的需求来源：顾客订单；批发商和经销商的订单；服务备件需求；预测的需求；安全存货；季节性存货；公司内部各工厂之间的协作需求。

忽略上述信息会产生的问题：工厂的资源超负荷；工厂的资源未充分利用；计划不稳定或不可靠；在制品库存高；用户服务水平差；失去整个计划编制系统的可靠性。

3. 编制 MPS 的准则

（1）对最少的项目数进行排产；
（2）仅列出可构造的项目；
（3）列出对生产能力和财务有重大影响的项目；
（4）对有多种选择性的产品，用最终装配计划使 MPS 处理过程简化；
（5）安排预防性维修的时间。

4. MPS 的制订过程

（1）编制 MPS 初步计划。编制资源清单，根据资源清单来计算 MPS 初步计划的需求资源，对于关键的工作中心，将资源清单与可用资源进行比较。

（2）制订粗能力计划。对能力和需求做平衡，核定主生产资源的情况，在这一步要做三项工作：首先建立资源清单，说明每种产品的数量及各月占用关键工作中心的负荷小时数；同时与关键工作中心的能力进行对比；在产品的计划期内，对超负荷的关键工作中心，要进一步确定其负荷出现的时段。

（3）评价初步的 MPS，最后修订和批准 MPS。同意或否定初步的 MPS。如否定，则对能力和 MPS 进行调整和平衡。改变预计的负荷量：重新安排订单、拖延（暂缓）订单、终止订单、将订单拆零、改变产品组合。改变能力：改变产品的生产工艺、申请加班、外协加工、雇佣临时工。

情境模拟4-1

主生产计划的制订

某公司产品的需求量随季节不同而变化，现该公司准备编制今后六个月的生产计划。对今后六个月的需求预测及每月工作天数如表 4-5 所示，其他数据如下：产品的材料费用为 100 元/台，库存保管费为 1.5 元/台·月，缺货损失为 5 元/台/月，如果想把产品转包一些出去，则转包费用为 20 元/台，招聘并培训一个工人的费用为 200 元/人，解聘一个工人的费用为 250 元/人，该产品的加工时间为 5 小时/台，正常工作时间内的工时费用为 4 元/小时，加班时间内的工时费用为 6 元/小时，生产开始时的期初库存量为 400 台，另外，由于预测的不确定性高，另考虑有 25% 的安全库存。

表 4-5 六个月的需求预测与工作天数

月份	需求预测（台）	每月工作天数
1	1800	22
2	1500	19
3	1100	21
4	900	21
5	1100	22
6	1600	20

请制订综合生产计划和主生产计划。

初步生产计划如表 4-6 所示。

表 4-6　　　　初步生产计划　　　　单位：台

月份	(1)期初库存	(2)需求预测	(3)安全库存 0.25×(2)	(4)计划产量 (2)+(3)-(1)	(5)期末库存 (1)+(4)-(2)
1	400	1800	450	1850	450
2	450	1500	375	1425	375
3	375	1100	275	1000	275
4	275	900	225	850	225
5	225	1100	275	1150	275
6	275	1600	400	1725	400
总计				8000	

计划方案一：仅改变工人人数、按制度工作时间生产，每个月的投产量等于初步生产计划中安排的出产数量，如表 4-7 所示。

表 4-7　　　　计划方案一

月份	(1)计划产量(台)	(2)所需生产时间(1)×5(小时)	(3)每人每月工时	(4)所需人数(2)÷(3)	(5)新增工人	(6)招聘费用(5)×200(元)	(7)解聘工人	(8)解聘费用(7)×250(元)	(9)正常时间总费用(2)×4(元)
1	1850	9250	176	53	0	—	—	—	37000
2	1425	7125	152	47	0	0	6	1500	28500
3	1000	5000	168	30	0	0	17	4250	20000
4	850	4250	168	25	0	0	5	1250	17000
5	1150	5750	176	33	8	1600	0	0	23000
6	1725	8625	160	54	21	4200	0	0	34500
总计						5800		7000	160000

计划方案二：工人人数不变（假定有 40 名工人），仅改变库存水平，如表 4-8 所示。

表 4-8　　　　计划方案二　　　　单位：台

月份	(1)期初库存	(2)能力工时(小时)	(3)实际产量(2)÷5	(4)需求预测	(5)期末库存(1)+(3)-(4)	(6)缺货数	(7)缺货费用(6)×5(元)	(8)安全库存	(9)超储(5)-(8)	(10)库存费用(元)	(11)正常时间总费用(元)
1	400	7040	1408	1800	8	0	0	450	0	0	28160
2	8	6080	1216	1500	-276	276	1380	375	0	0	24320

续表

月份	(1)期初库存	(2)能力工时(小时)	(3)实际产量(2)÷5	(4)需求预测	(5)期末库存(1)+(3)-(4)	(6)缺货数	(7)缺货费用(6)×5(元)	(8)安全库存	(9)超储(5)-(8)	(10)库存费用(元)	(11)正常时间总费用(元)
3	-276	6720	1344	1100	-32	32	160	275	0	0	26880
4	-32	6720	1344	900	412	0	0	225	187	281	26880
5	412	7040	1408	1100	720	0	0	275	445	667	28160
6	720	6400	1280	1600	400	0	0	400	0	0	25600
总计							1540			948	160000

4.3　生产作业计划

4.3.1　生产作业计划概述

1. 生产作业计划的概念

生产作业计划是生产计划的具体执行计划。它是把企业全年的生产任务具体地分配到各车间、工段、班组以至每个工作地和工人，规定他们在月、旬、周、日以至轮班和小时内的具体生产任务，从而保证按品种、质量、数量、期限和成本完成企业的生产任务。

2. 生产作业计划的任务

企业生产计划制订后，为了便于组织执行，还需要编制生产作业计划。生产作业计划是生产计划的继续和具体化，是生产计划的具体执行计划。它的基本任务是：

(1) 落实生产计划。生产作业计划是对生产计划的落实，保证按品种、数量、质量、成本和期限完成企业生产任务。

(2) 合理组织生产过程。任何产品的生产过程都由物质流、信息流和资金流组成，通过生产作业计划，把生产过程中的这三个流组织协调起来，用最少的投入获得最大的产出。

(3) 实现均衡生产。均衡生产是指生产过程的各个环节做到有节奏地工作，按计划规定的品种、数量、质量和交货期的要求，均衡地出产产品。均衡生产有利于充分利用企业的生产能力，有利于保证产品质量，有利于有效利用生产资源，有利于改进企业的经营管理，有利于降低成本提高效益。要实现均衡生产，就必须依靠生产作业计划来合理安排各个生产环节的生产活动，及时处理生产过程中出现的矛盾和问题，按计划规定的进度要求，全面完成生产任务。

(4) 提高经济效益。企业经济效益的高低，在很大程度上取决于产品的质量和成本。而产品的质量和成本都是在生产技术准备和生产过程中形成的。生产作业计划的根本任务是在产品的生产过程中，严格保证产品质量达到规定的标准，努力减少产品生产过程中的活劳动与物化劳动的消耗。最大限度地降低生产成本，力求取得最高的经济效益。

3. 制订生产作业计划的基本要求

生产作业计划的实质是把生产计划层层分解，具体落实。因此生产作业计划的内容应详尽而具体。制订生产作业计划时要达到下面一些基本要求：

（1）确保实现交货期。生产计划中规定的生产任务有不同的交货要求，为了保证按期交货，需要在生产作业计划中做精心策划和安排，确保产品或者零部件在各个生产环节的投入和产出时间，尽可能满足所有任务的交货期限。如果因生产能力的限制或其他条件的制约，不能保证任务按期完成，也应该使延期交货的损失最小。

（2）减少作业人员和设备的等待时间。提高生产效率的有效方法首先是使人员和设备能够满负荷工作，增加作业时间，减少非作业时间，特别是等待时间。因此制订生产作业计划要妥善地做好各生产环节的衔接，保证各工序连续作业、平行作业，缩短加工周期，减少时间损失。

（3）使作业加工对象的流程时间最短。流程时间是指作业加工对象如产品、零件或部件投入某个工艺阶段开始，直到被加工为止的全部时间。在制订生产作业计划时，运用科学方法，进行合理的作业排序，可以明显地缩短流程时间，给按期交货创造有利条件。

（4）减少在制品的数量和停放时间。在制品是指从原材料投入开始到成品产出为止，处于生产过程中尚未完工的所有毛坯、零件、部件和产品的总称。在制品是生产流动资金的物化状态，在制品的数量越多、停放时间越长，流动资金的周转速度越慢，造成的损失就越大，同时还增加了搬运作业量和在制品管理业务。因此制订生产作业计划时必须考虑在制品的数量和停放时间。

4. 生产作业计划工作的内容

生产作业计划一般包括下列内容：

（1）编制企业各层次的生产作业计划。将生产计划在空间、时间和计划单位上进一步细分，层层落实到车间、工段、班组、工序和每个人员。根据生产任务的要求具体规定做什么，谁去做，怎样做，什么时间做，什么时间完成。通过编制生产作业计划，把全厂的生产活动有机地联系起来，紧密协调配合，全面完成生产计划的各项内容。

（2）作好生产作业准备。按照生产作业计划要求的时间和数量，将生产所需的原材料、半成品、工艺设备、燃料动力、辅助材料及产品图纸、工艺文件等准备好，准时送到生产现场，以保证作业计划的实施和完成。

（3）设备和生产面积的负荷率核算和平衡。对各种设备的负荷状况进行具体的核算，使设备加工能力能够满足生产任务的要求，当出现能力不足情况时，要采取切实有效的措施加以解决，并加强对瓶颈环节和关键设备的控制。

（4）制定或修改期量标准。期量标准又称作业标准，是为了合理组织生产活动，在生产产品或零部件的数量和生产期限方面规定的标准。期量标准对组织均衡生产、提高生产效率和管理水平有重要的作用。

（5）生产作业控制。产品生产过程中，由于受到内部和外部、主观和客观、技术和管理等各种因素的影响，实际运作过程和预定计划在时间、数量、质量和成本等方面都可能发生偏差。生产作业控制就是要通过各种生产信息的反馈，检查和发现实际与计划的偏差，并采取措施予以纠正，使生产过程恢复正常状态。生产作业控制主要包括生产调度、进度控制和在制品控制等。

5. 编制生产作业计划的步骤

（1）收集信息资料，为编制生产作业计划提供依据。主要信息资料有：生产任务方面的资料；设计和工艺方面的资料；生产能力方面的资料；生产准备方面的资料；编制生产作业计划的期量标准；上期计划的执行情况的统计分析资料。

（2）确定计划单位。计划单位是编制生产作业计划时下达生产任务所用的计算单位。它反映了生产作业计划的详细程度及各级分工关系。常用的计划单位有产品、部件、零件组和零件。

（3）制定和修改期量标准。期量标准是按每种产品分别制定的，不同生产类型条件下生产的产品，生产过程的各个生产环节，在时间上和数量方面联系的方式不同，期量标准也不同。

（4）确定编制方法。由于生产类型、生产专业化形式、生产方法不同，生产作业计划的编制方法也具有不同特点。

对象专业化车间是以产品（或零部件）为对象建立的相对封闭的生产单位，能够独立地完成产品的全部或大部生产过程。在这种条件下，厂部下达车间的作业计划任务就比较简单，只要根据车间的分工、生产能力、生产条件等直接将该产品分配给车间即可。

在工艺专业化车间里，只能完成产品加工的部分工艺阶段，产品要经过几个车间，各个车间之间是依次加工半成品的关系。此时编制生产作业计划的方法是反工艺顺序法，即按照工艺过程的反顺序，从成品车间出产任务开始，依次规定各个车间的投入产出任务。但是在不同生产类型的企业，这种反工艺顺序法又有不同的具体方法。

（5）做好综合平衡，及时下达生产作业计划。在编制生产作业计划时，还需要进一步做好综合平衡工作，制定措施，以保证生产任务的完成。最后将生产作业计划及时编好下达给车间、工段、班组等生产环节，以提前做好各项生产准备工作。

知识链接4-2

利用在制品定额法编制车间作业计划

在制品定额法，是指运用在制品定额，结合在制品实际结存量的变化，按产品反工艺顺序，从产品出产的最后一个车间开始，逐个往前推算各车间的投入，出产任务。

在制品定额法的计算公式是：

本月实际计划生产数=本月计划生产数+在制品定额-期初在制品预计结存量

表 4-9 为用此法编制某车间作业计划的实例。

表 4-9　　编制某车间作业计划示意表

产品名称			某型号轿车		
商品产量			5000 台		
零件编号			D1-188	D4-088	……
零件名称			轴	齿轮	
每件台数			2	8	
装配车间	1	出产量	10000	40000	
	2	废品及损耗			
	3	在制品定额	1000	5000	
	4	期初在制品预计结存量	600	3500	
	5	投入量	10800	41500	

6. 制造业生产作业计划和服务业生产作业计划

(1) 制造业生产作业计划。

制订生产作业计划的目的在于具体落实生产计划，保证年度生产计划的实现。制造性企业生产计划的制订一般分两级进行，一级是制订各车间生产作业计划，二级是制订各生产班组的作业计划。

制订车间生产作业计划，就是要在合理利用设备、劳动力等资源，提高生产率的前提下，确定各车间的生产任务和计划进度，保证各车间的生产任务在时间上和数量上的衔接平衡。

车间生产作业计划制订是根据不同生产类型来进行的，由于生产类型不同，生产组织方式不同，生产作业计划制订的方法也不相同。

(2) 服务业生产作业计划。

制造业是通过产品服务顾客，而服务业是通过员工的劳动直接为顾客服务，因而服务作业直接与顾客打交道，服务活动的顾客化程度较高，所以服务业作业计划与制造业作业计划有很大的区别，服务运作有自身的特点。同时服务作业受到多种因素的影响，如顾客的参与、需求的不稳定性、随机性和非均匀性，这就使得制订服务作业计划变得很复杂。很多服务企业只有在明确了服务对象之后，才能设计服务内容与服务方式，因此制订作业计划时需要确定的作业人员、作业时间，作业标准和方法就很难做到如制造业那样标准化、规范化。

案例分析4-3

包克斯雷运用生产线方法做好服务业计划

包克斯雷是美国一位经营麦当劳食品的企业主，他在马里兰州的坎伯兰市拥有四家麦当劳餐厅。他遇到一个经常出现于小型商业企业中的运营问题：每周各餐厅的经理都得花费好几个小时为150个员工亲手准备作业计划流程。这项每周的例行工作包括预测每小时销售量，将这些销售量转变成每小时烤肉间、柜台及各工作间等岗位对人员的需求，然后使可用的兼职人数及其工作技能与麦当劳每小时需求量相匹配。这种耗时很多的活动随着高离职率、员工在各饭店之间的自由流动及学生兼职人数不断变化等变得更复杂。

包克斯雷意识到他需要一种既便宜又简单易用的以电脑为基础的排程系统，以大大减少经理的时间损失。借助于线性规划，他发现一个饭店有3个工作间，150个员工和30个工作班次。要明确表达这个作业流程问题需要100000个决策变量和3000个限制条件。十分明显，这样一个庞大的问题在PC机上不可能很快解答出来。但是把这个线性规划问题分解成许多简单的子问题时，排程可在短短15分钟内得到解决。

结果是令人满意的：经理报告说他们在安排员工作业流程方面所花的时间减少了80%～90%。由于减少了过多配备人员的情况，成本一直下降，员工士气和效率也大大提高。

资料来源：http：//www. baidu. com/s？ word＝% E7% 94% 9F% E4% BA% A7% E8% BF% 90% E4% BD% 9C% E6% A1% 88% E4% BE% 8B&tn＝95085962.

分析：从此例中我们可以看到：一些准制造式的服务业，如麦当劳，采用生产线方法来满足顾客需求。在前台，顾客仍可按菜单点他们所需的食品。在后台，则采用流水线生产方式加工不同的元件（食品），然后按订货型生产方式，将不同的食品进行组合，供顾客消费。这种方式生产效率非常高，从而实现低成本、高效率和及时服务。麦当劳是将制造业的生产线方法用于服务业的一个成功例子。

4.3.2　期量标准的制定

制定先进、合理的期量标准，是编制生产作业计划的主要内容。先进、合理的期量标准，能正确确定产品在各个工艺阶段投入和出产的时间和数量，保证产品生产过程的成套性和生产过程的连续性，充分利用企业的生产能力，揭示生产过程的各种矛盾，改善经营管理，提高经济效益。

1. 大量生产类型期量标准的制定

大量生产类型的特点是企业生产的品种少，工作地担负的工序少且负荷稳定，一般可以组织流水生产线。因此主要的期量标准有节拍、流水线标准工作指示图表、在制品定额等。

（1）节拍。节拍是组织大量流水线生产的依据，是大量流水生产期量标准中最基本的期量标准，其实质是反映流水线的生产速度。

（2）流水线标准工作指示图表。流水线标准工作指示图表又称流水线作业指示图表。由于流水线的生产对象是固定的，生产任务比较稳定，流水线基本上可以按照标准计划进行工作。车间只需根据当月产量要求，适当调整流水线的工作班次和工作时间，所以流水线生产作业计划的核心问题是编好流水线的标准计划。对于不同的流水线，其标准计划的内容和形式不同。

①连续流水线的标准计划作业指示图表。这种作业指示图表比较简单，除了规定的休息时间之外，在整个工作时间内，流水线都在连续地进行重复性生产。连续流水线开始工作后，线上各个工作地都必须保持连续工作，不容许停顿和中断。因此有必要规定统一的休息时间，以避免个别工人的休息活动影响整个流水线的正常运行。班内休息的次数和每次休息的时间根据流水线工作的特点而定。

②间断流水线的标准计划作业指示图表。编制时需确定以下内容：确定流水线的看管期，看管期内各工作地的产量及工作地（设备）的负荷率，各工作地的工作时间长度及工作的起止时间，各工作地的工人人数及劳动组织形式。

（3）在制品定额。在制品定额是指在必要的时间、地点和具体的生产技术组织条件下，为了保证有节奏地均衡生产所必需的在制品占用数量。它是在正确划分在制品种类的基础上，通过分析计算，分别制定出来的。

大量生产中在制品占用量可分为流水线内在制品占用量和流水线间在制品占用量两类。流水线内在制品占用量包括：工艺占用量、运输占用量、周转占用量和保险占用量四种。流水线间在制品占用量包括：周转占用量、运输占用量和保险占用量。

2. 成批生产类型期量标准的制定

成批生产的特点是企业按一定时间间隔依次成批生产多种产品。因此，成批生产作业计划要解决的主要问题是如何妥善安排生产的成批轮番，保证有节奏的生产。其期量标准有：

（1）批量和生产间隔期。批量是花费一次准备结束时间投入生产的同种制品的数量。准备结束时间是指在生产一批产品之前，用于熟悉图纸、领取工具、调整设备安装、安装调整模具、准备砂箱和型板等所花的时间。生产间隔期是相邻两批同种工件投入（或产出）的时间间隔，在周期性重复生产的条件下，批量就等于生产间隔期乘以平均日产量。

（2）生产周期。生产周期是指从原材料投入生产开始，到成品验收入库为止，所经过的整个生产过程的全部日历时间。

在成批生产条件下，产品和零部件是一批一批投入或出产的，所以成批零件的生产周期是一批零件从投入到出产的全部日历时间。而产品的生产周期包括毛坯准备、零件加工、部件装配、成品总数、试验、油漆、包装入库等的全部日历时间。每一工艺阶段的生产周期，包括工艺过程时间、检验时间、运输时间、自然过程时间、等待时间等。

（3）生产提前期。生产提前期是指产品、零部件、毛坯等在各工艺阶段投入和出产的日期比成品出产的日期应提前的时间，前者称为投入提前期，后者称为出产提前期。产品装配出产日期是计算提前期的起点，生产周期和生产间隔期是计算提前期的基础。有了提前期标准，就可以根据生产计划或合同规定的产品交货期限，正确地确定一批产品的毛坯、零件投入和出产的日期，以保证产品按时完成交货。

3. 单件小批量生产类型期量标准的制定

单件小批生产的特点是产品品种多、数量少、价值大、结构复杂、生产周期长，一般是按用户订货要求组织生产。因此其作业计划所要解决的主要问题是控制好生产流程、按期交货。

单件小批生产的最基本的期量标准有吨工时、产品工时结构、生产周期、网络计划图和负荷分布模式（工时分配模式）等。

（1）吨工时。即每吨产品的加工劳动量。

（2）产品工时结构。即产品加工劳动量中各工种工时的构成比例。

（3）生产周期。从加工对象投产时算起，到它完工时为止所经历的日历时间称为生产周期。

4.4　生产能力计划

4.4.1　生产能力的概念与指标

1. 生产能力的概念

工业企业在制订生产计划时，必须掌握企业的生产能力。所谓生产能力是指企业全部生产性固定资产（包括主要生产设备、辅助生产设备、起重运输设备、动力设备及有关厂房和生产建筑物等），在一定的时期内，在一定的技术和组织条件下，所能生产一定种类产品的最大产量。

这里所说的生产能力，是根据直接参与生产的固定资产来计算的。企业在具有一定数量和一定性能的生产性固定资产的条件下，是否有足够的劳动者来使用这些固定资产、原料、材料等物资供应，能不能满足生产的需要，对于固定资产能力的发挥，其作用是极大的。但是为了正确地计算固定资产的生产能力，应当把劳动力人数和原材料的供应数量等影响生产力的要素抽掉，也就是说，在假定劳动力人数合理配备和原材料供应充分，都能符合生产需要的条件下，来确定固定资产的生产能力。因为劳动力配备和原材料供应条件的变化不影响设备的生产能力，只能影响生产能力的利用程度。

2. 生产能力的指标

企业具有的固定资产是多种多样的。这些固定资产，分别配置在企业内部的各个生产环节上，在性能、工作能力和设备数量上，都有一定的组合和配合，存在着一定的比例关系。企业产品的生产过程，就是由劳动者运用这些相互联系的全部固定资产来完成。因此，企业的生产能力，是指各个生产环节、各种固定资产在保持生产要求的一定比例关系的条件下，所具有的综合生产能力。在计划年度中企业的固定资产数量总会有增加或减少，因此企业常用的生产能力指标有：年初生产能力、年末生产能力和全年平均生产能力。

(1) 年初生产能力是指企业在报告年年初，全部设备的最大年产量，即上年年末生产能力。

(2) 年末生产能力，是指下年初生产能力。

年末生产能力=年初生产能力+本年新增的生产能力-本年减少的生产能力。

(3) 全年平均生产能力是研究生产能力利用程度的重要指标。由于新增加或减少设备的时间有先有后，因而参加本年内生产的时间就有多有少。在计算年生产能力利用程度时，不能用年初或年末的生产能力，需要用年平均生产能力。

知识链接4-3

机械厂的生产能力

一个机械厂的生产能力，是指这个厂的金工、装配、模具制造、设备维修等各个生产环节的能力综合平衡以后的结果，而不是孤立地以其中一个环节来确定企业的生产能力。不能孤立、片面地只根据企业内部的某一个生产环节、某一种固定资产来确定，否则就会破坏生产发展所要求的比例关系，因为这样会造成生产过程比例不协调，给生产带来不良的影响。

4.4.2 生产能力的类别

企业的生产能力，根据用途不同，可以分为设计的生产能力、查定的生产能力和现有的生产能力三种：

1. 设计的生产能力

设计的生产能力是依照企业开始建厂时，工厂设计任务书中所规定的工业企业的产品方案和各种设计数据来确定的。在企业投入生产以后，需要有一个熟悉和掌握技术的过程，所以设计的生产能力一般需要经过一定时期以后，才能达到。

2. 查定的生产能力

查定的生产能力是指在没有设计能力或虽有设计能力，但由于企业的产品方案和技术组织条件已发生很大变化，原有的设计能力已不适用，需要重新核定的生产能力，这种生产能力是根据企业现有条件，并且考虑到企业在查定期内所采取的各种措施的效果来计算的。

3. 现有的生产能力

现有的生产能力是指企业在计划年度内所达到的生产能力。它是根据企业现有的条件，并考虑企业在查定时期内所能够实现的各种措施的效果来计算的。

上述三种生产能力，具有不同的用途。当确定企业的生产规模，编制企业的长期计划，安排企业的基本建设计划和采取重大的技术组织措施的时候，应当以企业查定的生产能力为依据。而企业在编制年度的生产计划，确定生产指标的时候，则应当以企业的现有的生产能力作为依据。因此现有的生产能力定得是否准确，对于生产计划的制订有直接影响。本章后续内容所说的生产能力，就是指现有的生产能力。

生产能力是编制生产计划的一个重要依据，但并不是全部依据。企业在按照市场需要编制生产计划的时候，不但要根据企业固定资产的生产能力，而且要考虑到原材料的供应情况，考虑到其他有关条件的因素。不考虑这些，就不能编制一个好的生产计划。如果把工业企业的生产能力和生产计划混同起来，用生产能力去代替生产计划，或者用生产计划代替生产能力，那么，在前一种情况下，就会忽视机器设备等固定资产和劳动力、原材料等其他生产要素之间的比例关系，给生产带来不良的影响；在后一种情况下，就会把由于考虑到劳动人数和原材料供应等因素的影响而计算出的生产水平，当做企业固定资产的生产能力，这样做，也不利于促使企业挖掘生产潜力。

4.4.3　生产能力的计算

1. 确定生产能力的计算单位

核算和平衡生产能力时，要根据工业企业的生产特点和产品特点进行，如化工行业，用同一台设备，可以交替生产甲、乙两种产品时，可分别计算两种产品的生产能力，即全部设备全年生产甲产品的生产能力和全部设备全年生产乙产品的生产能力。

造纸、纺织、医药等行业的产品品种和规格较多，在按年产量表示产品生产能力时，可按混合产品计算。

某些化工产品（如硫酸、烧碱等）纯度不同，在以年产量表示生产能力时，均按折纯（折纯浓度100%）计算。

某些轻工业产品（如皮革、制鞋、地毯、缝纫等）生产能力中，如主要工序是手工操作，则在其他环节的平衡生产能力时，应从主要工序（手工操作）出发进行平衡，按主要工序生产人人数计算生产能力。

工业企业特别是机械工业企业的产品品种、规格繁多，在计算生产能力时，不可能按所有品种分别计算，一般有以下五种单位。

（1）以具体产品为计量单位；

（2）以代表产品为计量单位；

（3）以假定产品为计量单位；

（4）以产品的主要参数为计量单位；

（5）以产品重量为计量单位。

由于企业生产类型、产品特点不同，所以采用实物单位的形式也有所不同。大量、大批的生产类型，品种较少，可以具体产品计量，如具体产品的台数、零部件的件数等。

成批生产的类型，品种繁多，难以用具体的产品品种来表示生产能力，因此，可把所有产品按结构、工艺及劳动量构成的相似性进行分组，找出各组的代表产品，用代表产品作计量单位，而其他产品的数量则通过换算系数换成代表产品的数量，然后进行相加，以求得用代表产品表示企业的生产能力。

当产品品种很多而各种产品的结构、工艺方法和劳动量构成相差很大时，其中很难找出代表性产品，这时可用假定产品作为计量单位，所谓假定产品就是以各种产品产量与总产量之比分别乘以单位产品台时消耗之和，作为单位产品劳动量定额的虚构产品。

在单件小批生产的类型中，由于产品品种繁多，而批量较少，所以常用具体产品的重量或假定产品的重量作为计量单位。

2. 生产能力的计算方法

企业生产能力的计算，应从基层开始自下而上进行。先计算各生产班组或工段的生产能力，然后，以各车间生产起决定性作用的主要生产班组或工段的生产能力为基础，经过综合平衡，确定车间的生产能力，最后以主要车间为基础，同其他生产车间、辅助车间进行综合平衡，确定全厂的生产能力。因此班组或工段生产能力的计算，是确定车间及全厂生产能力的基础。

在单件小批和成批生产条件下，班组或工段生产能力的计算是按设备组进行的。所谓设备组，是指分配给该班组或工段生产任务方面具有通用特性的一组设备。

（1）单一品种生产能力计算的方法。

①设备组生产能力可按下式计算：

$$M_0=\frac{F\cdot S}{t}$$

式中：M_0——某设备组生产能力（台或件）；

S——设备组内设备数量；

F——单台设备有效工作时间；

t——单台产品计划台时。

②生产面积生产能力计算可按下式计算。

$$M_0=\frac{F\cdot B}{b\cdot t}$$

式中：M_0——某生产面积生产能力；

B——生产面积（平方米）；

F——生产面积的利用时间（小时）；

b——单位产品占用的生产面积（平方米）；

t——单位产品占用时间（小时）。

③单一品种生产能力的利用指标，即负荷系数，均可用下式计算：

$$L=\frac{N}{M_0}$$

式中：L——负荷系数；

N——计划期的计划产量；

M_0——某生产面积生产能力。

（2）多品种生产能力的计算。

①以代表产品为单位计算设备组生产能力。

举例说明如下：

设某企业 A、B、C、D 四种产品，计划年产量各为 180 台、150 台、20 台、50 台，在车床上加工的工时分别为 180 台、120 台、200 台、250 台时，假设选定 A 产品为代表产品，车床组共有 20 台车床，两班制生产，设备计划停工率为 10%，则：

$$M_0=\frac{F\cdot S}{t_0}=\frac{3614.4\times 20}{180}=\frac{72288}{180}=401.6\text{（台）}\approx 402\text{（台）}$$

其中：F 为车床有效工作时间，S 为车床台数。

②当用产品的重量作为计算生产能力的计量单位时，公式为：

$$M_0=\frac{F\cdot S}{t'}$$

式中：t'表示产品单位重量的台时消耗，如以 T_0 表示假定产品单位重量台时消耗，则它等于各单位重量台时消耗 T_J 与相应产品的产量和产品单位重量乘积之和与全部产品总重量之和的比：

$$T_0=\frac{\sum_{i=1}^{m}N_i w_i t_i}{\sum_{i=1}^{m}N_i w_i}$$

式中：N_i——第 i 种产品的产量；

t_i——第 i 种产品的重量台时消耗；

w_i——第 i 种产品的单重。

各车间生产能力计算出来后，就可以在此基础上进行综合平衡，从而确定全厂的生产能力。全厂生产能力的综合平衡主要包括：第一，各基本生产车间生产能力的平衡，首先要确定主要车间，然后把主要车间生产能力与其他车间生产能力进行平衡。在机械工业企业中主要车间一般是指金加工车间或装配车间；如果出现基本车间能力不平衡的情况，就需要经过综合平衡，使企业生产能力达到一个较高的水平。第二，基本车间与辅助车间生产能力的平衡，一般以基本生产车间能力为准，了解辅助车间生产能力配合协调情况，在能力不平衡时，就应采取措施使之达到平衡。

知识掌握

□ 判断题

（1）节拍是大量、流水生产中最重要的期量标准。（　　）

（2）在企业经营过程中，生产与运作能力一经确定，就没法调节。（　　）

（3）从计划期的时间长短上我们可以把生产计划分为长期计划、中期计划和短期

计划。(　　)

（4）生产作业计划是生产计划的具体执行计划。(　　)

（5）综合生产计划是在主生产计划的基础上制订的运作计划。(　　)

□选择题

（1）生产计划的主要指标有(　　)。

A. 产品品种指标　　B. 产量指标　　C. 质量指标　　D. 产值指标

（2）物料需求计划是对所需的全部物料所做出的安排，其根据是(　　)。

A. 主生产计划　　B. 综合计划　　C. 生产作业计划　　D. 短期计划

（3）主生产计划的制订过程是(　　)。

A. 编制 MPS 初步计划　　B. 制订粗能力计划

C. 评价初步的 MPS，最后修订和批准 MPS　　D. 综合平衡，最终确定正式方案

（4）长期生产计划是全企业的生产指导计划，其计划长度一般为(　　)。

A. 1 ~2 年　　B. 3 ~5 年　　C. 半年　　D. 1 年

（5）成批生产类型的期量标准有(　　)。

A. 批量和生产间隔期　　B. 生产周期　　C. 在制品定额　　D. 生产提前期

□简答题

（1）生产与运作计划有哪三个层次？

（2）生产计划的主要指标有哪些？它们的含义各是什么？

（3）几种期量标准及其含义是怎样的？

（4）生产作业计划的编制方法有哪些？

（5）简述生产与运作能力的概念和指标。

知识应用

□案例分析

案例 1：鲍吉斯-罗易斯公司的泳装生产计划

鲍吉斯-罗易斯公司是布宜诺斯艾利斯的一家泳装生产厂商。该公司制定了一项人事改革政策，不仅降低了成本，同时也增强了员工对顾客的责任心。由于是一个很受季节影响的企业，该公司不得不在夏季的三个月将其产品的 3/4 销往海外。鲍吉斯-罗易斯管理层还是用传统方式依靠超时工作、聘用临时工、积聚存货来应付需求的大幅上升。但这种方式带来的问题很多。一方面，由于公司提前几个月就将泳装生产出来，其款式不能适应变化的需求情况；另一方面，在这繁忙的三个月，顾客的抱怨、产品需求告急、时间安排变动及出口使得管理人员大为头痛。鲍吉斯-罗易斯公司的解决办法是在维持工人正常的每周 42 小时工作的报酬的同时，相应改变生产计划，从 8 月到 11 月中旬改为每周工作 52 小时（南美洲是夏季时北半球是冬季）。等到高峰期结束，到第二年 4 月每周工作 30 小时。在时间宽松的条件下、进行款式设计和正常生产。这种灵活的调度使该公司的生产占用资金降低了 40%，同时使高峰

期生产能力增加了一倍。由于产品质量得到保证，该公司获得了价格竞争优势，因而销路很广，扩大到巴西、智利和乌拉圭等。

资料来源：http：//wenku. baidu. com/link？ url = SL4i9BM6jou2Gss73iPrLZxygRFe4azmMrd3 Fffq-GLAzMRs-m1L_ cI46jg0usUb3ONyL2nNwI_ fRlv_ Lv21q5e6knk7FTAi7cQ9Svq8msl7

问题：什么原因导致鲍吉斯-罗易斯公司经营状况的变化？

案例2：综合计划为青岛啤酒提供了竞争优势

青岛啤酒是我国一家重要啤酒生产厂家，其产品几乎占我国消费量的40%。该公司在此产量下通过出色的工作使生产能力与需求量保持了一致，因而取得了很好的效益。中期内3~18个月的生产能力和需求相匹配是综合计划的核心。青岛啤酒公司通过特定的工厂注册商标、收购兼并、劳动力和存货量的管理控制等手段来与波动的需求保持平衡。在生产批量、高效的雇员、有效的设备维护及设备安排之间的精确计划有助于提高设备的利用率，而这也是高资本投资设备的一个重要方面。

啤酒是由产品导向生产设备生产出来的，该种设备产出量大，但生产的产品种类少。产品导向生产过程通常需要很高的固定成本，但有利于降低可变成本。保持这种设备的高使用率是很关键的，由于有很高的资本成本，必然要求高的设备利用率以利于竞争。即超过盈亏平衡点的产量必然要求很高的设备利用率，如果开工时间不足则必然会带来很大损失。

资料来源：http：//wenku. baidu. com/link？ url = tFBOaKJLEUCZ55Kc71GaPedgLTE67_ saXSGy-wRfs0u1S8ah4-TUsu3-JFBCJqZTIm5hEqdwTGFH2worTxdJ0pE5VBFnF2OLrAegd2K8fIi.

问题：青岛啤酒的综合计划是如何帮助其提高竞争优势的？

□实践训练

（1）假设你是某家生产电冰箱的制造企业的制造部门经理，请你结合相关背景，利用相关信息，制订该企业的总生产计划和主生产计划。

实训目的：让学生学会制订总生产计划与主生产计划。

实训要求：上网收集企业的相关信息，制订的综合计划和主生产计划要能够落实到下属的几个制造车间或工段，同时考虑满足企业的生产能力要求。

（2）如果你们公司制订了总生产计划和主生产计划，你能够根据企业的生产实际，重点是生产能力，将这些计划落实下去吗？

实训目的：让学生学会生产能力的计算。

实训要求：根据生产能力计划的相关计算与编制方法，计算企业的生产能力。

□综合实训

实训目的及要求：

（1）让学生进一步熟悉企业生产与运作计划的类型及制订。

（2）认识计划管理的重要性。

（3）掌握针对企业实际问题，应用本章以及相关章节的理论与方法进行分析，提出解决措施。

实训内容：

（1）背景：某工厂产品呈现多品种、小批量、短交期的特点，生产工艺也较为复杂，包括冲压、注塑、喷漆、压装、精加工等，属于混合型制造企业。目前，公司计划部门排产以周计划为主。

现在的问题是，制订计划需要的基础数据不能从相关部门及时或准确拿到，导致生产计划调整频繁。有些工序排了计划，有些工序却没排（断断续续）。生产部门抱怨计划人员对影响生产计划的因素缺乏全面细致的考虑，出现计划与执行脱节。

当生产不能按期交货时，市场部门抱怨计划部门，计划部门指责生产部门，而生产部门又说是设备和模具问题影响生产进度，反馈给计划部门，而计划员很难协调相关部门，所以才耽误交货。计划部门说，生产过程中模具和设备出现问题，应该由生产部门想办法解决，解决不了或其他部门不配合，再反馈给计划部门，计划部门给予相应协助。

让人头疼的是，工程在试制通过后移交批量生产，常常是突然下个大的订单，让采购部门来不及采购。计划部门对工程部门说，批产前特别是大批量订单来临之前，要提前告知，这样计划部门才好做物料计划，要不工程部门就自行采购。工程部门说，在试制通过前，谁敢担这个责任通知你做计划？

（2）学生分小组讨论分析：①企业相关部门应如何优化生产计划编制方式？是否改由计划部门编排？理清计划部门和生产部门的关系。②计划怎样才能行之有效？③找出该公司计划管理存在的问题，提出解决该公司问题的措施。

第五章 质量管理与控制

学习目标

◎了解质量管理的发展历程、要求及内容；
◎掌握全面质量管理的内涵及PDCA循环工作法；
◎了解ISO9000族的内涵及质量认证的状况、程序、方法；
◎掌握质量分析与控制常用的一些方法。

技能目标

◎通过和企业近距离接触和亲自动手测试数据；
◎利用质量统计工具进行分析；
◎针对分析结果，得出一些解决问题的措施；
◎将从课本中所学的知识用到实践中去，有一定的质量管理的能力。

5.1 质量管理概述

5.1.1 质量及质量管理的含义

1. 质量的含义

在生产发展的不同历史时期，人们对质量的理解随着科学技术的发展和社会经济的变化而有所变化。自从美国贝尔电话研究所的统计学家休哈特（W. A. Shewhart）博士于1924年首次提出将统计学应用于质量控制以来，质量管理的思想和方法得到丰富和发展。一种新的质量管理思想和质量管理方式的提出，通常伴随着对质量概念的重新理解和定义，美国质量管理专家朱兰（Joseph

H. Juran）博士把新产品质量定义为“质量就是使用性”；克罗斯比（Philip Crosby）则把产品质量定义为：产品符合规定要求的程度；现代管理科学对于质量的定义涵盖了产品的“适应性”和符合“规定性”两方面的内容。ISO9000系列国际标准（2000版）中关于质量的定义是：“质量是一组固有特性满足要求的程度。”“要求”是指“明示的、通常隐含的或必须履行的需求或期望”。

工作质量一般指与质量有关的各项工作，对产品质量、服务质量的保证程度。工作质量涉及各个部门、各个岗位工作的有效性，同时，决定着产品质量、服务质量。然而它又取决于人的素质，包括质量人员的质量意识、责任心、业务水平。其中最高管理者的工作质量起主导作用，一般管理层和执行层的工作质量起保证和落实作用。

知识链接5-1

某集团的全员工作质量原则

提高工作质量是某集团实现腾飞的迫切要求。集团实践告诉我们，强调执行质量职能是全体人员的责任，全体人员都必须具有质量意识和承担质量的责任。该集团制定了提高全员工作质量的八项原则：

（1）准确性——是指符合有关标准、规范、程序等的程度。准确性是工作质量的基本特征。

（2）时间性——是指工作要及时、准时和省时。及时是遇事不拖延，马上就办；准时是按时完成任务，保证总体节奏；省时是效率要高，以较少的时间完成较多的工作量。

（3）经济性——是指在人力、财力、物力诸方面，投入要少，产出要多。每做一项工作，不仅要达到预期效果，而且应设法，降低成本，做到少花钱，多办事。

（4）有效性——是指满足预期功能，实现经济效益和社会效益的程度。例如设计某种卡具，不仅要看是否用于生产，而且要看有无经济效益和社会效益。

（5）主动性——是指发挥人的主观能动性，必须调动全体人员的积极性，使之感到“我要干”，而不是“要我干”。对于管理、辅助系统及其成员来说，其工作内容不像生产系统那样明确直观，强调主动性就更有必要。

（6）服务性——是指提供优良服务。企业是一个整体，企业与下属各部门、部门与部门、职工与职工之间都处在相互关联之中。每个部门或每个人的工作，都需要相互支持、协作和服务，这样才能促进全员工作质量的提高。

（7）文明性——是指符合政策、法规和职业道德的要求。

（8）安全性——是指工作不能危及人身和财产的安全。

由此可知，工作质量不仅涉及各个方面的工作，而且涉及工作内在的诸属性。为此，必须实行科学的管理，才能取得良好的工作质量。

工程质量是指服务于特定目标的各项工作质量的综合质量。工程质量是产品质量的保证，产品质量是工程质量的体现，因此，质量管理工作应着眼于对工程质量进行管理。

2. 质量管理的含义

质量管理（quality management）是指导和控制组织的与质量有关的相互协调的活动。指导和控制组织的与质量有关的活动，通常包括质量方针和质量目标的建立、质量策划、质量控制、质量保证和质量改进（见图5-1）。质量管理是以质量管理体系为载体，通过建立质量方针和质量目标，并为实施规定的质量目标进行质量策划，实施质量控制和质量保证，开展质量改进等活动予以实现的。质量管理涉及组织的各个方面，是否有效地实施质量管理关系到组织的兴衰。

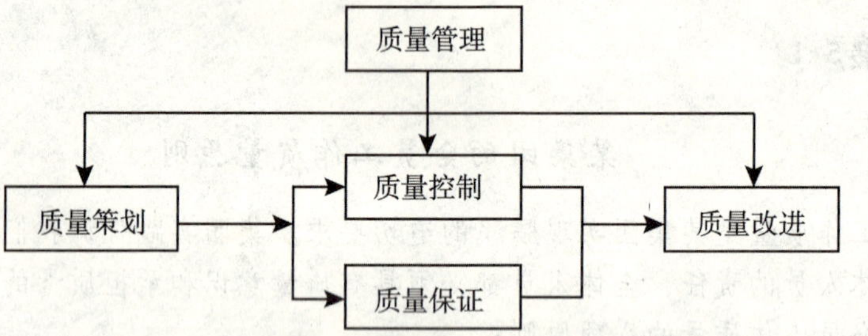

图5-1　质量管理过程

质量策划。即设定质量目标并规定必要的运行过程和相关资源以实现其目标的活动。质量策划涉及企业内部的众多方面，例如建立质量管理体系策划、产品实现过程策划、质量改进策划、适应环境变化的策划等。

质量控制。即“致力于满足质量要求”的活动。它是通过一系列作业技术和活动对质量形成的整个过程实施控制的，其目的是为了使产品、过程或体系的固有属性达到规定的要求。它是预防不合格发生的重要手段和措施，贯穿于产品形成和体系运行的全过程。

质量保证。它是对达到质量要求提供信任的活动。质量保证的核心是向人们提供足够的信任，使顾客和其他相关方确信企业的产品、体系和过程达到和满足质量要求。它一般有两方面的含义：一是企业在产品质量方面对用户所作的一种担保，具有“保证书”的含义。这一含义还可引申为上道工序对下道工序提供的质量担保。二是企业为了提供信任所开展的一系列质量保证活动。这种活动对内来说是有效的质量控制活动；对外来说是提供依据以证明企业质量管理工作实施的有效性，以达到使人确信其质量的目的。因此，质量保证包括取信于企业领导的内部质量保证和取信于用户的外部质量保证。

质量控制与质量保证有一定的关联性。质量控制是为了达到规定的质量要求所开展的一系列活动，而质量保证是提供客观证据证实已经达到规定质量要求的各项活动，并取得顾客和相关方面的信任。因此有效地实施质量控制是质量保证的基础。

质量改进。质量改进是致力于增强满足质量要求能力的活动。质量改进的目的是提高企业满足质量要求的能力。它是通过产品实现和质量体系运行的各个过程改进来实施的，涉及组织的各方面，包括生产经营全过程中各个阶段、环节、职能、层次，所以企业管理者应着眼于积极主动地寻求改进机会，发动全体成员并鼓励他们参与改进活动。

5.1.2 质量管理的发展

20世纪，人类跨入了以“加工机械化、经营规模化、资本垄断化”为特征的工业化时代。在过去的整整一个世纪中，质量管理的发展，大致经历了三个阶段：

1. 质量检验阶段（20世纪20—30年代）

20世纪初，人们对质量管理的理解还只限于质量检验。质量检验所使用的手段是各种检测设备和仪表，方式是严格把关，进行百分之百的检验。质量检验是在成品中挑出废品，以保证出厂产品的质量。但这种事后检验把关，无法在生产过程中起到预防、控制的作用。废品已成事实，很难补救。且百分之百的检验，增加检验费用。当生产规模进一步扩大，在大批量生产的情况下，其弊端就凸显出来。一些著名统计学家和质量管理专家就注意到质量检验的问题，尝试运用数理统计学的原理来解决，使质量检验既经济又准确，1924年，美国的休哈特提出了控制和预防缺陷的概念，并成功地创造了“控制图”，把数理统计方法引入质量管理中，使质量管理推进到新阶段。

2. 统计质量控制阶段（20世纪40—50年代）

统计质量控制形成于20世纪40年代到50年代，主要代表人物是美国贝尔公司的工程师休哈特、道奇和罗米格等。这一阶段的特征是数理统计方法与质量管理的结合。第二次世界大战开始以后，统计质量管理得到了广泛应用。这是由于战争的需要，美国军工生产急剧发展，尽管大量增加检验人员，产品积压待检的情况还是日趋严重，有时又不得不进行无科学根据的检查，结果不仅废品损失惊人，而且在战场上经常发生武器弹药的质量事故，比如炮弹炸膛事件等，对士气产生极坏的影响。在这种情况下，美国军政部门随即组织一批专家和工程技术人员，于1941—1942年先后制定并公布了Z1.1《质量管理指南》、Z1.2《数据分析用控制图》、Z1.3《生产过程中质量管理控制图法》，强制生产武器弹药的厂商推行，并收到了显著效果。第二次世界大战结束后，美国许多企业扩大了生产规模，除原来生产军火的工厂继续推行质量管理的统计方法以外，许多民用工业企业也纷纷采用这一方法，美国以外的许多国家，如加拿大、法国、德国、意大利、墨西哥、日本也都陆续推行了统计质量管理，并取得了成效。

统计质量管理也存在着缺陷，它过分强调质量控制的统计方法，使人们误认为“质量管理就是统计方法”，“质量管理是统计专家的事”，使多数人感到高不可攀、望而生畏。同时，它对质量的控制和管理只局限于制造和检验部门，忽视了其他部门的工作对质量的影响。这样，就不能充分发挥各个部门和广大员工的积极性，制约了它的推广和运用。这些问题的解决，又把质量管理推进到一个新的阶段。

3. 全面质量管理阶段（20世纪60年代至今）

科学技术和工业生产的发展，对质量的要求越来越高。20世纪50年代以来，火箭、宇宙飞船、人造卫星等大型、精密、复杂的产品出现，对产品的安全性、可靠性、经济性等要求越来越高，质量问题就更为突出。要求人们运用“系统工程”的概念，把质量问题作为一个有机整体加以综合分析研究，实施全员、全过程、全企业的管理。最早提出全面质量管理概念的是美国通用电气公司质量经理菲根堡姆。1961 年，他出版了一本著作《全面质量管理》。该书强调执行质量职能是公司全体人员的责任，他提出：“全面质量管理是为了能够在最经济的水平上并考虑到充分满足用户要求的条件下进行市场研究、设计、生产和服务，使企业各部门的研制质量、维持质量和提高质量的活动构成一体的有效体系”。

5.1.3 质量管理的国际化

质量的竞争已成为国际市场竞争的焦点。特别是自 20 世纪 70 年代以来，由于世界范围内高技术产业的兴起和社会生产力的发展。国际市场的竞争已由价格竞争转向质量竞争。当前，各国许多主要公司和企业，都在为使自己的产品达到第一流质量而采取有效的对策。质量不仅是国际市场竞争中的主要手段，而且已成为保护人类社会安全和生存环境的防御力量。质量改进是合理利用资源、提高生产率、减少损失、增加社会效益的有效措施。现代经济使开放性的世界经济、国际贸易和世界性的经济合作，成为每个国家发展经济不可缺少的条件，国家间的相互依赖更加紧密。技术、物资、人才、信息间的互相交流、互相补充、互通有无是现代经济的重要特点。

随着国际贸易的发展，标准化已成为国际市场竞争的重要工具，依靠先进标准进行商业竞争已成为国际贸易的一个新动向。对于产品的生产和出口，企业要通过建立质量和环境保证体系，尽快提高质量和环境管理水平，获得 ISO9000 质量管理体系和 ISO14000 环境标准认证及各国的“环境标志”产品认证，获得通往国际市场的通行证，从而使优质、环境无害、健康卫生的产品进入国际市场。在采用国际标准的基础上，执行高于国家标准的内控质量标准，建立一套严密的生产管理程序及完善的质量手册，制定标准化管理条例，规范操作重点，形成质量监督网络的标准化质量管理体系，保证影响产品质量和外观效果的每一个细节都得到严格控制，使产品的生产过程全面纳入新的国际质量管理运作体系，并把对顾客满意信息的监控作为质量管理体系业绩的评价，把持续改进作为提高质量管理水平的重要手段，强化资源管理的重要性，进一步规范、完善企业严谨、高效、科学的质量管理体系。

5.2 生产运作过程的质量管理

生产运作的不同阶段有不同的质量管理内容。质量管理的基本过程大体上包括生产前——产品设计开发过程的质量管理，生产中——生产过程中的质量管理和生产后——服务过程质量管理。

5.2.1 产品设计开发的质量管理与控制

产品的设计开发是一个复杂的过程，要同时满足来自用户和制造两方面的要求，所以其质量管理特别重要。在进行产品的设计开发质量控制时，应清楚了解顾客需要什么样的产品和服务。正确识别用户的明确要求和潜在要求是产品的设计开发阶段进行质量管理的首要任务，也是确定新产品开发和设计的依据。识别的整个过程就是大量收集情报并进行系统分析。

设计过程又是产品质量的最早孕育过程，可以说，设计阶段是控制最终产品质量的起点。在产品的质量管理过程中，除了考虑选取优质材料、高精度加工之外，还必须充分认识到设计的重要性。

1. 设计开发阶段质量管理的重要性

设计决定了产品的“先天质量”。产品质量的优劣、能否使顾客满意首先取决于产品的设计开发过程，搞好产品的设计和开发是实现产品更新换代，提高产品质量水平的前提。同时，产品设计质量不仅会影响产品本身，还会直接影响到生产秩序，并直接关系到产品的市场竞争力。设计直接决定了生产计划的制订、原材料的采购、工艺制作的难易、调机次数的多少、设备的种类和加工精度、质量等级的高低等。低劣的设计可能导致产品难以生产。广义的设计是指产品正式投产前的全部开发研制过程。一种新产品从开始提出设计要求直到投产使用，包括调查研究、制订方案、产品设计、试制、试验、鉴定以及制造、装配、销售、使用和维修等过程。狭义的设计只是上述设计过程中的一个阶段，即图纸设计阶段，工作进行到这个阶段的终点，就可认为设计工作完成了。实际上，上述各设计阶段是一个完整的过程，互相之间有着密切的联系。由此可见，设计质量应是包括产品投产前的市场调查、研制开发、设计等各个环节的质量总和，设计过程中任何一个环节的质量问题都可能影响到产品的设计质量，进而影响最终的产品质量。设计质量既是以后制造质量必须遵循的标准和依据，又是产品最后使用质量必须达到的目标。所以，设计过程的质量管理，是企业产品质量管理工作的起点。如果设计过程的质量管理薄弱，设计不周铸成错误，这种“先天不足”必然带来“无穷后患”，不仅严重影响产品质量，还会影响投产后的一系列工作，造成恶性循环。因此搞好产品设计阶段的质量管理，确保产品设计质量是企业经营成功的重要环节。为此，企业必须加强产品设计质量管理，把质量问题控制在源头，全方位提升设计质量和减少设计差错的发生，以保证最终产品质量。

2. 设计开发过程质量管理的内容

设计开发过程质量即设计过程本身的工作管理对于产品质量保证程度。它对后续生产过程有着直接的影响，是实现设计质量核心价值的基础。

针对产品设计的特点，产品设计过程质量管理的具体内容和方法如下：(1) 明确产品设计的工作程序，制定科学的产品设计管理流程，合理安排设计周期、控制设计进度。(2) 建立设计质量管理体系，规范各组织和技术接口，落实各环节的质量管理职能与责任，有效控制产品设计过程，减少设计的错误，保证设计质量。(3) 加强设计文件管理，建立图纸和技术资料管理制度，明确各环节技术文件的传递程序、技术规范、责任人，保证设计图样、工艺等技术文件的质量。(4) 根据质量水平确定目标成本，对产品设计进行经济分析，有效控制设计成本。(5) 加强设计师管理，最优地组织设计团队并保证其相对稳定性。(6) 建立设计标准化体系，制定产品的造型设计、结构设计、工艺设计等相关标准，简化设计工作，并作为产品设计质量审查，产品试制、鉴定质量检查，产品试验质量监督等的依据，保证产品最后定型质量。（7）更新设计方法，提高设计质量管理的信息化程度，实现设计工作各部门之间有效的信息沟通，确保设计的效率和质量。

总的来说，产品设计过程质量管理就是要在严格遵守技术标准和法律法规的基础上，通过加强设计管理，对设计的全过程实施有效的质量控制，正确处理和协调资金、资源、技术、环境等约束条件，防止设计过程产生缺陷和不足，全面满足设计文件的质量特性，使产品设计更好地满足用户所需要的功能和使用价值的要求，充分发挥产品生产的经济效益。

5.2.2 制造过程的质量管理

制造过程的质量控制必须建立一个控制状态下的系统。所谓控制状态就是生产与运作的正常状态，即生产过程能稳定地、持续地生产符合设计质量的产品。生产系统处于控制状态下才能保证合格产品的连续性和再现性。生产制造过程的质量控制包括工艺准备的质量控制、基本制造过程的质量控制、辅助服务过程的质量控制。进行工艺准备的质量控制时，首先要指订制造过程质量控制计划，其次要进行工艺的分析与验证，最后是进行工艺文件的质量控制。基本制造过程的质量管理是指从材料的进厂到最终产品的整个过程对产品的质量管理。基本任务是：严格贯彻设计意图和执行技术标准，使产品达到质量标准；实施制造过程中各个环节的质量保证，以确保工序质量水平；建立能够稳定地生产符合质量水平要求的产品生产制造系统。辅助服务过程的质量管理包括物料供应的质量控制、工具供应的质量控制和设备维修的控制等内容。

制造过程是产品质量的直接形成过程。制造过程质量管理的目标是保证实现设计阶段对质量的控制意图，其任务是建立一个控制状态下的生产系统，使生产过程能够稳定地、持续地生产符合设计要求的产品。产品投产后能否保证达到设计质量标准，既与制造过程的技术水平有关，还和制造过程的质量管理水平有关。

1. 生产和制造过程的质量职能和质量管理活动

（1）生产和制造过程的质量职能包括严格贯彻执行制造质量控制计划，对影响工序质量的因素（5M1E）进行有效控制；保证工序质量处于控制状态；有效地控制生产节拍，及时处理质量问题，确保均衡生产。

（2）生产制造过程的质量管理活动主要有以下几项：明确质量责任；合理组织生产岗位培训；提供设备保障；提供计量保障；物资供应；严肃工艺纪律；执行“三自一控”；控制关键工序；加强在制品管理；加强质量信息管理；组织文明生产；技术文件与资料的管理；严格工艺更改控制；加强检查考核。

2. 制造过程的质量管理内容

制造过程的质量管理，应当抓好以下几个方面的工作：

（1）合理地设置质量控制点。质量控制点的合理设置是产品质量得以保证的前提，因此在质量管理的过程中必须设置相应的控制环节。首先，一般情况下必须设置进货检验、过程检验和最终检验；其次，建立生产部门“三检”制度，设置内部质量控制人员，在生产的各个关键工序建立检验点，同时各级主管为质量第一责任人；最后，可设置专职或兼职的质量监督、检查人员，隶属质量管理部门，而且必须注意的是，质量管理部门必须独立于其他部门，直属企业最高领导管理，这样质量管理才能真正起作用。

(2) 严格贯彻执行工艺规程，保证工艺质量。在产品的生产加工过程中，作为产品的生产部门“制造”，必须严格执行生产操作规程，并按工艺要求进行生产。因为制造过程是产品形成的直接过程，产品的好坏都直接取决于对生产过程的有效控制，任何一个环节的疏忽都可能导致出现不合格产品。因此，在要求生产操作人员严格按工艺要求生产的同时，还必须提高生产操作人员的操作技能，抓好生产过程中各关键控制点，各环节的质量控制，将影响产品质量、工序能力及生产效率的因素都管起来，真正建立起一支高素质、高技能、高效率，并能持续稳定地生产出高质量产品的生产队伍，最终实现通过对生产过程的有效控制来达到对结果的控制。制造过程的质量管理就是要使影响产品质量的各个因素都处在稳定的受控状态。因此，各道工序都必须严格贯彻执行工艺规程，确保工艺质量，禁止违章操作。

(3) 搞好均衡生产和文明生产。良好的生产秩序和整洁的工作场所代表了企业经营管理的基本素质。均衡生产和文明生产是保证产品质量、消除质量隐患的重要途径，也是全面质量管理不可缺少的组成部分。

(4) 组织技术检验。把好工序质量关，实行全面质量管理，贯彻预防为主的方针。必须根据技术标准的规定，对原材料、外购件、在制品、产成品以及工艺过程的质量，进行严格的质量检验，保证不合格的原材料不投产、不合格的零部件不转序、不合格的产成品不出厂。质量检验的目的不仅是发现问题，还要为改进工序质量、加强质量管理提供信息。因此，技术检验是制造过程质量控制的重要手段，也是不可缺少的重要环节。

(5) 掌握质量动态。为了真正落实制造过程质量管理的预防作用，必须全面、准确、及时地掌握制造过程各个环节的质量现状和发展动态。必须建立和健全各质量信息源的原始记录工作，以及和企业质量体系相适应的质量信息系统（QIS）。

(6) 加强不合格品的管理。不合格品的管理是企业质量体系的一个要素。不合格品管理的目的当然是对不合格品做出及时的处置，如返工、返修、降级或报废，但更重要的是及时了解制造过程中产生不合格品的系统因素，对症下药，使制造过程恢复受控状态。因此，不合格品管理工作要做到三个“不放过”，即没找到责任和原因“不放过”；没找到防患措施“不放过”；当事人没受到教育“不放过”。

(7) 搞好工序质量控制。制造过程各工序是产品质量形成的最基本环节，要保证产品质量，预防不合格品的发生，必须搞好工序质量控制。工序质量控制工作主要有三个方面：针对生产工序或工作中的质量关键因素建立质量管理点；在企业内部建立有广泛群众基础的 QC 小组，并对之进行积极的引导和培养工作；由于制造过程越来越依赖于设备，所以工序质量控制的重点将逐步转移到对设备工作状态有效控制上来。

(8) 建立畅通的质量信息传递渠道。质量信息的滞后带来的是产品质量的落后，没有畅通的质量信息反馈渠道，是很难保证所生产的产品质量的。因此“信息的及时性”是解决问题的关键，如现场检验人员发现质量问题，必须进行“横向”信息传递，以最有效、快捷的方法对接到责任点，由责任点的相关人员对生产过程进行调整，防止后续问题的发生，并由责任点将信息向所在部门反馈处理。同时检验人员也进行“纵向”信息传递，将问题向上级反馈，通过上级实现部门与部门之间的沟通处理，这样就将原来的单边“纵向”循环，转变为两边“横向”、“纵向”的双向循环。从而做到能通过生产一线操作人员解决的问题，则无需基层管理人员介入；能通过基层管理人员解决的问题，则无需中层管理人员介入；能由两个人解决的问题，则无需第三个人介入；能现场解决的问题，则无需提交到会议上解决等。最终实现对问题的快捷、高效的处理。

（9）不良产品的有效控制。对不良产品的处理方式通常有让步放行、返工、返修、改作他用、报废等。然而大部分的中小企业在处理不良产品的时候，往往忽视处理后的原因分析、措施制定等有效控制手段，或者说虽有在做，但也仅局限性于表面的处理，责任的落实与处罚，进而导致同样的问题重复出现。因此在进行质量问题的处理过程中，同样必须坚决执行“三不放过原则”，即：不良原因的分析不清不放过，造成产品不合格的责任人未受处理不放过，未制定纠正、预防措施不放过。

5.2.3　服务过程的质量管理

在服务过程中应提供咨询介绍服务，技术培训服务，包退、包换和包修服务，维修服务，访问服务，以达到质量控制的目的。

1. 加强服务过程质量管理的意义

企业经营的最高目标是让顾客满意，使企业获利。而顾客的满意度源于他们对服务质量的评价。美国著名营销学家贝里、潘拉索拉曼、塞莫尔等经过大量研究提出，顾客对服务质量的评价主要依据五个标准：可靠、敏感、可信、移情、有形证据。其中，除“可靠”与技术质量有关外，其余几个标准部或多或少与功能性质量即服务过程的质量相关，可见，服务过程的质量对顾客感觉中的整体服务质量有极大的影响。

（1）加强服务过程的质量管理有利于增强服务性企业的竞争力。在面对面服务过程中，顾客不仅会关心他们所得到的服务，而且还会关心他们是“怎样获得”这些服务的，这使“怎样提供服务”为服务性企业提供了广阔的竞争空间。在激烈的竞争中，“怎样提供服务”将帮助企业与其他同类型或同档次的企业区别开来，树立起鲜明的企业形象，从而使企业在激烈的竞争中脱颖而出。

（2）加强服务过程的质量管理是防止服务差错、提高顾客感觉中的整体服务质量的有力举措。加强服务过程的质量管理，能够尽可能减少服务差错，做到防微杜渐，为顾客提供更多的消费利益和更大的消费价值，进而极大地提高顾客的满意度。

（3）加强服务过程的质量管理有助于树立企业良好的市场形象，从某种意义上说，服务质量与企业形象是互为消长的。一方面，加强服务过程的质量管理，可以大大提高顾客感觉中的整体服务质量，帮助企业树立良好的市场形象，培养顾客的品牌忠诚度；另一方面，服务性企业的市场形象又会对顾客实际经历的服务质量产生重大影响。如果企业有良好的市场形象，顾客往往会原谅服务过程中出现的次要质量问题。反之，则会出现截然相反的后果。

2. 服务过程质量管理的内容

广义的服务过程涵盖从市场调研、产品设计到生产、销售、售后服务的全过程。这里探讨的只是狭义的服务过程——售后服务过程。

售后服务，是指生产企业、经销商把产品（或服务）销售给消费者之后，为消费者提供的一系列服务，包括产品介绍、送货、安装、调试、维修、技术培训、上门服务等。

在市场竞争激烈的今天，随着消费者维权意识的提高和消费观念的变化，消费者在选购产品时，不仅注意到产品实体本身，在同类产品的质量和性能相似的情况下，更加重视产品的售后服务。因此，企业在提供价廉物美的产品的同时，向消费者提供完善的售后服务，已成为现代企业市场竞争的新焦点。在中国，有海尔集团因售后服务做得好而销售稳步上升的案例。

售后服务的内容主要包括：代为消费者安装、调试产品；根据消费者要求，进行有关使用等方面的技术指导；保证维修零配件的供应；负责维修服务；对产品实行“三包”，即包修、包换、包退（现在许多人认为产品售后服务就是“三包”，这是一种狭义的理解）；处理消费者来信来访，解答消费者的咨询。同时用各种方式征集消费者对产品质量的意见，并根据情况及时改进。

客观地讲，优质的售后服务是品牌服经济的产物，名牌产品的售后服务往往优于杂牌产品。名牌产品的价格普遍高于杂牌，一方面是基于产品成本和质量，同时也因为名牌产品的销售策略中已经考虑到了售后服务成本。就服务体系而言，产品的售后服务，既有生产厂商直接提供的，也有经销商提供的，但更多的是以厂家、商家合作的方式展现给消费者的。无论是消费者还是商家，都应该遵守诚信的原则。

知识链接5-2

张瑞敏：家电企业质量控制面临三个新压力

新华网消息，海尔集团首席执行官张瑞敏7日在重庆高层质量论坛上说，保证产品质量是家电企业的生命，但如今市场形势变幻莫测，企业质量控制因此面临三个新的压力。首先是低成本和高质量要求的矛盾压力。张瑞敏说，随着家电产品日益丰富，市场消费已由过去企业主导变为用户说了算，而用户强烈要求产品低价格和高质量，让企业陷入了两难境地。要改善这种状况，企业必须加强设计力量，在产品初始设计阶段就考虑采用新技术减少零部件的使用，达到降低成本和保证质量的双重目的。其次是产品更新速度的压力。张瑞敏说，消费者对产品越来越挑剔，喜新厌旧的速度也越来越快，企业为了留住顾客，需要不停推出新产品，同时要保证新产品能够满足消费者的“口味”。有些企业急于推出新产品，忽视了“准确度”，把市场当成新产品实验场，一旦失败就难以翻身。为此，企业一方面要加大研发力度和速度，另一方面应该在产品正式上市前开展模拟市场实验，提前发现和改进设计，提高市场命中率。最后在连锁商店和用户之间，企业到底该满足谁？张瑞敏认为，很多家电企业为了扩大销量，一味满足连锁商店的降价要求，不停打价格战，最后不得不以牺牲产品质量为代价。这实际上是忽视消费者真实需求的表现，企业应更多从消费者需求差异中寻求改进质量的空间，提高产品的用户满意度，而尽量避免陷入无休无止的价格大战中。

资料来源：http：//www. cq. xinhuanet. com/news/2006-09/08/content_7988613. htm.

5.3 全面质量管理

5.3.1 全面质量管理的定义、特点

1. 全面质量管理的定义

全面质量管理（Total Quality Management，TQM），是组织全体职工和相关部门参加，综合运用现代科学管理技术成果，控制影响质量形成全过程的各因素，以经济地研制、生产和提供顾客满意的产品和服务为目的的系统管理活动。TQM 被提出后，相继为各工业发达国家乃至发展中国家重视和运用，并在日本取得巨大的成功。多年来，随着世界经济的发展，TQM 在理论和实践上都得到了很大的发展，成为现代企业以质量为核心的提高竞争力和获得更大利益的经营管理体系。

2. 全面质量管理的特点

（1）全面的质量管理。

全面的质量管理，即全面的质量管理的对象——“质量”的含义是全面的，不仅要管产品质量，还要管产品质量赖以形成的工作质量和工程质量。实行全面的质量管理，就是为达到预期的产品目标和不断提高产品质量水平，经济而有效地搞好产品质量的保证条件，使工程质量和工作质量处于最佳状态，最终达到预防和减少不合格品、提高产品质量的目的，并要做到成本降低、价格便宜、供货及时、服务周到，以全面质量的提高来满足用户各方面的使用要求。

（2）全过程的质量管理。

全过程的质量管理，即全面质量管理范围是全面的。产品的质量，有一个逐步产生和形成的过程，它是经过企业生产经营的全过程一步一步形成的。所以，好的产品质量，是设计和生产出来的，不是仅靠检验得到的。根据这一规律，全面质量管理要求从产品质量形成的全过程，在产品设计、制造到使用的各环节致力于质量的提高，做到防检结合，以防为主。质量管理向全过程管理的发展，就有效地控制了各项质量影响因素，它不仅充分

体现了以预防为主的思想，保证质量标准的实现，而且着眼于工作质量和产品质量的提高，争取实现新的质量突破。根据用户要求，从每一个环节做起，都致力于产品质量的提高，从而形成一种更加积极的管理。

(3) 全员性的质量管理。

全员性的质量管理，即全面质量管理要求参加质量管理的人员是全面的。全面质量管理是全体职工参加的质量管理，质量管理的全员性、群众性是科学质量管理的客观要求。产品质量的好坏，是许多工作和生产环节活动的综合反映，因此它涉及企业所有部门和所有人员。这就是说，一方面产品质量与每个人的工作有关，提高产品质量需要依靠所有人员的共同努力；另一方面，在这个基础上产生的质量管理和其他各项管理，如技术管理、生产管理、资源管理、财务管理等方面之间，存在着有机的辩证关系，它们以质量管理为中心环节，相互联系，相互促进。因此，实行全面质量管理要求企业在集中统一领导下，把各部门的工作有机地组织起来，人人都必须为提高产品质量，为加强质量管理尽自己的职责。只有人人都关心产品质量，都对质量高度负责，企业的质量管理才能搞好，生产优质产品才有坚实的基础和可靠保证。

(4) 综合性的质量管理。

综合性的质量管理，即全面质量管理用于管理质量的方法是全面的、多种多样的，它是由多种管理技术与科学方法组成的综合性的方法体系。全面、综合地运用多种方法进行质量管理，是科学质量管理的客观要求。现代化大生产和科学技术的发展以及生产规模的扩大和生产效率的提高，对产品质量提出了越来越高的要求。影响产品质量的因素也越来越复杂，既有物质因素，又有人的因素；既有生产技术的因素，又有管理因素；既有企业内部的因素，又有企业外部的因素。要把如此众多的影响因素系统地控制起来，统筹管理，单靠一两种质量管理方法是不可能实现的，必须根据不同情况，灵活运用各种现代化管理方法和措施加以综合治理。

上述特点都是围绕着“有效地利用人力、物力、财力、信息等资源，以最经济的手段生产出顾客满意的产品”这一企业目标的，这是推行全面质量管理的出发点和落脚点，也是全面质量管理的基本要求。坚持质量第一，把顾客的需要放在第一位，树立为顾客服务、对顾客负责的思想，是推行全面质量管理贯彻始终的指导思想。

5.3.2 全面质量管理的基本指导思想

1. 质量第一，以质量求生存

任何产品都必须达到所要求的质量水平，否则就没有或未完全实现其使用价值，从而给消费者及社会带来损失。从这个意义上讲，质量必须是第一位的。市场的竞争其实就是质量的竞争，企业的竞争能力和生存能力主要取决于它满足社会质量需求的能力。“质量第一”并非“质量至上”。质量不能脱离当前的消费水平，也不能不考虑成本而一味追求质量。应该重视质量成本分析，综合分析质量和质量成本，确定最适宜的质量。

案例分析5-1

在某医药集团每月一次的总调度会上，尽管每次的主题和侧重都不同，但董事长一定会谈到的内容就是质量。对于这个他眼中的“生存与发展的重大课题”，董事长坚定地认为，“品牌”就是品质的牌子，归根结底说的是质量；而“做好药”根本上说的还是质量。质量就是企业的生命线，是企业品牌的支撑点。在当前严峻的监管环境下，如果一个产品的质量出现问题，就可能导致整个企业的覆没，造成不可挽回的后果。从这个意义上说，“药品生产企业是质量第一责任人”的理念和科学的质量管理就显得尤为重要。

2. 以顾客为中心，坚持用户至上

外部的顾客可以是最终的顾客，也可以是产品的经销商或再加工者；内部的顾客是企业的部门和人员。实行全过程的质量管理要求企业所有工作环节都必须树立为顾客服务的思想。内部顾客满意是外部顾客满意的基础。因此，在企业内部要树立“下道工序是顾客”，“努力为下道工序服务”的思想。只有每道工序在质量上都坚持高标准，都为下道工序着想，为下道工序提供最大的便利，企业才能目标一致地、协调地生产出符合规定要求，满足用户期望的产品。可见，全过程的质量管理就意味着全面质量管理要“始于识别顾客的需要，终于满足顾客的需要”。

3. 预防为主、不断改进产品质量

优良的产品质量是设计和生产制造出来的，而不是靠事后的检验决定的。事后的检验面对的是已经成为事实的产品质量。根据这一基本道理，全面质量管理要求把管理工作的重点，从“事后把关”转移到“事前预防”上来；从管结果转变为管因素，实行“预防为主”的方针，把不合格品消灭在它的形成过程之中，做到“防患于未然”。当然，为了保证产品质量，防止不合格品出厂或流入下道工序，并把发现的问题及时反馈，防止再出现、再发生，加强质量检验在任何情况下都是必不可少的。强调预防为主、不断改进的思想，不仅不排斥质量检验，而且甚至要求其更加完善、更加科学。

4. 用数据说话，以事实为基础

有效的管理建立在数据和信息分析的基础上。在全面质量管理工作要具有科学的工作作风，必须做到“心中有数”，以事实为基础。为此必须要广泛收集信息，用科学的方法处理和分析数据和信息。不能够“凭经验，靠运气”。为了确保信息的充分性，应该建立企业内外部的信息系统。坚持以事实为基础，就是要克服“情况不明决心大，心中无数点子多”的不良决策作风。

5. 重视人的积极因素，突出人的作用

“各级人员都是组织之本，只有他们充分参与，才能使他们的才干为组织带来收益。”产品和服务的质量是企业中所有部门和人员工作质量的直接或间接的反映。因此，全面质量管理不仅需要最高管理者的正确领导，更重要的是充分调动企业员工的积极性。为了激发全体员工参与的积极性，管理者应该对职工进行质量意识、职业道德、以顾客为中心的意识和敬业精神的教育，还要通过制度化的方式激发他们的积极性和责任感。

案例分析 5-2

全面推进“大质量管理”

2006 年初，康佳制定了新的发展战略，并将企业使命定位于一个世界级的中国企业，立志将康佳打造成一个值得信赖的数字娱乐品牌、一个一流的家庭、手持、车载领域的数字娱乐产品和服务的提供商。康佳人坚信，只有成为世界级中国企业，才能在与跨国企业的竞争中站稳脚跟，才能在国际市场中占有一席之地。为了实现这一战略目标，康佳提出了价值经营的竞争策略。确定了以企业利润和品牌增值为导向、以差异化竞争为基础、以价值增值为目的，统领企业各项经营工作的总体思路。在这一策略的指引下，康佳在全公司启动了质量、精品、创新三大工程。与此同时，康佳又提出了实现全面质量管理的概念。所谓全面质量管理，就是通过全体员工的参与，改进流程、产品、服务和公司文化，以达到生产百分之百合格的产品，实现客户满意，从而获取竞争优势和长期成功。据康佳集团质量管理专家刘立介绍，目前，康佳已经建立了基于网络技术并与 ERP 系统集成的 QM（质量管理）系统和 CS（客户服务）系统，保证产品在实现过程中的生产质量数据和销售系统的售后质量数据得到实时的反馈，而电子化的质量信息反馈卡体系则为相关部门反馈质量问题提供了便捷顺畅的通道。随着全面质量管理体系的建立，康佳大质量管理初现端倪。刘立介绍说，康佳的大质量管理认为，产品质量更是一个系统问题，它贯穿从市场、研发、制造、销售到售后的整个工作链条的始终，涉及每一个环节。与此同时，大质量管理涵盖的不仅是产品质量这个硬指标，环境保护、社会责任、品牌认可等要素统统纳入了康佳质量管理的考核范围内。

资料来源：http：//news. 163. com/07/0309/15/395EE9H700011229. html.

5.3.3 全面质量管理的工作方法——PDCA 循环

PDCA 循环又叫戴明环，是美国质量管理专家戴明博士首先提出的，它是全面质量管理所应遵循的科学程序。全面质量管理活动的全部过程，就是质量计划的制订和组织实现的过程，这个过程就是按照 PDCA 循环，不停顿地周而复始地运转的。PDCA 是由英语单

词 Plan（计划）、Do（执行）、Check（检查）和 Action（处理）的第一个字母组成，PDCA 循环就是按照这样的顺序进行质量管理，并且循环不止地进行下去的科学程序。在质量管理中，PDCA 循环得到了广泛的应用，并取得了很好的效果，因此有人称 PDCA 循环是质量管理的基本方法。

1. PDCA 循环的四个阶段、八个步骤

P 代表计划阶段。这个阶段是决定质量管理的目标和怎样实现目标。

D 代表执行阶段。这一阶段是要严格按照计划规定的目标和具体方法去做实实在在的质量管理工作。

C 代表检查阶段。就是检查 D 阶段是否完成了 P 阶段的目标，是否达到了预期效果。

A 代表处理阶段。这个阶段也可以叫“总结”阶段。对于从 D 阶段中找出的成功的经验或失败的教训，要采取纳入标准和总结遗留问题两个工作步骤。是经验就纳入标准化；是教训就作为遗留的问题，转入下一个循环去解决。

PDCA 循环作为科学的管理程序，四个阶段是相辅相成，缺一不可的，而且先后顺序不得颠倒。PDCA 循环法，充分表现了全面质量管理方法与传统的质量管理方法的差异性，是把质量管理工作推向标准化、规范化工作轨道的金钥匙，是把各种质量管理方法融为一体的枢纽。PDCA 循环的具体步骤如图 5-2 所示。

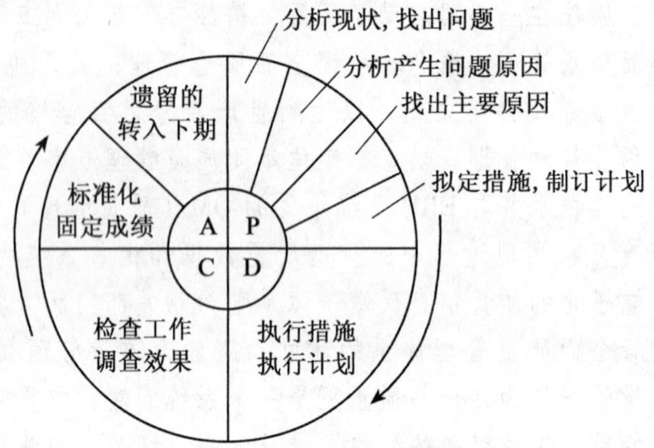

图 5-2　PDCA 八步骤示意图

2. PDCA 循环的特点

（1）大环带小环。如果把整个企业的工作作为一个大的 PDCA 循环，那么各个部门、小组还有各自小的 PDCA 循环，就像一个行星轮系一样，大环带动小环，一级带一级，有机地构成一个运转的体系，如图 5-3、图 5-4 所示。

（2）梯式上升。PDCA 循环不是在同一水平上循环，每循环一次，就解决一部分问题，取得一部分成果，工作就前进一步，水平就提高一步。到了下一次循环，又有了新的

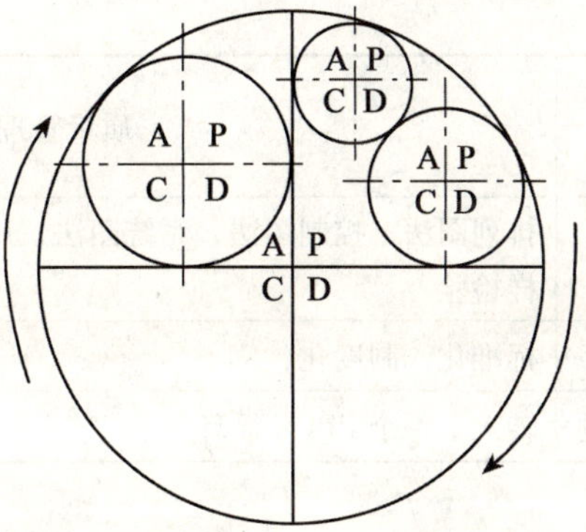

图 5-3　大环套小环

目标和内容，更上一层楼。图 5-4 表示了这个阶梯式上升的过程。

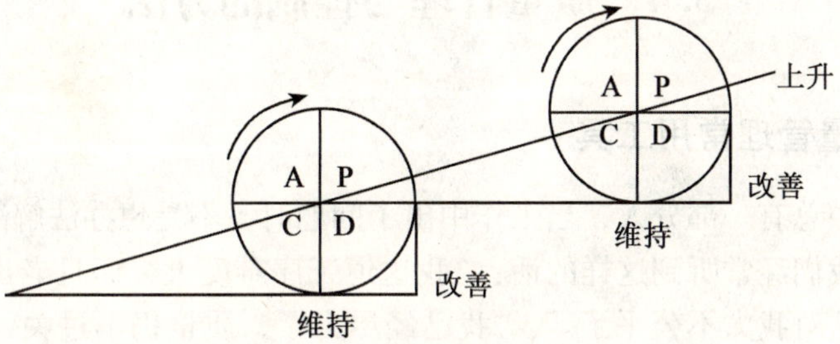

图 5-4　循环上升

（3）科学管理方法的综合应用。PDCA 循环应用以质量统计控制工具为主的统计处理方法以及工业工程（IE）中工作研究的方法，作为进行工作和发现、解决问题的工具。PDCA 循环的四个阶段、八个步骤的具体内容和所用的方法如表 5-1 所示。

表 5-1　**PDCA 循环的四个阶段、八个步骤的具体内容和所用的方法**

阶段	步骤		质量管理方法
	NO	管理内容	
P 阶段	1	分析现状，找出质量问题	排列图法，直方图法，控制图法，工序能力分析，KJ 法，矩阵图法
	2	分析产生质量问题的原因	因果分析图法，关联图法，矩阵数据分析法，散布图法
	3	找出影响质量问题的主要因素	排列图法，散布图法，关联图法，系统图法，矩阵图法，KJ 法，实验设计法
	4	制订措施计划	目标管理法，关联图法，系统图法，矢线图法，过程决策程序图法
D 阶段	5	执行措施计划	系统图法，矢线图法，矩阵图法，过程决策程序图法

续表

阶段	步骤		质量管理方法
	NO	管理内容	
C 阶段	6	调查效果	排列图法，控制图法，系统图法，过程决策程序图法，检查表，抽样检验
A 阶段	7	调查效果	标准化，制度化，KJ 法
	8	提出未解决的问题	转入下一个 PDCA 循环

PDCA 循环是有效进行任何一项工作的合乎逻辑的工作程序。它在质量管理中得到了广泛的应用，并取得了很好的效果。之所以将其称为 PDCA 循环，是因为四个运行过程不是运行一次就完结，而是周而复始地进行，直到彻底解决质量问题。

5.4　质量管理与控制的方法

5.4.1　质量管理常用工具

在一些企业中总有一部分人，当工作中出了问题时，不是想办法解决问题，而是找借口、推卸责任。我们经常听到这样的话："我这道工序难度大，而且老出问题，不是产量低就是废品多，这对我太不公平了。""我已经尽力了，质量仍不过关，我有什么办法。""我们以前都这么做了，出了问题与我无关。"

企业要提高产品质量，就要清楚出现这些问题的原因是什么。往往有些问题不是一下子就能看出来的，往往要根据生产数据，应用统计方法进行分析与控制。质量管理中应用的数理统计方法很多，有的涉及较深的数学理论和较难的运算方法，经过专门训练的人才能熟练掌握。但对常用的方法，如果能熟练地加以运用，质量管理中的大部分问题都可以得到解决。质量管理的基本思想方法是 PDCA 循环；基本数学方法是概率论和数理统计方法。由此而总结出各种常用工具，如排列图、因果分析图、直方图、控制图等。人们又根据运筹学、控制论等系统工程科学方法研制了关联图法、系统图法、矩阵图法、简线图法等新七种工具。此外，还有实验设计、方差与回归分析和控制图表等。6σ 管理也是一种重要的管理方法。

1. 统计调查分析表法

统计调查分析表法是利用统计图表进行数据整理和粗略的原因分析的一种工具。常用类型有：缺陷位置检查表、不合格品分项检查表、频数分布表。

缺陷位置检查表是将所发生的缺陷标记在产品或零件图的相应位置上并附以缺陷的种类和数据记录。

不合格品分项检查表将不合格品按其种类、原因、工序、部位或内容等情况进行分类记录，能简便、直观地反映出不合格品的分布情况。表 5-2 为不合格品项目调查表。

表 5-2　　不合格品项目调查表

项目	核对	数量/件
厚度	正正正正正正	30
表面	正正	10
性能	正丅	8
板形	正一	6
合计		54

频数分布表主要应用于绘制直方图。

2. 分层法

分层法（也叫分类法），是一种把记录的原始质量数据，按照一定的目的、性质、来源、影响因素等加以分类整理，以便分析质量问题及其影响因素的方法。分层的目的，是为了通过分层把性质不同的数据和错综复杂的影响因素分析清楚，找到问题的症结所在，以便对症下药，解决问题。一般把性质相同，在同一条件下收集的数据归在一起。当数据分散程度较大时，也可以通过分层，将这些数据按某种特征分成两个以上的组。分层时，尤其应使同一层内的数据波动幅度尽可能小，而层间的差别尽可能大，这是分层的关键。

3. 因果图法

因果图也叫特性要因图或特性因素图。因其形状像鱼刺和树枝，又称鱼刺图或树枝图。因果图由日本质量管理专家石川馨最早提出，因此也称为石川图，是一种充分发动员工动脑筋、查原因、集思广益的好方法，特别适合于工作中实行质量的民主管理。当出现了某种质量问题，但未搞清楚原因时，可针对问题发动大家寻找可能的原因，使每个人都畅所欲言，把所有可能的原因都列出来。因果图是由特性（生产过程或工作过程中出现的结果，例如：纱线条干不匀）、原因（对质量特性产生影响的因素）、枝干（表示特性与原因关系的箭线）组成的。其基本图形如图 5-5 所示。

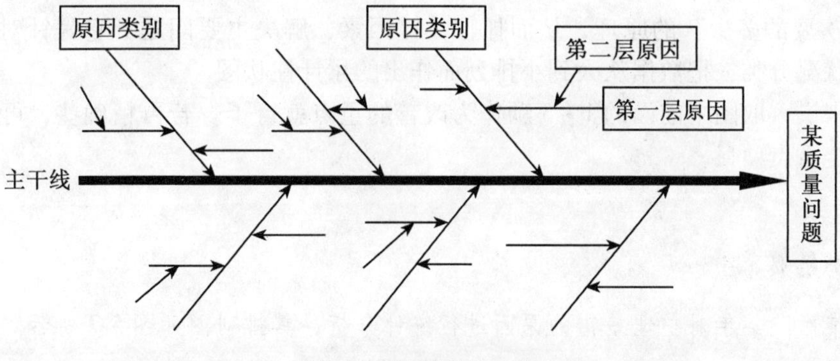

图 5-5　因果图的形式

因果图通常有三种类型，即问题分解型、原因罗列型和工序分类型。这三种类型各有利弊，应根据实际情况适当选择利用。

知识链接5-3

某机械制造厂零件精度差因果图（见图5-6）

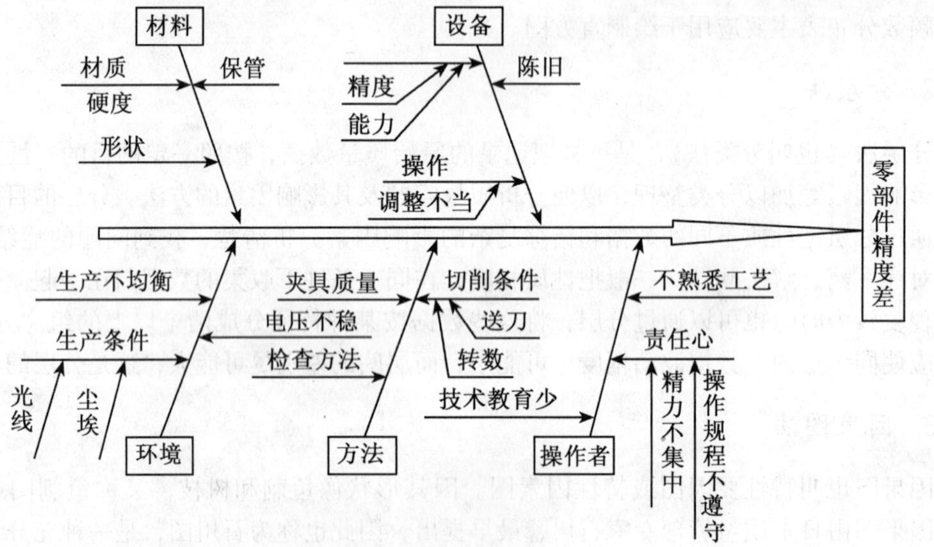

图5-6 零件精度差因果图

4. 排列图法

排列图的全称是“主次因素排列图”，也称为Pareto图。它是用来寻找影响产品质量的各种因素中的主要因素的一种方法，可以用来确定质量改进的方向。运用“关键的少数”和“次要的多少”的原理，从而抓住关键因素，解决主要问题。它是针对各种问题按原因或状况分类，把数据从大到小排列而作出的累计柱状图。

一般来讲，取图中前面的1～3项作为改善的重点就行了。若再精确些，可采用ABC分析法确定重点项目。

知识链接5-4

某医院某年对护理差错的原因进行统计分析，其排列图如图5-7所示。

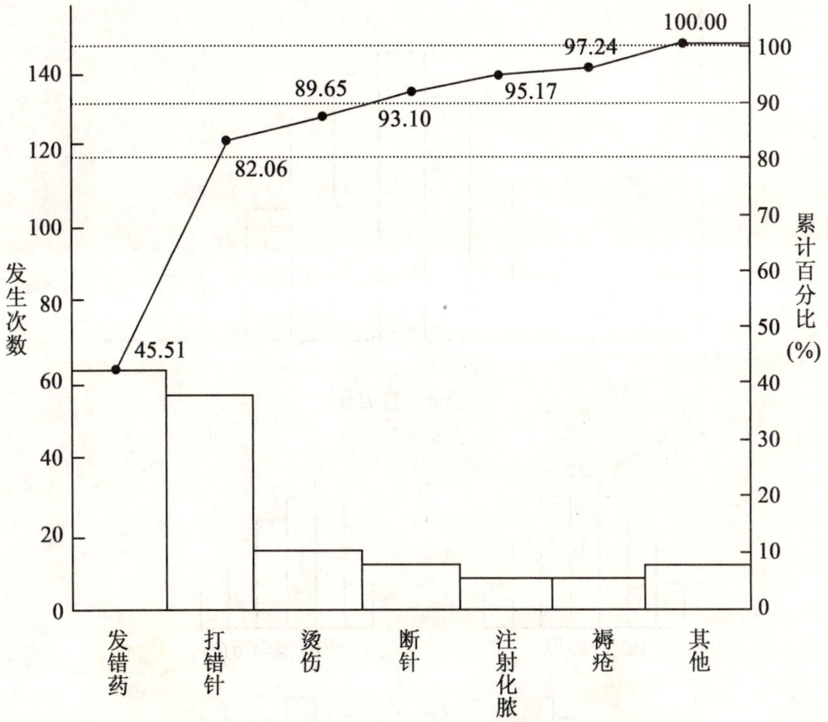

图 5-7 某医院护理差错因素排列图

分析：案例中发错药和打错针是 A 类因素，是要解决的重要问题。

5. 直方图法

直方图又称质量分布图，它用于分析和描述生产过程中产品质量分布的状况，以便对总体的质量分布特性进行推断，从而掌握和控制生产过程的质量保证能力。直方图是工序质量控制统计方法中主要的工具之一。一般正常的规律是中间高、两边低，从中间向两边逐渐下降分布（见图 5-8）。

直方图用于揭示质量问题，确定质量改进点。从直方图可以直观地看出产品质量特性的分布形态，便于判断过程是否处于控制状态，以决定是否采取相应的对策。直方图从分布类型上来说，可以分为正常型和异常型。正常型是指整体形状左右对称的图形，此时过程处于稳定状态（统计控制状态）（见图 5-9（a））。如果是异常型，就要分析原因，加以处理。常见的异常型主要有图 5-9 中的后六种。

6. 控制图

控制图（又称管理图）是一种对生产过程进行动态控制的质量管理工具，它用来区分产品质量波动究竟是由于偶然性因素引起还是非偶然性因素引起，从而判断生产是否处于控制状态。其主要作用是进行工序质量过程控制，即起到监控、报警和预防作用。

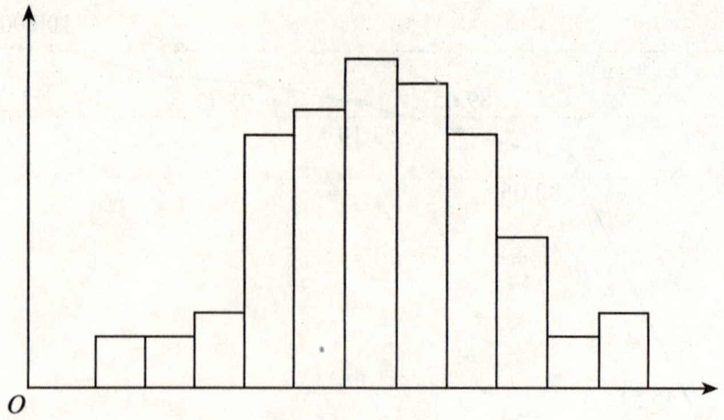

图 5-8　直方图

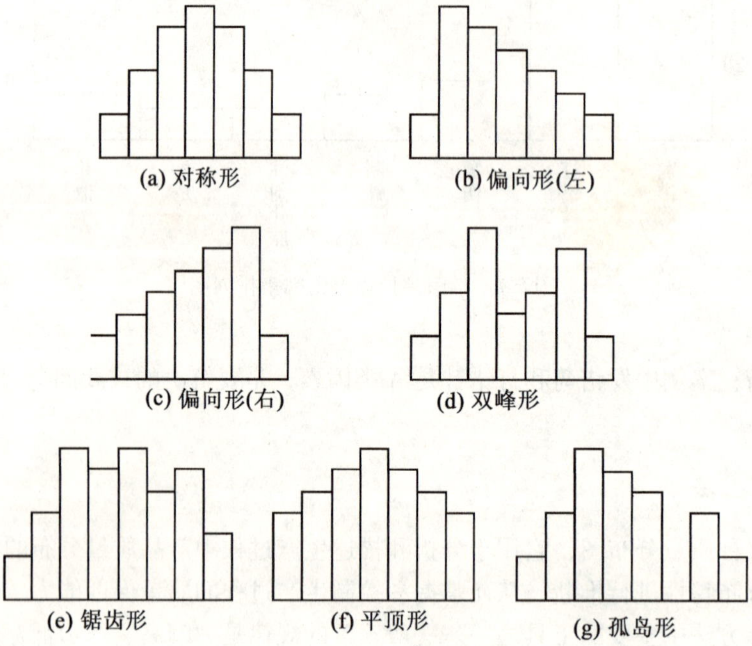

图 5-9　直方图形状

控制图的基本格式如图 5-10 所示。在生产过程中，定时抽取样本，把测得的数据点一一描在控制图中。如果数据点落在两条控制界限之间，且排列无缺陷，则表明生产过程正常，否则表明生产条件发生异常，需要对过程采取措施，加强管理，使生产过程恢复正常。

7. 散布图

散布图又叫相关图，它是将两个可能相关的变量数据用点画在坐标图上，用来表示一组成对的数据之间是否有相关性。通过对其观察分析，来判断两个变量之间的相关关系。这种问题在实际生产中也是常见的，例如热处理时淬火温度与工件硬度之间的关系，某种

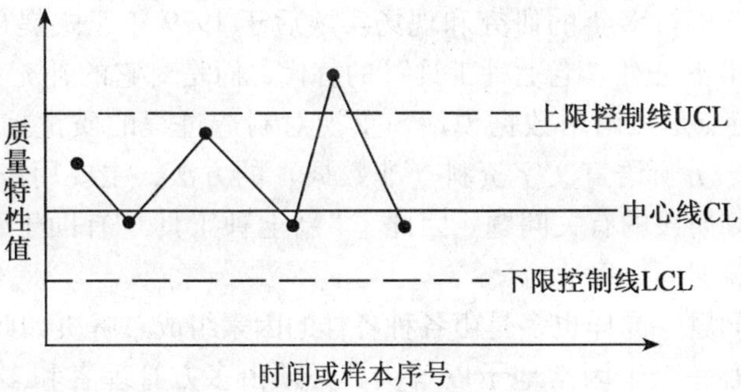

图 5-10 控制图

元素在材料中的含量与材料强度的关系等。这种关系虽然存在，但又难以用精确的公式或函数关系表示，在这种情况下用散布图来分析就是很方便的。假定有一对变量 x 和 y，x 表示某一种影响因素，y 表示某一质量特征值，通过实验或收集到的 x 和 y 的数据，可以在坐标图上用点表示出来，根据点的分布特点，就可以判断 x 和 y 的相关情况。

两变量之间的散布图大致可分下列六种情形，如图 5-11 所示。

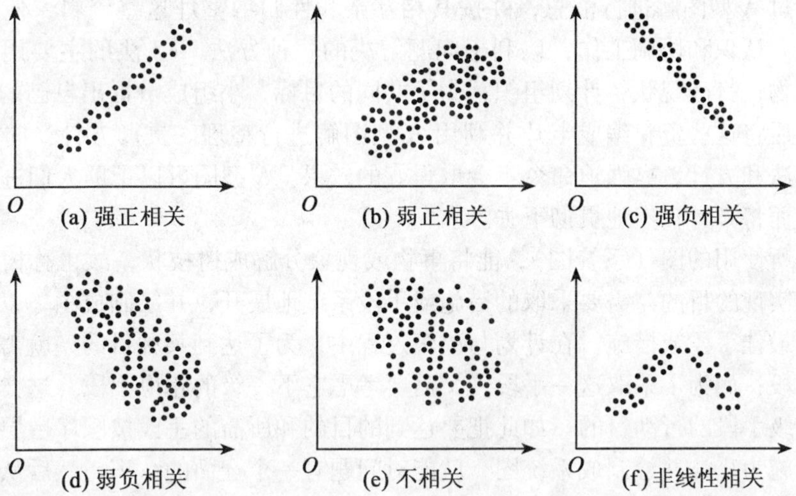

图 5-11 散布图

上面介绍了质量管理常用的一些方法，这些方法集中体现了质量管理“以事实和数据为基础进行分析和判断”的特点。最后需要指出的是：这些方法看起来比较简单，但能够在实际工作中正确、灵活地应用并不是一件简单的事。

5.4.2 质量管理新七种工具介绍

关联图、KJ 法、系统图、矩阵图、矩阵数据分析法、PDPC 法以及箭条图统称为“新七种工具”。这七种新工具是日本科学技术联盟于1972年组织一些专家运用运筹学或系统工程的原理和方法，经过多年的研究和现场实践后于1979年正式提出用于质量管理的。这新七种工具的提出不是对“老七种工具”的替代，而是对它的补充和丰富。一般来说，“老七种工具”的特点是强调用数据说话，重视对制造过程的质量控制；而“新七种工具”则基本是整理、分析语言文字资料（非数据）的方法，主要用来解决全面质量管理中PDCA循环的计划阶段的有关问题。因此，“新七种工具”有助于管理人员整理问题、展开方针目标和安排时间进度。

质量管理中的问题，同样也多是由各种各样的因素组成。解决如此复杂的问题，不能以一个管理者为中心一个个因素地予以解决，必须由多方管理者和多方有关人员密切配合、在广阔范围内开展卓有成效的工作。关联图法即是适应这种情况的方法。所谓关联图，是把若干个存在的问题及其因素间的因果关系用箭条连接起来的一种图示工具，是一种关联分析说明图。通过关联图可以找出因素之间的因果关系，便于统观全局、分析以及拟定解决问题的措施和计划，关联图可用于以下方面：制定质量管理的目标、方针和计划，产生不合格品的原因分析，制定质量故障的对策，规划质量管理小组活动的展开，用户索赔对象的分析。关联图的绘制形式一般有以下四种：中央集中型的关联图；单向汇集型的关联图；关系表示型的关联图；应用型的关联图。

所谓KJ法，就是针对某一问题，充分收集各种经验、知识、想法和意见等语言、文字资料，通过A型图解进行汇总，并按其相互亲和性归纳整理这些资料，使问题明确起来，求得统一认识和协调工作，以利于问题解决的一种方法。KJ法的主要用途：归纳思想、认识事物；打破现状；计划组织；为了共同的目标，小组成员提出自己的经验、意见和想法，然后将这些资料编成卡片并利用A型图解进行整理。贯彻方针：向下级贯彻管理人员的想法和方针，靠强迫命令不会取得好的效果。A型图可以帮助人们进行讨论，集思广益，从而将方针自然地贯彻下去。

系统图所使用的图（系统图），能将事物或现象分解成树枝状，故也称树型图。系统图就是把要实现的目的与需要采取的措施或手段系统地展开，并绘制成图，以明确问题的重点，寻找最佳手段或措施。在计划与决策过程中，为了达到某种目的，就需要选择和考虑某一种手段；而为了采取这一手段，又需要考虑它下一级的相应手段。这样，上一级手段成为下一级手段的行动目的。如此把要达到的目的和所需的手段按顺序层层展开，直到可以采取措施为止，并绘制成系统图，就能对问题有一个全面的认识，然后从图形中找出问题的重点，提出实现预定目标的最理想途径。

系统图的主要用途：新产品研制过程中设计质量的展开；制订质量保证计划，对质量保证活动进行展开；与因果图结合使用；目标、方针、实施事项的展开；明确部门职能、管理职能；对解决企业有关质量、成本、交货期等问题的创意进行展开。

矩阵图法，是指借助数学上矩阵的形式，把与问题有对应关系的各个因素，列成一个矩阵图；然后，根据矩阵图的特点进行分析，从中确定关键点（或着眼点）的方法。这种方法，先把要分析问题的因素，分为两大群（如R群和L群），把属于因素群R的因素（R_1、R_2、…、R_m）和属于因素群L的因素（L_1、L_2、…、L_n）分别排列成行和列。在行和列的交点上标示R和L的各因素之间的关系，这种关系可用不同的记号予以表示（如用“○”表示有关系等)。用于多因素分析时，可做到条理清楚、重点突出。它在质量管理中，可用于寻找新产品研制和老产品改进的着眼点，寻找产品质量问题产生的原因等方面。

矩阵数据分析法，与矩阵图法类似。它区别于矩阵图法的是：不是在矩阵图上填符号，而是填数据，形成一个分析数据的矩阵。它是一种定量分析问题的方法。目前，只是作为一种“储备工具”提出来的，应用这种方法，往往需要借助电子计算机来求解。

PDPC (Process Decision Program Chart) 法也称为过程决策程序图法，其工具就是PDPC图。所谓PDPC法，是为了完成某个任务或达到某个目标，在制订行动计划或进行方案设计时，预测可能出现的障碍和结果，并相应地提出多种应变计划的一种方法。这样，在计划执行过程中遇到不利情况时，仍能按第二、第三或其他计划方案进行，以便达到预定的目标。利用PDPC法，可从全局、整体掌握系统状态以作出全局性判断；可按时间顺序掌握系统的进展情况。

箭条图又称为网络计划技术，在我国称为统筹法，它是安排和编制最佳日程计划，有效地实施管理进度的一种科学管理方法，其工具是箭条图。所谓箭条图是把推进计划所必需的各项工作，按其时间顺序和从属关系，用网络形式表示的一种“矢线图”。一项任务或工程，可以分解为许多作业，这些作业在生产工艺和生产组织上相互依赖、相互制约，箭条图可以把各项作业之间的这种依赖和制约关系清晰地表示出来。通过箭条图，能找出影响工程进度的关键和非关键因素，因而能进行统筹协调，合理地利用资源，提高效率与效益。

关键路线是箭条图中一个极其重要的概念。关键路线又称为主要矛盾线，其周期决定了整个作业进度的周期。关键路线上的延迟或提前，将直接导致整个项目总工期的拖延或提前完成。要缩短总工期，必须抓住关键路线上的薄弱环节，采取措施、挖掘潜力，以压缩工期。关键路线能使管理者对工程心中有数、明确重点。

知识链接5-5

6σ管理法

6σ（六西格玛）是一套系统的业务改进方法体系，是旨在持续改进企业业务流程，实现客户满意的管理方法。它通过系统地、集成地采用质量改进流程，实现无缺陷的过程设计（面向6σ的设计），并对现有过程进行定义（define）、测量（measure）、分析（analyze）、改进（improve）、控制（control），简称DMAIC流程；消除过程缺陷和无价值作业，从而提高质量和服务、降低成本、缩短运转周期，实现客户完全满意，增强企业竞争力。其方法体系不仅仅是统计技术，而且是一系列的管理技术和工业工程技术的集成。6σ管理已开始从一种全面质量管理方法演变成一种高度有效的企业流程设计、改善和优化技术，并提供了一系列同等地适用于设计、生产和服务的新产品开发工具，继而成为全球追求管理卓越性的企业最为重要的战略举措之一。6σ管理逐步发展成为以顾客为主体来确定企业战略目标和产品开发设计的标尺，追求持续进步的一种管理哲学。

5.5　质量管理体系与质量认证

ISO（国际标准化组织）是由各国标准化团体组成的世界性的联合会。ISO9000 是（ISO/TC176）国际标准化组织质量管理和质量保证技术委员会颁布的所有标准，也称“ISO9000 族”，其质量认证原理被世界贸易组织普遍接受，1994 年我国宣布等同采用。质量认证是独立于买卖双方的第三方机构以 ISO9000 标准为依据对企业进行审核及注册认证的制度，由于其具有公正、客观的特点，受到企业的普遍欢迎。由于目前国际贸易发展迅速，在签订国际贸易合同时，采购方都事先评审生产企业的质量体系，并将有关内容纳入订货合同。

5.5.1　质量管理体系

1. ISO9000 族标准

ISO9000 族标准是指“由 ISO/TC176（国际标准化组织质量管理和质量保证委员会）制定的所有国际标准”。该标准可帮助组织实施并有效运行质量管理体系，是质量管理体系通用的要求或指南。它不受具体行业或经济部门的限制，可广泛适用于各种类型和各种规模的组织。ISO9000 族标准至今为止已经颁布了三个版本：1987 版、1994 版、2000 版。表 5-3 是 2000 版 ISO 9000 族标准的构成。

表 5-3　　**2000 版 ISO 9000 族标准的构成**

核心标准	ISO9000、ISO9001、ISO9004 、ISO19011
其他标准	ISO10012：2001《测量控制系统》
技术报告	ISO/TR 1006《质量管理　项目管理质量指南》 ISO/TR 1007《质量管理　技术状态管理指南》 ISO/TR 10013《质量管理体系文件指南》 ISO/TR 10014《质量经济性管理指南》 ISO/TR 10015《质量管理　培训指南》 ISO/TR 10017《统计技术指南》
小册子	质量管理原则/选择和使用指南/小型企业的应用

ISO9000：2000 版《质量管理体系　基础和术语》标准取代 1994 版 ISO8402，表述质量管理基础知识并规定质量管理体系规范。

ISO9001：2000 版《质量管理体系　要求》标准取代 1994 版 ISO9001、ISO9002、ISO9003 三个模式标准，规定质量管理体系要求，用于证实组织具备稳定地提供满足顾客要求和适用的法律法规要求的产品的能力，通过体系的有效应用，旨在增强顾客满意度。

ISO9004：2000版《质量管理体系　业绩改进指南》标准取代1994版ISO9004-1多项分标准，提供考虑质量管理体系的有效性和效率两方面的指南，该标准的目的是促进组织业绩提升和使顾客及其他相关方满意。

ISO19011：2000版《质量和（或）环境管理体系审核指南》标准取代1994版ISO10011标准和1994版环境标准ISO14010、ISO14011、ISO14012，提供审核质量和环境管理体系指南。

上述标准共同构成了一组密切相关的质量管理体系标准。

2. ISO9000的质量管理八大原则

以顾客为关注焦点：组织依存于顾客，因此，组织应理解顾客当前和未来的需求，满足顾客要求并超越顾客期望。

领导作用：领导者确立组织统一的宗旨及方向。他们应当创造并保持使员工能充分参与实现组织目标的内部环境。

全员参与：各级人员都是组织之本，只有他们充分参与，才能使他们的才干为组织带来收益。

过程方法：将活动和相关的资源作为过程进行管理，可以更高效地得到期望的结果。

管理的系统方法：将相互关联的过程作为系统加以识别、理解和管理，有助于组织提高实现目标有效性和效率。

持续改进：持续改进总体业绩应当是组织的一个永恒目标。

基于事实的决策方法：有效决策是建立在数据和信息分析的基础上。

与供方互利的关系：组织与供方是相互依存的互利的关系，可增强双方创造价值的能力。

这八项质量管理原则形成了ISO9000族质量管理体系标准的基础。

知识链接5-6

企业贯彻ISO9000族标准可以带来的好处

推行ISO9000有助于企业提高经济效益，ISO9000讲求的是为一个企业的作业过程建立完善的运作系统，并加以有效的管制，使各部门即每个员工职责分明，各项工作制度化，旨在将前后工作分成不同的环节去追究问题的根源，使透过这些过程所产生的产品或服务的品质得到保证。显然这样做可以提高员工的品质意识，使每个员工对自己的工作目标和工作的各个环节了如指掌，更明白自己的工作范围和职责，工作更有条理性，更有责任感，更好地发挥工作效率，使其第一次就能将工作做对，节省了浪费于不必要的重复工作上的时间，减少了因高次品率、高退货索赔、延期交货而导致的损失，从而降低整体成本，提高企业经济效益，同时也增加了企业的信誉度和美誉度，便于与客户建立长期相互信赖的伙伴关系。加强和提高企业管理水平，增强企业内功和企业信誉；推行ISO9000有助于改善企业存在的问题，在推行ISO9000质量体系认证的过程中，质量体系的建立将会对企业普遍存在的问题加以制约，提高企业产品的安全性、可靠性和经济性。

3. 企业推行ISO9000的一般步骤

ISO9000标准非常全面，它规范了企业从产品采购到提供产品给顾客的所有过程，牵涉到企业内从最高管理层到最基层的全体员工。因此不可否认，推行ISO9000有一定难度，但是只要真心实意地将推行ISO9000作为提升管理业绩的重要措施而不只是摆摆样子，将它作为一项长期的发展战略，稳扎稳打，按照企业的具体情况进行周密的策划，ISO9000终究能在企业里生根结果。

简单地说，推行ISO9000有如下五个必不可少的过程：知识准备—立法—宣贯—执行—监督、改进。

4. 质量体系的建立和实施

一个组织所建立和实施的质量体系，应能满足组织规定的质量目标。确保影响产品质量的技术、管理和人的因素处于受控状态。无论是硬件、软件、流程性材料还是服务，所有的控制应针对减少、消除不合格，尤其是预防不合格。这是ISO9000的基本指导思想，具体地体现在以下方面：

（1）控制所有过程的质量。ISO9000族标准是建立在“所有工作都是通过过程来完成的”这样一种认识基础上的。一个组织的质量管理就是通过对组织内各种过程进行管理来实现的，这是ISO9000族标准关于质量管理的理论基础。当一个组织为了实施质量体系而进行质量体系策划时，首要的是结合本组织的具体情况确定应有哪些过程，然后分析每一个过程需要开展的质量活动，确定应采取的有效的控制措施和方法。

（2）控制过程的出发点是预防不合格。在产品寿命周期的所有阶段，从最初的识别市场需求到最终满足要求的所有过程的控制都体现了预防为主的思想。例如：①控制市场调研和营销的质量，在准确地确定市场需求的基础上，开发新产品，防止盲目开发而造成不适合市场需要而滞销，浪费人力、物力。②控制设计过程的质量。通过开展设计评审、设计验证、设计确认等活动，确保设计输出满足输入要求，确保产品符合使用者的需求。防止因设计质量问题，造成产品质量先天性的不合格和缺陷，或者给以后的过程造成损失。③控制采购的质量。选择合格的供货单位并控制其供货质量，确保生产产品所需的原材料、外购件、协作件等符合规定的质量要求，防止使用不合格外购产品而影响成品质量。④控制生产过程的质量。确定并执行适宜的生产方法，使用适宜的设备，保持设备正常工作能力和所需的工作环境，控制影响质量的参数和人员技能，确保制造符合设计规定的质量要求，防止不合格品的生产。⑤控制检验和试验。按质量计划和形成文件的程序进行进货检验、过程检验和成品检验，确保产品质量符合要求，防止不合格的外购产品投入生产，防止将不合格的工序产品转入下道工序，防止将不合格的成品交付给顾客。⑥控制搬运、贮存、包装、防护和交付。在所有这些环节采取有效措施保护产品，防止损坏和变质。⑦控制检验、测量和实验设备的质量，确保使用合格的检测手段进行检验和试验，确保检验和试验结果的有效性，防止因检测手段不合格造成对产品质量不正确的判定。⑧控制文件和资料，确保所有的场所使用的文件和资料都是现行有效的，防止使用过时或作废的文件，造成产品或质量体系要素的不合格。⑨纠正和预防措施。当发生不合格（包括产品的或质量体系的）或顾客投诉时，即应查明原因，针对原因采取纠正措施以防止问题的再发生。还应通过各种质量信息的分析，主动地发现潜在的问题，防止问题的出现，从而改进产品的质量。⑩全员培训，对所有从事对质量有影响的工作的人员都进行培训，确保他们能胜任本岗位的工作，防止因知识或技能的不足，造成产品或质量体系的不合格。

（3）质量管理的中心任务是建立并实施文件化的质量体系。质量管理是在整个质量体系中运作的，所以实施质量管理必须建立质量体系。ISO9000 族认为：质量体系具有很强的操作性和检查性，要求一个组织所建立的质量体系应形成文件并加以保持。典型质量体系文件的构成分为三个层次，即质量手册、质量体系程序和其他质量文件。质量手册是按组织规定的质量方针和适用的 ISO9000 族标准描述质量体系的文件。质量手册可以包括质量体系程序，也可以指出质量体系程序在何处进行规定。质量体系程序是为了控制每个过程质量，对如何进行各项质量活动规定有效的措施和方法，是有关职能部门使用的文件。其他质量文件包括作业指导书、报告、表格等，是工作者使用的更加详细的作业文件。对质量体系文件内容的基本要求是：该做的要写到，写到的要做到，做的结果要有记录，即“写所需，做所写，记所做”的九字真言。

（4）持续的质量改进。质量改进是一个重要的质量体系要素，GB/T19004.1 标准规定，当实施质量体系时，组织的管理者应确保其质量体系能够推动和促进持续的质量改进。质量改进包括产品质量改进和工作质量改进。争取使顾客满意和实现持续的质量改进应是组织各级管理者追求的永恒目标。没有质量改进的质量体系只能维持质量。质量改进旨在提高质量。质量改进通过改进过程来实现，是一种以追求更高的过程效益和效率为目标。

（5）一个有效的质量体系应满足顾客和组织内部双方的需要和利益。即对顾客而言，需要组织能具备交付期望的质量，并能持续保持该质量的能力，追求顾客最终的满意；对组织而言，在经营上以适宜的成本，达到并保持所期望的质量。既满足顾客的需要和期望，又保护组织的利益。

（6）定期评价质量体系。其目的是确保各项质量活动的实施及其结果符合计划安排，确保质量体系持续的适宜性和有效性。评价时，必须对每一个被评价的过程提出如下三个基本问题：过程是否被确定？过程程序是否恰当地形成文件？过程是否被充分展开并按文件要求贯彻实施？在提供预期结果方面，过程是否有效？

（7）搞好质量管理关键在领导。组织的最高管理者在质量管理方面应做好下面五件事：确定质量方针。由负有执行职责的管理者规定质量方针，包括质量目标和对质量的承诺，确定各岗位的职责和权限。配备资源，包括财力、物力（其中包括人力）。指定一名管理者代表负责质量体系，负责管理评审，达到确保质量体系持续的适宜性和有效性。

5.5.2　质量认证

很多国家为了保护自己的消费品市场，鼓励消费者优先采购获 ISO9000 认证的企业产品。可以说，通过 ISO9000 认证已经成为企业证明自己产品质量、工作质量的一种护照。ISO9001 质量管理体系认证与贯彻标准密切相关，质量认证是贯彻标准的必然结果。这是当代全面质量管理的重大拓展。

1. 质量认证的概念

质量认证也称合格认证（Conformity Certification）。关于合格认证，国际标准化组织对“认证”一词作了以下定义：“第三方依据程序对产品、过程或服务符合规定的要求给予书面保证。”所谓第三方，指独立于第一方（制造厂、卖方、供方）和第二方（用户、买方、需方）之外的一方，即公正的第三方，因为它与第一方和第二方没有行政上的隶属关系和经济利益关系，我国的国家技术监督就是公认的第三方公正部门。在世界各国的国家技术监督机构也是公认的公正的第三方；此外还有质量管理协会、独立的检验机构等。

所谓质量体系认证，是指对供方的质量体系进行的第三方评定和注册的活动，目的在于通过评定和事后监督来证明供方质量体系符合并满足需方对该体系规定的要求，对供方的质量管理能力予以独立的证实。

习惯上，把产品质量认证和质量体系认证通称为“质量认证”。

（1）质量管理体系审核和注册发证。质量管理体系认证机构指派数名国家注册审核人员对自愿申请体系认证的组织实施审核工作，包括审核组织的质量管理体系文件，到组织的现场查证实际执行情况，提交审核报告。质量管理体系认证机构根据审核报告，经审查决定是否批准认证。对批准认证的组织颁发质量管理体系认证证书，并将组织的有关情况注册公布，准予组织以一定方式使用体系认证标志。证书有效期为三年。

（2）质量管理体系监督审核。在证书有效期内，认证机构每年组织至少进行一次监督检查，查证组织质量管理体系保持情况，一旦发现组织有违反规定的事实证据，即对相应组织采取措施，暂停或撤销组织的体系认证资格。

2. 质量认证的一般程序

组织机构要健全，企业要实施 ISO9000 质量体系，首先要建立相应的组织机构：领导工作小组，还要指定出管理者代表，并聘请认证咨询小组。最后还要成立有内部审核小组。质量体系文件要符合国际标准或国家标准。质量体系认证过程总体上可分为四个阶段：认证申请，体系审核、审批与注册发证和监督执行。

（1）向认证机构递交认证申请书。向认证机构提交质量体系文件，认证机构对质量体系文件进行审核，若符合标准即可受理申请。

（2）实施审核，认证机构受理企业申请后，应成立审核组，制订审核计划，分配审核任务并按计划对企业实施审核。

（3）审核组出示审核报告，宣布审核结果，做出是否认证合格的结论。若审核不能通过时，审核组应提出要求，受审企业应据此制定纠正措施并实施。

（4）审核组跟踪验证，并给出结论。最后是颁发证书。

知识链接5-7

推行ISO9000质量体系认证的应做好哪些关键运作？

在实施ISO9000系列标准的过程中，首先面临的实际问题有：如何正确理解标准的要求；如何有计划、有步骤地完成整个实施过程；如何防止走弯路，减少人力、财力和物力的浪费，尽快达到标准的要求；如何达到审核要求；如何正确选择审核机构；如何维持已建立的质量体系并实现不断改进。对此，在推行ISO9000质量体系认证中应做好如下关键运作：

做好充分的认证准备工作。ISO9000认证工作比较复杂，企业对此一般较生疏，因此，充分的准备工作是必不可少的。聘请认证咨询顾问，国外发达国家已获认证的组织中，60%以上是通过聘请咨询机构指导完成实施工作的，有不少组织还聘用了长年顾问，使咨询活动延伸到质量体系的维护和改进阶段。聘请认证咨询机构时应选择获得国家备案资格的质量认证咨询机构。除客户要求企业申请国外机构认证，或企业出于竞争和宣传的需要，可以选择国外机构认证，一般选用国内认证机构，切不可既搞“国家认证”，又搞“国际认证”。一定要澄清“中国证书在国外不通行”的错误认识。因为，到目前为止，还不存在一家“国际认证机构”，就是说，任何国外机构的认证都不能称为“国际认证”。就具体国家而言，带有国家认可标志的认证证书在一定范围内具有广泛的可接受性。

3. 实施ISO9000标准与开展全面质量管理的关系

在企业的实际工作中，我们主张把开展全面质量管理和实施系列标准有机地结合起来。在具体实施中，可分别四类不同企业，实行四种不同的结合方式。

（1）已开展全面质量管理多年并行之有效，取得成功经验的企业。这类企业过去的成功经验是实施系列标准的良好基础和条件，在此基础上，对照系列标准结合企业的具体情况，发挥企业的优势，寻找自己的不足，进一步规范、完善企业的质量体系并保证其有效运转，促进企业质量管理工作和企业素质的提高。为了提高企业的信誉和竞争能力，企业可以考虑根据市场需要，向经国家认可和授权的权威机构申请对企业的质量体系认证。

（2）过去推行过全面质量管理，但只限于搞宣传教育或应用一些数理统计方法的企业。对于这样的企业来说，实施系列标准是一个“补课”的好机会。在系列标准指导下根据企业的产品、服务、工艺等具体情况，按照科学的程序去建立适用的质量体系使之贯穿于产品质量产生、形成和实现的全过程。明确划分职能，逐级分配，把各项工作落到实处，进一步加强质量教育工作，深刻领会全面质量管理和系列标准的系统性、科学原则，使全体职工都能理解全面质量管理的含义，并提高他们的素质和工作技能，应用数理统计方法要和改进质量相结合，真正发挥这些方法的作用，取得实效。加强质量成绩的考评工作，当在质量活动取得成绩时，要给予肯定和鼓励，激励员工取得新的更大成绩，总之，这样的企业通过实施标准，通过“补课”踏踏实实地工作，同样也可以提高管理水平，增强企业素质和竞争力。

（3）新建立的企业或是全面质量管理与实施系列标准工作尚未起步的企业。对于这类企业来说，更要强调开展全面质量管理和实施系列标准相结合。同样，根据企业的具体情况，在系列标准的指导下，按照企业的产品质量产生、形成和实现过程的规律，把影响这些环节的技术、管理等因素控制起来，建立质量体系并明确体系中的具体的质量职能和活动，然后，逐级进行质量职能的分配，并把各个环节的各项工作的“接口”均纳入质量体系的控制范围之内，使得企业的所有质量管理活动协调地发挥作用，获得一个整体的最佳效应。当然，在工作中也必须注意，切忌搞形式、重数量，否则也就不能提高企业的管理水平，实现企业的经营目的。

（4）已通过认证机构认证的企业。对于这样的企业来说，其质量体系已比较完善，因此，它们的重点是继续深化全面质量管理，在原有的基础上，把企业质量管理水平提高到一个新的台阶。

案例分析5-3

A公司ISO9000质量管理体系认证

A公司之所以能在盛泽1800多家纺织企业中脱颖而出，很关键的一条是他们具有强烈的质量意识。多年来，始终贯彻“高起点、高标准、高品质”的理念，坚持严格的质量管理，建立和健全标准化体系，以标准化规范企业内部的各项工作。A公司把通过国际ISO9000质量管理体系认证作为新起点，在全体员工中强调高品质为先，以系统性标准化管理，生产全流程质量控制，一流的设备和创新工艺，生产出让客户满意的各类纺织面料。高品质的产品再辅之以良好的服务，使其产品受到中外采购商的高度信赖，产品在中国东方丝绸市场和欧美市场都占有明显的竞争优势，尤其是最近A公司获得了欧洲市场经济地位，可享受最优惠的税率，欧洲新老客户的订单接踵而来，今年前10个月出口额保持较大幅度增长。

知识掌握

□ 简答题

1. 怎样理解质量管理的含义？质量管理的发展经历了哪几个阶段？
2. 全面质量管理的特点是什么？其指导思想是怎样的？
3. 什么是“ISO9000族质量管理标准”？按怎样的程序进行质量认证？
4. 简述因果图和控制图的作用。

□判断题

（1）与传统的质量管理相比，全面质量管理由以前的单纯符合标准要求转变为满足顾客需要。(　　)

（2）优良的产品质量是检验出来的。(　　)

（3）排列图上有两条纵坐标，一条横坐标。(　　)

（4）采用统计方法控制产品质量最初来自于战争的需要。(　　)

（5）质量体系审核报告可以是书面的，也可以是口头的。(　　)

□选择题

（1）主要通过严格检验来控制和保证出厂或转入下道工序的产品质量的质量管理阶段是(　　)。

A. 质量控制　　B. 质量检验　　C. 统计质量控制　　D. 全面质量管理

（2）全面质量管理起源于(　　)。

A. 日本　　B. 中国　　C. 前苏联　　D. 美国

（3）当工序处于统计控制状态时，所得到的直方图的形状属于(　　)。

A. 正常型　　B. 偏向型　　C. 平顶型　　D. 孤岛型

（4）某散布图中，成对的数据形成的点子云中，当 X 值减少时，相应的 Y 值也减少，说明 X 与 Y 之间是(　　)。

A. 正相关　　B. 负相关　　C. 非线性负相关　　D. 不相关

（5）建立排列图的理论依据是(　　)。

A. 大数定理　　B. 正态分布原理　　C. 帕累托原理　　D. 频数分布原理

（6）ISO 指的是（　　）。

A. 国际标准化组织　　B. 国际电工委员会

C. 欧洲电工标准委员会　　D. 合格评定委员会

知识应用

□ 案例分析

AA 公司的质量管理

AA 公司是一家以制药为主，兼有多种经营的综合、开放、外向型的企业性公司，下辖原料药厂、制剂厂、添加剂厂、生物制品厂、医药中间体厂和药物研究所等 20 多个具有独立法人资格的分厂和经营实体。全公司现有员工约 3000 人，主要产品有维生素、磺胺类、营养保健品类、兽医类等百余种，年产量 2500 余吨，年销售额 5 亿多元，税利 4000 多万元，产品 60% 以上出口，远销欧美 50 多个国家和地区，年创汇 3500 万美元，名列全国医药行业第二位。药品是一种用于预防、治疗疾病和恢复机体功能的特殊商品，药品质量直接关系到人的身体健康和生命安危。因此，该公司大力加强质量管理，取得了好的成效。该厂的质量管理规范如下：

建立高于法定标准的企业标准。该公司有生产批文的产品共 131 种，其中药品有

95 种。对这些产品的质量，公司都制定了高于法定标准的企业内控标准和集各国标准之优的优级标准。公司规定，主要产品必须以100%优级品出厂，其余产品也必须严格按企业内控标准出厂。正因为坚持了高标准，该公司的产品普遍受到欢迎。公司每年对国内外进行质量访问，满意率达100%。

规范质量管理工作和职工的质量行为。公司领导认为，药品的质量在很大程度上要依据法制进行管理。针对公司机制转换、组织机构发生变化的实情，该公司有层次地组织干部、职工学习和贯彻我国《药品管理法》、《药品生产质量管理规范》和《产品质量法》，并按照公司实际情况重新修订了本公司的《质量管理工作规范》、《质量监督工作规范》等管理制度以及《质监、质检员工作标准》，以此来规范员工的质量行为，使公司的质量管理有法可依、有规可行。

努力实施《药品生产管理规范》。ISO9000 系列标准是国际上唯一同意的质量管理标准，它既使用于工业企业，也使用于建筑业、商业、服务业等。《药品生产管理规范》则是针对医药行业制定的全球性质量标准。我国卫生部已将《药品生产管理规范》作为药厂生产药品的规范文件，以与国际接轨。近几年公司一直把药品的生产能通过《质量监督工作规范》的认证作为公司质量管理的目标，也作为实现企业管理全面上档次的重要内容之一。首先，该公司按照《质量监督工作规范》改造了制剂分厂，添置了符合《质量监督工作规范》要求的分析仪器。其次，在普及宣传《质量监督工作规范》内容上做了大量工作，公司明确规定，《质量监督工作规范》教育是新职工必修的内容，通过《质量监督工作规范》是考核上岗的必备条件。公司通过与美国、瑞士两个药厂合作的方式引进原料药和制剂生产的标准操作程序及严格的管理方法，为全公司现场管理树立样板，从而带动整个公司的质量管理。

另外，在实施企业质量监督、质量考核、实行质量否决权等方面采取了有力措施。例如，各分厂的奖励工资与产品质量挂钩。凡是产品质量水平和工作水平达到目标任务要求的给予奖励，没有完成目标任务的要求予以惩罚。与其他工作奖惩不同的是，其他工作的奖惩用金额表示，其总数是各项奖惩之和，而质量工作的奖惩用系数表示，各分厂及职工最后获得的奖励工资是其他各项奖厉工资与质量系数的乘积。如果其他工作任务完成得很好，而质量目标任务完成得不好，质量系数低，则总的奖励工资也会相应降低。这就是质量否决权。由于有严格的质量监督、质量考核措施，所以全面质量管理能得以落实。

问题：

（1）AA 公司是如何进行进行质量管理的？其质量管理有何特点？

（2）AA 公司下一步的质量管理重点应放在哪里？

提示：该公司有正确的质量管理规范，注重职工质量管理意识的培养，认真贯彻执行有关质量标准。

□实践训练

1. 收集某一企业的质量数据，利用质量统计工具进行分析，得出相应的结论，并提出相应的质量管理措施。

实训目的：通过与企业近距离接触和亲自动手测试数据，利用质量统计工具进行分析，进一步掌握质量统计分析工具的运用，并提高质量管理的能力。

实训要求：认真观察了解质量数据的收集过程，将课本所学知识用到实践中去。若有可能，自己亲自动手检测数据。收集完数据，利用所学方法进行统计分析，然后针对分析结果，以小组为单位进行讨论，得出解决问题的措施。

2. 某纺织厂漂染车间 QC 小组针对一年中出现的染色疵点进行统计分析如下：色花 280 个，色渍 50 个，蜡花 17 个，色差 120 个，其他 33 个，作出排列图并指出影响质量的主要问题。

实训目的：掌握排列图的制作与分析，以小组为单位进行讨论，得出解决问题的措施。

实训要求：学生认真分析提供的数据，认真作图。

□综合实训

实训项目：物流企业的质量管理措施

1. 实训目的

（1）能用所学知识对企业质量管理状况进行分析；

（2）能结合企业具体情况提出进行全面质量管理的一些措施；

（3）提高对关于企业质量管理案例分析的能力。

2. 实训内容

背景资料

A. 某物流公司是一家货代公司，业务相对单一，作业流程也相对简单，其业务流程主要分两大部分：一是发运作业，二是到达作业。公司高管多多少少存在“重市场、轻管理”的思想观念，将精力大多投入市场开发等具体业务环节，对于企业的管理，包括质量管理重视不够，该物流公司在运营过程中遇到不少问题，服务质量水平不能得到顾客的完全认同。

B. 某机电安装公司，通过竞标承担了某化工厂的设备、管道安装工程。为兑现投标承诺，公司通过质量策划，编制了施工组织设计和相应的施工方案，并建立了现场质量保证体系，制定了检验试验卡，要求严格执行三检制。工程进入后期，为赶工期，采用加班加点办法加快管道施工进度，由此也造成了质量与进度的矛盾。质量检查员在管道施工质量检查时发现，不锈钢管焊接变形过大，整条管成折线状，不得不拆除，重新组对焊接，造成直接经济损失数千元。

C. 某机电安装公司，为进入某钢铁企业的承担工程，采取低价中标的方法承接了高炉热风炉鼓风机安装任务。由于利润低，施工单位资源投入不足，项目经理对该工程积极性不大，造成施工准备不充分，影响了施工进度和质量。项目经理在电缆采购时只注重价格，使一些伪劣电缆进入施工现场，蒙混过关。工程完工后，通过验收交付使用单位，过了保修期的一个夏季，当工程满负荷运行时，出现电缆发热，并造成停机。

3. 实训要求

（1）以五到六人为一组，进行合理分工，每人应有明确任务；

（2）认真考察当地一知名企业，熟悉其质量管理的制度、方法和手段；

（3）根据所学知识，对背景 A、B、C 中的企业质量管理现状进行分析；

（4）在分析的基础上，为如何改进质量管理提出建议；

（5）撰写实践报告，并做 PPT；

（6）实践报告完成后设课堂讨论课，相互交流实训经验。

第六章

产品开发和生产与运作的流程设计

学习目标

◎了解新产品类型、开发策略及流程；
◎掌握产品设计程序、生产运作流程的具体设计；
◎熟知新产品、产品开发、生产运作流程设计的含义；
◎了解生产运作技术的选择。

技能目标

◎能够把产品开发和生产运作流程的理论应用于实践；
◎能够针对简单项目设计生产运作流程并选择合理技术。

引例

招商银行的一卡通

短短几年间，招商银行“一卡通”在全国已拥有3300多万个用户，吸存数百亿元，产生了良好的经济效益和社会效益，成为国内银行卡中具有鲜明个性的特色品牌。自“一卡通”打响品牌以来，招商银行一直没有停下它创新的脚步。在商业银行竞争激烈、争相向公众提供近于同质的各种金融工具的形势下，招商银行又马不停蹄地开通了“一卡通”POS全国消费网，即只要持有招行“一卡通”就可以在北京、上海、深圳、沈阳、广州、武汉等16个大中城市的3000多家招商银行特约商户直接刷卡结账。这一功能的开通，标志着招商银行个人金融服务的柜台、自动柜员机和消费终端三大系统已实现网络化经营，从而不仅使“一卡通”成为老百姓“口袋中的银行”，而且使其直接走进消费市场。当然，“酒香也怕巷子深”，“一卡通”作为个人理财的金融工具，要让普通老百姓在众多的银行卡中关注它、了解它、拥有它、使用它，并不是那么容易。为了推广“一卡通”这一全国消费联网的新功能，招商银行举行了全国性的宣传展示活动，以“穿州过省、一卡通行”为主题，充分利用元旦、春节前后居民消费旺季的有利时机，以统一的形象、统一的宣传营销方式在16个大中城市的电视台、电台、报刊等媒体上集中宣传，在银行网点进行服务推广，统一组织员工到各个城市的大型商场和闹市区开展业务巡回展示活动。通过与客户进行面对面的交流、沟通以及现场演示、现场咨询、现场开卡、现场存款、现场消费等便民服务，不仅使广大市民对“一卡通”品牌及其商户消费全国联网功能有了直观的了解，而且有效地促进了市民持卡购物消费。

资料来源：http：//baike. baidu. com/view/99039. htm？ fr=aladdin.

该案例表明：在竞争日趋激烈的市场形势下，如何在新产品的市场开发和推广中，进行品牌塑造与传播，解除品牌延伸的困惑，是企业最关心的问题，也是关系到企业在竞争中生存和发展的问题。

6.1　产品开发与设计程序

6.1.1　产品开发

1. 新产品的概念及分类

新产品是指在一定的地域内，第一次生产和销售的，在原理、用途、性能、结构、材料、技术指标等某一方面或几个方面比老产品有显著改进、提高或独创的产品。新产品应具备下列一个以上的特点：具有新的原理、构思或设计；采用了新材料，使产品的性能有较大幅度的提高；产品结构有明显的改进；扩大了产品的适用范围。

新产品分为四类：全新产品（采用心技术、新材料、新工艺，运用新原理制造的以前未有的产品）、换代新产品（是在原来的产品上增加其功能）、改进新产品（改进其款式，增加其数量）、地域性新产品（是指在某一个市场或国家是老产品，但对另一个市场或国家来说是新产品，就是他们这个市场或国家之前是没有这个产品的，但是在别的市场或国家来看已经有很长时间了）。

2. 产品开发的策略

科学技术的飞速发展，导致产品生命周期越来越短。在20世纪中期，一代产品通常意味着20年左右的时间；而到20世纪90年代，一代产品的概念不超过7年。生命周期最短的是计算机产品，根据摩尔定理，计算机芯片的处理速度每18个月就要提高一倍，而芯片的价格却以每年25%的速度下降。这一切促使企业为了自身的生存与发展，必须不断开发新产品，以迎合市场需求的快速变化。

新产品开发的实质是推出不同内涵与外延的新产品。对大多数企业来说，是改进现有产品而非创造全新产品。新产品开发要以满足市场需求为前提，企业获利为目标，遵循“根据市场需要，开发适销对路的产品；根据企业的资源、技术等能力确定开发方向；量力而行，选择切实可行的开发方式”的原则进行。采用何种策略则要根据企业自身的实力，根据市场情况和竞争对手的情况。常用的策略有：

（1）先发制人策略。是指企业率先推出新产品，利用新产品的独特优点，占据市场上的有利地位。对于广大消费者来说，对企业和产品形象的认知都是先入为主的，他们认为只有第一个上市的产品才是正宗的产品，其他产品都要以“第一”为参照标准。因此，采取先发制人策略，就能够在市场上捷足先登，利用先入为主的优势，最先建立品牌偏好，从而取得丰厚的利润。

（2）模仿式策略。就是等别的企业推出新产品后，立即加以仿制和改进，然后推出自己的产品。这种策略是不把投资用在抢先研究新产品上，而是绕过新产品开发这个环节，专门模仿市场上刚刚推出并畅销的新产品，进行追随性竞争，以此分享市场收益。所以，又称为竞争性模仿，即有竞争，又有模仿。竞争性模仿不是刻意追求市场上的领先，但它绝不是纯粹的模仿，而是在模仿中创新。企业采取竞争性模仿策略，既可以避免市场风险，又可以节约研究开发费用，还可以借助竞争者领先开发新产品的声誉，顺利进入市场。更重要的是，它通过对市场领先者的创新产品做出许多建设性的改进，有可能后来居上。

（3）系列式产品开发策略。就是围绕产品向上下左右前后延伸，开发出一系列类似的但又各不相同的产品，形成不同类型、不同规格、不同档次的产品系列。采用该策略开发新产品，企业可以尽量利用已有的资源，设计开发更多的相关产品，如海尔围绕客户需求开发的洗衣机系列产品，适合了城市与农村、高收入与低收入、多人口家庭与少人口家庭等不同消费者群的需要。

知识链接6-1

成功开发的新产品应具有的特征

（1）微型化、轻便化、在保障质量的前提下使产品的体积变小、重量变轻，便于移动。（2）多功能化，使新产品具有多种用途，既方便购买者的使用，又能提高购买者的购买兴趣。（3）时代感强，新产品能体现时代精神，培植和引发新的需求，形成新的市场。（4）简易化，尽量在结构和使用方法上使使用者方便和容易维修。（5）利于保护环境，新产品属节能型，或对原材料的消耗很低，或者有利于保护环境。对“三废”、“三害”的消除有效。（6）适应性强，新产品必须适应人们的消费习惯和人们对产品的观念。（7）相对优点突出，新产品相对于市场原有的产品来说具有独特的长处，如性能好、质量高、使用方便、携带容易或价格低廉，等等。（8）人体工程化，对生活消费品要更多考虑到这一点。

3. 产品开发的流程

产品开发流程是指企业用于想象、设计和商业化一种产品的步骤或活动的序列。流程就是一系列步骤，它们把一系列投入变成一系列产出。有的组织界定和遵循清晰而细致的开发流程，而有的组织甚至不能描述出它们的流程来。而且，每一个组织使用的流程至少与其他组织的流程有略微的区别。实际上，同一企业对于不同的开发项目也可能采用不同的流程。一个基本的产品开发流程包括六个部分。流程的输入是任务陈述，输出是产品推出。

阶段 0，计划：规划经常被作为“零阶段”是因为它先于项目的达成和实际产品开发过程的启动。这一阶段始于公司策略，并包括对技术开发和市场目标的评估。规划阶段的成果是对项目任务的陈述，即定义产品的目标市场、商业目标、关键假设和限制条件。

阶段 1，概念开发：概念开发阶段的主要任务是识别目标市场的需要，产生并评估可替代的产品概念，为进一步开发选择一个概念。概念是指产品形状、功能和特性的描述，通常附有一套专业名词、竞争产品分析和项目的经济分析。

阶段 2，系统水平设计：系统水平设计阶段包括产品结构的定义以及产品子系统和部件的划分。生产系统的最终装配计划也通常在此阶段定义。该阶段的产出通常是产品的几何设计、每一个产品子系统的功能专门化，以及最终装配过程的基本流程图。

阶段 3，细节设计：细节设计阶段包括产品的所有非标准部件与从供应商处购买的标准部件的尺寸、材料和公差的完整细目，建立流程计划并为每一个即将在生产系统中制造的部件设计工具。该阶段的产出是产品的控制文档——描述每一部件几何形状和制造工具的图纸和计算机文件、购买部件的细目，以及产品制造和装配的流程计划。

阶段 4，测试和改进：测试和改进阶段包括产品的多个生产前版本的构建和评估。早期 α 原型通常由生产指向（production-intent）型部件构成，即那些和产品的生产版本有相同几何形状和材料内质，但又不必在生产的实际流程中制造的部件。要对 α 原型进行测试以决定产品是否如设计的那样工作以及产品是否能满足主要顾客的需要。后期 β 原型通常由目标生产流程提供的部件构成，但不必用目标最终装配流程来装配。通常要对 p 原型进行广泛的内部评估，消费者也会在他们自己的使用环境下对它进行典型测试。β 原型的目的通常是回答绩效和可靠性问题，从而识别最终产品的必要变化。

阶段 5，产品推出：在产品推出阶段，使用规划生产系统制造产品。试用的目的是培训工人和解决在生产流程中遗留的问题。有时把在此阶段生产出的物品提供给有偏好的顾客并仔细对其进行评估，以识别出一些遗留的缺陷。从产品推出到连续生产的转变通常是逐渐进行的。在此转变的某些节点，产品被推出并可以进行大范围的分配。图 6-1 是某公司产品开发过程管理流程。

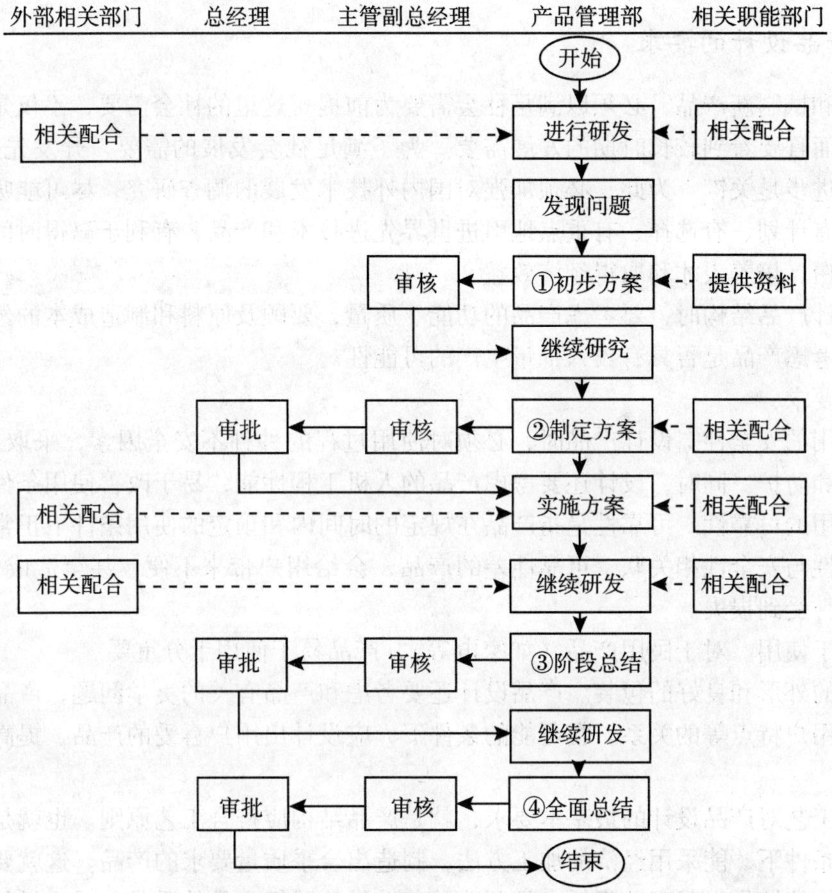

图 6-1 某公司产品开发过程管理流程

6.1.2 产品设计

1. 产品设计的含义及重要性

产品设计是一个创造性的综合信息处理过程，通过线条、符号、数字、色彩等方式把产品展现在人们面前。它将人的某种目的或需要转换为一个具体的物理或工具的过程，把一种计划、规划设想、问题解决的方法，通过具体的载体，以美好的形式表达出来。

由于产品设计阶段要全面确定整个产品的策略、外观、结构、功能，从而确定整个生产系统的布局，因而，产品设计的意义重大，具有“牵一发而动全局”的重要意义。如果一个产品的设计缺乏生产观点，那么生产时就将耗费大量费用来调整和更换设备、物料和劳动力。相反，好的产品设计，不仅表现在功能上的优越性，而且便于制造，生产成本低，从而使产品的综合竞争力得以增强。许多在市场竞争中占优势的企业都十分注意产品设计的细节，以便设计出造价低而又具有独特功能的产品。许多发达国家的公司把设计看做热门的战略工具，认为好的设计是赢得顾客的关键。

2. 产品设计的要求

设计和试制新产品，必须以满足社会需要为前提。这里的社会需要，不仅是眼前的社会需要，而且要看到较长时期的发展需要。为了满足社会发展的需要，开发先进的产品，加速技术进步是关键。为此，必须加强对国内外技术发展的调查研究，尽可能吸收世界先进技术。有计划、有选择、有重点地引进世界先进技术和产品，有利于赢得时间，尽快填补技术空白，培养人才和取得经济效益。

在设计产品结构时，要考虑产品的功能、质量，要顾及原料和制造成本的经济性，同时，还要考虑产品是否具有投入批量生产的可能性。

使用要求：

①使用的安全性。设计产品时，必须对使用过程的种种不安全因素，采取有力措施，加以防止和防护。同时，设计还要考虑产品的人机工程性能，易于改善使用条件。

②使用的可靠性。可靠性是指产品在规定的时间内和预定的使用条件下正常工作的概率。可靠性与安全性相关联。可靠性差的产品，会给用户带来不便，甚至造成使用危险，使企业信誉受到损失。

③易于使用。对于民用产品（如家电等），产品易于使用十分重要。

美观的外形和良好的包装。产品设计还要考虑和产品有关的美学问题，产品外形和使用环境、用户特点等的关系。在可能的条件下，应设计出用户喜爱的产品，提高产品的欣赏价值。

生产工艺对产品设计的最基本要求，就是产品结构应符合工艺原则。也就是在规定的产量规模条件下，能采用经济的加工方法，制造出合乎质量要求的产品。这就要求所设计的产品结构能够最大限度地降低产品制造的劳动量，减轻产品的重量，减少材料消耗，缩短生产周期和制造成本。

3. 产品设计程序

（1）技术任务书。技术任务书是产品在初步设计阶段内，由设计部门向上级对计划任务书提出体现产品合理设计方案的改进性和推荐性意见的文件。经上级批准后，作为产品技术设计的依据。其目的在于正确地确定产品最佳总体设计方案、主要技术性能参数、工作原理、系统和主体结构，并由设计员负责编写（其中标准化综合要求会同标准化人员共同拟订）。

（2）技术设计。技术设计的目的，是在已批准的技术任务书的基础上，完成产品的主要计算和主要零部件的设计。

（3）工作图设计。工作图设计的目的，是在技术设计的基础上完成供试制（生产）及随机出厂用的全部工作图样和设计文件。设计者必须严格遵守有关标准规程和指导性文件的规定，设计绘制各项产品工作图。

6.2 生产与运作流程设计

6.2.1 生产与运作流程设计的含义及分类

1. 生产与运作流程设计的含义

一个产品的制造需要物料、设备和人力等多种资源要素的组合，不同的组合方式都可以生产出相同的产品，但是产品的质量、成本和交货期有可能不同。一个错误的流程有可能影响到生产率、盈利和企业核心竞争力，因此生产与运作流程设计对企业来说具有战略意义。生产与运作流程设计是一项系统工程，设计者需要对企业现有的资源、环境和生产工艺流程有充分的了解，需要企业各个部门的配合。一个优秀的生产运作流程设计是最大化地利用企业现有的资源和环境，以最短的生产周期和最小的投入得到最大的产出。

每一个流程的设计取决于流程产出的产品和工艺，流程的设计采用从下向上设计的原理，就是由产出到投入的逆向方式来设计流程。先根据产品工艺文件来确定生产运作技术、各个工序的生产节拍和作业交换时间，安排好各个工序的生产能力，解决流程中的瓶颈，确定物流和信息流的模式和生产周期。然后根据产出量和生产周期，确定生产运作流程所需要的人力、物料、设备和能源等资源。流程还应包括：各个工序的具体任务；任务之间的物流和信息流的模式；库存的方案等。流程设计可以用流程图来表示。生产运作流程与工艺流程非常相似，只是包含的资源要素不同，要根据企业的实际情况，尽量减少不增加任何附加价值的非增值活动；充分发挥信息流在流程中的作用；尽可能取得整个流程的平衡；采取措施减缓瓶颈制约；最大限度地减少空闲时间。

2. 生产与运作流程的分类

根据生产类型的不同，生产与运作流程有三种基本类型：

（1）按产品进行的生产流程。就是以产品或提供的服务为对象，按照生产产品或提供服务的生产要素，组织相应的生产设备或设施，形成流水般的连续生产，有时又称为流水线生产。例如离散型制造企业的汽车装配线、电视机装配线等。这种形式适用于大批量生产类型。图 6-2 是产品-流程矩阵。

根据产品结构性质，沿对角线选择和配置生产流程，可以达到最好的技术经济性；那种传统的根据市场需求变化仅仅调整产品结构的战略，往往不能达到预期目标，因为它忽视了同步调整生产流程的重要性。

（2）按加工路线进行的生产流程。以所要完成的加工工艺内容为依据来构成生产流程。不同的产品有不同的加工路线，它们流经的生产单位取决于产品本身的工艺过程，这种形式适用于多品种中小批量或单件生产类型。

（3）按项目进行的生产流程。对有些任务，所有的工序或作业环节都按一定秩序依次进行，有些工序可以并行作业，有些工序又必须按顺序进行。

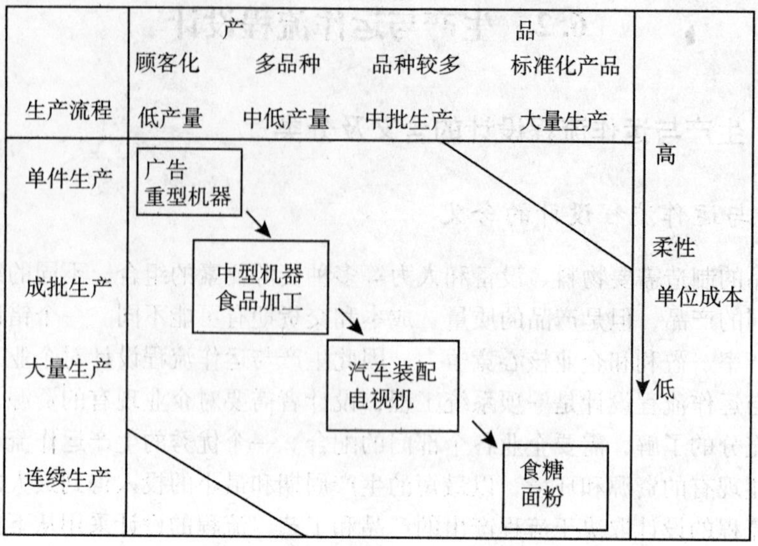

图 6-2 产品–流程矩阵

6.2.2 生产与运作流程的具体设计

1. 流程的节拍、瓶颈与空闲时间

节拍：是指连续完成相同的两个产品（服务或两批产品）之间的间隔时间/即完成一个产品所需的平均时间。生产线的节拍取决于各工序中的最慢节拍。图 6-3 为面包生产线各工序的节拍（每批 100 个）。

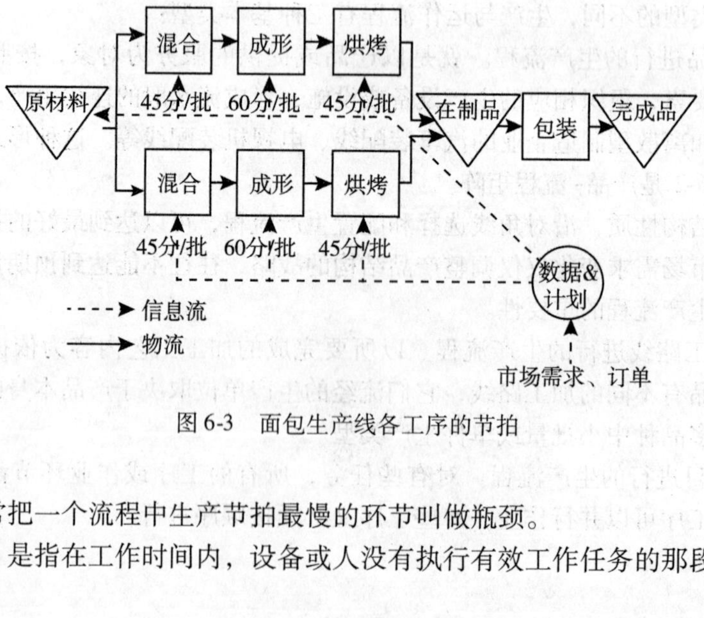

图 6-3 面包生产线各工序的节拍

瓶颈：通常把一个流程中生产节拍最慢的环节叫做瓶颈。

空闲时间：是指在工作时间内，设备或人没有执行有效工作任务的那段时间。

2. 流程的生产能力及其平衡

生产能力是指一个设施的最大产出率。图 6-4 是整个面包制作流程的生产能力图。

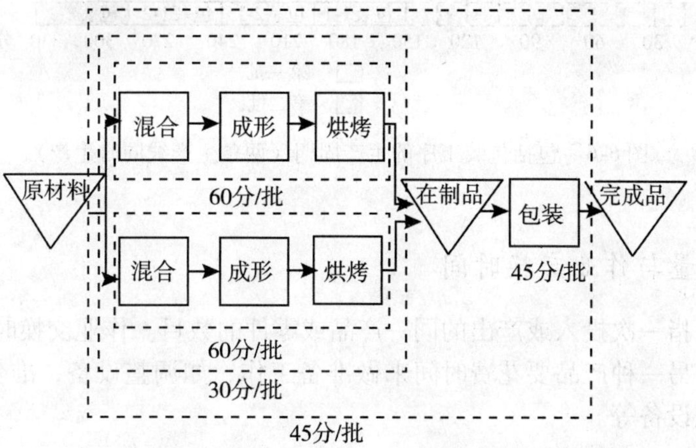

图 6-4 整个面包制作流程的生产能力

流程的平衡：即一个流程中各个工序的生产能力基本相同。

3. 生产周期

生产周期是指要加工的产品从以原材料的状态进入一个生产运作流程，直至变换成成品为止，在运作流程中度过的全部时间。图 6-5 和图 6-6 反映的是一条生产线和两条生产线同时进行的生产周期。

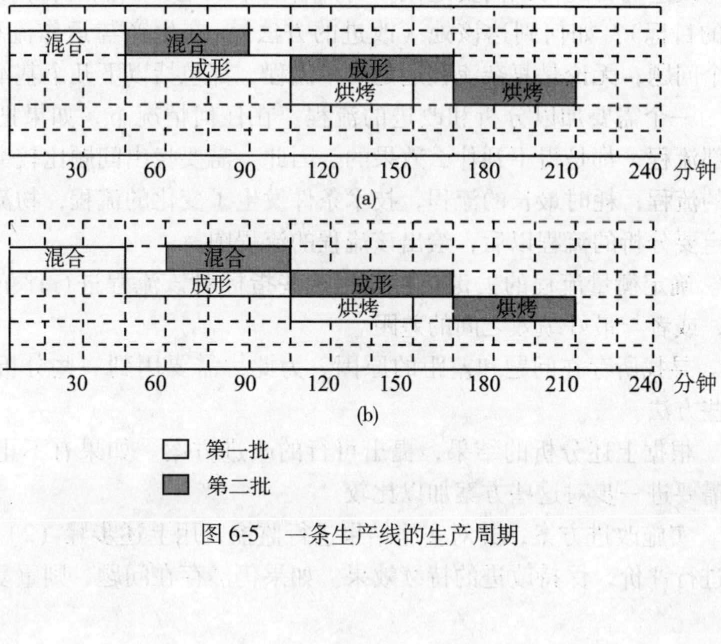

图 6-5 一条生产线的生产周期

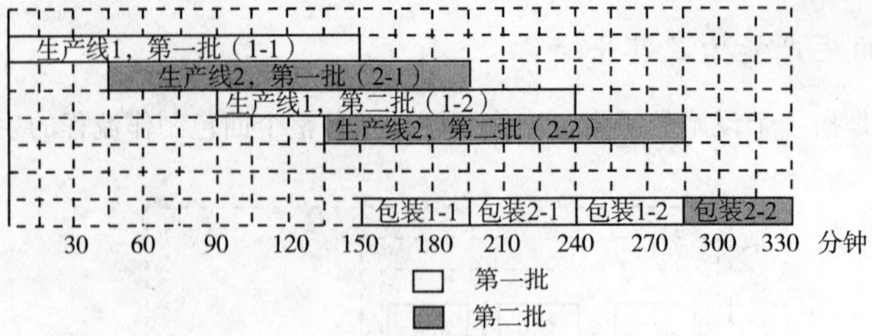

图6-6　包括包装工序的生产周期（两条生产线同时生产）

4. 生产批量与作业交换时间

生产批量是指一次投入或产出的同一产品或零件的数目。作业交换时间指设备从生产一种产品更换到另一种产品要花费时间来做准备工作，如调整设备，准备新的工具量具，更换模具，清洗设备等。

6.2.3　生产与运作流程的分析与改进

一个设计好的新流程并不是一成不变的，而是需要不断地加以改进。因为，第一，不可能有一步到位的完美设计，总是有可能寻求更好、更经济的方法；第二，环境是在不断变化的，市场、技术、竞争条件都在不断变化，因此生产与运作流程也需要不断地加以改进，以适应新的要求。从这个意义上来说，生产与运作流程的设计是一项经常性的工作。这里我们讨论如何对一个现有流程进行分析，找出可以改进的地方，并加以改进。

1. 生产与运作流程分析改进的基本步骤

流程分析与改进的目的可以简要地概括为回答三个问题：我们现在何处（现状）？应在何处（改进的目标）？如何到达该处（改进的方法）？在生产与运作流程分析改进中，为了回答这三个问题，无论是复杂流程还是简单流程，都包括以下几个基本步骤：

（1）定义。一个需要加以分析和改进的流程。在任何情况下，如果把分析和改进的对象定义为全部流程，都是得不到什么效果的。因此，需要找出问题比较突出的流程。例如，效率最低的流程，耗时最长的流程，技术条件发生了变化的流程，物流十分复杂的流程，等等。确定要分析的流程以后，绘出该流程的流程图。

（2）评价。确定衡量流程的关键指标，用这些指标对该流程进行评价，以确认所存在问题的程度，或者与最好绩效之间的差距。

（3）分析。寻找所存在问题和差距的原因。为此，需要用到一些分析方法，我们将在下面讨论这些方法。

（4）改进。根据上述分析的结果，提出可行的改进方案。如果有不止一种的改进方案被提出，则需要进一步对这些方案加以比较。

（5）实施。实施改进方案，并对实施结果进行监控，用上述步骤（2）的关键指标对改进后的结果进行评价，保持改进的持续效果。如果仍然存在问题，则重复以上步骤。

2. 生产与运作流程分析的工具

流程分析中最基本、最典型的工具是流程图。它能够简单明了地说明一个流程中包括哪些工作任务，这些任务之间的先后关系或并行关系，流程中的停顿、检查、库存等环节。选定要改进的流程以后，绘制流程图是进行流程分析的第一步，它可以使企业各个环节、各个部门、各个阶层的人员都清楚地看到企业的运作是如何进行的。这一点非常重要，因为一个生产与运作流程往往跨越企业的多个部门，多个环节，而处于不同部门、不同环节的人员往往对整个运作流程到底是如何进行的并不容易看得很清楚，或者会有不同的认识和理解。这也是流程运行中出了问题往往会导致各个环节、各个部门互相推诿的原因之一。通过绘制流程图，可以使大家清楚地看到整个运作流程的整体，从而统一认识，这将是改进流程的基础。图 6-7 是企业销售生产运作流程图，图 6-8 是某制造企业生产流程图。

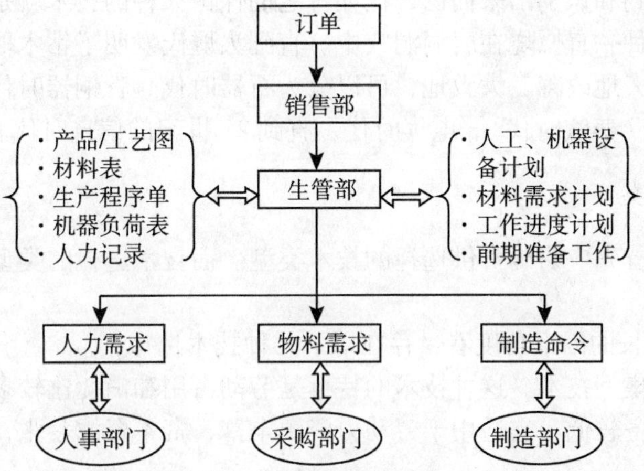

图 6-7　企业销售生产运作流程

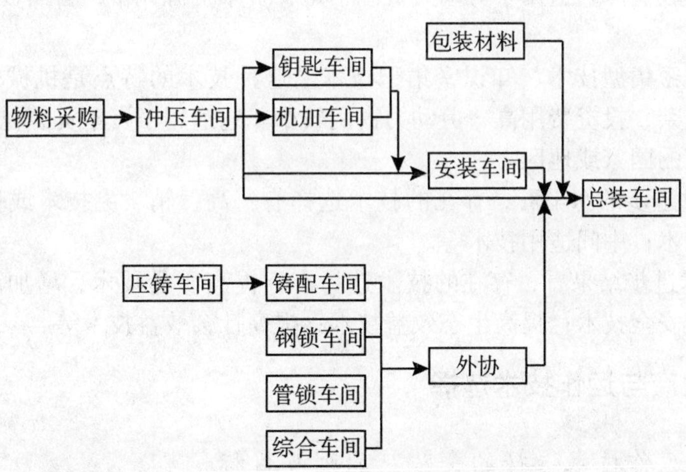

图 6-8　某制造企业生产流程

在有些情况下，尤其是服务运作流程中，需要区分哪些步骤是在顾客在场的情况下完成的。即一个服务流程可以分成两个部分，一部分是顾客亲身参与的“前台”服务流程，另一部分则是与顾客分离的“后台”操作过程。

6.3　选择生产与运作技术

6.3.1　技术的含义与分类

1. 技术的含义

技术是指根据生产实践经验和自然科学原理而发展成的各种工艺操作方法与技能。自人类社会的发端开始，技术就与每个人息息相关，一刻也没有离开过，只不过是每个人是否明确清晰地感觉到和识别出来而已，比如古老的保留火种的技术就是把雷电击中的枯树或者自燃起火的火种一直燃烧在岩洞洞穴中。直到火燧氏发明了钻木取火，才得以使人类的生活方式得以大大地改善。大致地，可以分为石器时代、青铜器时代、铁器时代、蒸汽机引发蒸汽机时代（蒸汽时代）、电气时代，直到21世纪的信息时代。

2. 技术的分类

进行技术选择首先应明确可供选择的技术类型。而技术选择的类型从不同角度看具有不同的类型。

（1）从经济增长的因素角度看，存在以下几种技术选择：

第一，劳动密集型技术。这种技术的特点是劳动占用和消耗比较多，单位劳动占用的资本较少，技术装备较低。它适用于劳动力资源丰富，资本资源紧张，技术水平不高的国家和地区。

第二，资本密集型技术。这种技术的特点是资本占用与消耗较多，技术装备程度较高，容纳劳动力较少。它适用于劳动力资源不足，资本资源充裕，自然资源缺乏的国家和地区。

第三，技术密集型技术、知识密集型技术。这种技术的特点是机械化、自动化程度高，技术装备复杂，投资费用高，劳动力占用较少。它适用于资本资源充足，劳动力素质高、人工成本高的国家或地区。

（2）从技术进步的水平看，存在的技术选择有：高、精、尖技术或世界先进水平技术；先进适用技术；中间适用技术等。

（3）从技术进步结果看，存在的技术选择有：提高质量技术；增加品种技术；扩大能力技术；生产安全技术；提高生态效益技术；提高社会效益技术等。

6.3.2　生产与运作技术选择

1. 生产与运作技术选择的含义、原则及目标

（1）生产运作技术选择的含义。

生产运作技术选择是指企业为了实现一定的经济、技术和社会目标，考虑系统内外客观因素的制约，对各种技术路线、技术方针、技术措施和技术方案进行分析比较，选取最佳方案的过程。技术选择是一个多层次、多因素的动态决策过程。对技术选择作出科学的评价，为企业作出正确的决策提供了科学依据，从而有利于企业提高整体绩效和竞争力，促进技术进步。技术选择在企业的发展过程中影响有时是巨大的，甚至是最关键的。

(2) 生产运作技术选择的原则。

技术进步原则。技术进步是技术选择首要原则。技术进步重要性已越来越引起人们的注意，它对经济增长和经济发展的贡献越来越大，成为经济持续、快速、稳定发展的关键。因此，技术选择应以技术进步为首要依据，选择有利于技术进步的技术，淘汰不利于技术进步的技术。

经济效益原则。经济效益是技术选择的基本原则。因为从技术进步经济效益的内涵及技术进步与经济效益的关系可知，技术进步是提高经济效益的重要手段或途径，提高经济效益是技术进步的基本目标，因此技术选择不仅应考虑技术进步，关键应看是否有利于经济效益的提高。一般来说，技术进步与经济效益是成正比的，没有技术进步就没有经济效益（其他条件不变），但并非技术越先进，经济效益就越高。当二者不一致时，应以经济效益高低为基本原则。当然，这个经济效益提高应是宏观经济效益与微观经济效益的统一，近期经济效益与长期经济效益的统一。

社会效益原则。社会效益原则也是技术选择应遵循的原则。在技术选择中只考虑技术进步和经济效益是不够的。因为一些技术虽然水平较高、效益较好，但对人类健康、生态环境、资源质量等产生不利的影响，即产生负的社会效益，这样的技术是不应该选择的。

因地、因时、因人、因事制宜原则。技术类型是多种多样的，不同技术类型的特点及适用范围是不同的，因此在技术选择中必须遵循因地、因时、因人、因事制宜原则。否则，不考虑现有技术水平和人员素质，盲目选择高精尖技术，不考虑人力资源充裕的特点盲目选择人力节约型选择，是不会取得好的技术进步效益的。

(3) 生产运作技术选择目标。

生产运作技术选择的目标受资源条件、现有技术水平、经济发展趋势等诸多因素影响。在不同时间、不同空间，由于其资源、技术、经济等方面的条件不同，技术选择目标也有所不同。我国技术选择的长期目标是技术密集型技术、自然资源节约型技术、高精尖技术和提高生态效益和社会效益的技术。因为地球上的资源是有限的，而人们的需求是无限的，要使有限的资源满足无限的人类需求，必须依靠技术进步或知识进展，必须选用高精尖技术。

技术选择的近期目标是劳动密集型技术、资本节约型技术、适用先进技术、安全生产技术、提高质量、增加品种、扩大能力技术等。这是由我国目前的劳动力资源丰富，资本资源不足，技术水平较低，经济发展速度要求较高所决定的。

2. 技术开发和技术引进的选择

(1) 技术开发的选择。

技术开发（technical development）：是指利用从研究和实际经验中获得的现有知识或

从外部引进技术，为生产新的产品、装置，建立新的工艺和系统而进行实质性的改进工作。目前，国外一些大的企业或公司，像IBM、松下、西门子、微软等公司都成立了专门的技术开发机构，在激烈竞争中，抢得先机，形成自己的人力积累，使别人难以模仿和超越，确保企业的竞争优势。

技术开发与技术创新没有本质的区别。技术创新是与新技术的研发、生产以及商业化应用有关的经济技术活动。它们关注的不仅仅是一项新技术的发明，更重要的是要将技术发明的成果纳入经济活动中，形成商品并打开市场，取得经济效益。

在进行技术开发决策时，应考虑系统最优和局部最优的关系，综合分析和考虑市场需求、技术储备、资金状态、设备状态以及开发周期等重要因素，尽可能在当前情况下进行系统综合考虑，尽可能做到整个企业系统最优。

（2）技术引进的选择。

技术引进是指一个国家或地区的企业、研究单位、机构通过一定方式从本国或其他国家、地区的企业、研究单位、机构获得先进适用的技术的行为，是一种跨国行为。

知识链接6-2

技术引进与设备进口

技术引进与设备进口有着原则区人们常将“技术”广义化，把技术分为软件技术和硬件技术。软件技术就是前面提到的技术知识、经验和技艺，属纯技术；硬件技术是指机器设备之类的物化技术。只从国外购入机器设备而不买入软件技术，一般称为设备进口。若只从国外购入软件技术或与此同时又附带购进一些设备，这种行为才能称为技术引进。

引进技术的内容主要有以下几个方面：

（1）从国外引进工艺、制造技术，包括产品设计、工艺流程、材料配方、制造图纸、工艺检测方法和维修保养等技术知识和资料，以及聘请专家指导、委托培训人员等技术服务。

（2）引进技术的同时，进口必要的成套设备、关键设备、检测手段等。

（3）通过引进先进的经营管理方法，充分发挥所引进技术的作用，做到引进技术知识和引进经营管理知识并举。

（4）通过广泛的技术交流、合作以及学术交流活动、技术展览等，引进国外的新学术思想和科学技术知识。

（5）引进人才。技术引进的远期目标是根本上消除本国、本单位与国外、其他企业在技术方面差距，提高本国、本单位的技术水平；近期的目标则是从生产需要出发，填补技术空白。

知识掌握

□ 阅读理解

（1）新产品的含义及分类是怎样的?

（2）生产运作流程的具体设计的基本步骤是怎样的?

（3）产品设计有哪些要求?

（4）简述生产运作流程分析改进的基本步骤。

（5）生产运作技术选择的原则是怎样的?

□判断题

（1）引进人才不属于技术引进的内容。(　　)

（2）技术创新和技术开发没有本质的区别。(　　)

（3）生产运作技术选择的目标不受资源条件、现有技术水平、经济发展趋势等诸多因素影响。(　　)

（4）流程分析中最基本、最典型的工具是流程图。(　　)

（5）在设计产品结构时，主要考虑原料和制造成本的经济性，还要考虑产品是否具有投入批量生产的可能性，质量可考虑可不考虑。(　　)

□选择题

（1）离散型制造企业的汽车装配线、电视机装配线属于(　　)。

A. 按产品进行的生产流程　　B. 按加工路线进行的生产流程

C. 按项目进行的流程

（2）具有资本占用与消耗较多，技术装备程度较高，容纳劳动力较少特点的技术是(　　)。

A. 技术密集型技术　B. 劳动密集型技术　C. 资本密集型技术

（3）企业率先推出新产品，利用新产品的独特优点，占据市场上的有利地位，使用的是(　　)。

A. 模仿式策略　　B. 先发制人策略　　C. 系列式产品开发策略

（4）在技术设计的基础上完成供试制（生产）及随机出厂用的全部工作图样和设计文件属于(　　)。

A. 技术任务书　　B. 工作图设计　　C. 技术设计

（5）技术选择首要原则是(　　)。

A. 技术进步原则　B. 经济效益原则　　C. 社会效益原则

知识应用

□ 案例分析

新可乐的失败

可口可乐公司技术部门决定开发出一种全新口感、更惬意的可口可乐，并且最终拿出了样品，这种“新可乐”比可口可乐更甜、气泡更少，因为它采用了比蔗糖含糖量更多的谷物糖浆，是一种带有柔和的刺激味的新饮料。公司立即对它进行了无标记味道测试，测试的结果令可口可乐公司兴奋不已，顾客对新可乐的满意度超过了百事可乐，市场调查人员认为这种新配方的可乐至少可以将可口可乐的市场占有率推高1%～2%，这就意味着多增加2亿～4亿元的销售额。

为了确保万无一失，在采用新口味之前，可口可乐公司投入400万美元，进行前所未有的大规模口味测试。在13个城市中约19.1万人被邀请参加了无标记的不同配方的可口可乐的比较。55%的参加者更喜欢新可乐，这表明可口可乐击败了百事可乐。调查研究的结果似乎证明，支持新配方是不容置疑的了。

新可乐投产之前，一系列辅助性的决定必须相应地实施。例如，必须考虑是在产品大类中加入新口味的可乐还是用它来替代老可乐。在反复考虑以后，公司的高级经理们一致同意改变可口可乐的味道，并把旧可乐撤出市场。

可口可乐公司董事长戈伊祖艾塔宣布经过99年的发展，可口可乐公司决定放弃它一成不变的传统配方，原因是现在的消费者更偏好口味更甜的软饮料，为了迎合这一需要，可口可乐公司决定更改配方调整口味，推出新一代可口可乐。为了介绍新可乐，戈伊祖艾塔和基奥在纽约城的林肯中心举行了一次记者招待会。请柬被送往全国各地的新闻媒介机构，大约有200家的报纸、杂志和电视台的记者出席了记者招待会，但他们大多数人并未信服新可口可乐的优点，他们的报道一般都持否定态度。新闻媒介的这种怀疑态度，在以后的日子里，更加剧了公众拒绝接受新可口可乐的心理。

消息迅速地传播开来。

81%的美国人在24小时内知道了这种转变，这一数字超过了1969年7月知道尼尔·阿姆斯特朗在月球上行走的人数。

1.5亿人试用了新可口可乐，这也超过了以往任何一种新产品的试用记录，大多数的评论持赞同态度，瓶装商的需求量达到5年来的最高点。决策的正确性看来是无可怀疑了，但这一切都是昙花一现。

在新可乐上市4小时之内，接到抗议更改可乐口味的电话达650个；到5月中旬，批评电话每天多达5000个；6月份这个数字上升为8000多个。由于宣传媒介的煽动，怒气迅速扩展到全国。对一种具有99年历史的饮料配方的改变，本来是无足轻重的，可如今却变成了对人们爱国心的侮辱。堪萨斯大学社会学家罗伯特·安东尼奥论述道：“有些人感到一种神圣的象征被粗暴地践踏了。”甚至戈伊祖艾塔的父亲也从一开始就反对这种改变。他告诫他的儿子说这种改变是失败的前奏，并开玩笑地威胁说要与儿子脱离关系。公司的领导们开始担心消费者联合起来，抵制其产品。

他们看到的是灾难性的上市效果：“我感到十分悲伤，因为我知道不仅我自己不能再享用可口可乐，我的子孙们也都喝不到了……我想他们只能从我这里听说这一名词了。”人们纷纷指责可口可乐作为美国的一个象征和一个老朋友，突然之间就背叛了他们。有些人威胁说以后不喝可口可乐而代之以茶或白开水。下面是这些反应中的几个例子：“它简直糟透了！你应该耻于把可口可乐的标签贴在上面……这个新东西的味道比百事可乐还要糟糕。”“很高兴地结识了你，你是我33年来的老朋友了，昨天我第一次喝了新可乐，说实话，如果我想喝可乐，我要订的将是百事可乐而不是可口可乐。”

在那个春季和夏季里，可口可乐公司收到的这样的信件超过了4万封。在西雅图，一些激进的忠诚者（他们称自己为美国喝可口可乐的人）成立“美国老可口可乐饮用者”组织来威胁可口可乐公司：如果不按老配方生产，就要提出控告。在美国各地，人们开始囤积已停产的老可口可乐，导致这一“紧俏饮料”的价格一涨再涨。当7月份的销售额没有像公司预料的那样得到增长以后，瓶装商们要求供应老可乐。

公司的调查也证实了一股正在增长的消极情绪的存在。新可乐面市后的三个月，其销量仍不见起色，而公众的抗议却愈演愈烈。最终可口可乐公司决定恢复传统配方的生产。这一消息立刻使美国上下一片沸腾，当天即有18000个感激电话打入公司免费热线。当月，可口可乐的销量同比增长了8%，股价攀升到12年来的最高点每股2.37美元。但是可口可乐公司已经在这次的行动中遭受了巨额的损失。

问题：利用本章所学知识分析新可乐失败的原因。

□技能题

（1）参观1～2家企业，要求学生写一份参观报告，报告内容包括产品开发、产品设计与技术选择等情况。

实训目的：要求学生了解典型的企业生产与运作流程。

实训要求：仔细观察，认真听讲解；结合所学知识。

（2）查阅企业管理的知名网站，写出3～4个网址，对某一自己感兴趣的网页栏目的话题写一篇1000字左右关于产品开发与生产与运作流程设计的体会。

实训目的：对产品开发，运作流程有进一步认识。掌握一些企业生产与运作管理的经验。

实训要求：认真思考，结合所学知识。

□综合实训

实训目的及要求：

（1）提高学生学习兴趣。

（2）掌握多门相关学科知识的综合应用。

（3）掌握针对问题应用所学运作管理以及相关管理学科理论与方法进行分析，提出解决方案的能力。提高学生解决企业运作系统实际问题的能力。

（4）所有程序模拟进行。最后分小组汇报。

实训内容：

公司背景：本企业长期以来一直专注于某行业P产品市场知名度很高，客户也很满意。同时企业拥有自己的厂房，生产设施齐备，状态良好。最近，一家权威机构对该行业的发展前景进行了预测，认为P产品将会从目前的相对低水平发展为一个高技术产品。为此，公司董事会及全体股东决定将企业交给一批优秀的新人去发展，他们希望新的管理层——投资新产品的开发，重新进行生产与运作流程设计，使公司的市场地位得到进一步提升。开发本地市场以外的其他新市场，进一步拓展市场领域。扩大生产规模，采用现代化生产技术，努力提高生产效率。

具体内容及程序如表6-1所示。

表6-1　　综合实训具体内容

序号	内容	实训内容
1	企业整体介绍（PPT）	以一份订单为主线讲述企业的主要流程，理解企业的关键术语
2	项目团队确定	合理分工
3	产品设计	在老产品的基础上，结合新的市场需求
4	生产运作流程设计	按照严格的要求进行设计
5	引导生产与运营第一年业务经营（感性经营期）第二年业务经营（理性经营期）	生产运作战略的解析；产品的分析。产品设计方案、运作流程，并假设是某一具体的制造型产品或服务型产品，进行技术选择。
6	总体点评	交流实训心得

第七章 生产与运作中的物流管理

学习目标

◎了解采购管理的内容、现场物料的分类；
◎理解采购的流程、MRP 的基本原理、库存的分类和作用；
◎掌握常用库存控制方法，并能灵活运用指导实践。

技能目标

◎能完成完整的采购活动；
◎能运用库存管理进行管理；
◎能填写现场物料控制的单据。

引例

某印刷公司的物流管理

该印刷公司的生产车间和库房布局是“以装订车间为中心”，这一点是在大厦设计时就进行了充分考虑和论证的。印刷的主要承印物纸张及其经过印刷和其他加工后的半成品和成品是生产物流管理的主要对象，其在生产过程中种类繁多、流动总量巨大，如何使这些原材料、半成品和成品流动的距离最短，使生产流程中的主要物流距离和位置最为合理，是生产物流管理的关键所在。在布局上，平张纸库与平张纸印刷车间相连，卷筒纸库与轮转印刷车间衔接，这样虽每月有上千吨的纸张吞吐量，在库房出入货与生产的衔接上仍然是有条不紊的。从整体上看，平张纸卸货台、平张纸仓、平印车间、平装装订依次连成一条线，保证了平张印刷的进纸、存纸、切纸、印刷和装订过程中的物流距离最短；卷筒纸卸货台、卷筒纸仓、轮转车间、平装装订依次连成一条线，确保了轮转印刷的进纸、存纸、纸张准备、印刷和装订过程中的物流距离最为合理；平装装订和成品库、成品出货台连成一条线，这样确保了装订后的成品直接入库和出货。

（1）生产物流管理。①物流过程中的保护措施。上机前的白纸、半成品、成品在上下工序流动过程中，均以塑料薄膜缠绕保护，对整台产品加标志，这种措施使产品在搬运过程中得到防护，牢固而不易倒塌，因此可加快运输速度。此外，因整台产品码放后及时被防护，不存在台上的产品被搬移的可能（如整台被破坏将很容易判断并及时清查），这样只需查看整台产品的标志，就能清楚得知产品数量，提高了产品数量清点的效率和准确性。②统一定制码放产品用台板。不同车间根据本部门常见产品种类和规格，定制了相应规格的可重复使用的塑料卡板，并分别用不同颜色区分其所属部门。这种方式使得不同工序的半成品与台板相匹配，整齐美观，台板的使用井然有序，减少了台板不合适或找台板耗费无效时间，将无效工作减到最小。③规范产品包装。所有产品在制造加工的同时，均同时加工完成具有明确标志且与产品规格相匹配的成品包装箱，包括产品名称、每箱数量等要素。如属国内运输，则按国内运输的标准制作；如是发往国（境）外，则包装箱、卡板按国际标准制作。清晰的标志提高了货物查找的准确率，对成品货物运输体积和重量的估算更为准确，为成品运输提供可靠资料，使运输车辆的准备有据可依。

（2）成品物流管理。成品物流是指将完工产品从企业交付到用户之间的物流。在成品物流的运作中，物流部门可以说是充当了管理者、调度者的角色，执行者是合作的第三方物流公司。将成品物流外包给专业物流公司，每年以招标的形式决定选择合格的物流服务供应商。由于专业化分工越来越细，在快速发展过程中，企业不可能各项工作都亲历亲为，选择专业化的物流公司，公司只对物流公司进行管理，可以更好地达到管理成品物流的目的，公司可以集中精力做好自己的核心业务。

这一案例表明：生产物流管理对企业非常重要。由于客户要求的改变，现代企业的生产方式也发生了较大的转变，即从大批量生产转向精细的准时化生产，要求企业能以最快的速度把产品送到用户的手中，以提高客户对市场的快速响应能力，使客户的产品增值，这就要求企业的物流系统具有和生产加工体系协调运作的能力，以提高企业敏捷性和适应性。因此，物流管理不仅是保证生产过程连续性的必要前提和企业降低成本的直接要求，还是为客户提供增值服务的重要手段。

7.1　企业供应链采购管理

世界经济一体化打破了国界，生产专业化打破了厂界，使全球采购、全国采购得以盛行。采购管理一直是我国非常薄弱的环节，各种采购制度相对落后，采购中的违法乱纪屡禁不止。因此，通过供应链加强采购管理已是刻不容缓。

7.1.1　企业采购业务流程

采购是企业向供应商购买商品的一种商业行为，企业经营活动所需要的物资绝大部分是通过采购获得的。采购是选择和购买物品的过程，包括了解需要、选择供应商、协议价格、签订合同、选择运输方式、催促交货、保证供应等事项。在长期有研究和实践中，人们发现企业采购的零部件和辅助材料占最终产成品的成本的40% ~60%，如果采用科学的采购方法，使采购成本（包括购买费用、订货费用、进货费用等）降低，则会给企业带来很大的经济效益和利润。

在企业中，采购业务主要是指企业在生产产品时，要由上游的企业提供原辅料，企业的采购业务需要经过以下几个过程：

（1）接受采购任务，制定采购单。这是采购工作的任务来源，通常是企业各个部门把任务报到采购部门来，采购部门给各个采购员下达采购任务。也有采购部门主动根据企业的生产销售任务情况，自己安排各种物资的采购计划，给每个采购员下达采购任务单的做法。

（2）制订采购计划。采购员在接受采购任务单后，要制订具体的采购工作计划。首先进行资源的市场调查，包括对商品、价格、供应商的调查分析，选择供应商，确定采购方法、采购日程计划及运输方法、货款支付方法等。

（3）根据既定的计划联系供应商。有的可能要出差联系，有的要用电信方式进行联系等。

（4）与供应商洽谈、成交、最后签订订货合同。这是采购工作的核心步骤。要和供应商反复进行磋商谈判、讨价还价，讨论价格、质量、送货、服务及风险赔偿等各种限制条件，最后把这些条件用订货合同的形式规定下来，形成订货合同。订货合同签订之后，才意味着已经成交。

（5）运输进货和进货控制。订货成交后，就是履行合同，就要开始运输进货。运输进货可以由供应商负责，也可以由专业物流企业负责，或自己提货。采购员要参与督促、监督进货过程，确保按时按质进货。

（6）到货验收、入库。到货后，采购员要督促有关人员进行检验、验收和入库，包括数量、质量的检验。

（7）支付货款与善后处理。一次采购后，要按合同规定支付货款，并进行采购总结评估，处理好一些未尽事宜。

7.1.2　企业供应链采购管理

传统的采购管理只注重采购行为本身，注重在与供应商的谈判中取得价格上的优势，而较少关注供应商所能提供的其他服务，如技术水平、产品质量、交货时间、可靠性、快速响应能力等，也很少与供应商建立良好的长期合作关系，企业与供应商之间的信息不能共享，甚至相互隐瞒，以便于工作在谈判中获得优势。但在供应链管理模式下，企业的采购管理发生了重大变化。

采购管理是指为维护企业的利益，实现企业目标而对企业采购工作所进行的计划、组织、协调和控制活动。相对而言，采购只是其具体的采购业务活动，是作业活动，一般是由采购人员承担的工作。而采购管理是对整个企业的采购活动进行的计划、组织、协调和控制，是面向整个企业的，不但面向全体采购员，而且也面向企业组织的其他人员。

案例分析7-1

某企业采购作业流程（见图7-1）

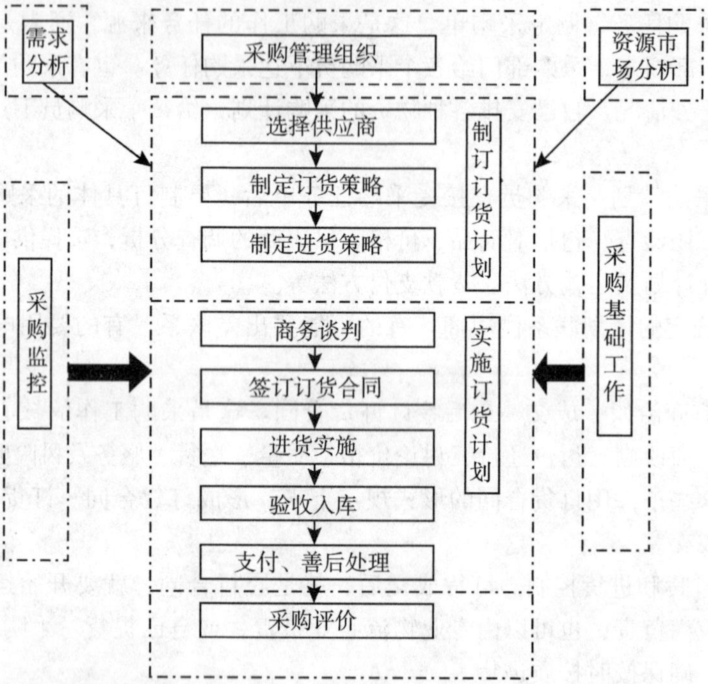

图7-1 企业采购作业流程图

企业加强采购管理的目的，一是降低采购成本，二是提高采购质量。尽管有时实现了廉价采购，但却需要大库存，或降低了采购品的质量，都是不可取的。企业采购管理的基本任务有三个：一是保证企业所需的各种物资的供应；二是要从资源市场上获得各种信息，为企业物资采购和生产决策提供信息支持；三是要与资源市场供应商建立起友好且有效的关系，为企业营造一个宽松有效的资源环境。采购管理的业务内容与流程如图7-2所示。

（1）采购组织管理。即建立一个精悍的采购管理机构和合理的管理机制，有一些能干的管理人员和操作人员。

（2）制订订货计划。首先要进行需求分析，要弄清企业需要采购一些什么品种、采购量、什么时候需要什么品种等问题。一般根据需求历史或者生产计划等确定需求规律。其次进行资源市场分析，分析研究资源市场的分布、供应商情况、品种情况、价格情况、

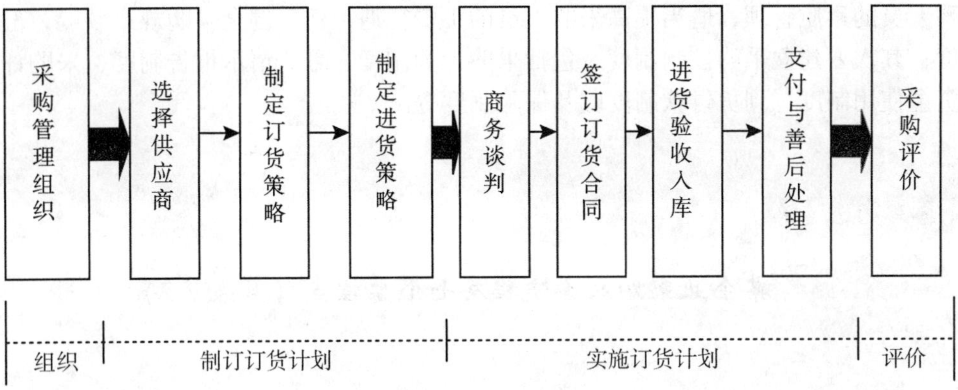

图 7-2　采购管理流程图

交通运输情况等。最后制订采购计划，包括选择供应商、供应品种、具体的订货策略、运输进货策略以及进货进度等，以解决什么时候订货、订购什么、订多少、向谁订货、怎样订、怎样进货、怎样支付等计划问题。一个周全的采购订货计划对具体的采购工作的实施将会起到很好的指导作用。

在选择供应商时，表 7-1 提供了对供应商的价格、品质、交货期、交货量和服务等进行考核的参考指标。

表 7-1　　　　供应商考核表

考核项目	考核内容及方法
价格	在市场价格水平中的最高价、最低价、平均价
品质	品质合格率、交货批退率考核： 品质合格率=（1-退货总数÷进货总数）×100% 批退率=退货总数÷交货总批数×100%
逾期率	逾期率=逾期批数÷交货批数
服务	出现问题后的配合解决速度 快速、中速、拖拉

（3）实施订货计划。就是把上面制订的采购计划分配落实到人。具体包括联系指定的供应商、进行贸易谈判、签订订货合同、运输进货、到货验收入库、支付货款以及善后处理等。通过这样的活动，完成一次完整的采购活动。

（4）采购评价。就是在一次采购活动完成后对这次采购的评估，或月末、季末、年末对一定时期内采购活动的总结评价。主要在于评估采购活动的效果、总结经验教训，提出改进方法等。

（5）采购监控。是指对采购活动进行的监控活动，包括对采购的有关人员、采购资金、采购过程的监控。为了搞好采购控制，首先要创造一个良好的采购控制基础条件，加强采购人员的素质管理，适当提高采购人员的工资待遇，建立健全采购规章制度，健全奖惩制度；其次要建立采购控制制度，包括采购计划制度、采购请示报告制度、采购评价制度、资金使用制度、到货付款制度以及保险制度等。

案例分析7-2

某企业采购业务流程及七个监控点（见表7-2）

表7-2

监控点	监控目标	监控措施
审批	保证经济业务在授权下进行	供应部门提出采购计划，主管计划的负责人批准采购计划，并签字
签约	保证供应商按约定的条件执行	采购人员根据授权按计划签订合同，大额、大宗物料的合同经内部审计部门审核
登记	保证及时正确地处理托收承付事项	财务部门收到供货方从银行转来的托收凭证后，立即进行登记，并及时转送采购部门，以备承付时核对
承付	保证货运支付正确、适当	供应部门检查托收凭证及有关合同，是否承付
验收	保证物料的品质、数量符合要求	仓储部门检验收到的物料品种、数量，填写入库单；质检部门检查物料质量，并在入库单上签署意见
审核	保证物料采购的有效性、合理性和完整性	财务部门审核托收凭证，承付意见书及入库单等凭证，无误后作为结算、记账的依据
记账	保证会计核算资料真实完整	会计人员根据原始凭证，编制记账凭证，及时登记有关账簿

实施企业采购管理的途径，是将采购活动渗透到供应商的产品设计和产品质量控制过程中，以产品制造订单驱动采购订单，以采购订单再驱动供应商，以形成真正的供应链采购管理。

与其他行业一样，当前我国企业应该认真研究和遵循国际上通行的四大采购规则，即《联合国采购示范法》、《WTO政府采购协议》、《欧洲联盟采购指令》、《世界银行采购指南》，大力推进电子商务、现代物流的发展与采购制度的变革。

7.1.3　MRP 和 MRPⅡ

1. MRP

MRP 就是这样一种物料需求的计算器。MRP 于 20 世纪 60 年代提出，它是对传统库存控制方法的改进。它能根据最终产品的市场需求量和需求时间，计算出各种物料的投入产出时间和数量，来指导企业的运作。这里的“物料”，泛指原材料、在制品、外购件以及产品。

制订所有物料的需求计划表，如果用人工来做，准确性较差而且手工计算时间消耗太长，利用计算机计算则可以大大加快计算速度，提高计算准确度。MRP 系统就是一个解决采购、库存、生产、销售的计算机信息管理系统，具有制订物料需求计划、车间作业计划以及采购作业计划等功能，使企业的采购、生产等运作有据可依，减少盲目性。

（1）MRP 系统的组成。

MRP 系统由输入和输出两大部分组成。

MRP 系统的输入主要有以下三项：主生产计划（MPS）、物料清单（BOM）和库存记录。

①主生产计划（MPS）。在 MRP 系统中，企业的最终产品必须有对应的主生产计划，因为该产品生产所需的物料的需求时间和数量都需要由主生产计划推算。

主生产计划针对的是最终产品，这个最终产品可以是一个完整的产品，也可以是一个完整的部件。

知识链接 7-1

某企业产品的主生产计划（见表 7-3）

表 7-3　**某企业产品的主生产计划**

周次	1	2	3	4	5	6	7	8	9	10
产品 A（台）					20					20
产品 B（台）				40				40		
配件 C（台）		10	10	10	10	10	10	10	10	10

表 7-3 中数据表示产品 A 的计划产量为第 5 周 20 台，第 10 周 20 台；产品 B 的计划产量为第 4 周 40 台，第 8 周 40 台；配件 C 则在第 2 ~10 周每周生产 10 台。

②BOM 是用来说明一个最终产品是由哪些零部件、原材料所构成的，这些零部件之

间的时间、数量上的相互关系是什么，如图 7-3 所示。

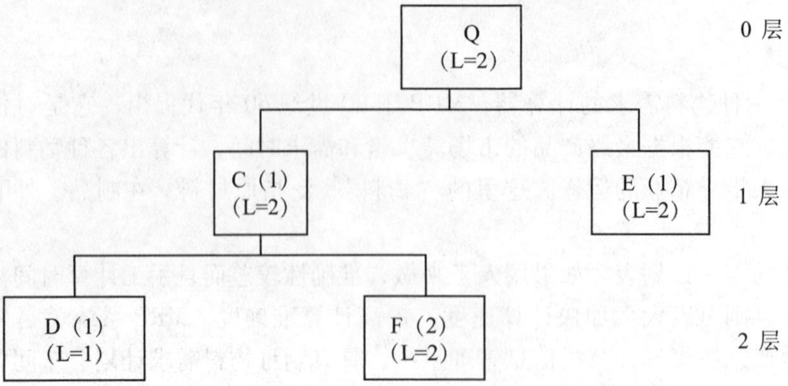

图 7-3　Q 产品的零件结构层次图

图 7-3 表示产品 Q 由 1 个 C 零件和 1 个 E 零件组成，而 C 零件又由 1 个 D 零件、2 个 F 零件组成。该产品有三级制造层次，最终产品 Q 处于 0 层，随后依次是 1 层、2 层。0 层、1 层、2 层等表示各零件的层次，称为层次码。

知识链接 7-2

压力传感器及其物料清单

压力传感器是一种可用来测量加速度、压力和力等值的检测装置，在交通工具、生物医学测量、军事等方面应用非常广泛。图 7-4 所示即为一个在汽车上使用的压力传感器，它的物料清单如表 7-4 所示。

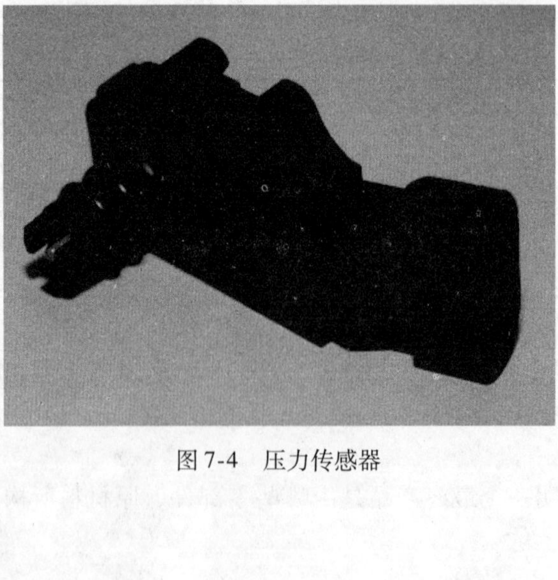

图 7-4　压力传感器

表 7-4　　**压力传感器（品号为 10001）的 BOM**

适用产品：10001：　　版次：B/0　　表单序号：

ND	层次						品号	品名	单位	数量		物料来源		图纸编号
	0	1	2	3	4	5					规格	外包	自制	
1	o						10001	压力传感器	set	1		0		
2		o					11101	D 型密封圈	pcs	2	F-S3. 6 * 2. 62	0		11101
3		o					11102	传感器分总成	set	1		0		
4			o				11021	封盖	pcs	1	PA66 GF30	0		11201
5			o				11202	环氧树脂胶	g		乐泰 120HP	0		11202
6			o				11203	传感器部件	set	1		0		
7				o			11301	密封胶	g		道康宁 9187L	0		11301
8				o			11302	外壳组件	set	1			0	
9					o		11401	热敏电阻	pcs	1	6kΩ(at 0℃)	0		11401
10					o		11402	外壳	pcs	1	PA 66 GF30	0		11402
11				o			11303	模块	set	1			0	
12					o		11403	塑料盖	pcs	1	PA 66 GF30			11403
13					o		11404	RTV 涂料	mg	10. 00	道康宁 3140			11404
14					o		11405	金丝	mm	30	10. mil	0		11405
15					o		11406	测压芯片	pcs	1	15 psia	0		11406
16					o		11407	装配板	set	1			0	
17						o	11501	印制板	pcs	1	FR-4 δ1. 6	0		11501
18						o	11502	tC（信号处理）	pcs	1	ZMD31010	0		11502

批　准：　　审　核：　　作成：

BOM 不是简单地表示产品所需要的物料种类和数量，而是按产品制造的各个层次说明产品结构的。它要准确地表示产品的构成情况以及制造过程中经历的各个加工阶段。

③库存记录是要告诉计划人员，现在库存中有哪些物料，有多少，已经准备再进多少，从而在制订新的加工、采购计划时减掉相应的数量。

库存记录需要及时登记所有物料的库存事务，包括入库、出库、残废料损失、报废零部件和取消订单等，并不断进行数据更新。MRP 系统中的库存记录文件应该是很全面的，应该包含每一项物料的详细资料，MRP 系统的程序根据特定时间段来存取库存记录文件。在每次运行 MRP 系统程序时将访问这些文件。因此，MRP 系统要求库存管理的数据非常精确。

库存账务资料维护表可用来详细记录每种物料的需求量、库存量等，如表 7-5 所示。

表 7-5 是零件 A 的库存账务资料维护文件，从表中数据可知零件 A 第 5、6、9 周各有

需求 300 件、450 件、500 件。第 3 周预计到货 100 件，现有库存量 10 件。第 3 周的库存量将会达到 110 件，因第 5 周有需求量 300 件，库存不够，故第 5 周净需求为 300－110＝190 件。第 6 周、第 9 周库存为 0，故净需求量分别为 450、500 件。第 5、6、9 周计划收货量与净需求量相等。

若已知零件 A 的提前期 $L_A=2$ 周，则其计划订货量在第 3、4、7 周分别为 190、450、500 件。

表 7-5 库存账务资料维护表 单位：件

	周次		1	2	3	4	5	6	7	8	9
零件A	总需求量						300	450			500
	预计到货量				100						
	库存量	10	10	10	110	110	0	0	0	0	0
	净需要量						190	450			500
	计划收货量						190	450			500
	计划订货量				190	450			500		

MRP 系统的输出主要是各种生产和库存控制的计划和报告，主要有以下几项：

（1）零部件投入产出计划。零部件投入产出计划规定了每个零部件投入的数量和时间、产出的数量和时间。如果一个零件要经过几个车间加工，则要分解成“分车间零部件投入产出计划”，输出每个车间一定时间内投入产出的零件的种类、数量及时间。

（2）原材料需求计划。规定每种原材料的种类、需求数量、需求时间，并按原材料品种、型号、规格汇总，以便采购部门组织供料。

（3）库存状态记录。提供各种原材料、零部件、外购件的库存记录数据，随时供查询。

（4）工艺装备机器设备需求计划。提供每种零件不同工艺所需的工艺装备和机器设备的编号、种类、数量和需要时间。

（5）计划将要发出的订货。

（6）已发出订货的调整。

（7）外购件、原材料到货统计表、零部件完工统计表。

（8）生产和库存费用的预算报告。

综上所述，MRP 可以回答四个问题：①要生产什么（根据主生产计划）；②要用到什么（根据物料清单 BOM）；③已经有了什么（根据库存记录）；④还缺什么，何时生产或订购？（运算后得出的结果）。

这四个问题是任何制造业甚至很多服务业，不论其产品类型、生产规模、工艺过程如何，都必须回答的带普遍性的基本问题。因此，MRP 产生以后，很快就受到了广大企业的欢迎。

2. MRPⅡ

（1）MRPⅡ的基本思想。

在20世纪80年代，一些企业提出，希望MRP系统能同时反映财务信息，如产品销售计划用金额来表示，说明销售收入；对物料以货币计价，以计算成本，方便定价；采购计划以金额来表示，用于预算；库存以金额表示，以反映库存资金占用情况，此外，货币信息还必须符合企业长远经营目标，满足销售和利润要求。这样闭环MRP进一步发展，将采购、生产、销售、财务、工程技术等子系统相结合，形成了制造资源计划MRPⅡ。

在MRPⅡ中，制造资源是指企业的物料、人员、设备、资金、信息、技术、能源、市场、空间、时间等用于生产的资源的统称。其中物料是指为了产品出厂需要列入计划的一切不可缺少的物料的统称，不仅包括通常理解的原材料或零件，而且还包括配套件、毛坯、在制品、半成品、成品、包装材料、工具等一切物料。

MRPⅡ的总体结构如图7-5所示。

MRPⅡ的基本思想就是把企业作为一个有机整体，通过运用科学方法对企业各种制造资源和产、供、销、财各个环节进行有效地计划、组织和控制，使它们得以协调发挥作用。

（2）MRPⅡ对采购管理的影响。

使用MRPⅡ系统，一个企业能够很容易地建立半年到一年的供应商计划。在MRPⅡ环境下，订单所给出的日期就是有效的需求日期，无需再等进一步的信息，也不再有进一步的信息。国外经验表明，使用了MRPⅡ系统，供应商按时供货率可以达到98%以上。当供应商得到了有效的需求日期时，大多数会努力工作来完成计划。

随着计算机能力的增强，把供应商看作“外部工厂”的思想越来越重要。这就必须为供应商提供制订其能力需求计划的信息。使用MRPⅡ系统，能够以相当长的展望期来做到这一点。使用MRPⅡ系统，供应商的按时供货率可以明确地按计划日期进行检测，而且这已在许多企业中成为现实。

通过使用MRPⅡ系统，采购人员可以从繁琐的事务中解脱出来，使他们有了更多的时间去选择供应商，进行合同谈判、价值分析和工程部门讨论标准化问题等，从而帮助他们把采购工作提高到一个前所未有的专业水平。

7.1.4 企业采购流程的变革

一个完善的采购流程应满足所需物料在价格、质量、数量、区域之间的综合平衡，即：物料价格在供应商中的合理性，物料质量在制造所允许的极限范围内，物料数量能保证制造的连续性，物料的采购区域经济性要求等。

由于建立在供应链管理的基础上，因此企业的采购应建立在信息实时流动上，企业与其供应商——企业共享市场信息及生产数据，即纺织企业可以根据服装企业的生产及库存需求组织生产，服装企业根据消费市场的需求而组织生产，为此，应该强调协同采购的理念，包括企业内部协同、企业外部协同、“为库存采购”转化到“为订单采购”、采购过程中的外部资源管理等内容。

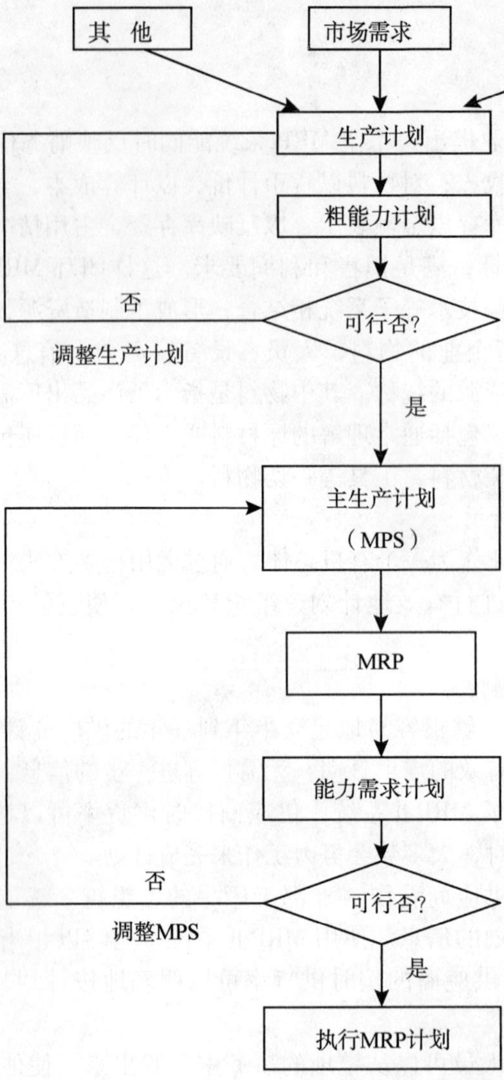

图 7-5　MRPⅡ的总体结构

（1）企业内部协同。包括信息和相关功能模块的集成，采购活动的进行涉及许多信息，包括正确的物料、合适的数量、正确的交付（时间和地点）、合适的货源和合适的价格，这些信息来自于销售和市场部门、设计部门、生产部门、采购部门等，这些部门的协同配合是实施高效采购的基础。

（2）企业外部协同。即企业与供应商在共享库存、需求等方面信息的基础上，根据供应链的供应情况实时调整自己的计划和执行交付的过程。同时，供应商也可根据企业的实时库存、计划等信息调整供应计划，在不牺牲服务水平的基础上降低库存。

（3）“为库存采购”转化到“为订单采购”。在传统的采购模式中，采购的目的是为了补充库存，即为库存而采购。在供应链管理条件下，采购活动以订单驱动进行，制造订单的需求是在用户需求订单的驱动下产生的。采购者只需要把自己的需求信息即或库存信息向供应商连续及时传递，供应商就会根据其产品的消耗情况及时连续地小批量补充库存，保证采购者既满足需要又使总库存最小。这种方式可准时响应客户需求，降低库存成本，进而改变传统以库存补充为目的的采购模式。

（4）加强外部资源的管理。传统采购管理的不足之处，就是与供应商之间缺乏合作、缺乏柔性和对需求快速响应的能力。实际上，采购并不仅仅是从市场上购回所需的物料，而是一种“外部资源管理”，也就是要把组织的生产能力和制造能力扩展到供应商身上，并通过逐步减少供应商数量致力于与供应商建立一种长期合作的战略伙伴关系。一方面，通过提供信息反馈和教育培训，促进供应商质量的保证和改善；另一方面，让供应商参与产品设计和产品质量控制过程，使供应商的生产组织与本企业的原材料、零部件需求协调起来，双方实行同步运行。

7.2　企业供应链库存管理与控制

7.2.1　企业供应链模式下的库存管理

在现代经营理念下，企业的仓库不仅是形成附加值过程的一部分，也是联系供应方与需求方的桥梁。做好物料仓库的管理，可以有效地控制和降低生产和库存成本，是企业保持优势的关键助力与保证。

现代仓库的作用不仅是物料保管的安全保质，更多关注的是如何运用现代技术如信息技术、自动化技术，提高仓库动作的速度和效益。当然，这些涉及仓库的布局、规划设计、机械装备等因素。从企业仓库日常作业管理看，主要应在以下几方面做好工作：

（1）物料入库作业。包括入库物品的检验、上架等。入库验收要求品种规格与合同一致，数量准确，质量合格，时间及时。如发现不符或差错，要及时提出退货或索赔。

（2）保管作业。各类物料入库后，应根据不同性能、化学成分和包装特点，分别加以妥善保管。特别对有毒、易燃易爆的危险物资，必须按国家有关规定严格管理。物资保管的基本要求是摆放科学、取存方便、计数准确、不发生质变和损耗，做到账、物、卡相符。

（3）分拣、捆扎、备货与出库作业。仓库工作人员应急生产和市场需求所急，努力提高工作质量和服务质量。要严格执行物资领用制度，如对有定额的物料要按计划定额发放，有些物料要求实行以旧换新的必须实行以旧换新。为了提高工作效率和服务质量，应做好仓库的日常整理工作，对呆滞物料及时进行处理，如：把一个月生产计划内不用的物品放到指定位置，把一周内要用的物品放到容易取的位置。仓库应有仓库总体规划图，并按规划图进行区域标志，物品按规划放置，且要整齐，仓库通道要畅通不能堵塞，消防器材要容易拿取等。

（4）物料的清仓盘存作业。目的是检查和掌握库存物类的变化情况，主要内容有：将账面数量与实物数量进行核对，检查物料收发是否有差错，检查物料有无超期积压和变质等；清仓盘存实行自查、定期和突击检查相结合。

（5）事务性作业。包括入出库和盘存时的库存台账更新、票据制作、装箱单、血货明细单运单等制作，提供运费、保管费、作业费等数据。

以上仓库物料管理如果具备自动化的条件，其业务活动可用图 7-6 表示。

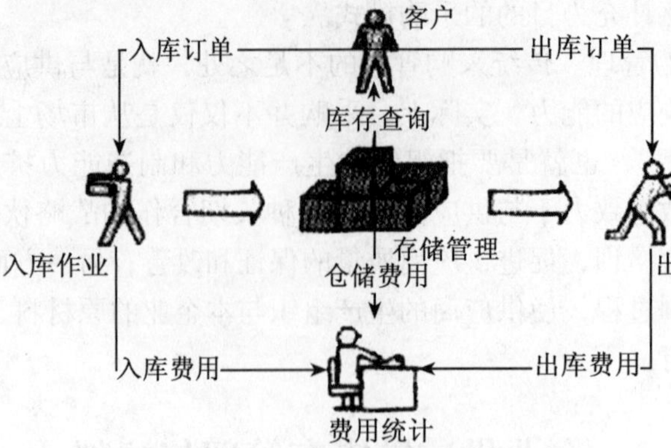

图 7-6　仓库管理业务活动结构图

7.2.2　企业供应链模式下的库存控制系统

1. 企业库存及库存系统的含义

(1) 企业库存的含义。

根据 GB/T18354-2001 第 4. 14 条，库存的定义为：处于储存状态的物品或商品。从生产过程的角度可将库存分为原材料库存、零部件及半成品库存、成品库存三类。库存又具有狭义和广义之分，狭义的库存仅仅是指在企业仓库中处于暂时停滞状态的物料；而广义的库存则表示用于将来目的、暂时处于闲置状态的物料，它停滞的位置可以是企业的仓库，生产线上或车间里，也可以是非仓库的任何位置，如汽车站、火车站及机场码头等类型的流通节点上，甚至在运输途中。纺织企业的库存一般可分为：原材料、产成品、备件、低值易耗品以及在制品。据统计，库存费用一般为库存物品价值的 20% ~40%，因此库存控制变得十分重要。

库存控制是指对物资库存量变化的掌握和调整，以使其经常保持在合理的水平上。合理的库存量是指在新物资来到之前，能保证在此期间商品正常供应的数量。影响库存量的因素有：需求量、商品再生产时间、交通运输条件、资金量、管理水平和设备条件等。由于纺织企业的物资库存量会经常地变化，为使其保持在合理的水平上，既能保证生产对物资的需要，又能最大限度地减少资金占用，即人们常说的"库存太多是浪费，太少又不安全"，为此需要对物资库存进行分析和控制。

"库存是一个必要的恶魔"。也就是说，库存能有效地缓解供需矛盾，保持企业均匀生产，甚至还有奇货可居的投机功能，但它又会增加资金占用和库存费用，并存在库存积压而产生损失的可能。在纺织企业内，库存问题不是孤立的，它和营销、仓库、生产、物料运输、采购、财务等问题都有千丝万缕的联系，而这些部门对库存的目标有时不完全一致，甚至是互斥的，这主要来源于企业不同的职能部门在涉及库存问题上负有不同的任务。表7-6表明了各部门对库存的态度。为此，必须根据现实条件和环境的各种限制，通过库存控制系统完成协调这些目标的任务。

表7-6 企业各部门对库存的态度

职能部门	职能	库存目标	典型反映	库存量的倾向
营销	出售产品	对顾客的良好服务	如果总是缺货或无足够的品种，就难以留住顾客	高
生产	制造产品	有效的批量	如能大批量生产，可降低单位成本和有效地经营	高
采购	购入所需物料	单位成本低	如能整批购进，能降低单位成本	高
财务	提供流动资金	资金的有效利用	从哪儿筹集资金来支付存货的货款	低
设计	设计产品	避免陈旧	陈旧原材料哪能出新品	低

（2）库存控制系统的含义。

库存控制系统是指用来控制库存水平，决定补货时间及订货批量大小的一整套制度和控制手段。该系统的基本任务主要是为了解决两个问题：一是什么时候进行订货；二是订购量是多少。目前许多纺织企业都在努力与供应商建立长期供需关系，以便该供应商能为企业全年的需求提供服务。这样问题就从“何时”与“订多少”，转化为“何时”与“送多少”。

7.2.3 企业库存控制手段与方法

企业库存控制的方法较多，有传统的库存管理技术，如ABC分类管理法、定量订货模式和定期订货模式，也有适应现代生产的库存控制方法，如MRP，JIT和ERP等。限于篇幅，此处仅介绍常用的几种主要方法：

1. 定量订货模式

定量订货模式又称经济订货批量。具体做法是保持存货数量的连续记录，当存货量降低到一定水平时就进行补货供应。属于“事件驱动”型。这种方式适用于品种数目少但占用资金大的物资。

经济订货批量，是指某物资的订货费用和库存费用之和最小时的一次进货数量。订货费用一般包含差旅费、入库检验费和搬运费等，物资的订货次数越多，则订货费用就越大；库存费用是物资储存中资金占用、仓库管理费用等，物料的存储时间越长，库存费用就越高。可见，订货费用与库存费用存在矛盾，少进勤进，订货次数多，订货费用就大，而库存费用就小；反之一次进货量大，订货次数少，订货费用就少，而物资库存费用就大。可以用曲线方程求出二者总费用最低的对应点，即经济订货批量的计算公式：

$$经济订货批量=\sqrt{\frac{2\times 某种物资全年需要量\times 每次订货费用}{某种物资单价\times 库存费用率}}$$

库存费用率是指某物资库存费占该物资成本的百分数。

图 7-7 是定量订货模式的作业程序。

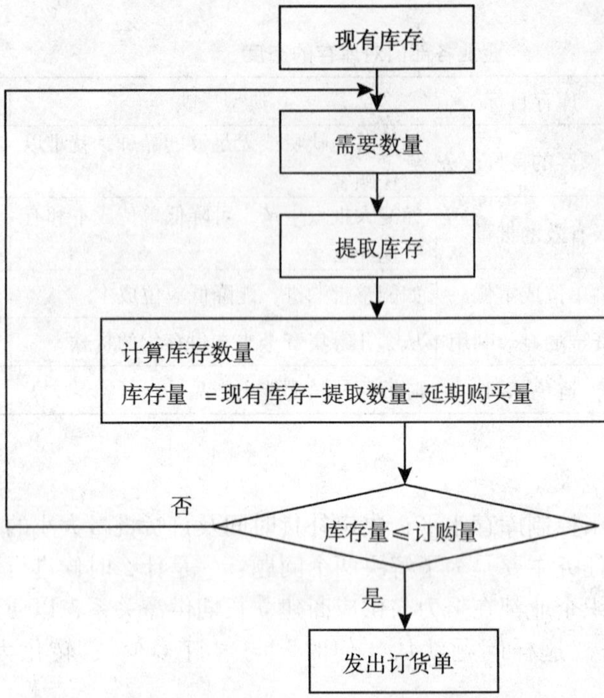

图 7-7　定量订货模式的作业程序

案例分析 7-3

某企业全年耗用某项物资的需要量为 1000 件，每次采购费用 5 元，年保管费用率为 20%。该物资的单价随每次订货量的增加有所降低。当订货批量不超过 40 件时，单价为 22 元，求经济订购批量。

$$经济订货批量=\sqrt{\frac{2\times 某种物资全年需要量\times 每次订货费用}{某种物资单价\times 库存费用率}}$$

$$经济订货批量\ Q_1^* = \sqrt{\frac{2\times 1000\times 5}{22\times 0.2}}=47.64\approx 48\ （件）,$$

2. 定期订货模式

定期订货模式又称定期盘点系统、固定订货间隔期系统，即库存物料要按固定的时间间隔进行检查和补货，属于“时间驱动”型。这个固定的间隔时间主要取决于物料的日需要量。这种订货模式适用于品种数量大、占用资金较少的物资。

定期订货方式中订货量的确定方法为：

订货量=最高库存量-现有库存量-订货未到量+顾客延迟购买量

图7-8是定期订货模式的作业程序。

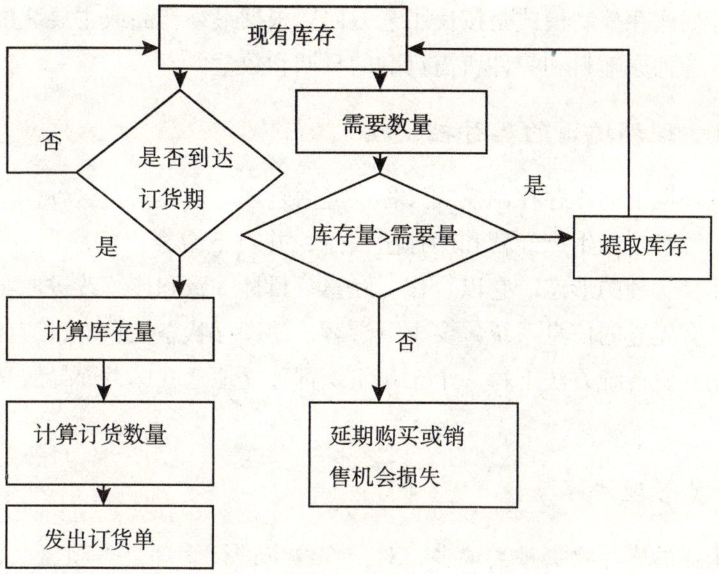

图7-8 定期订货模式的作业程序

以上两种模式的区别如表7-7所示。

表7-7 **定量订货模式与定期订货模式的区别**

特征	定量订货模式	定期订货模式
订购量	每次订购量相同	每次订购量不同
何时订购	在库存量降低到再订购点时订购	盘点期到来时订购
库存记录	每次出库都作记录	只在盘点期记录
库存大小	比定期订货模式小	比定量订货模式大
维持所需时间	由于记录持续，所以较长	由于记录不持续，所以较短
物资类别	昂贵、关键或重要物资	一般物资

3. 非强制补充供货库存控制模式

非强制补充供货库存控制模式也称最小最大补化系统或随机型库存控制模式。其做法是定量和定期模式的混合。库存水平均按固定的时间间隔进行检查，但订货则必须在库存量已经降到预定的订货点时才进行。这种方法综合了定量订货和定期订货的优点，但相应地增加了刷新进出货记录和盘存的工作量。预定的订货点又称为安全库存量，是最低库存量、保险库存量。

4. 物料需求计划库存控制模式

物料需求计划库存控制模式是按反工艺方向，根据最终产品或主要装配线的计划和完工日期，来确定各种原辅料和零件所需订购的日期和数量。

5. 供应链管理环境下的库存控制模式

供应链管理环境下的库存控制模式又称供应商管理库存模式。这种模式下供应商等上游企业是基于下游客户的生产经营和库存量信息，并对下游客户的库存进行管理和控制，甚至形成联合库存管理的形态。它以合作、互惠、目标一致和连续改进原则为基础，要求各节点企业建立有先进的信息系统，要求下游客户的库存状态信息对供应商透明化。这种方法可以有效地克服传统方法下每一个企业组织都独立地建立库存而导致重复库存和高库存的缺陷。

6. ABC 分类管理法

由于一般企业的库存物资种类很多，对全部物资进行管理是一项复杂而繁重的工作。管理者精力有限，因此，应该使用重点管理的原则，将管理重点放在重要的物资上。ABC 分类管理法便是物资重点管理法。

ABC 分类管理法把企业繁多的物资品种，按其重要程度、消耗数量、价值大小、资金占用等情况进行分类排队。把品种数量占库存物资总品种数的 20% 左右，而资金占库存物资总资金量有 70% 左右的一类物资定为 A 类物资。把品种数量占库存物资总品种数的 50% 以上，而资金占总资金量为 10% 以下的一类物资定为 C 类物资。其余的物资都是 B 类。ABC 分类管理法示意图如图 7-9 所示。

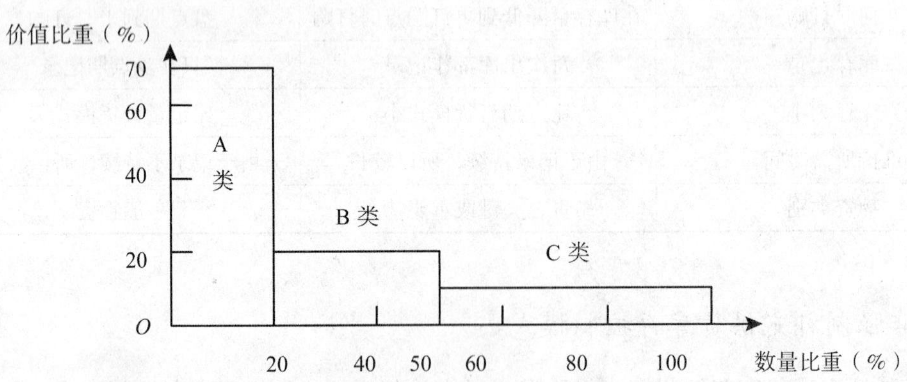

图 7-9　ABC 分类管理法示意图

下面通过一个例子来说明如何利用上述原理来划分企业的库存物资。

知识链接 7-3

一个仓库有库存物资 11 个品种，它们的年均资金占用量如表 7-8 所示。

表 7-8　**各库存物资资金占用量**

物资编号	年均资金占用量（元）	占用资金比例（%）
2	45000	42.06
12	30000	28.04
6	10000	9.35
15	8000	7.48
7	6000	5.61
3	5000	4.67
8	2000	1.87
5	500	0.47
16	400	0.37
19	100	0.09
总计	107000	100.00

根据资金占用比例，得到分类结果如表 7-9 所示。

表 7-9　**分类结果**

物资类型	物资编号	年均资金占有量（元）	占用资金比例（%）
A	2，12	75000	70.10
B	6，15，7	24000	22.42
C	3，8，5，16，19	8000	7.48
总计		10700	100.00

A 类物资是一些品种不多但耗用金额很大的物资，也可以包括一些虽然耗用金额不太大，但对企业来说很关键的物资。它主要是原材料，例如在纺织企业中就是原棉、化纤、原毛、丝麻等。在机械制造企业中就是金属材料与非金属材料。在电机制造企业中除金属材料外，还包括绝缘材料。这类物资的耗用与生产过程有直接的、密切的联系。

B 类物资是品种较多，耗用金额不太大的一些物资。B 类物资大多是一些主要材料、建筑材料、大型的辅助材料、辅助器材与设备等。

C 类物资是一些耗用量不大，耗用金额小，但品种很多的物资，这类物资性能复杂，规格繁多，用途不一。如工具、包装材料、备用材料、润滑剂、办公用具和零星辅助材料等。

ABC 分类意味着 A 类库存需实行重点管理，花费在保管 A 类库存物资上的资金大大多于花费在 C 类的库存物资上，严格控制 A 类库存储备量、订货量、订货时间，现场控制也应更严格，应该把它们存放在更安全的地方，并且为了保证它们的记录准确性，应对它们频繁地进行检查控制。对类物资的预测应比其他类别的物资的预测更为仔细精心。

B 类物资可以适当控制，并可适度地减少 B 类库存。C 类物资可以放宽控制，增加订货量，以加大两次订货间的时间间隔，减少订货次数。

在控制方式的选择方面，A 类物资适宜采用连续检查控制方式，C 类物资较多地应用周期检查控制方式。

需要注意的是，因为 ABC 分类管理法主要是以库存资金数量为基础进行分类的，没有反映库存品种对利润的贡献、供货的紧迫性等方面的指标。在某些情况下，C 类库存造成的缺货也可能是十分致命的。因此在应用 ABC 分类管理法时应给予充分注意。

案例分析 7-4

雅戈尔的移动仓库

20 世纪末，雅戈尔总裁李如成访问了美国最大的服装销售企业 JC Penney，该企业只有四个仓储地，通过电脑网络的监控调拨，真正实现了无仓库管理。看到这里，李如成仿佛找到了雅戈尔的希望，因为雅戈尔每年积压的产品使得企业损失在亿元以上，如何将损失减少到最小一直是李如成苦恼的问题。

“市场经济必然导致库存，因为你不知道市场到底需要多少。你不知道你周围的竞争对手到底生产多少”。雅戈尔从与供应链相关的环节入手，重新梳理了企业的销售、财务、供应、储运、生产厂商、分公司、专卖店等环节，力图构造一个以市场为中心的订货、生产模式。显然这样一瓶“新酒”用过去的老酒杯已经装不下了。

从根本上解决库存问题，需要的是经营模式上的彻底转变。雅戈尔要做的是将传统的以生产为中心，转向以销售为中心。学习 DELL 的直销模式，学习德国服装业的同行：他们将 2/3 的库存转移到高速公路的运输线上。

“过程才是形成自己核心竞争力的关键”。雅戈尔在信息化进程中，有一块做得最好，那就是雅戈尔的量身定制，在营业厅把顾客身体尺寸数据通过网络传输到生产地，生产地根据这些数据资料马上就可以加工。

现在，雅戈尔在宁波总部办公室里的电脑上，就能清楚跟踪每一件衬衫、西服的生产销售情况，也可以清楚地看到每家卖场的具体销售情况，配送部门则可以根据电脑的监控来控制发货。

资料来源：http：//wenku. baidu. com/link？url = qWpv0NYghmn3ci1Gq_ c6MrS28gCeIQp TIEecim0xrrjO33MhIyiqHHsMdsGJlNzOmtllUidavOWSws1qQu5oghRiuOs68qLoEqnj048i_ Tm.

7.3　现场物料管理

物料管理的概念最早起源于第二次世界大战时的飞机制造业，围绕生产制造，协调不同供应商之间的协作，控制物料流动的效率。作为生产物流的重要组成部分，物料管理涉及采购、库存控制、生产计划、仓储管理等诸多内容。随着精益生产模式的出现，生产物料管理开始受到汽车等制造行业的普遍关注，不少企业尝试借助更先进、高效的物流设备、信息系统等手段，提高物料管理水平。特别是在当前全球实体经济受到金融危机强烈冲击的情况下，物料管理对于制造业降低成本、提高生产效率，具有值得探寻的深刻价值。

7.3.1　企业内部的生产物流通常存在的问题

生产物流是指生产过程中，原材料、在制品、半成品、产成品等在企业内部的实体流动。在生产过程中，生产所用原材料、燃料、外购件投入生产后，经过下料、发料、运送到各个加工点或储存点，以在制品的形态，从一个生产工位流向另一个生产工位，按照规定的工艺过程进行加工、储存，借助一定的方法，在工位内、工位间流转，一直到成品，始终体现物料实物形态的流转过程，这样就构成了企业内部生产物流活动的全过程。

现阶段，企业内部的生产物流通常存在以下问题：企业无法对客户的需求和订单交期做出快速反应；物料的基础包装没有得到改善，经常需要倒换包装，现场管理混乱；物料库存管理不善，生产要料计划性差，导致需要的料找不到，到处又是积压的料，经常发生紧急要料；供应商管理不善，采购提前期长；物料处理与信息系统的互动性、结合性较差；车间在制品存量居高不下；退料、返修品、断点物料很难管理；设备和人员负荷不均；部门协作差，尤其是在多地点生产和经营或者零部件数量庞大时，部门间信息传递速度太慢，经常失真。不同的生产过程形成了不同的生产物流系统。要建立合理、高效的生产物流系统，企业需要综合考虑生产工艺、生产类型、生产规模以及专业化与协作水平等因素。

7.3.2　生产物流系统中的物料管理模式

在生产物流中，物料会随着时间进程不断改变自己的实物形态和工位，不是处于加工、装配状态，就是处于储存、搬运和等待状态。就管理的方式而言，不同模式的生产物流系统下的物料管理的方式也有所不同。

1. TOC 的物流管理模式

用 TOC（Theory Of Constraint，即约束理论）分析生产计划与控制的方法，简称 TOC 系统。运用 TOC 系统主要包括以下步骤：识别企业真正的“瓶颈”所在，是控制物流的关键；基于“瓶颈”，建立主生产计划；设置“缓冲器”并进行监控，以防止随机波动，使瓶颈资源不至于出现等待任务的情况；对生产物流进行平衡，使得进入非瓶颈资源的物料应被瓶颈资源的产出率所控制。对非瓶颈资源安排作业计划，要使之与瓶颈资源上的工序同步。

在该模式下，必须按照瓶颈工序的物流量来控制瓶颈工序前道工序的物料投放量，以保持在均衡的物料流动条件下进行生产。

2. JIT“拉动式”物流管理模式

在 JIT（Just in Time，准时制）“拉动式”物流管理模式下，物料管理是从最终产品装配出发，由下游工序反向来拉动上游的生产和运输。每个车间和工序都是“顾客”，按当时的需要提出需求指令，前序车间和工序成为“供应商”，按“顾客”的需求指令进行生产和供应，没有需求就不能进行作业。通过需求的信息流逆向拉动物流。

“拉动式”物流系统的最大特点是市场供需关系的工序化。它以外部市场独立需求为原点，拉动相关物料需求的生产和供应。生产系统中的上下游、前后工序之间形成供应商—顾客关系，下游和后工序“顾客”需要什么，上游和前工序“供应商”就“准时”提供什么，物流过程精益化。该系统适用于重复性生产，更适合生产过程中低级需求的控制和计划。

3. ERP 物流管理模式

根据 ERP 系统的运作原理，由一个计划控制中心按 ERP 通过 BOM 计算物料需求计划。然后在物料需求计划的基础上，根据供应商采购原则以及各种物料生产阶段对应的提前期，确定原材料、零部件和产品的供应计划（包括运输计划），向相关车间或工序以及供应商发出生产和订货计划（看板）指令。其特点是：源头是生产计划；基础数据来源于准确的 BOM 以及采购供应计划；计划信息流同时指导并推动实物流的流转。按计划安排进行生产，把加工、外购的零部件送到后续车间和后工序，并将实际完成情况反馈到计划部门。

这是一种以计划性为主的“推进式”物流管理方式，但是由于各类因素的干扰，外部需求经常波动，内部运行也时常有异常发生，各类提前期的预测也不尽准确，造成“计划变化滞后”的情况，导致各车间、工序之间的物料数量和品种都难以衔接，交货难以如期实现。为了解决这些矛盾，通常采用快速调整计划、设置安全库存、紧急送料等措施。

实际上，在生产物流中，企业必须结合自己产品和生产的特性，选择合适的管理方式。另外有些企业也常常综合以上几种形式的优缺点，采取混合策略，如 ERP 与 JIT 相结合的管理方式。

7.3.3　生产物料管理中的关键技术

1. 包装单元化和标准化

包装的单元化和标准化是企业物流的基础工作，对零部件的保护、后续的物流规划以及物流量的测定起到关键的作用。采用合理的单元化器具，能够减少无效劳动（如倒装，在加工过程中不落地），提高劳动效率，简化现场管理，减少安全隐患。

包装单元化、标准化的规划理念主要从宏观和微观两个层面上把握。从宏观上讲，要从供应链的角度设定所有物料的尺寸链。从托盘到周转箱、专用料架都要与这个尺寸链相配合。从微观上讲，要符合包装设计的基本要求，如兼顾保护零部件和节省空间的原则，选择合适的外包装材料、内部分隔材料等。同时，包装单元的装载数量要固定，以便于现场管理，简化现场人员的统计工作量。某些工厂对于包装和线旁工位器具的管理要求较高，这样就需要将包装物也纳入工艺日常管理中。如对于包装物的清理、清洗（清除油污、标签等）、修理、存放等。

2. 现代物料搬运设备与技术

搬运系统，即搬运技术和装备的选择。它在一定程度上决定着生产物流系统的布局和运行方式。生产物流中重要的问题就是选择合适的搬运设备。这些设备应能适应被搬运物料的性质、重量、形状、尺寸及物流量。既要使设备的固定投资少，又要达到设定的搬运需求。常见的搬运设备有：叉车、堆高机、自动堆垛机、自动导引小车（AGV）、自动化输送分拣系统（包括悬挂链、输送机、分拣机）、搬运与码垛机器人、上下料机器人等。常见的搬运技术包括：物料识别技术，如射频标志技术、条形码技术等；物流自动化技术，如自动引导小车技术、搬运机器人技术等；自动控制技术，如集散控制系统，集中控制系统，现场总线技术，以太控制网络，人机交互技术等；物流集成化技术，将信息化、机械化、自动化和智能化融于一体。

3. 系统化布局

目前，物流系统布局的主要内容包括：企业内部车间部门的位置以及车间内部工序的布置，车间内成品区、半成品区、辅料区以及其他相关辅助设施的位置分配等。

合理的布置可以使物料或者是成品的搬运量最小。因为车间内的物流量是根据产品的工艺路线所决定的，各车间的位置、车间内部工序的位置以及相关辅助生产的位置确定以后，物料流动的路线基本上已经确定了。换句话说，物料是服从工艺的。

4. 生产物流信息化

信息管理是现代生产物流管理的核心和基础。生产物流过程实际上是物料流动加信息流动的过程。无论是物料管理、状态监控还是作业管理，都离不开物流信息。物流信息系统在生产物流中的功能主要是对物流信息进行搜集、传递、储存、加工和维护，具有预测、控制和辅助决策等功能。随着信息技术的不断进步，RFID 技术，基于平台、数据挖掘与智能化的技术等也开始被应用于物流信息系统中。

5. 总装物料的配送技术

配送计划一般针对流水装配线的生产形式。在现有对总装物料配送的研究当中，以有效控制配送中发生的运输成本和运输时间（不断线）为内容的物料配送问题成为研究的核心和目标。

物料配送计划是在满足工位需求的条件下，为各工位配送合理的物料数量，派遣最少的车辆，并为配送车辆指定运输时间和运输费用最省的路线。因此，如何应用现代数学方法及计算机技术快速求解优化调度方案是重要的技术课题。它可以很好地实现保证物料供应、降低配送成本、提高配送效率的要求。

知识链接7-4

生产现场物料管理规定范本

为规范生产现场物料管理，创造安全良好的工作环境，特制定本规定。

(1) 目的。提供与生产现场相关的所有物料的摆放、标志的细节管理。

(2) 范围。使用与产品顺利生产所涉及的所有物料、物资。

(3) 职责。对生产现场的物料管理进行监督。实现对生产现场产品所需的物料进行摆放、标志及安全使用。

(4) 规定内容：①原料物资生产现场领用物料后，进入生产现场必须分类并摆放整齐，统一放置于固定区域，有保管人进行保管。②生产现场设备按照总体规划放置于有利于提高工作效率的地方。专人负责设备的使用、保养。若长期搁置不用，一个月检查一次设备运转情况。③工具。生产工具发放到个人，统一放置在物料盒内，工具盒放置在工作台上。测试用的工具，如万用表、内阻仪、电子负载、充电器等要放置在测试架或工作台面上。工具本身要带有标志，写明工具名称、保管人等。卫生工具统一放置于指定区域。保持卫生工具清洁度，避免异味。④标志。生产现场进行区域划分，各区域用明显的标志线区分。生产现场内所有半成品、成品、维修品、废品等要存放在指定的区域，各种状态要标志清楚，严禁产品混放、器具混用。生产现场内闲置物品，如空物料盒，统一存放于固定区域，整齐划一，并在明显位置注明存放物品名称，标志清楚。⑤危险品。生产用的酒精、洗板水等危险物品放置在远离工作区域的地方，要有醒目的“易燃易爆危险品”标志，使用危险品时要远离电源、火源，使用完毕及时放回专门区域。严禁将危险品私自带出生产现场。电器开关要有专人负责。若发现生产现场线路有问题，立即通知工程部人员进行检查、维修以及确保生产现场用电安全。⑥物料领用、使用及借用。生产领用物料要在《生产现场物料发放记录表》登记清楚物料的名称、规格、型号数量、用途等，注明日期、领用人。生产物料领用物料未用完的（除报废），近期不再生产此种型号电池时，要将余料经确认退给生产现场物料员或仓库。生产现场仪器、工具、设备外借时要在《仪器、工具、设备借用登记表》记录，归还时要确认完好程度。⑦防火。生产现场内配备的消防器材，要保证每个员工清楚知道存放位置及如何使用。消防器材要妥善保管，使之处在良好状态，每半年请工程部保养检修一次，若失效应及时更换。生产现场员工严禁带火入内，注意安全用电。

知识掌握

□ 阅读理解

（1）库存在生产过程中起着怎样的作用？

（2）企业是否可以完全消灭库存？简要论述你对“库存是万恶之源”这一说法的看法。

（3）企业采购业务流程是怎样的？

（4）企业仓库物料管理的要求有哪些？

（5）定量控制法和定期控制法有何不同？

□判断题

（1）只有制造企业存在库存，服务业没有库存。(　　)

（2）企业物料供应计划，是以实物量为计算单位的实物量计划。(　　)

（3）在供应链管理条件下，采购活动以订单驱动进行，制造订单的需求是在用户需求订单的驱动下产生的。(　　)

（4）MRP 系统的输入主要有以下三项：主生产计划、物料清单和库存记录。(　　)

（5）传统的采购管理只注重采购行为本身，不注重在与供应商的谈判中取得价格上的优势。(　　)

□选择题

（1）库存的作用有(　　)。

A. 防止供应中断、交货误期　　B. 批量采购分摊订货费用

C. 防止生产中断　　D. 提高顾客服务水平

（2）过量的库存也会给企业带来很多不利的影响，主要有(　　)。

A. 库存会占用相当的流动资金、场地　　B. 保管成本增加

C. 库存会掩盖企业生产经营中存在的问题　　D. 库存总成本会增加

（3）MRP 系统的输出包括(　　)。

A. 零部件投入出产计划　　B. 库存状态记录

C. 原材料需求计划　　D. 工艺装备机器设备需求计划

（4）MRPⅡ中制造资源包括(　　)。

A. 企业的物料　　B. 企业的人员

C. 企业的资金　　D. 生产的设备

（5）MRPⅡ的实施条件有（　　）。

A. 客观需要　　B. 组成以企业主管领导为首的决策机构

C. 完整和准确的数据　　D. 提高职工队伍素质

知识应用

□ 技能题

（1）通过建立物资采购小组，模拟采购一批物品的业务流程，并写出实训记录。

（2）参观一家企业的生产现场，测算出生产线上各类物料的总量及资金占用量，寻找减少物料占用的各种途径。

（3）某企业年需要物资量为14400件，该物资的单价为0.40元，存储费率为15%，每次的订货成本为20元，一年工作52周，订货提前期为一周。试求：

①经济订货批量是多少？

②一年应该订几次货？

③全年的库存总成本是多少？

④订货点的库存储备量为多少？

实训目的：掌握库存控制基本模型的应用。

实训要求：根据本章模型，会求出物资经济订货批量、订货次数、订货点等参数。

□案例分析

某烟草公司的生产物流系统

随着流通环节的增加和流程的繁杂，烟叶的“综合碎耗”和生产成本随之增加。因而，公司在生产物流系统设计中研究了各项装卸搬运作业的必要性，千方百计地取消合并装卸搬运环节和次数。要实现生产物流作业的集中和集散分工。集中作业才能使生产作业量达到一定的水平，为保证实行机械化、自动化作业，公司在安排存储保管物流系统的卸载点和装载点时就要尽量集中；在货场内部，同一等级、产地的烟叶应尽可能集中在同一区域进行物流作业，如建立专业货区、专业卸载平台等。进行托架单元化组合，充分利用机械进行物流作业。公司在实施物流系统作业过程中要充分利用和发挥机械作业，如叉车、平板货车等，增大操作单位，提高作业效率和生产物流“活性”，实现物流作业标准化。合理分解装卸搬运程序，改进装卸搬运各项作业，提高装卸搬运效率，力争在最短时间内完成烟叶加工的所有工艺流程。提高生产物流的快速反应能力。公司通过烟叶数据库的建设，促进网络信息的发展，将物流的各个环节连成一个整体，按照统一的生产计划准时地实现烟叶物资的流动。

通过物流体系管理的建立，公司逐渐加强了现场管理，减少简化生产工艺流程的方法，从而达到降低综合损耗的目的。一是公司完成了“加湿降尘”和“加湿降碎”系统的技术改造，完善了加湿系统上的皮带加湿改造，改进和调整初烟解包投料方法，充分利用新建成使用的加湿系统，做到计划投料，加湿保湿。二是改进了烟叶的传统堆码方法，改变了过去初烟解包码板后再进挑选容易形成二次三次造碎的方法，采用整包保湿，在挑选工序完成烟叶解包的方式，有效地减少了解包挑选工序的烟叶损耗。三是对挑选生产的主要物流载体如烟笼、托盘等进行技术改造。公司在烟笼原结构基础上加装“斜三角支撑”，堆码高度由原来的三层增加到四层，实现了挑选生产系统和存储保管系统烟叶物流的“托架一体化运输”，有效地降低烟叶生产的“综合碎耗”和生产成本投入。

生产物流是公司烟叶产品成本的一个关键点。通过对生产物流系统的建设和管理，强化了生产现场管理，整合了公司的现场管理系统，降低了烟叶的综合损耗，为降低企业的生产成本奠定了坚实的基础。完成了挑选设备的各项技改及技术创新项目，实现了挑选设备良好的“人机配合”。这项管理不但增加了输送皮带的表面湿润度和车间内的环境湿度，降低了室内空气中的扬尘，使烟叶在解包挑选分级过程中的水分保持在16%~18%，不易破碎，缓解了打叶车间“回潮”工序的压力，大大降低了烟叶的综合损耗，而且极大地改善了职工的工作环境，促进了现场管理水平的提高。通过实施物流管理系统，活化了各生产物流子系统及其相互间的作业关系。从根本上，简化了生产作业流程，实现了标准化物流模式，有效地降低了烟叶的综合碎耗和生产成本。2003 烤季与 2002 烤季相比，“综合碎烟损耗”从2122442 千克（2122.4 吨）降至1113061 千克（1113 吨），比上一年减少 1009.4 吨，下降幅度为47.55%，按每担400 元计算，共产生效益874.7 万元。2004 年烤季与2003 年烤季相比，“综合碎烟损耗”从1113061 千克（1113 吨）降至489308 千克（489.3 吨），比2003 年减少 623.7 吨，下降幅度为56%，按每担400 元计算，共产生效益498.96 万元。

对挑选生产的主要物流载体（如烟笼、托盘等）进行了大规模的技改维修，实现了初烤烟的“一体化投料”模式。既提高了成品库房容积率（使成品仓库库容增加近1/3）和叉车的有效作业率，降低了烟叶综合碎耗，节约了人工、辅料及库房的投资，又提高了烟叶堆码稳定性和安全性，杜绝了歪斜倒塌现象，促进了生产现场管理水平的提高。

根据公司精细化管理的要求，为进一步加强各部门之间的沟通与协调，制定了《公司生产业务管理规定》，拟订了公司生产流程图。在复烤加工过程中，严格按照生产计划和客户的要求合理组织生产，并充分考虑客户及其相关的工艺要求，努力使生产工艺与国际标准接轨，兼顾公司、客户、生产部门利益，合理协调，妥善安排，搞好服务，对于保证和稳定产品质量，进一步调动和提高生产部门积极性起到了重要的作用。

问题：该公司的生产物流是如何进行的？取得了哪些成果？

□综合实训

实训目的及要求：

（1）提高学生学习兴趣。

（2）掌握多门相关学科知识的综合应用。

（3）掌握针对问题应用所学生产物流管理以及相关管理学科理论与方法进行分析，提出解决方案的能力。提高学生解决实际问题的能力。

实训内容：

（1）公司背景。

某工厂生产200 多种不同塑纲机械的固定部件。每种机型都需要不同的部件，而每个部件又需要不同的原材料，所以现在出现了严重的库存问题。在厂房里有各种原材料——从铆钉到钢板，现在对原材料库存的管理出了问题。某些固定部件订购了足够生产一年的原材料，但其他部件却只订购了保证生产一周的原材料。在存储没用的原材料上浪费了大量的钱，却因为处理到货迟了的订单而损失了大量的钱。现在需要解决的问题是：应当如何控制库存——对每一种部件应储备多少原材料，应该多长时间订购一次原材料，以及应该订购多少。每当公司客户的销售部接到某种塑纲机械的订单时，订单就传到他们当地的装配厂。接着装配厂就向该公司发一份订单，订购装配这种机械所需的固定部件。不幸的是，由于公司这里经常发生原材料短缺，从公司收到订单到完成订单并发货到装配厂要一个月的时间。

（2）收集订单的详细资料来解决库存问题。

该公司三年前建立了数据库，这个库存系统非常复杂。将复杂的系统分解成简单的组成部分，对每一种固定部件独立地分析其库存控制。但是200多种部件，从何处开始呢？该公司是装配公司，当收到某种机械的订单时，它就会向工厂订购装配这种机械所需的固定部件。工厂也是在订单中的所有部件都完成后才向装配厂发货。一份订单的交货时间是由给定订单中完成所需时间最长的部件来决定的。从装配最常用的机械所需的生产时间最长的固定部件开始入手分析。

（3）通过数据分析找出问题。

寻找所需部件中生产时间最长的部件。进一步调查发现，在过去一年中，完成该部件从下订单算起平均需要一个月的时间。找出这家工厂物料管理一团糟的原因及解决方法。

第八章 现场管理

学习目标

◎了解生产现场管理的概念、任务和方法；
◎理解定置管理的原理与方法；
◎熟悉目视管理的主要内容；
◎了解5S活动的内容及推行程序；
◎掌握简单的作业排序方法。

技能目标

◎把现场管理的方法应用于实践；
◎学会对一具体作业进行排序。

引例

混乱的现场导致客户流失

有一家日本汽车制造企业准备在某地投资建厂。在装配生产之前，他们派出由采购经理及相关人员组成的采购团，去拜访周边的零配件制造商，这些零配件制造商将来可能成为他们的供应商。这是一个巨大的商机，当地的供应商自然不会放过。有一家供应商准备了一份详细的行程计划，来接待这家可能给他们带来订单的日本公司。

首先是一个长达1小时的附图简报，报告他们在产品开发、售后服务、改进质量方面所做的努力。可是，日资公司的采购经理好像对这些不感兴趣，提议到生产现场参观。到达后，采购经理等人员被带到会议室里。然而，他们坚持跳过在会议室的议程，要求马上到现场去。一到现场，停留了仅仅几分钟，他们便决定离去。很明显，获得订单的希望变得非常渺茫，在送走采购团之前，工厂的负责人恳求道："请告诉我们问题究竟出在哪里?"

这个采购团回答："我们看到了一个低水准的厂房环境，而且杂乱无章。更糟的是，我们看到有些工人在流水线上工作时抽烟。假如管理部门容许这种事在现场发生，便是在处理汽车安全零件上不够慎重，我们不愿跟不够慎重的管理阶层交易。"

这个案例表明：生产企业的管理者通常对产品开发、市场营销以及售后服务等方面给予了足够的重视，却忽略了产品的生产环节，认为只要能够按时按质生产出产品即可，而不在乎产品是在什么样的状况下生产出来的，他们认为整洁、清爽是卫生问题，与生产是两回事，既然是两回事，工作忙时自然就会放在一边，或者当有上级领导检查时临时来一次全面的大扫除。反观世界优秀的企业却不这么认为。他们认为只有建立在良好的生产现场管理基础之上，才有可能提供品质得到保证的产品。如何完善生产现场管理，是每一位生产企业管理者所必须考虑的问题。

8.1　生产现场管理概述

8.1.1　生产现场管理的概念与基本内容

生产现场就是从事产品生产、制造或提供生产服务的场所。

现场管理，就是运用科学的管理制度、标准、方法和手段，对现场的各种生产要素进行计划、组织、指挥、协调、控制等一系列活动，以达到优质、高效、低耗、均衡、安全、文明生产的目的。

现场管理可分为广义现场管理和狭义现场管理。广义现场管理是指企业所有现场作业活动的管理，包括生产现场管理、经营现场管理、办公现场管理、生活现场管理等。狭义现场管理是指企业生产现场管理。我们研究的主要对象是狭义的现场管理，即生产现场管理，它包含以下几层意思。

现场管理是运用管理制度、标准、方法和手段来管理。管理制度是指现场的设备、工具、在制品、产成品等的管理制度、交接班制度、设备维修制度、现场质量事故的处理制度等。管理标准是指现场岗位管理标准、设备管理标准、操作管理标准、工艺管理标准等。管理方法包括现场的定置管理、5S 活动、规范化管理等。管理手段是指管理者采用计算机信息管理系统、文件图纸、信息流传递等手段，提高现场管理效能。

现场管理的对象是各种生产要素，包括现场的人员、机器设备、工具、原材料、在制品、燃料动力、场地环境、信息等。

现场管理的职能是计划、组织、协调、控制。这与企业管理的职能是一致的。但是，这里的计划主要是现场生产作业计划；组织主要是现场合理组织作业班组等；协调主要是班组之间、操作者之间生产进度的相互协调；控制主要通过信息流反馈对生产过程的控制。

8.1.2 生产现场管理的任务

现场管理的任务，由它在整个企业管理中的地位和目标决定。现场管理是整个企业管理的重要组成部分，属于最基础性的管理。现场管理的目标是实现现场活动的科学化、标准化、系统化和高效化，以达到优质、高效、文明、安全的目的。

要实现这一目标，需完成如下现场管理任务。

（1）制定切实可行的现场管理标准、指标体系、评估内容和考核办法，提高现场管理水平。

（2）推行一些行之有效的国内外现场管理方法和手段，为提高产品质量和增加经济效益服务。

（3）研究和探索现场管理的科学化、标准化、系统化和高效化的内容，创建新的有效管理方法。

8.1.3 生产现场管理的要求

现场管理的要求是：环境整洁、设备完好、物流有序、爱岗敬业、文明生产、产品优质。

环境整洁：现场通道畅通，场地整齐、清洁，物料分类清楚，有醒目标志，文具箱色彩统一、摆放有序。

设备完好：各种设备标志醒目，完好率符合规定指标，设备达到清洁、整齐、润滑、安全。

物流有序：对物流进行控制，在制品的流动状态严格按照投入产出要求进行，减少或避免不必要的停顿和等待时间，提高作业面积利用率。要克服在制品传递过程中的磕碰划伤及丢失，用必要的工位器具存放、传递。在现场存放的产品、物料按定置管理的办法整齐码放，便于使用。

爱岗敬业：人是生产力要素中最活跃的因素，充分发挥员工的能动作用，这是现场管理的中心环节。爱岗敬业一是反映员工以主人翁的姿态立足本职岗位积极参与单位的各项管理，充分发挥聪明才智，二是反映技术业务素质不断提高。

文明生产：建立、健全规章制度，严格执行规章制度，这是实现文明工作的前提。工作现场的规章制度有出勤制度、病事假管理、使用文明用语、礼貌待人等，也有岗位责任、工作标准、工艺纪律、安全等。

产品优质：这是现场管理的最终目的。可以用产品质量等级品率、质量损失率、零件关键项次合格率和商品返修率等来衡量。

8.2 定置管理

8.2.1 定置管理的基本原理

1. 定置管理概述

定置管理起源于日本，由日本青木能率（工业工程）研究所的艾明生产创导者青木龟男先生始创。他从20世纪50年代开始，根据日本企业生产现场管理实践，经过潜心钻研，提出了定置管理这一新的概念。1982年，日本企业管理专家清水千里先生出版了《定置管理入门》一书，把定置管理总结和提炼成为一种科学的管理方法。以后，这一科学方法在日本许多公司得到推广应用，都取得了明显的效果。

定置管理是对生产现场中的人、物、场所三者之间的关系进行科学的分析研究，使之达到最佳结合状态的一门科学管理方法。它以物在场所的科学定置为前提，以完整的信息系统为媒介，以实现人和物的有效结合为目的，通过对生产现场的整理、整顿，把生产中不需要的物品清除掉，把需要的物品放在规定位置上，使其随手可得，促进生产现场管理文明化、科学化，达到高效生产、优质生产、安全生产。

物品的定置与一般的"放置"不同，一般的放置有很大的随意性，而定置则具有很强的目的性，两者比较如图8-1所示。

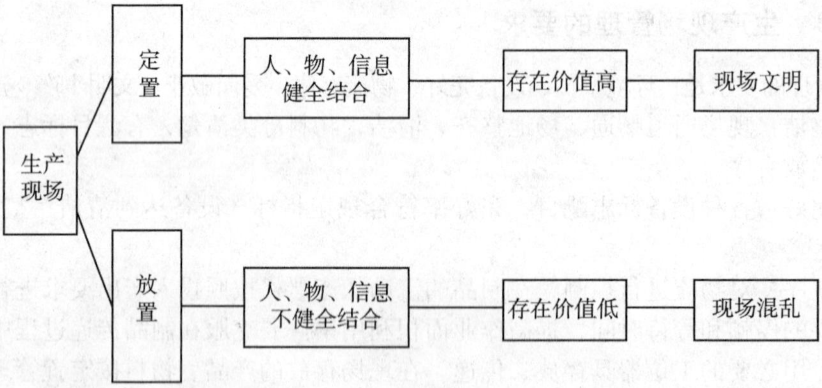

图8-1 定置与放置的区别

2. 定置管理的理论依据

（1）环境对人具有约束力。人可以改变环境，环境也可以改变人。一个整洁、明快、舒适的生产现场会约束每个操作者，增强责任感，自觉维护大家辛勤劳动创造的良好环境。

（2）满足人们生理和心理需求。现场定置管理扎实深入地开展，舒适的环境可以满足人们一定的生理和心理需求，人们就能愉快地从事生产活动，从而有利于优质、高效、安全地完成各项任务。

（3）系统工程。定置管理是将生产现场作为一个系统来处理的，它是一项群众性、长期性、综合性的基础管理工作，其目的在于谋求现场系统功能的不断改善和提高。

8.2.2 定置管理的程序

定置是对物品进行有目的、有计划的科学放置，开展定置管理应按照以下六个步骤进行：

1. 进行工艺研究

工艺研究是定置管理开展程序的起点，它是对生产现场现有的加工方法、机器设备、工艺流程进行详细研究，确定工艺在技术水平上的先进性和经济上的合理性，分析是否需要和可能用更先进的工艺手段及加工方法，从而确定生产现场产品制造的工艺路线和搬运路线。工艺研究是一个提出问题、分析问题和解决问题的过程，包括以下三个步骤：

（1）对现场进行调查，详细记录现行方法。通过查阅资料、现场观察，对现行方法进行详细记录，要求记录详尽准确，以便为工艺研究提供基础资料。由于现代工业生产工序繁多，操作复杂，如用文字记录现行方法和工艺流程，势必显得冗长繁琐。在调查过程中可运用工业工程中的一些标准符号和图表来记录，则可一目了然。

（2）对记录进行分析，并寻找存在的问题。对所调查记录的现有工艺流程及搬运路线等进行分析，找出存在的问题及其影响因素，提出改进方向。

（3）拟定改进方案。提出改进方向后，定置管理人员要对新的改进方案作具体的技术经济分析，并和旧的工作方法、工艺流程和搬运线路作对比。将较理想的方案作为标准化的方法实施。

2. 对人、物结合的状态分析

人、物结合状态分析，是开展定置管理中最关键的一个环节。在生产过程中必不可少的是人与物，只有人与物的结合才能进行工作。而工作效果如何，则需要根据人与物的结合状态来定。定置管理要在生产现场实现人、物、场所三者最佳结合，首先应解决人与物的有效结合问题，这就必须对人、物结合状态进行分析。

在生产现场，人与物的结合有两种形式，即直接结合和间接结合。直接结合是指需要的东西能立即拿到手，不存在由于寻找物品而发生时间的耗费。如加工的原材料、半成品就在自己岗位周围，工具、贮存容器就在自己的工作台上或工作地周围，随手即得。间接结合是指人与物呈分离状态，为使其结合则需要信息媒介的指引。信息媒介的准确可靠程度影响着人和物结合的效果。

按照人与物有效结合的程度，可将人与物的结合归纳为 ABC 三种基本状态（见表 8-1）：

A 状态，表现为人与物处于能够立即结合并发挥效能的状态。例如，操作者使用的各种工具，由于摆放地点合理而且固定，当操作者需要时能立即拿到或做到得心应手。

B 状态，表现为人与物处于寻找状态或尚不能很好发挥效能的状态。例如，一个操作者加工一个零件，需要使用某种工具，但由于现场杂乱或忘记了这一工具放在何处，结果因寻找而浪费了时间；又如，由于半成品堆放不合理，散放在地上，加工时每次都需弯腰，一个个地捡起来，既影响了工时，又增加了劳动强度。

C 状态，是指人与物没有联系的状态。这种物品与生产无关，不需要人去同该物结合。例如，生产现场中存在的已报废的设备、工具、模具，生产中产生的垃圾、废品、切屑等。这些物品放在现场，必将占用作业面积，而且影响操作者的工作效率和安全。

因此，定置管理就是要通过相应的设计、改进和控制，消除 C 状态，改进 B 状态，使之都成为A状态，并长期保持下去。

表8-1 人与物的结合状态表

要素	A状态	B状态	C状态
场所	指良好的作业环境。如场所中工作面积、通道、加工方法、通风设施、安全设施、环境保护（包括温度、光照、噪声、粉尘、人的密度等）都应符合规定	指需不断改进的作业环境。如场所环境只能满足生产需要而不能满足人的生理需要，或相反。故应改进，以既满足生产需要，又满足人的生理需要	指应消除或彻底改进的环境。如场所环境既不能满足生产需要，又不能满足人的生理需要
人	指劳动者本身的生理、心理均处在高昂、充沛、旺盛的状态；技术水平熟练，能高质量地连续作业	指需要改进的状态。人的生理、心理、技术水平，出现了波动和低潮状态	指不允许出现的状态。人的某些要素如生理、技术水平居于极低潮等
物	指正在被使用的状态。如正在使用的设备、工具、加工工件，以及妥善、规范放置，处于随时和随手可取、可用的状态	指寻找状态。如现场混乱，库房不整，需用的东西要浪费时间逐一去找的状态	指与生产和工作无关，但处于生产现场的物品状态。需要清理，即应放弃的状态
人、物、场所的结合	三要素均处于和谐的、紧密结合的、有利于连续作业的状态，即良好状态	三要素在配置上、结合程度上还有待进一步改进，还未能充分发挥各要素的潜力	指要取消或彻底改造的状态。如严重影响作业，妨碍作业，不利于现场生产与管理的状态

3. 开展对信息流的分析

信息媒介就是人与物、物与场所合理结合过程中起指导、控制和确认等作用的信息载体。由于生产中使用的物品品种多、规格杂，它们不可能都放置在操作者的手边，如何找到各种物品，需要有一定的信息来指引；许多物品在流动中是单向的，它们的流向和数量也要有信息来指导和控制；为了便于寻找和避免混放物品，也需要有信息来确认。因此，在定置管理中，完善而准确的信息媒介是很重要的，它影响到人、物、场所的有效结合程度。

人与物的结合，通常需要有四个信息媒介物：

第一个信息媒介物是位置台账，它表明“该物在何处”，通过查看位置台账，可以了解所需物品的存放场所。

第二个信息媒介物是平面布置图，它表明“该处在哪里”。在平面布置图上可以看到物品存放场所的具体位置。

第三个信息媒介物是场所标志，它表明“这儿就是该处”。它是指物品存放场所的标志，通常用名称、图示、编号等表示。

第四个信息媒介物是现货标示，它表明“此物即该物”。它是物品的自我标示，一般用各种标牌表示，标牌上有货物本身的名称及有关事项。

在寻找物品的过程中，人们通过第一个、第二个媒介物，被引导到目的场所。因此，称第一个、第二个媒介物为引导媒介物。再通过第三个、第四个媒介物来确认需要结合的物品。因此，称第三个、第四个媒介物为确认媒介物。人与物结合的这四个信息媒介物缺一不可。是否能按照定置管理的要求，认真地建立、健全连接信息系统，并形成通畅的信息流，有效地引导和控制物流，是推行定置管理成败的关键。

4. 定置管理设计

定置管理设计，就是对各种场地（厂区、车间、仓库）及物品（机台、货架、箱柜、工位器具等）进行科学、合理定置的统筹安排。定置管理设计主要包括定置图设计和信息媒介物设计。

（1）定置图设计。定置图是对生产现场所在物进行定置，并通过调整物品来改善场所中人与物、人与场所、物与场所相互关系的综合反映图。其种类有室外区域定置图、车间定置图、各作业区定置图、仓库、资料室、工具室、计量室、办公室等定置图和特殊要求定置图（如工作台面、工具箱内，以及对安全、质量有特殊要求的物品定置图）。

绘制定置图的原则有：①现场中的所有物均应绘制在图上；②定置图绘制以简明、扼要、完整为原则，物品形状为大概轮廓、尺寸按比例，相对位置要准确，区域划分清晰鲜明；③生产现场暂时没有，但已定置并决定制作的物品，也应在图上表示出来，准备清理的无用之物不得在图上出现；④定置物可用标准信息符号或自定信息符号进行标注，并在图上加以说明；⑤定置图应按定置管理标准的要求绘制，但应随着定置关系的变化而进行修改。

（2）信息媒介物设计。信息媒介物设计，包括信息符号设计和示板图、标牌设计。在推行定置管理，进行工艺研究、各类物品停放布置、场所区域划分等都需要运用各种信息符号表示，以便人们形象地、直观地分析问题和实现目视管理，各个企业应根据实际情况设计和应用有关信息符号，并纳入定置管理标准。在信息符号设计时，如有国家规定的（如安全、环保、搬运、消防、交通等）应直接采用国家标准。其他符号，企业应根据行业特点、产品特点、生产特点进行设计。设计符号应简明、形象、美观。

定置示板图是现场定置情况的综合信息标志，它是定置图的艺术表现和反映。标牌是指示定置物所处状态、标志区域、指示定置类型的标志，包括建筑物标碑，货架、货柜标牌，原材料、在制品、成品标牌等。它们都是实现目视管理的手段。各生产现场、库房、办公室及其他场所都应悬挂示板图和标牌，示板图中的内容应与蓝图一致。示板图和标牌的底色宜选用淡色调，图面应清洁、醒目且不易脱落。各类定置物、区（点）应分类规定颜色标准。

5. 定置实施

定置实施是理论付诸实践的阶段，也是定置管理工作的重点。其包括以下三个步骤：

（1）清除与生产无关之物。生产现场中凡与生产无关的物品，都要清除干净。与生产无关的物品，能转变利用便转变利用，不能转变利用时，可以变卖，化为资金。

（2）按定置图实施定置。各车间、部门都应按照定置图的要求，将生产现场、器具等物品进行分类、搬、转、调整并予定位。定置的物要与图相符，位置要正确，摆放要整齐，贮存要有器具。可移动物，如推车、电动车等也要定置到适当位置。

（3）放置标准信息名牌。放置标准信息名牌要做到牌、物、图相符，设专人管理，不得随意挪动。

总之，定置实施必须做到：有图必有物，有物必有区，有区必挂牌，有牌必分类；按图定置，按类存放，账（图）物一致。

6. 定置检查与考核

定置的考核是定置管理的最后一个阶段。为了巩固已取得的成果，发现存在的问题，不断完善定置管理，必须坚持定期检查和考核工作。考核的基本指标就是定置率。它的计算公式是：

$$定置率=\frac{实际定置的物品数（种类）}{定置图规定的定置物品数（种类）}\times100\%$$

现举一例说明计算定置率。

图 8-2 中，A、B 定置区应中存放 6 箱 A、B 物品；C 定置区应放 4 箱 C 物品，但实际上 A 区旁边乱摆 B、C 各一箱；B 区内误摆 A 物品 1 箱；C 区内还少放了 1 箱 C 物品。则：

$$定置率=（1-3\div16）\times100\%=81.2\%$$

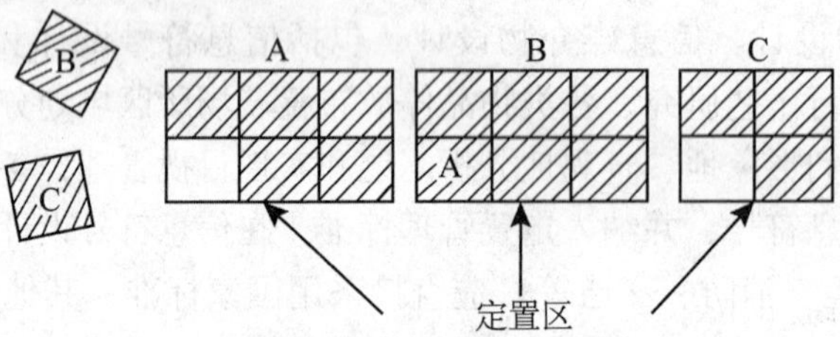

图 8-2 某场所的定置图

知识链接 8-1

某公司定置管理具体要求

以下是某公司的定置管理具体要求：

（1）人行通道宽不小于 1m；汽车及消防通道宽不小于 3.5m。安全通道要用黄色实线标出宽度，线宽为 100mm，随时保证畅通无阻。

(2) 易燃、易爆、有毒、有害物品及消防设施定置区，要明示“特殊定置”的标志，画定区域线。区域线用红色实线，线宽为60mm。

(3) 区域线的画定方法：按现场物品外轮廓画区域线，除工装架、材料架、机床附件架、工具箱、工作台可按四角画线方法外，其余一律用连续实线。线宽要求：可移动物品区域线用白色实线，线宽为60mm。其他区域线标志材料采用：彩色油漆。区域线线宽：60mm，宽度应尽量统一。

(4) 在制品摆放高度不允许超过摆放宽度的5倍。

(5) 生产现场流动物品必须固定在区域内；区域线用白色实线，线宽为60mm。

(6) 各类管路（道）涂色标准，如表8-2所示。

表8-2 各类管道涂色标准例表

管道内工作介质	涂色颜色	
	底色	色环
循环水和工业水	黑	无环
油管	浅黄	无环
氧气	蓝	无环
乙炔气	白	无环
电线管	深绿	无环
压缩空气	浅蓝	无环
氮气	黄	无环
煤气（高热值）	黄	无环

(7) 定置图绘制规范，如表8-3所示。

表8-3 定置图绘制规范例表

序号	内　容	图　例
1	房屋墙壁用粗实线绘制	
2	设备用虚线绘制	
3	定置物用实线绘制	
4	定置区用点画线绘制	
5	安全通道用虚线绘制，转弯处用同心圆弧连接	
6	单位分界线绘制	
7	图中要标明定置区内物品 A、B、C、D	

8.3 5S管理

8.3.1 5S活动的概念

5S起源于日本。1955年，当时日本只推行了2S，宣传口号为“安全始于整理整顿，终于整理整顿”，后因生产控制和品质控制的需要，而逐步提出后续3S，即“清扫、清洁、素养”。1986年，第一本关于5S的著作问世，对整个日本的现场管理模式起到了冲击作用，并由此掀起5S热潮。

在丰田公司倡导推行下，5S在塑造企业形象、降低成本，准时交货、安全生产、高度的标准化、创造良好的工作场所等现场改善方面的巨大作用，逐渐被各国管理界所认识。5S现已成为工厂管理的一股新潮流。

5S活动，是指对生产现场各生产要素所处状态，不断地进行整理、整顿、清扫、清洁，以达到提高素养的活动。由于这五个词在日语中罗马拼音的第一个字母都是“S”，所以把这一系列活动简称为5S活动。5S的含义如表8-4所示。

表8-4 **5S含义表**

中文	日文	英文	典型例子
整理	SEIRI	Organization	倒掉垃圾、长期不用的东西放仓库
整顿	SEITON	Neatness	30秒内就可找到要找的东西
清扫	SEISO	Cleaning	谁使用谁负责清洁（管理）
清洁	SEIKETSU	Standardization	管理的公开化、透明化
素养	SHITSUKE	Discipline and training	严守标准、团队精神

8.3.2 5S活动的目的与作用

1. 推行5S的目的

5S活动的目的，归根结底就是培养员工的积极性和主动性；创造人和设备皆宜的环境；培养团队及合作精神。

（1）促成效率的提高。形成良好的工作环境和工作气氛，物品摆放有序，不用寻找，员工得以集中精神工作，工作热情高，效率自然会提高。所以推动5S是促成效率提高的有效途径之一。

（2）改善零件在库周转率。整洁的工作环境，有效的保管和布局，彻底进行最低库存量管理，能够做到在必要时才取出有用的物品；工序间物流畅通，能够减少甚至消除寻找、滞留时间，改善零件在库周转率。

（3）缩短作业周期，确保按期完成各项任务。由于实施了“一目了然”的管理，使异常现象明显化，减少人员、设备、时间的浪费，生产顺畅，提高作业效率，缩短了作业周期，从而确保按期完成各项任务。

（4）减少直至消除故障，保障品质。优良的品质来自优良的工作环境，经常性地清扫、点检，不断净化工作环境，避免污物损坏机器，维持设备的高效率。

（5）保障企业安全生产。储存明确，物归原位，工作场所宽敞明亮，通道畅通，地上不会随意摆放不该放置的物品。如果工作场所有条不紊，意外的发生也会减少，当然安全也会有保障。

（6）降低生产成本。通过实施 5S，可以减少人员、设备、场所、时间等的浪费，从而降低生产成本。

（7）改善员工精神面貌。人人都变成有修养的员工，有尊严和成就感，对自己的工作尽心尽力，带动改善意识，增强组织的活力。

（8）改善和提升企业形象。整齐、清洁的工作环境，容易吸引顾客，增强顾客对公司的信心，形成好的口碑。

推行 5S 活动的目的，具体如图 8-3 所示。

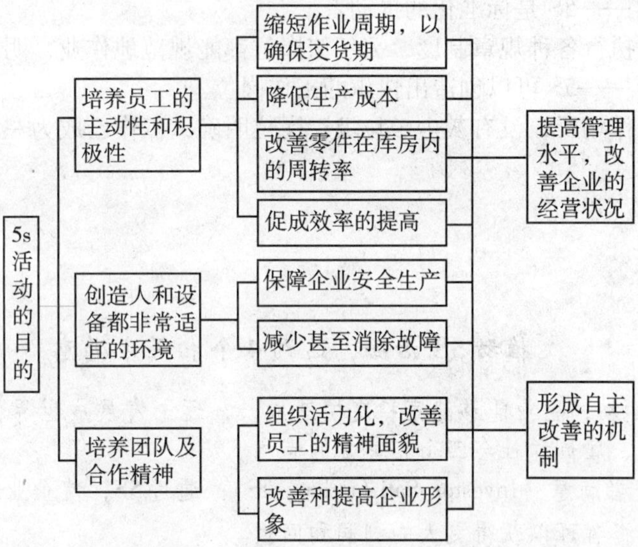

图 8-3 5S 活动目的示意图

2. 5S 的作用

5S 有八大作用，即亏损为零、不良为零、浪费为零、故障为零、产品切换时间为零、事故为零、投诉为零、缺勤为零。因此这样的工厂我们也称之为“八零工厂”。

（1）亏损为零——5S 是最佳的推销员。

没有缺陷，没有所谓的不良，良好声誉在客户之间相传，知名度得到提高，忠实的客户就会越来越多。

（2）不良为零——5S 是品质零缺陷的护航者。

产品严格地按标准要求进行生产，机械设备的正常使用和保养，可以大为减少次品的产生，同时干净整洁的生产场所可以有效提高员工的品质意识。

（3）浪费为零——5S 是节约能手。

5S 的推动能减少库存量，排除过剩的生产，避免零件及半成品、成品的库存过多。

（4）故障为零——5S 是交货期的保证。

无碎屑、油漆，经常擦拭和进行维护保养，机械使用率得以提高。模具、工装夹具管理良好，调试寻找故障的时间会减少，设备才能稳定，它的综合效能就可以大幅度地提高。而且每日的检查可以防患于未然。

（5）产品切换时间为零——5S 是高效率的前提。

模具、夹具、工具经过整顿随时都可以拿到，不需费时寻找，它可以节省时间。整洁规范的工厂机器正常运作，作业效率可以大幅度地提升。

（6）事故为零——5S 是安全的软件设备。

整理、整顿后，工作场所、通道和休息场所宽敞明亮，使物流一目了然，人车分流，道路通畅，减少事故。危险操作警示明确，消防设施齐备，灭火器放置定位，逃生路线明确，员工的生命安全必然会有所保障。

（7）投诉为零——5S 是标准化的推动者。

人们能正确地执行各种规章制度，去任何岗位都能规范地作业，明白工作该怎么做。

（8）缺勤为零——5S 可以创造出快乐的工作岗位。

一目了然的工作场所，没有灰尘、垃圾；岗位明确，工作已成为一种乐趣，员工不会无缘无故地旷工。

知识链接8-2

推动5S活动，达到4个相关方满意

通过5S运动，企业能够健康稳定快速成长，逐渐发展成世界优秀的企业，实现投资者、客户、雇员和社会四个相关方的满意。

（1）投资者满意（Investor Satisfaction，IS）：通过5S，使企业达到更高的生产及管理境界，投资者可以获得更大的利润和回报。

（2）客户满意（Customer Satisfaction，CS）：表现为高质量、低成本、交期准、技术水平高、生产弹性高等特点。

（3）雇员满意（Employee Satisfaction，ES）：效益好，员工生活富裕，人性化管理使每一个员工都可获得安全、尊重和成就感。

（4）社会满意（Society Satisfaction，SS）：企业对社会有杰出的贡献，热心于公益事业，支持环境保护，这样的企业有良好的社会形象。

8.3.3 5S 活动的内容

5S 是以素养为始终，包括整理、整顿、清扫、清洁、素养。

1. 整理

整理，就是将工作场所的任何东西分为必要的与不必要的，把必要的东西与不必要的东西明确地、严格地区分开来，不必要的东西要尽快处理掉。整理的目的是要腾出空间，充分利用空间，防止误用、误送，从而创造清爽的工作场所。

生产过程中经常有一些残余物料、待修品、报废品等滞留在现场，还有一些已无法使用的工夹具、量具、机器设备，如果不及时清除，会使现场变得凌乱，既占据了地方又阻碍生产。

小思考8-1

为什么说生产现场摆放不必要的物品是一种浪费？

答：因为在生产现场摆放不必要的物品，即使是宽敞的工作场所，也将变得窄小；棚架、橱柜等被杂物占据而减少使用价值；增加了寻找工具、零件等物品的困难，浪费时间；物品杂乱无章地摆放，增加盘点的困难，成本核算失准。

要进行整理，需掌握以下实施要领：

(1) 对工作场所（范围）进行全面检查，包括看得到和看不到的。

(2) 制定“要”和“不要”的判别基准（判别基准可参考表 8-5）。

表 8-5　**要和不要的物品判别基准表**

<table>
<tr><th>要</th><th colspan="2">不　要</th></tr>
<tr><td rowspan="4">1. 用的机器设备、电器装置；
2. 作业台、材料架、板凳；
3. 使用的工装夹具；
4. 原材料、半成品、成品；
5. 卡板、纸皮、胶箱；
6. 办公用品、文具；
7. 使用中的白板、海报；
8. 各种清洁工具、用品；
9. 文件资料、图表档案；
10. 作业指导书、检验用样品等</td><td>地板上</td><td>1. 杂物、灰尘、纸屑、破旧的纸箱、使用过的无用砂纸；
2. 不再使用的工装夹具；
3. 不再使用的办公用品；
4. 破烂的胶盆、卡板；
5. 呆料、废料</td></tr>
<tr><td>工作台橱柜</td><td>1. 过时的报表、资料；
2. 损坏的工具、样品；
3. 多余的材料；
4. 私人用品</td></tr>
<tr><td>墙上</td><td>1. 蜘蛛网、老旧的海报、标语；
2. 无用的通知、标准书；
3. 灰尘、窗户</td></tr>
<tr><td>天花板上</td><td>1. 无用的各种管线；
2. 无效的标牌、指示</td></tr>
</table>

（3）将不要物品清除出工作场所（处理办法可参考图 8-4）。

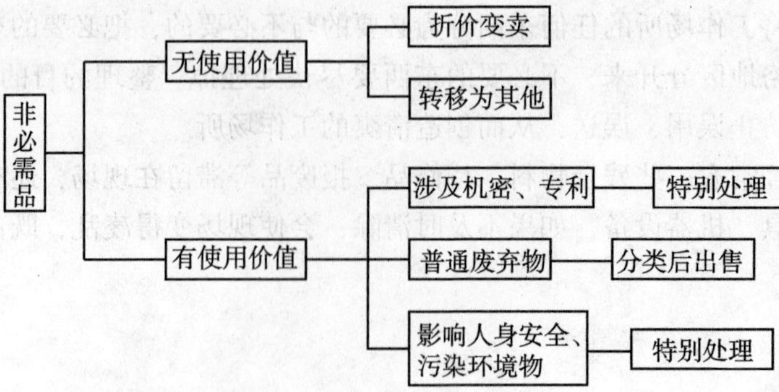

图 8-4　非必需品的分类处理图

（4）对需要的物品调查使用频度，决定日常用量及放置位置。
（5）制定废弃物处理方法。
（6）每日自我检查。

2. 整顿

整顿，就是对整理之后留在现场的必要的物品分门别类放置，排列整齐。明确数量，并进行有效地标志。整顿的目的是使工作场所一目了然，工作环境整整齐齐，消除找寻物品的时间，消除过多的积压物品。

要进行整顿，需掌握以下实施要领：
（1）前一步骤整理的工作要落实；
（2）流程布置，确定放置场所；
（3）规定放置方法；
（4）画线定位；
（5）场所、物品标志。

整顿的三要素：放置场所、放置方法、标志方法。如表 8-6 所示。

表 8-6　**整顿三要素表**

三要素	内　容
放置场所	1. 物品的放置场所原则上要 100%设定； 2. 物品的保管要定点、定容、定量； 3. 生产线附近只能放真正需要的物品
放置方法	1. 易取； 2. 不超出所规定的范围； 3. 在放置方法上多下工夫

续表

三要素	内 容
标志方法	1. 放置场所和物品原则上一对一表示； 2. 现物的表示和放置场所的表示； 3. 某些表示方法全公司要统一； 4. 在表示方法上多下工夫（易更换、活用颜色等）

整顿的三定原则：定点、定容、定量，如表8-7所示。

表8-7 **整顿三定原则表**

三定原则	含 义
定点	放在哪里合适
定容	用什么容器、颜色
定量	规定合适的数量

知识链接8-3

适宜公司统一的标志

公司如果把有些标志统一起来，不仅便于日常管理工作的开展，而且可以提升公司的企业形象。一般来讲，适宜公司统一印刷（制作）的标志主要包括以下几个方面：

（1）文件、资料、物品柜标志。

（2）定点、定量标志。

（3）文件、资料夹正面标志。

（4）部门、个人名牌标志（选用）。

知识链接8-4

办公室的5S活动

办公室也是5S活动的重点场所，良好的工作环境会使工作有条不紊，员工心情舒畅，效率自然得到提高。办公室的整理、整顿要注意八大要点，如图8-5所示。

3. 清扫

清扫，就是指扫除、清理污垢的动作，其着眼点不单在于把工作场所打扫得整齐清洁，而且包括在清扫时检查各项设施、工具、机器是否处在正常状态。这包括：

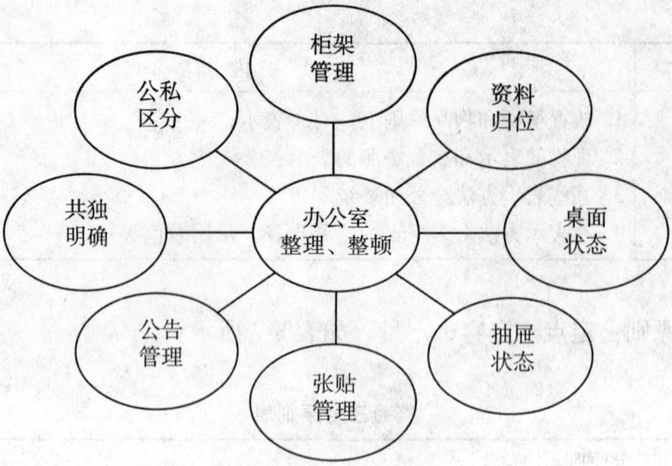

图 8-5 办公室的整理、整顿

(1) 确定每位员工应负责清扫的范围。
(2) 确保员工明白怎样清扫其工作区域、设施和工具。
(3) 使员工在清扫时懂得怎样检查各项设施及工具是否处在正常状态。
(4) 制定一套清洁准则和程序。

要进行清扫，需掌握以下实施要领：
(1) 建立清扫责任区（室内、室外）。
(2) 执行例行扫除，清理脏污。
(3) 调查污染源，予以杜绝或隔离。
(4) 建立清扫基准，作为规范。

知识链接 8-5

5S 的日常确认工作

通过记录表 8-8 进行 5S 的日常确认工作，促使 5S 活动落实到位。

表 8-8 **5S 日常确认例表**

序号	日常确认项目	日常确认记录					
		周 1	周 2	周 3	周 4	周 5	周 6
1	提前 10 分钟到岗，开车间门；换工作服、鞋，佩戴胸卡						
2	开晨会 5 分钟						
3	全线 5S 十分钟						

续表

序号	日常确认项目	日常确认记录					
		周 1	周 2	周 3	周 4	周 5	周 6
4	安排当日的生产计划						
5	做好生产看板，更换工艺图、工艺卡片						
6	检查各工作区域，认真按《5S 日常清扫点检项目要求》对生产线进行现场管理，对不达标的，给予提出，直到达到点检要求						
7	每天认真执行“员工个人 5S 考核”，并做好记录上交车间主任						
8	保障生产作业时物流有序，堆放整齐，场地整洁，文明生产						
9	对每个工位进行 5S 日常点检，并填写《5S 清扫区域责任表》						
10	及时处理生产中出现的质量问题，作好质量记录，要求生产线人员按图纸、工艺、标准进行生产						
11	检查当天生产任务完成情况，及时更新生产看板上的产品型号、数量，无过期数据						
12	对生产线投入零件要建账，账本要清楚易懂，所有零件要与有关人员当日核对，积极配合车间统计及其他人员工作						
13	对工位牌、物品摆放是否压线、状态标志是否明确作不定时检查						
14	确保平行光管清洁、完好，零件辅料满足三定三要素原则，良品与不良品分开摆放并有明确标志						
15	镜筒按良品与不良品区分摆放于指定区域，不与地面直接接触						
16	工具箱存放定位标志，运用形迹管理，满足三定三要素原则，各类工具杂物归类摆放						
17	工作凳椅应保持整洁，工作、非工作状态都应按规定位置摆放						
18	无呆坐、打瞌睡、串岗离岗，无闲谈、吃零食、大声喧哗，不看与工作无关的书籍杂志，保持良好的工作面貌						

续表

序号	日常确认项目	日常确认记录					
		周 1	周 2	周 3	周 4	周 5	周 6
19	热水器、水杯摆放整齐，保持干净，水杯不得放在工作台上						
20	私人物品不得在线上摆放						
21	公告栏经常更换，无过期公告						
22	流水线上暂放的成品应有明确标志，状态、数量清楚明了						
23	清楚填写产品入库单，当日产品当日入库						
24	若有异常情况发生，及时汇报车间主任，以便问题及时处理						
25	打好当日考勤						
26	检查当日值日情况						
27	每天下班前检查门窗、电、水是否关好，个人物品是否归位						
	班长签字确认						
	车间主任审核						

4. 清洁

在整理、整顿、清扫的基础上，加以认真维护，保持完美和最佳状态。将上面的 3S 实施的做法制度化、规范化，并贯彻执行及维持结果。

标准的建立，不但是为整理、整顿和清洁提供依据，也是最终建立良好的安全文化（素养）的先决条件。所以订立标准是成功推行“5S”的重要环节，包括：

（1）为“整理”订立准则，什么物品是需要的，什么是暂时不需要的，什么是不需要的。建立处理物品的规则。

（2）为“整顿”订立识别系统，包括标签、颜色区别、目视管理以及存放的方式。

（3）为“清扫”订立准则，将工作场所和物件清洁整齐规范化，清扫及清理行动制度化。

要进行清洁，需掌握以下实施要领：

（1）落实前面 3S 工作；

（2）制定目视管理实施办法；

(3) 制定考评方法;

(4) 制定奖惩制度，加强执行;

(5) 高层主管经常带头巡查，以示重视。

5. 素养

通过晨会等手段，提高全员文明礼貌水准。使每位成员养成良好的习惯，并遵守规则做事。开展5S容易，但长时间地维持必须靠素养的提升。坚持不懈地教育、考评，才能养成良好的习惯。

提升素养，需掌握以下要领:

(1) 制定服装、仪容、识别证标准;

(2) 制定共同遵守的有关规则、规定;

(3) 制定礼仪守则;

(4) 教育训练(新进人员强化5S教育、实践);

(5) 推动各种精神提升活动(晨会、礼貌运动等)。

知识链接8-6

晨会的六大好处

不少公司都有晨会的习惯，通过召开晨会，可以提高全员文明礼貌水准，使之养成良好的习惯。晨会可以带来以下六个好处:(1) 有利于团队精神的建设;(2) 能产生良好的精神面貌;(3) 培养全员的文明礼貌习惯;(4) 提高干部自身水平(表达能力、沟通能力);(5) 提高工作布置效率;(6) 养成遵守规定的习惯。

8.3.4 5S活动的工作程序

只掌握了5S现场管理法的基础知识，尚不具备推行5S活动的能力。因推行步骤、方法不当导致事倍功半，甚至中途夭折的事例并不鲜见。因此，掌握正确的步骤、方法是非常重要的。推行5S管理活动的步骤如下:

1. 成立推行组织

首先应成立推行委员会及推行办公室，进行岗位责任的确定，再明确分组及责任者。建议由企业主要领导出任5S活动推行委员会主任职务，以表示对此活动的支持。具体安排上可由副主任负责活动的全面推行。

2. 拟定推行方针及目标

推动5S管理时，应制定方针作为指导原则。比较常见的方针有:“推行5S管理、塑公司一流形象”，“告别昨日，挑战自我，塑造公司新形象”，“于细微之处着手，塑造公司新形象”，“规范现场、现物，提升人的品质”，等等。

同时要引进目标管理，设定期望的目标，作为活动努力的程度及执行过程的成果检讨。比如：“增加可使用面积20%”，“走道被占用次数降到每月3次以下”，“有来宾到厂参观，不必事先作整理整顿”，“第4个月各科室评分90分以上”，等等。

知识链接8-7

目标管理SMART原则

实施目标管理不但有利于员工更加高效地工作，而且为未来的绩效考核制定了目标和考核标准，使考核更加科学化、规范化，更能保证考核的公开、公平与公正。毕竟，没有目标是无法考核员工的。

制定目标看似简单，每个人都有过制定目标的经历，但是如果上升到技术层面，则必须学习并掌握SMART原则。所谓SMART原则，即：

Specific——目标必须是具体的；

Measurable——目标必须是可以衡量的；

Attainable——目标必须是可以达到的；

Relevant——目标必须和其他目标具有相关性；

Time-based——目标必须具有明确的截止期限。

无论是制定团队的工作目标还是员工的绩效目标都必须符合上述原则，五个原则缺一不可。制定的过程也是能力不断增长的过程，经理必须和员工一起在不断制定高绩效目标的过程中共同提高绩效能力。

3. 拟定工作计划

工作一定要有计划，以便大家对过程有一个整体的了解。项目责任者要清楚自己及其他人员的工作是什么及何时完成，并要确保团队成员相互配合造就一种团队作战精神。具体包括：

（1）拟定5S管理工作计划，作为推行及控制的依据；

（2）收集资料与观摩他厂成功案例；

（3）制定5S管理实施办法（奖惩办法）；

（4）制定要与不要的区分标准；

（5）制定不要物处理标准；

（6）制定5S管理考评办法；

（7）其他相关规定（如5S实施时间等）。

4. 教育

教育是非常重要的，让员工了解5S活动能给工作及自己带来好处从而主动地去做，与被别人强迫着去做其效果是完全不同的。教育形式要多样化，讲课、放录像、观摩他厂案例或样板区域、学习推行手册等方式均可视情况加以使用。要对每个部门进行教育。内容包括 5S 的定义及目的、5S 管理实施方法、5S 管理考评办法，等等。另外，新进员工报到后，要实施 5S 强化训练。

5. 前期的宣传造势

5S 管理要全员重视、参与。如最高主管的宣言，举办各种活动及比赛，海报、推行手册的印制与分发，等等。具体可采取以下方法：

（1）先期各项宣传活动的推行，如板报比赛、标语比赛、征文比赛。

（2）标杆厂观摩。由 5S 活动组长带领推行成员及部分员工到 5S 标杆厂观摩，实际感受，并和公司的现状作比较，共同讨论差异内容和原因。

（3）推行手册及海报标语。为了让全体员工了解并实行，最好能制定推行手册，并且人手一册，通过学习，确切掌握 5S 的定义、目的、推行要领、实施办法、评鉴办法等。另外，配合各项倡导活动、制作精美标语，塑造气氛以增强宣传效果。

（4）主管宣言。在全员集合的时候，由主管强调和说明推动 5S 活动的决心和重要性。

6. 5S 活动试行

5S 活动试行前期的作业准备，如明确责任区域，建立地、物标准，用具和方法准备；全体上下彻底大扫除；采用样板区来推行 5S；区域划分、画线、标志；定点摄影；等等。

7. 考评办法确定

考评办法的确定主要是制定评分标准表，确定评分时间和方法，提出整改措施。

8. 评比考核试行

实行现场检查考核，对 5S 问题点的质疑和解答。

9. 评鉴公布及奖惩

依 5S 管理实施办法，并用看板公布成绩，每月实施奖惩。

10. 检讨修正

推行 5S 活动和进行其他管理活动一样，必须导入 PDCA 管理循环方能成功。

Plan——拟定活动目标，进行活动计划及准备；

Do——执行阶段，如文字宣传、训练、执行等工作；

Check——过程中进行核查、检讨；

Action——采取改善修正措施。

检讨（Check）和改善（Action）活动，需要持之以恒地进行。不能坚持的话，则 5S 活动难以成功，若能脚踏实地地加以改善，则 5S 活动将逐见功效。要注意下面几点：

(1) 问题点的检讨和整理。执行组长每周将各组的问题加以集中和整理，记录在5S整改措施表中，并发至各小组负责人。

(2) 定期检讨。5S推行初期，一定要实行日检讨，时间过长，则积累问题太多，难有成效。相对稳定后，可延长检讨周期，逐渐使5S活动融入日常管理活动当中。

(3) 各责任部门依缺点项目改善修正。5S推行组长可在5S例行检讨会中提报各部门重点改善项目，作为各部门改善时的参考。

11. 纳入定期管理活动中

5S活动的实施，要不断进行检讨改善以及效果确认，当确认改善对策有效时，要将其标准化、制度化，纳入日常管理活动架构中，将5S的绩效和出勤率、工伤率等一并融入日常管理中。

8.4 目视管理

8.4.1 目视管理的概念和类别

案例分析8-1

目视管理的运用

一名工人看管面前的几十个仪表，每个仪表有正常状态的上下限两个数字，几十个仪表就有数十甚至上百个数字，这么多数字要工人记住是一件很困难的事，如何解决此类问题？办法之一是把各种仪表的正常范围标为绿色，其他为黄色或红色，或者对于数字仪表，把最大最小值标示出来，减少需要员工记忆的内容，则员工能又快又准地判断仪表状态是否正常，减轻记忆压力与工作紧张度，轻轻松松地把工作做好。

分析：这个案例中采用的方法即是目视管理。目视管理是一种管理手段，尽量让各种管理状况"一目了然"、"一看便知"，员工容易明白，易于遵守，减少差错。它是一种简单又很有效的管理方法。

1. 什么是目视管理

目视管理是利用形象直观、色彩适宜和各种视觉感知信息来组织现场生产活动，达到提高劳动生产效率的一种管理方法。据统计，人的行动60%是从"视觉"的感知开始的。比如日常生活中，我们在开车时看到红灯就会有意识地停车，绿灯就会通行。在排气扇上绑一根小布条，看见布条飘起即可知道运行状况。又如包装箱的箭头管理，有零件的箱表面箭头朝上（↑），无零件的箱箭头朝下（↓），这样就不易丢弃尚未使用的零件，等等。

在企业管理中，强调各种管理状态、管理方法清楚明了，做到"一目了然"，从而容易明白、易于遵守，让员工自主性地完全理解、接受、执行各项工作，这将会给管理带来极大的好处。

通过实施目视管理可以使现场管理水平得到很好的提升：管理状态、管理方法形象直观、简单方便，提高了工作效率；透明度高，便于现场人员互相配合、监督和促进，发挥激励与协调作用；能够科学地改善生产条件和环境，产生良好的生理和心理效应。

2. 目视管理的类别

目视管理需要借助一定的工具，按照这些工具的不同，目视管理可划分为：

（1）红牌。红牌，适宜于5S中的整理阶段，是改善的基础起点，用来区分日常生产活动中的非必需品，挂红牌的活动又称为红牌作战。在工厂内，找到问题点，并悬挂红牌，让大家都明白并积极地去改善，从而达到整理、整顿的目的。

（2）看板。用在5S的看板作战中，是用来表示使用物品、放置场所等基本状况的告示板。记录它们的具体位置在哪里，做什么，数量多少以及谁来管理等重要事项，让人一看就明白，强调的是透明化、公开化。

（3）信号灯或者异常信号灯。在生产现场，信号灯可以帮助第一线的管理人员随时掌握作业员或机器是否在正常地作业。工序某个环节发生异常时，信号灯能够即刻通知管理人员。信号灯的种类有：①发音信号灯。适用于物料请求通知，当工序内物料用完时，或者该供需的信号灯亮时，扩音器马上会通知搬送人员及时地供应，所以信号灯必须随时能亮，信号灯也是看板管理中的一个重要的项目。②异常信号灯。用于产品质量不良及作业异常等场合，通常安装在大型工厂的较长的生产、装配流水线。一般设置红或黄两种信号灯，由员工来控制，当发生零部件用完、出现不良产品及机器的故障等异常时，员工马上按下红灯的按钮，等红灯一亮，生产管理人员就要停下手中的工作，马上前往现场，予以调查处理，异常情况被排除以后，管理人员就可以把这个信号灯关掉，然后继续维持作业和生产。③运转指示灯。检查显示设备状态的运转、机器开动、转换或停止的状况。停止时还显示它的停止原因。④进度灯。它是比较常见的，安在组装生产线。在手动或半自动生产线，它的每一道工序间隔是1～2分钟，用于组装节拍的控制，以保证产量。

（4）操作流程图。操作流程图，是描述重点工序和作业顺序的简明指示书，也称为步骤图，用于指导生产作业。一般在工序比较复杂的车间，在看板管理上一定要有操作流程图。比如原材料进来后，第一个流程可能是签收，第二个工序可能是点料，第三个工序可能是转换，或者转制。

（5）反面教材。反面教材，一般用帕累托图结合实物来展示，让现场的作业人员明白不良的现象及后果。一般放在显著位置，让人一眼就能看到，一看就明白。

知识链接8-8

帕累托图

帕累托图又叫排列图、主次图，是按照发生频率大小顺序绘制的直方图，表示有多少结果是由已确认类型或范畴的原因所造成。它是将出现的质量问题和质量改进项目按照重要程度依次排列而采用的一种图表。可以用来分析质量问题，确定产生质量问题的主要因素。

(6) 提醒板。提醒板，用于防止遗漏。遗忘是人的本性，不可能杜绝，只有通过一些自主管理的方法来最大限度地减少遗漏或遗忘。比如有的车间内的进出口处，有一块板子，上面显示今天有多少产品要在何时送到何处，或者什么产品一定要在何时完工，或者下午两点钟有一个什么检查等，这些统称为提醒板。一般来说，用纵轴表示时间，横轴表示日期，纵轴的时间间隔通常为一个小时，一天用 8 个小时来区分。

(7) 区域线。区域线就是对原材料、半成品、成品放置的场所或通道等区域，用线条把它画出，主要用于整理与整顿，以此来保持生产现场的良好生产秩序。

(8) 警示线。警示线，就是在仓库或其他物品放置处，用来表示最大或最小库存量的涂在地面上的彩色漆线。

(9) 生产管理板。生产管理板，是揭示生产线的生产状况、进度的表示板，记录生产实绩、设备开动率、异常原因（停线、故障）等。

8.4.2 目视管理的内容及方法

目视管理作为一种管理手段和方法，可以在各项管理中发挥作用，如物品管理、作业管理、设备管理、品质管理、安全管理。

1. 目视管理的物品管理

日常工作中，需要对工夹具、计量仪器、设备的备用零件、消耗品、材料、在制品、完成品等各种各样的物品进行管理。通常对这些物品管理有四种基本形式：随身携带；伸手可及之处；较近的架子、抽屉内；放于储物室、货架中。此时，“什么物品、在哪里、有多少”及“必要的时候、必要的物品、无论何时都能快速地取出放入”成为物品管理的目标。目视管理可以提供一些解决方法。

物品管理的要点及相应的目视管理方法，如表 8-9 所示。

表 8-9　　**物品管理要点及目视管理方法**

要　点	方　法
明确物品的名称及用途	分类标志及用颜色区分
决定物品的放置场所，容易判断	采用有颜色的区域线及标志加以区分
决定物品的放置地点，容易取出	通过标志保证顺利地进行先入先出
决定合理的数量，尽量只保管必要的数量，且要防止断货	标志出最大数量、安全量、订货量

2. 目视管理的作业管理

生产作业是通过各种各样的工序及人组合而成的。各工序的作业是否按计划进行？是否按计划的那样正确地实施呢？在作业管理中，能很容易地明白各作业及各工序的进行状况及是否有异常等情况发生是非常重要的。

作业管理的要点及相应的目视管理方法，如表8-10所示。

表8-10 **作业管理要点及目视管理方法**

要点	方法
明确作业计划及事前需准备的内容，且很容易核查实际进度与计划是否一致	保养用日历、生产管理板、各类看板
作业能按要求的那样正确地实施，及能够清楚地判定是否在正确地实施	误用品警报灯
在能早期发现异常上下工夫	异常警报灯

目视管理的作业管理就是要简单明了地表示出以下四个方面：是否按要求的那样正确地实施着；是否按计划在进行着；是否有异常发生；如果有异常发生该如何应对。

案例分析8-2

目视管理在液体储量管理中的应用

为了对容器内液体储量进行管理，最容易想到的方法就是通过安装透明管，这样液体储量便一目了然，如图8-6所示。

为了明确液体存量的上限和下限以及投入范围、管理范围，可进行更多项目的标志，使得液体储量正常与否更加容易辨识，如图8-7所示。

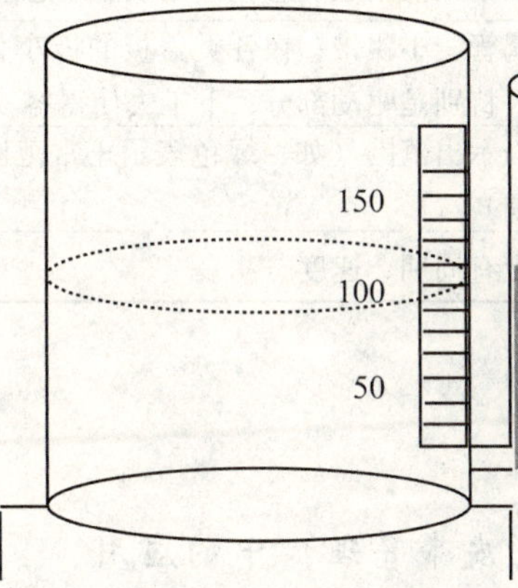

图8-6 初级水准的液体储量管理

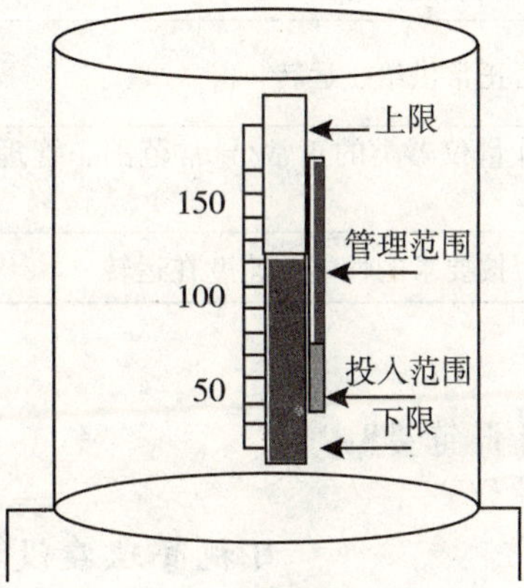

图8-7 中级水准的液体储量管理

进一步改进，增加了方法指引，使得异常处置方法、点检方法、清扫方法明确，异常管理装置化，如加装了上下限报警器等，如图8-8所示。

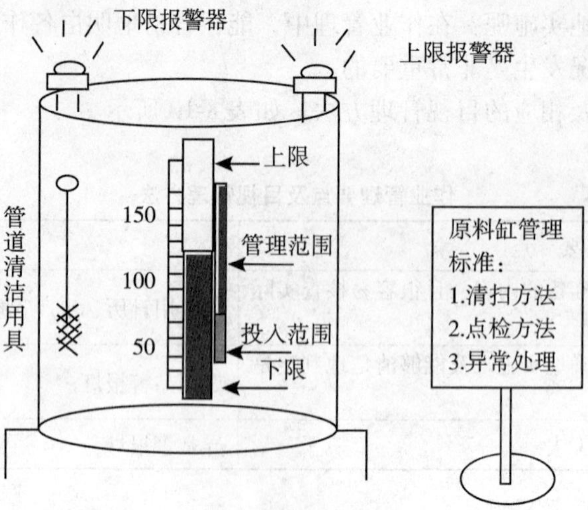

图 8-8 高级水准的液体储量管理

3. 目视管理的设备管理

目视管理的设备管理是以能够正确地、高效率地实施清扫、点检、加油、紧固等日常保养工作为目的。

设备管理的要点及相应的目视管理方法，如表 8-11 所示。

表 8-11 **设备管理要点及目视管理方法**

要 点	方 法
清楚明了地表示出应该进行维护保养的部位	颜色标贴
能迅速发现发热异常	在马达、泵上使用温度感应标贴或温度感应油漆
清楚是否正常供给、运转	旁置玻璃管、小飘带；在各类盖板的极小化、透明化上下工夫，特别是驱动部分，下工夫使得容易“看见”
标志出计量仪器类的正常/异常范围、管理界限	用颜色表示出范围（如：绿色表示正常范围，红色表示异常范围）
设备是否按要求的性能、速度在运转	揭示出应有周期、速度

知识链接 8-9

目视管理在设备管理（皮带管理）中的应用

为了弄清设备现在的运转状态，即皮带有无脱落、松弛等情况发生，可以将皮带外的盖板透明化，这样就能方便看清皮带的运行状态，如图 8-9 所示。

有时皮带运转的正常与否，单凭肉眼无法确认，这时需要明确设备的管理范围及点检方法，如图 8-10 所示。

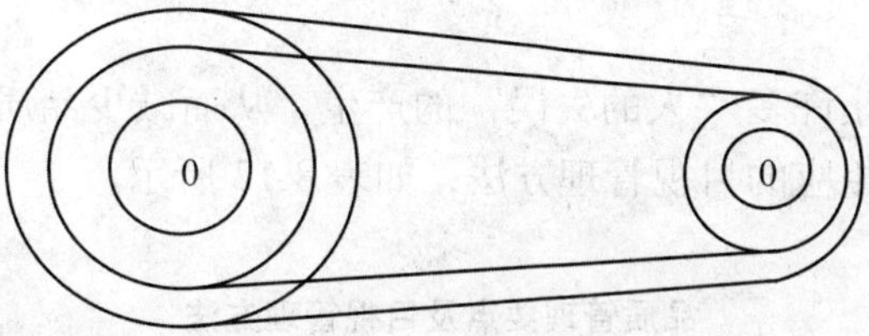

图 8-9 初级水准下的皮带管理

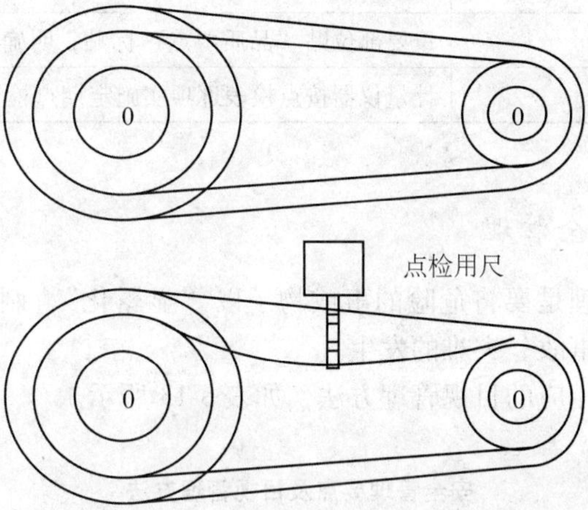

图 8-10 中级水准下的皮带管理

作更进一步的改进，采用标志明确日常管理、交换方法、交换计划及异常处置方法等，如图 8-11 所示。

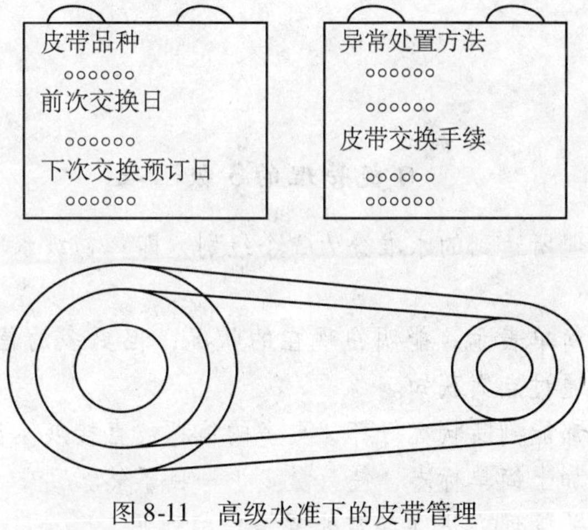

图 8-11 高级水准下的皮带管理

4. 目视管理的品质管理

目视管理能有效防止许多"人的失误"的产生，从而减少品质问题发生。

品质管理的要点及相应的目视管理方法，如表8-12所示。

表8-12 品质管理要点及目视管理方法

要点	方法
防止"人的失误"导致的品质问题	合格品与不合格品分开放置，用颜色加以区分
设备异常的"显露化"	重要部位贴"品质要点"标贴，明确点检线路，防止点检遗漏
能正确地实施点检	计量仪器按点检表逐项实施定期点检

5. 目视管理的安全管理

目视管理的安全管理是要将危险的事或物予以"显露化"，刺激人的"视觉"，唤醒人们的安全意识，防止事故、灾难的发生。

安全管理的要点及相应的目视管理方法，如表8-13所示。

表8-13 安全管理要点及目视管理方法

要点	方法
注意有高差、突起之处	使用油漆或荧光色，刺激视觉
注意车间、仓库内的交叉之处	设置凸面镜或"临时停止脚印"图案
危险物的保管、使用	将有关规定醒目地揭示出来
设备的紧急停止按钮设置	设置在容易触及的地方，且有醒目标志

知识链接8-10

目视管理的3级水准

通常把目标管理所达到的水准分为3个级别，即：初级水准、中级水准、高级水准。

初级水准：有简单表示，能明白现在的状况，但更多的信息需要操作者自己获取，如物品数量需通过点数获知。

中级水准：谁都能判断状况好坏；更多的信息被直接展示出来，如物品通过固定数量的分组堆放，加上简单标志，使数量多少一目了然。

高级水准：相关管理方法（异常处置等）都列明。

表8-14是一个物品存放的例子，不同水准的目视管理所带来的工作效率大不相

同。无水准状态下，物品堆放混乱，要一一点数，数量大的话将非常困难；初级水准下物品排列整齐，便于清点数目；中级水准下物品按照每六个一组排列，并且给出数量标志，使物品数量尽在掌握中；高级水准下还增加了该物品的安全库存量，且标志在分组排列的物品旁，让人一眼就能辨别是否处于安全库存状态，并且标明了在多少库存量时应该进行补充。

表 8-14　　目视管理各种水准例表

无水准	初级水准	中级水准	高级水准（理想状态）
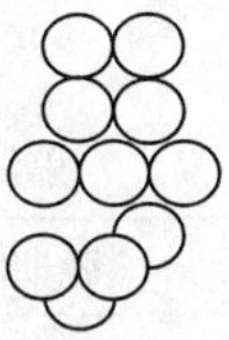	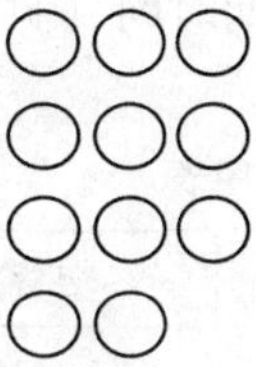	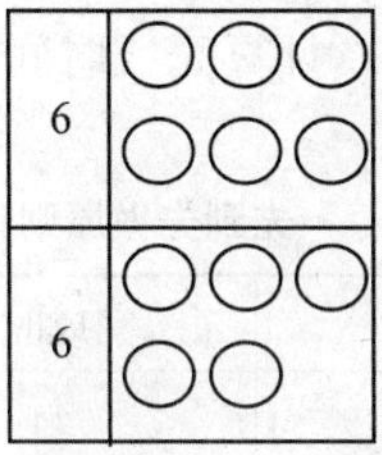	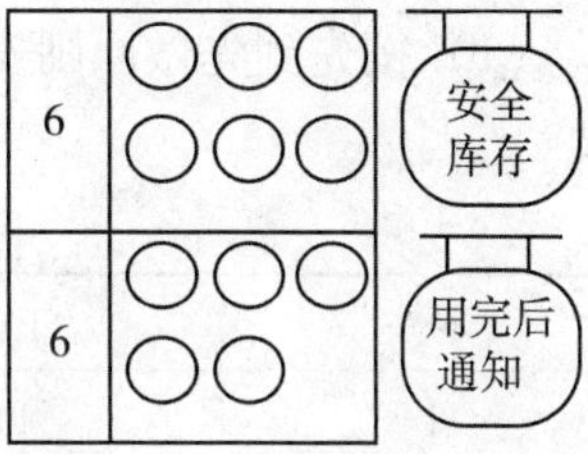
物品数量不明确，要点数	整齐排列，便于确认管理	通过简单标志使数目一目了然	通过标志和提示，使数目和数目不足时该怎么做一目了然

8.5　作业排序

8.5.1　作业排序概述

在生产作业中，同一个零件要分别由不同的设备来加工，而在不同设备上的加工次序又是由一定的工艺规程所规定了的。由于不同的零件在各种设备上加工的时间长短不一，从上道工序转到下道工序时，如果设备没有空，就会出现零件等候设备的现象；如果下道工序的设备完工后，上道工序还未完成，就会出现设备等候零件的现象。零件的加工顺序受工艺过程的限制，要完全消除设备等候零件或零件等候设备的现象虽然不太可能，但在安排作业计划时尽量减少上述现象发生还是有可能的。考虑如何安排使总的加工时间最短和设备空闲的时间最少，是生产作业计划进度安排的重要内容。

8.5.2　作业排序的方法

1. n 个零部件在一台设备上加工作业排序

假设有一台设备同时接到 8 个零件的加工任务，每个零件需要加工的时间不同，交货期限也不同，具体情况如表 8-15 所示。

表 8-15 **零件加工时间要求** 单位：天

零件	1	2	3	4	5	6	7	8
加工时间	11	6	4	2	4	8	8	6
交货期限	35	20	11	8	6	25	28	9

如果这 8 个零件都由 1 台设备来做，共需 49 天。而最长的交货限期是 35 天，因此使每个加工零件都按要求限期完成是不可能的。但是我们可以考虑如何安排加工顺序使脱期的零件最少，或总的脱期天数最少等问题。

（1）按先到先做原则安排，计算完成时间和脱期时间（见表 8-16）。

表 8-16 **先到先做原则作业排序表** 单位：天

零件	工时	完成时间	交货期限	脱期时间
1	11	11	35	0
2	6	17	20	0
3	4	21	11	10
4	2	23	8	15
5	4	27	6	21
6	8	35	25	10
7	8	43	28	15
8	6	49	9	40
合计	49			111

上述安排结果共有 6 个零件脱期，最多的为 40 天，总共要脱期 111 天。

（2）按最小加工时间顺序原则安排，计算完成时间和脱期天数（见表 8-17）。

表 8-17 **最小加工时间作业排序表** 单位：天

零件	工时	完成时间	交货期限	脱期时间
4	2	2	8	0
3	4	6	11	0
5	4	10	6	4
2	6	16	20	0
8	6	22	9	13
6	8	30	28	2

续表

零件	工时	完成时间	交货期限	脱期时间
7	8	38	25	13
1	11	49	35	14
合计	49			46

与先到先做原则比较，脱期的零件减少为 5 个，最长的脱期天数少了，总的脱期天数也减少为 46 天。可见在有交货期限的条件下，用最少加工时间顺序原则，比用先到先做原则可减少脱期的零件和缩短周期。

以上两个原则都没有考虑交货限期的要求，显然考虑得不太周全，若把交货期的要求考虑进去，则又有两个常用的原则可以应用。

（3）按交货期优先原则安排。加工顺序按交货限期的顺序来安排，要求交货早的任务先做。下面计算这样安排的完成时间和脱期天数（见表 8-18）。

表 8-18　**交货期优先作业排序表**　单位：天

零件	工时	完成时间	交货期限	脱期时间
5	4	4	6	0
4	2	6	8	0
8	6	12	9	3
3	4	16	11	5
2	6	22	20	2
6	8	30	25	5
7	8	38	28	10
1	11	49	35	14
合计	49			39

表 8-18 安排结果有 6 个零件脱期，最长的是 14 天，但总脱期天数是 39 天。

按交货期优先原则安排加工顺序，能把脱期最长的天数降低到最小。上例中总的工时要 49 天，最长的交货限期是 35 天，因此，任何安排都不可能把最长的脱期天数降到 14 天以下。

（4）按紧迫性优先原则安排。每个零件的交货限期与加工时间之差，表示这个零件在安排加工时具有的松动程度，称为该零件的紧迫性。如上例中第 1 个零件要做 11 天，交货限期为 35 天，有 24 天可以松动，而第 2 个零件要做 6 天，交货限期为 20 天，有 14 天可以松动。所以在安排加工任务时，第 2 个零件就比第 1 个零件更为紧迫。

先计算前列各项工作的紧迫性（见表 8-19）。

表 8-19　　**工作紧迫表**

零件	1	2	3	4	5	6	7	8
紧迫性（天）	24	14	7	6	2	17	20	3

按紧迫性排序的计算如表 8-20 所示。

表 8-20　　**紧迫性优先作业排序表**　　单位：天

紧迫性	零件	工时	完成时间	交货期限	脱期时间
2	5	4	4	6	0
3	8	6	10	9	1
6	4	2	12	8	4
7	3	4	16	11	5
14	2	6	22	20	2
17	6	8	30	25	5
20	7	8	38	28	10
24	1	11	49	35	14
合计		49			41

（5）Moore 法则。由于有时无法满足所有的交货限期要求，而又不希望因为脱期造成损失，往往会考虑把某些任务移交给别的单位承做。希望移交出去的任务最少，而留下的任务都能如期完成，即考虑如何安排使脱期的任务数最少。

Moore 法则是使脱期任务最少的法则，其方法是：按交货期优先原则逐项安排，先安排交货限期最早的工作，计算一下这项工作是否脱期，如果不脱期，则继续安排，如果碰到一项任务经计算是脱期的，就把这项任务放到最后，再继续安排下一项，该项任务计算下来要脱期时也同样处理。这样安排出的作业顺序必然是脱期项目最少的。

照这个方法安排，上面的例子先做工作 5，再做工作 4，安排到工作 8 时，有脱期，把工作 8 放到最后，继续按交货期优先原则安排，结果见表 8-21。

表 8-21　　**交货期优先原则顺序表**　　单位：天

零件	工时	完成时间	交货期限	脱期时间
5	4	4	6	0
4	2	6	8	0
(8)	(6)	(12)	(9)	(3)
3	4	10	11	0
2	6	16	20	0

续表

零件	工时	完成时间	交货期限	脱期时间
6	8	24	25	0
(7)	(8)	(32)	(28)	(4)
1	11	35	35	0
8	6	41	9	32
7	8	49	28	21

因此只要退掉8、7两项工作，其他任务都可以在限期内完成。

2. n 个零部件在两台设备上加工作业排序

两台不同设备加工多种零件，它们的工艺顺序相同。用约翰逊-贝尔曼方法求解排序，可使总加工时间最短。安排加工顺序的步骤如下：

（1）找出表中工序工时定额最小值所对应的零件（若两个最小值相等，任取一个）；

（2）工时定额最小值凡属前道工序的排在最前加工，属后道工序则排在最后加工；

（3）将已安排加工顺序的零件剔除，再依次排序，直到排出全部零件的加工顺序。

现假设有5种零件均要经过先车后铣两道工序，这些零件的工时定额如表8-22所示，如何安排才能使零件加工顺序所需的加工时间最短？

表8-22　　**工时定额表**　　单位：小时

零件名称 / 加工工序	A	B	C	D	E
车床	5	8	10	4	7
铣床	11	9	3	2	6

步骤如下：

（1）从表8-22中可以看出，工时定额2小时最小，对应的是D零件，且属后道工序，则D零件最后加工；

（2）排除D零件，接着再找，工时定额3小时最小，对应的是C零件，属后道工序，则C零件最后加工，且需排在D零件之前加工；

（3）接着在剩下的A、B、E中找最小的工时定额，5小时最小，属前道工序，则A零件排在最前加工；

（4）依此类推，便可找出全部零件的最优加工顺序：A→B→E→C→D。

采用这种加工顺序，上述5种零件的全部加工所需时间最短，即总的加工周期为36小时，其加工周期可用图8-12表示。

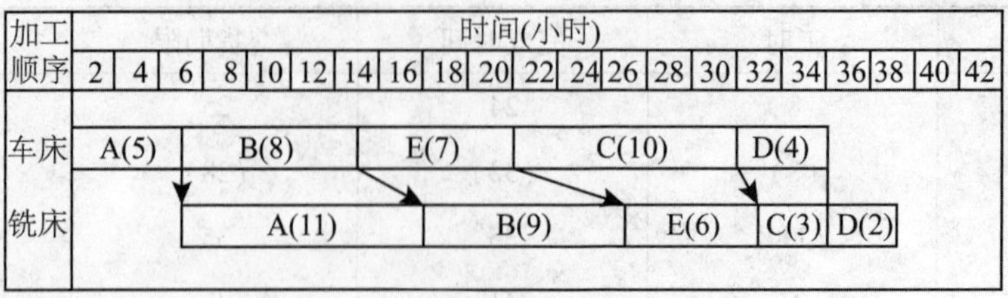

图 8-12　加工周期图

知识掌握

□ 阅读理解

（1）什么是生产现场？什么是现场管理？

（2）生产现场管理要完成的任务是什么？

（3）简述定置管理的程序。

（4）什么是 5S 活动？5S 活动的基本内容有哪些？

（5）简述 5S 活动的工作程序。

（6）什么是目视管理？目视管理的类别有哪些？

（7）如何安排多个零部件在两台设备上的加工作业排序？

□判断题

（1）产品优质是现场管理的最终目的。(　　)

（2）信息媒介的准确可靠程度对人和物结合的效果没有什么影响。(　　)

（3）生产场所的整洁、清爽是卫生问题，与生产无关。(　　)

（4）订立标准是成功推行“5S”的重要环节。(　　)

（5）长时间维持 5S 活动，必须依靠素养的提升。(　　)

□选择题

（1）定置管理中，人与物的结合，需要哪些信息媒介物？(　　)

A. 位置台账　　B. 看板　　C. 场所标志　　D. 现货标示

E. 平面布置图

（2）广义现场管理包括(　　)。

A. 生产现场管理　B. 经营现场管理　C. 办公现场管理　D. 生活现场管理

（3）5S 活动包括(　　)。

A. 整理　　B. 整顿　　C. 清扫　　D. 清洁

E. 素养

（4）整顿的实施要领有(　　)。

A. 整理的工作要落实　　B. 流程布置，确定放置场所

C. 规定放置方法　　D. 画线定位

E. 场所、物品标志

（5）以下属于目视管理类别的是(　　)。

A. 红牌　　B. 看板　　C. 信号灯　　D. 提醒板
E. 警示线

知识应用

□ 技能题

(1) 某一台机床同时接到 6 项加工任务，每项任务的序号、加工时间和交货期限如表 8-23 所示。

表 8-23　一台机床的加工任务表　单位：天

任务序号	1	2	3	4	5	6
加工时间	15	8	4	3	7	8
交货期限	40	22	11	9	18	25

要求：(1) 按先到先做原则安排，计算哪些任务脱期及总的脱期时间。
(2) 按最小加工时间顺序原则安排，计算哪些任务脱期及总的脱期时间。
(3) 按交货期优先原则安排，计算哪些任务脱期及总的脱期时间。
(4) 按紧迫性优先原则安排，计算哪些任务脱期及总的脱期时间。
(5) 按 Moore 法则安排，计算哪些任务应该移交出去。

(2) 下面 5 个工件需要在两台机床上按顺序加工，如表 8-24 所示，用约翰逊-贝尔曼方法对其排序，使加工时间最小。

表 8-24　两台机床的加工任务表　单位：小时

工件	机床Ⅰ	机床Ⅱ
A	3	4
B	7	6
C	10	13
D	15	2
E	8	18

(3) 对你所熟悉的某家企业的生产现场管理提出改进方案并推行。

实训目的：通过实训掌握生产现场管理的各种方法和手段。

实训要求：结合所考察企业的现状，对其生产现场进行诊断和分析，运用所学的生产现场管理知识，采取相应的措施加以改进和完善。

(4) 网上冲浪，查阅企业生产现场管理理论的新发展，写一篇 1000 字以上的报告。

实训目的：通过实训了解生产现场管理理论的最新研究动态，加深对生产现场管理的认识。

实训要求：能够熟练运用互联网相关技术获取丰富的专业知识和信息，报告阐述问题清楚，突出重点，结构合理，层次分明，条理清晰，逻辑性强。

□案例分析

A公司的5S道路

走进位于深圳的A公司，第一感觉是员工工作节拍紧凑，士气高昂，任何东西摆放都整整齐齐、井然有序，物流顺畅、环境整洁亮丽，标志细致到位。公司每天正是以这样的面貌朝气蓬勃地工作和生产。推行优秀的5S现场管理所带来的良好效应正慢慢渗透到公司的各个层面，对外提高了公司的整体形象和客户满意度，对内则改善了工作环境，提高了工作效率，培养了员工良好的行为习惯，团队的凝聚力也得到加强。

在5S推行活动中，新来的员工说这家公司的5S与其他公司的不一样；老员工则说现在的5S与以前的不一样。由于企业文化不同，完全照搬日本的做法事实证明行不通，深圳A公司摸索出一条既有中国特色又有A公司特色的5S道路。

第一，5S项目要有明确的管理层支持和目标承诺。每一波5S都由最高管理者召开启动大会并签署正式的5S授权书，一旦启动一个5S项目，就意味着该项目的所有团队成员必须在有限的时段内（一般为3个月）全力以赴获得5S认证。每一份认证的证书都由公司最高领导亲自颁发。

第二，把5S活动作为一个项目来进行系统的计划和推行。因此在推行中运用了很多有效的项目管理方法，这比一般的部门铺展推行方式无疑具有更强的手段和优势。

第三，5S认证如同ISO9000认证一样有严格的认证程序及标准。A公司有一套统一的5S认证程序和标准，每一个5S项目必须通过总部严格的5S认证。由于拥有具体的衡量标准和明确的目标，5S推行工作行动迅速而有效。

第四，5S提倡全员参与和团队合作，激发员工的主动性，促使员工自觉思考和动手改善自己的工作环境。每一个5S样板区就是一个团队，每个团队有指定的项目负责人，在推行5S期间领导所有团队成员一起制订行动计划，自己动手完成每一步骤的动作分析、现场规划、库存品控制和现场的清理清洁。因此，对于团队成员自己亲手创造的一切，他们维护起来便更加珍惜。

第五，更注重解决实际问题。比如对于车间，5S的重点是改善流程和机器的清洁维护；对于办公室，5S则注重文件的管理和标准维持。

5S最重要、最高的层次是维持，需要每个部门的主管和全体成员长期的努力和参与。总结5S的实施进程，会慢慢看到实施5S的形式化—行事化—习惯化的转变。习惯化后，一切事情就变得那么自然，也就成了企业内活动的一种准则和标准。

怎样推行5S？那就是走适合自己特色的5S道路！因为推行5S不仅仅需要基本的管理理念，更重要的是我们要明确管理层通过5S来识别和制定企业行为规范的决心。一个井然有序的工作环境只是5S带来的益于企业运作、员工安全和健康的副产品，在推行的过程中如何激发团队的创造力和归属感，从而达到塑造员工行为、提升企业文化的效果才是5S改善的最终目标。

问题：

（1）推行5S活动能给企业带来哪些益处？

（2）深圳A公司在形成具有自身特色的5S过程中采取了哪些措施？

□综合实训

实训目的及要求：

（1）培养学生的组织能力、沟通能力。

（2）掌握生产现场管理的相关知识，并能综合应用。

（3）针对企业实际问题，应用所学本章以及相关章节理论与方法进行分析，提出解决方案。提高学生解决企业工作现场实际问题的能力。

实训内容：

（1）走访一家民营制造业企业，深入生产现场、仓库和办公场所（可分组去不同的场所），观察各个场所的现场状况，找出存在的问题和需要改进的地方。

（2）实施定置管理。

（3）推行5S活动。

（4）实施目视管理。

（5）对工序进行作业排序。

具体内容及程序如表8-25所示。

表8-25 **综合实训具体内容**

序号	内容	实训内容
1	现场情况介绍（PPT）	学生分组，每组对所调查的现场情况做一个整体的介绍
2	实施定置管理	对现场进行调查，详细记录现状，查阅资料，对记录进行分析，并寻找存在的问题，拟定改进方案，并尝试实施
3	推行5S活动	每组在所调查走访的部门试进行5S的推行工作。先拟定推行方针和目标，拟定具体的工作计划和措施，对员工进行教育，按计划实施，与员工一起制定考评办法，试行一段时间后进行考核评比，公布评鉴结果，对前期成果进行检讨修正
4	实施目视管理	每组选定一个部门或场所，调查其物品、作业、设备、品质和安全管理现状，小组讨论找出存在的问题，拟定出改进的方案和措施，根据需要制作目视管理所需的工具，如看板、操作流程图、提醒板等，小组间互相参观和交流，总结出其他组的经验和需改进、完善的地方
5	对工序进行作业排序	分析零件的加工工序，分析该零件的加工工序、交货时间和加工时间，按不同的原则制定出加工排序表

第九章 设备与工具管理

学习目标

◎掌握设备寿命周期及全寿命周期管理的含义；

◎熟悉设备磨损的规律和对应的补偿方法；

◎了解设备的保养、点检、修理、更新和技术改造的基本知识。

技能目标

◎能运用常用设备的保养、点检、修理、更新和技术改造的方法。

引例

武汉中百物流配送中心

武汉中百物流配送有限公司（简称中百物流），是中百集团下属全资子公司，总部位于武汉市东西湖区吴家山台商投资开发区，毗邻107国道，西临汉江黄金水道，距汉西铁路编组站和武汉天河国际机场10～20分钟车程，交通十分便利。

该公司总部拥有常温干货配送中心、低温冷链食品配送中心、通过型蔬菜配送中心及配销中心，负责中百集团遍布全省600余家连锁超市门店的日常配送，并面向社会与众多国内外知名企业合作，承接第三方物流业务。

其中常温干货配送中心占地面积130亩，总建筑面积3.5万平方米。该中心拥有现代化物流库房两座，共8个仓库，中间以连廊相连，呈“H”形分布，拥有近100个装卸货口。外环为供应商送货作业带，内环为物流中心发货作业带，内外作业可同时进行，动线分明。中心内部根据作业功能划分产收货区、储存区、箱装分拣区、拆零分拣区和待发区。

其设备配置有：

(1) 存储方面，采用7米高、5层的立体货架，共1500余组，配备标准托盘位15000个，商品存储量可达450000件。

(2) 装卸方面，使用大量的机械设备。库房的装卸货口，配备了84部自动卷帘门和11个液压升降平台，库内配备了8台进口高架叉车、13台动力托盘叉车、100台手动液压叉车和静音推车，采用托盘整体堆码，大大降低了作业人员的劳动强度，提高了作业效率。

(3) 商品分拣方面，配备DPS数字分拣线5条，同一时间可满足2200余个品种的分拣。

(4) 作业管理方面，应用了信息化的设备。配备了22把无线手持终端、48套台式电脑、5台服务器。配送中心的信息管理系统，有效强化了供应链管理，优化业务流程，使商品流、资金流、信息流有机结合，高效率、低成本地一体化运行。

(5) 配送运输方面，公司在自购厢式货车60余台的基础上，通过整合社会资源，还可调配社会车辆200余台。

2010年，中百集团又计划投资4.68亿元，在现有物流配送的基础上，在武汉市江夏经济开发区大桥新区征地240余亩，建现代化生鲜食品加工及采配中心，总面积约9万平方米，为公司连锁网点提供蔬果、肉类、水产以及冷冻、冷藏生鲜食品的加工和配送服务。

资料来源：http：//wenku. baidu. com/link？ url = Ce65O43kjYB5g0D7jQSoayb4pyRAEr0nkMCoIHS1bihSSzB3e1ES8J-K7aEAABp4DMUYFXqq6AtVIUUACpLIc8R6C_ 1SjQtbyuFtJ-R3y.

这一案例表明：现代企业的生产运作，需要大量的设备，尤其是现代化的设备，设备是企业的重要资产，也是生产运作活动的物质基础，如何对各类设备进行正确管理，是企业生产运作管理中非常重要的问题，也是本章学习的主要知识。

9.1 企业设备管理概述

9.1.1 企业设备及其管理概述

生产设备是生产力的重要组成部分和基本要素之一，是企业从事生产经营的重要工具和手段，是企业生存与发展的重要物质财富，也是社会生产力发展水平的物质标志。生产设备无论是在企业资产的占有率上，还是在管理工作的内容上，以及企业市场竞争能力的体现上，都占有相当大的比重和十分重要的位置。管好用好生产设备、提高设备管理水平，对促进企业进步与发展有着十分重要的意义。

1. 设备管理的含义

设备管理是以设备为研究对象，追求设备综合效率，应用一系列理论、方法，通过一系列技术、经济、组织措施，对设备的物质运动和价值运动进行全过程（从规划、设计、选型、购置、安装、验收、使用、保养、维修、改造、更新直至报废）的科学型管理。

设备管理是对设备寿命周期全过程的管理，包括选择设备、正确使用设备、维护修理设备以及更新改造设备全过程的管理工作。设备运动过程从物资、资本两个基本面来看，可分为两种基本运动形态，即设备的物资运动形态和资本运动形态。设备的物资运动形态，是从设备的物质形态的基本面来看，指设备从研究、设计、制造或从选购进厂验收投入生产领域开始，经使用、维护、修理、更新、改造直至报废退出生产领域的全过程，这个层面过程的管理称为设备的技术管理；设备的资本运动形态，是从设备资本价值形态来看，包括设备的最初投资、运行费用、折旧、收益以及更新改造自己的措施和运用等，这个层面过程的管理称为设备的经济管理。设备管理既包括设备的技术管理，又包括设备的经济管理，是两方面管理的综合和统一，偏重于任何一个层面的管理都不是现代设备管理的最终要求。

在企业的生产经营活动中，设备管理的主要任务是为企业提供优良而又经济的技术装备，使企业的生产经营活动建立在最佳的物质技术基础之上，保证生产经营顺利进行，以确保企业提高产品质量，提高生产效率，增加花色品种，降低生产成本，进行安全文明生产，从而使企业获得最高经济效益。企业根据市场需求和市场预测，决定进行产品的生产经营活动。在产品的设计、试制、加工、销售和售后服务等全过程的生产经营活动中，无不体现出设备管理的重要性。要想赢得和占领市场，降低生产成本，节约资源，生产出满足用户需求、为企业创造最大经济效益的高质量的产品，设备管理是保证。设备管理水平是企业的管理水平、生产发展水平和市场竞争能力的重要标志之一。

2. 现代设备的特点

设备是企业技术水平高低的主要标志，现代设备体现了现代技术的发展。现代设备的特点主要有以下几点：

（1）设备的发展呈现“四化”趋势，即连续化、大型化、高速化、电子化。大大提高了物流效率。如物流输送设备实现了输送过程的连续化，运输设备越来越大型化，运输速度越来越快，自动化立体仓库、自动分拣机、智能式搬运车等设备的发展体现了物流设备电子化、信息化的广阔前景。

（2）设备的社会化程度越来越高，设备结构越来越复杂，并且使研究、设计、生产直至报废的各环节相互依赖，相互制约。

（3）设备中以能源密集型居多，能源消耗大。同时现代物流设备投资和使用费用十分昂贵，是资金密集型的。因此提高设备管理的效益对物流企业来说非常重要。

3. 设备管理的分类

设备管理分为自有设备管理和租赁设备管理。自有设备按照设备折旧、使用台班进行自有机械费的核算；租赁的机械费按照租赁时间和单价核算机械租赁费；自有机械使用费、机械租赁费共同构成工程项目的机械费，进行成本核算。

自有设备管理是系统根据设备使用计划进行设备的调配，提高设备使用效率，合理调配设备资源，保证工程顺利施工，主要处理现场设备的日常管理及机械费的核算业务。主要包括：使用计划、采购管理、库存管理、设备台账管理、设备使用、设备日常管理、机械费核算等。

设备租赁管理是根据工程预算和整体进度计划，结合自有设备情况制订设备租赁计划，合理调配资源，提高设备利用率，确保工程顺利施工。根据租赁数量、租出时间、退租时间、租赁单价核算租赁费，根据租赁费、赔偿费结合工程项目进行机械料费的核算。主要包括：租赁计划、租赁合同管理、设备进场、机械出场、租赁费用结算等费用结算支付。

4. 设备管理基础工作

设备管理基础工作内容包括凭证管理、数据管理、定额管理、档案资料管理和规章制度管理。

设备凭证是在设备的技术管理和经济管理中，用于记录设备管理和技术活动以及经济核算，并明确管理各方责任的书面证明，就是设备管理凭证。

设备数据管理是指通过对数据收集、处理加工和解释，使其成为对管理决策有用的信息（有的信息仍是以数据表示的）。它包括对数据进行收集、分类、排序、检索、修改、存储、传输、计算、输出（报表或图形）等的整个过程。设备数据，主要指设备管理与维修领域内所产生的数据。

设备定额管理企业定额是产品生产过程中消耗的一种数量标准，是指在一定时期内和一定的生产技术组织条件下，为完成单位合格产品或任务所规定的物化劳动和活劳动的消耗量。

企业劳动定额有两种基本形式：工时定额和产量定额。企业设备管理与维修中，主要定额内容：设备日常维护时间定额；设备维修时间定额；设备修理停歇时间定额；设备维修材料消耗定额；设备维修费用定额；设备配件储备定额。

设备档案与资料管理。设备的档案和资料都是设备制造、使用、修理等项工作的一种信息方式，是管理和修理过程中不可缺少的基本资料。设备档案与资料的管理是指设备档案与资料的收集整理、存放保管、供阅传递、修改更新等环节的管理。

设备管理规章制度是指指导、检查有关设备管理工作的各种规定，是设备管理、使用、修理各项工作实施的依据与检查的标准。设备管理规章制度可分为管理和技术两大类。管理类包括管理制度和办法；技术类包括技术标准、工作规程和工作定额。

9.1.2　设备的选择

设备的选择是企业设备管理的首要环节。合理地选择设备，既要满足生产的需要，又能降低设备使用费用，取得设备投资效益。选择设备必须遵循技术上先进、经济上合理、生产上可行的原则。在选择设备时，应综合考虑以下因素：

设备的生产效率。设备的生产效率是指单位时间内能生产的产品数量，一般表现为功率、行程、速度等一系列技术参数。考虑这一因素时，既要避免选择很快就要超负荷的设备，又要防止选择拥有过多剩余生产能力的设备。

对产品质量的保证程度。选择设备时，应考虑机器设备对所生产的产品质量的保证程度。一般以设备所加工的产品、零部件的物理性能、化学成分等技术参数表示。

设备的可靠性。可靠性是指设备加工精度的保持性、性能的稳定性、零件的耐用性等。可靠性高的设备能保证设备在使用过程中不发生或少发生故障。通常用平均故障间隔期来定量表示。

设备的维修性。维修性就是指设备是否便于检查、拆装，零部件是否易于更换等。

能源和原材料消耗。在选择设备时，应尽量选择节能和原材料消耗低的设备。

设备的安全性、环保性。安全性是指设备在使用过程中要确保安全，以免发生人身和设备事故。环保性是指设备的噪声和设备排放有害物质的污染程度控制在一定的标准范围之内，要求设备配备有相应治理“三废”的附属装置或净化设备。

设备的成套性。成套性是指所选设备与现有设备在性能、能力等方面相互配套的程度。设备配套包括：单机配套、机组配套、项目配套。

设备的灵活性。设备的灵活性包含如下几个内容：一是在工作对象固定的条件下，设备能够适应不同的工作环境和条件，操作、使用比较方便灵活；二是对工作对象可变的加工设备，要能适应多种零部件加工的性能，通用性强；三是设备结构简单紧凑，重量轻，体积小，占用作业面积小，移动方便。

设备的经济性。选择设备时，应结合实际，在满足生产技术要求的前提下，尽量选择寿命周期费用最小的设备。

此外选择设备时应具有超前性和富余量。随着技术的飞速发展，在选择设备时，应有长远考虑，使它们能满足不远的将来的变化，适应经济的发展，这也是减少投资提高适应性的一个有效途径。

9.1.3 物流设备的全寿命周期管理

1. 设备寿命周期的含义

设备的寿命周期是指设备从最初的调查研究开始直到报废为止的整个过程，它包括调查研究、设计、制造、购买选型、购置、安装调试、运转、维修、更新报废等环节。其中调查研究、计划、设计、制造的环节称为设备寿命的前半生；购买选型、购置、安装调试、运转、维修、更新报废等环节称为设备寿命的后半生。

2. 设备寿命周期费用

设备寿命周期费用是指设备一生的总费用，它包括从设备的研究、设计、制造、安装调试、使用、维修、改造直到报废的全过程产生的费用之和，可以看成主要由以下几部分组成，即购置费、维持费、报废处理费和残值。

其中购置费，对于外购设备包括调研、招标、购置、运输、安装、调试等全部费用；对于自制设备则包括设备规划、设计、制造、安装、调试等费用。

维持费包括设备使用时的维护保养费、维修费、能源消耗费、操作工人工资等。

设备寿命周期费用的公式为：

寿命周期费用=购置费+维持费+报废处理费-残值

3. 寿命周期利润

与寿命周期费用相对应，设备使用过程中会给企业创造效益或收益。这种收益减去寿命周期费用，即为寿命周期利润，公式如下：

寿命周期利润=收益-寿命周期费用

4. 设备的全寿命周期管理

（1）全寿命周期管理的含义。

设备的全寿命周期管理是现代设备管理中的一个非常重要的观点，设备寿命的前、后半生，即制造（或购买、选型）与使用之间是紧密联系的，是相互依存、相互制约的。

设备全寿命周期的管理目标就是要追求全寿命周期利润的最大化，也就是说，既要考虑寿命周期费用最小化，又要追求收益最大化，最终实现寿命周期利润最大化。这一理念不仅可以用在前期管理，而且渗透到整个设备寿命周期。

（2）设备全寿命周期管理的三个阶段。

①前期管理阶段。设备的前期管理包括规划决策、计划、调研、设计、制造、购置，直至安装调试、试运转的全部过程。

在购置新设备时，不能贪图价格便宜，而要同时考虑到设备购置后的一系列其他费用。不能只考虑设备寿命中某一阶段（制造、采购、使用、维修）的经济性，更要十分注重设备购置费和使用费总和的最经济。

设备购置价格最便宜，不一定整个寿命周期费用最低，而寿命周期费用最低并不等于该设备最好，还应考虑设备全寿命周期所发挥的效益的大小。

②运行维修管理阶段。此阶段主要是防止设备性能劣化而进行的日常维护，包括保养、检查、监测、诊断以及修理、更新等管理，其目的是保证设备在运行过程中经常处于良好技术状态，并有效地降低维修费用。

③报废及更新改造管理阶段。设备的全寿命周期管理不仅体现在设备一生管理的三个阶段，还体现在它是企业现代管理中一个不可分割的重要组成部分，因为在很大程度上，企业装备（设备）决定着企业的生存和发展。因此企业现代化管理中不可忽视设备管理工作，要使全寿命周期管理与专业管理相结合。

9.2 企业设备使用中的管理

9.2.1 物流设备的合理使用和保养

1. 如何合理使用设备

物流设备使用寿命的长短、生产效率的高低，在很大程度上受制于设备的使用是否合理、正确。正确使用，可以在节省费用的条件下减轻设备的磨损、保持其良好的性能和应有的精度，延长设备的使用寿命，充分发挥设备的效率和效益。

设备的正确使用，是设备管理中的一个重要环节。具体应做好以下几项工作：

（1）做好设备的安装、调试工作。

设备在正式投入使用前，应严格按质量标准和技术说明安装、调试，安装调试后要经试验运转、验收合格才能投入使用。

（2）合理安排生产任务。

使用设备时，必须根据工作对象的特点和设备的结构、性能特点来合理安排生产任务，防止和消除设备无效运转。使用时，要严禁设备超负荷工作，要避免“大马拉小车”的现象。

（3）切实做好设备操作人员的技术培训工作。

操作人员在上机操作之前，需做好上岗前培训，认真学习有关设备的性能、结构和维护保养等知识，掌握操作技能和安全技术规程等，经过考核合格后，方可上岗。必须严禁无证操作（或驾驶）现象的发生。

（4）建立健全一套科学的管理制度。

现代物流企业要针对设备的不同特点和要求，建立各项管理制度、规章制度和责任制度等。如持证上岗制、安全操作规程、操作人员岗位责任制、定人定机制、定期检查维护制、交接班制度以及设备档案制度等。

知识链接9-1

某公司叉车管理制度

为规范企业管理，做好生产安全工作，特制订本制度。

一、安全管理

（1）定期对叉车司机进行安全教育（每周一次）。

（2）操作者必须持证上岗，严格执行《安全操作规程》，并对驾驶员进行年审，对叉车进行年检，在得到合格确认后方可继续驾驶和使用叉车。

（3）严格按公司机动车驾驶要求执行。

（4）每天做好叉车的点检工作（按点检表进行）保持叉车良好的工作状态。

二、维修、保养管理

（1）每周对车辆进行2次清洗，并检查油、电、刹车系统是否正常，定期更换齿轮油、更换液压油、电池充电、水箱加水。

（2）发现故障时由专人进行检修，如若不能排除故障，才通知制造商或专业维修厂来进行维修，并做好记录。

三、叉车维修、平时停放的定置管理

（1）叉车维修必须在比较安全的位置进行（如车槽）。

（2）叉车的备用轮胎必须定置存放，应放置在方便取用和安全的地方。

(3) 下班后叉车的停放必须离开作业区域和仓库，尽可能不要露天放置并切断电源，拉上手刹，如场地不平则必须在车轮底下垫上三角垫木，以确保车辆不发生滑行，以免发生安全事故。

四、叉车交接

(1) 不同班次，上下班时必须进行交接，填写交接表，让下一班人员知道叉车的状态，以确保安全。

(2) 同班次不同叉车司机交接使用叉车时，必须进行口头交接，以确保安全。

(3) 故障车维修完毕，维修人员与叉车司机必须进行交接，叉车司机进行试车，确认故障已排除后方可接车。

五、创造良好的设备作业条件和环境

保持设备作业条件和环境的整齐、清洁，并根据设备本身的结构、性能等特点，安装必要的防护、防潮、防尘、防腐、防冻、防锈等装置。有条件的还应该配备必要的测量、检验、控制、分析以及保险用的仪器、仪表、安全保护装置。这对精密、复杂、贵重设备尤为重要。

2. 设备的保养

设备在使用过程中，会产生技术状态的不断变化，不可避免地出现摩擦、零件松动、声响异常等不正常现象。这些都是设备故障隐患，如果不及时处理和解决，就会造成设备的过早磨损，甚至酿成严重事故。因此，只有做好设备的保养与维护工作，及时处理好技术状态变化引起的事故隐患，随时改善设备的使用情况，才能保证设备的正常运转，延长其使用寿命。

设备的保养维护应遵循设备自身运动的客观要求。其主要内容包括：清洁、润滑、紧固、调整、防腐等。目前，实行的比较普遍的是“三级保养制”，即日常保养、一级保养和二级保养。

(1) 日常保养。日常保养由操作人员每天对设备进行的物理性保养。主要内容有：班前班后检查、擦拭、润滑设备的各个部位，使设备经常保持清洁润滑；操作过程中认真检查设备运转情况，及时排除细小故障，并认真做好交接班记录。

(2) 一级保养。一级保养是以操作人员为主，维修人员为辅，对设备进行局部和重点拆卸、检查，清洗有关部位，疏通油路，调整各部位配合间隙，紧固各部位等。

(3) 二级保养。二级保养是以维修人员为主，操作人员参加，对设备进行部分解体检查和修理，更换或修复磨损件，对润滑系统清洗、换油，对电气系统检查、修理，局部恢复精度，满足物流作业要求。

此外，物流企业在实施设备保养制度的过程中，应该对那些已运转到规定期限的重点和关键设备，不管其技术状态好坏，作业任务缓急，都必须按保养作业范围和要求进行检查和保养，以确保这类设备运转的正常和具有足够的精确度、稳定性。

知识链接9-2

货运车辆维修保养注意事项

货运车辆的保养非常重要，它会直接影响车辆的使用寿命，并间接影响车辆的安全保障。对此，我们特别整理了保养卡车的几大注意事项，与卡车司机一起分享：

将车开到一个相对平坦的地方，停稳后检查机油是否在油尺刻度的上限，同时一定要注意发动机底部不要漏油。

启动前要检查水箱中的水是否加满。为避免发动机水温过高，最好使用防冻液，这样也可以清除水垢。别忘记加满玻璃清洁剂，万一路上遇到下雨，清洁玻璃是必不可少的。

看一看刹车油的油面是否在油罐的中高位置，油色应十分清澈，要是发黑就应趁早更换。启动发动机，听喇叭声音是否正常。打开雨刷器，同时检查几个挡位速度是否正常。调整轮胎和备用胎的气压。检查灯光，从车外的大灯、示宽灯、雾灯、刹车灯、牌照灯到倒车灯等都应仔细检查。

资料来源：http：//www. lianhe56. com.

9.2.2　企业设备的检查和修理

1. 企业设备的检查

现代企业的设备检查是指对设备的运行情况、技术状态和工作稳定性等进行检查和校验，它是设备维修中的一个重要环节。

通过对设备的检查，可以全面掌握设备技术状态的变化和磨损情况，及时发现并消除设备的缺陷和隐患，找出设备管理中存在的问题，并对设备是否需要进行技术改造或更新提供可靠的技术资料和数据。

设备的点检制度，是一种现代先进的设备检查制度，“点”，即设备的关键部位或薄弱环节，“点检”，即是对设备的这些“点”进行经常性检查和重点控制。

实行点检制度，能使设备隐患和异常及时得到发现和解决，保证设备经常处于良好的状态。同时，减少设备维修的盲目性和被动性，掌握主动权，提高设备完好率和利用率，提高设备维修质量及总体效益。

设备点检可分为日常点检、定期点检、专项点检三类。

（1）日常点检。日常点检是由操作工人按规定标准，以五官感觉为主，每日对设备的关键部位进行技术状态检查和监视，了解设备在运行中的声音、动作、振动、温度、压力等是否正常，并对设备进行必要的维护和调整，检查结果记入日常点检卡中。

日常点检的作业内容比较简单，作业时间也较短，一般可在设备运行中进行。

（2）定期点检。定期点检的作业周期通常有半月、一个月、数月不等。定期点检由设备维修人员和专业检查人员根据点检卡的要求，凭感官和（或）仪器，定期对设备的技术状态进行全面检查和测定。

定期点检的检查作业，除了包括日常点检的工作外，主要是测定设备的劣化程度、精度和功能参数，查明设备异常的原因，记录下次检修时应消除的缺陷。定期点检的主要目的是确认设备的缺陷和隐患，定期掌握设备的劣化状态，为进行精度调整和安排修理提供依据。

（3）专项点检。专项点检是有针对性地对设备某些特定项目的检测，要使用专用仪器工具，在设备运行中进行。

（4）设备点检的实施。实施设备点检包括以下各项工作：

①确定点检点及点检路线。进行点检时首先需要确定检查哪些部位，每一个部位所要检查的项目以及检查各部位的顺序和路线。

为了防止漏检，通常规定出具体检查的顺序路线，还可以绘制出点检流程图，逐点检查。

检查项目就是各检查部位所要检查的内容，如将传动带定为检查点，其检查项目就应包括皮带老化情况、声响、张紧度等。确定检查项目时，还应考虑点检人员技术水平和检测工具配套情况等。

值得注意的是，随着设备使用时间的推移，有些寿命期较长的零件也开始劣化。因此，不同时间的点检，检查点也不尽相同。但每次点检的检查点一经确定，就不应随意更改。

②确定点检的方法和条件。根据点检的要求，确定各检查项目所采用的方法和作用条件，是用感官还是用检测仪器，是停机检查还是运行中检查等，检查方法和条件形成规范化的程序，一般不轻易改动。

③制定点检的判断标准。确定各检查部位及项目是否正常的判断标准，例如磨损量、偏角、压力、水温、油温等数量界限等，判定标准要明确地附在检查项目表内。

④确定点检周期。根据设备实际情况制定点检周期。

⑤确定点检人员并做好培训工作。所有检查任务都要确定点检的执行者和负责人。日常点检通常由操作人员负责，定期和专项点检通常由专业点检人员、专业技术人员、维修技术人员等参加。

设备点检对专业点检人员要求很高，应具有相当的专业知识和实际工作经验，为了点检取得良好的效果，有必要对点检人员进行培训，使其明确自己的职责，并熟练掌握点检技能等。

⑥编制点检表。为了保证各项检查工作按期执行，需将该检查期的各检查点、项目、周期、方法、检查记录等制成固定的表格，即点检表，供检查人员使用。

详细记录的点检表，是设备技术状态和安全状况分析的原始记录，是设备维修和安全管理中最重要的原始资料。

知识链接9-3

某公司货运汽车维修保养、定期安全检查制度

一、实行定人、定车、定保养制度，驾驶员应经常对车辆进行清洗，保养，保持

车辆的干净，整洁，始终保持良好的运行状态。

二、驾驶员应在每天出车前或出车后，尤其是长途运输前必须对车辆安全技术状况进行检查，带病车辆坚决禁止营运，经检查安全性能良好方能出行。

三、营运车辆每月1—5日必须到公司指定修理厂进行安全检查，缺席一次罚款50～100元。

四、安检前必须保持车辆内干净，整洁，漆皮完整，车牌，门徽，警语，资质证以及行车证件齐全，车证相符。

五、必须依法购置车辆保险，保证合法有效，不能脱期，弄虚作假。

六、必须配备灭火器，枕木，防滑链，铁锹，随车工具等安全用具。

2. 企业设备的修理

设备在运转、使用过程中，往往由于磨损、断裂、老化或腐蚀，使设备的某一部位或某些零件损坏。设备的修理就是修复和更换损坏的部位或零件，使设备的效能得到恢复。设备的修理工作十分重要，尤其到了设备寿命周期的后期阶段尤为重要。

设备修理可以分为大修、中修、小修三类。

（1）小修。小修是指工作量最小的局部修理。它通常只需在设备所在地点更换和修复少量的磨损零件或调整设备、排除障碍，以保证设备能够正常运转。

（2）中修。中修是指更换与修理设备的主要零件和数量较多的各种磨损零件，中修需对设备进行部分解体，通常由专职维修人员在设备作业现场或机修车间内完成。

（3）大修。大修是维修工作中规模最大，花钱最多的一种设备维修方式，它是通过对设备的全部解体，修理耐用的部分，更换全部损坏的零件，修复所有不符合要求的零部件，全面消除缺陷，以使设备在大修理之后，达到或基本达到原设备的出厂标准。

设备大修后，设备管理部门应检查验收，合格后办理交接手续。大修一般是由专职检修人员进行。因为大修的工作量大、修理时间长、修理费用较高，所以进行大修之前要精心计划好。

在设备寿命周期内，对设备进行适度的大修理，一般在经济上是合理的。但是，长期无休止的大修理，却是不经济的。一方面，大修间隔期会随着修理次数的增加而缩小，另一方面，大修理的费用越来越高，从而使大修理的经济性逐渐降低，优越性不复存在，这时设备的整体更新将取而代之。

3. 企业设备的日常管理工作

设备的日常管理工作包括对设备进行分类、编号、登记以及调拨、事故处理、报废和日常养护等工作。

设备购进后，要根据设备的类别进行归类。然后进行编号，编号后进行逐项登记，即详细登记设备的名称、来源、生产单位、用途、技术参数及随主机附带的工具数量、安装地点等，并在使用过程中建立设备的技术档案制度。如果设备因故调出，则要在设备登记卡上详细记载设备的去向、所处状态、调出日期、交接地点及责任人等情况。

如果设备发生事故（或故障），操作人员和维修人员要分析事故（或故障）发生的原因，制定避免措施，并安排及时修复，使设备尽快恢复正常运转状态。

9.3 企业设备的更新和技术改造

9.3.1 企业设备的更新

1. 设备磨损的规律和补偿

（1）设备的磨损与补偿。

设备磨损分为有形磨损和无形磨损两种。

①设备的有形磨损。设备在使用（或闲置）过程中发生的实体磨损称为有形磨损。有形磨损又分为机械磨损和自然磨损。

机械磨损是指设备在使用过程中，由于设备零部件的摩擦、振动、疲劳和腐蚀，致使设备发生磨损或损坏。

自然磨损是设备在闲置过程中，由于自然环境的作用及管理维护不善而造成的。通常表现为设备锈蚀、材料老化、功能下降等。

有形磨损会使设备功能的下降，及燃料、动力等费用的增高，维修费用上升，物流损失（货损与货差）及设备停工损失增加等。设备的有形磨损会降低其使用价值。

②设备的无形磨损。无形磨损是由于技术进步引起的原有设备技术上的陈旧与贬值。它不是一般物理意义上的磨损，表现为设备原始价值的降低。

无形磨损根据形成的原因也可分为两类：由于技术进步而使生产同种设备成本降低，价格下降，导致原有设备价值降低，是第Ⅰ类无形磨损。这种无形磨损的后果，只是现有设备的原始价值贬值，设备本身的技术特性和功能并未发生变化，故不会影响现有设备的使用。

由于技术进步，市场上出现了性能更完善、效率更高、消耗原材料和能源更少的新型设备，而使原有设备在技术上相对陈旧落后，导致原有设备相对贬值，这是第Ⅱ类无形磨损。它不仅可以使原有设备相对贬值，而且由于生产出来的产品成本过高，会使原有设备局部或全部丧失其使用价值。第Ⅱ类无形磨损虽然使设备贬值，但这种磨损越大，表明社会技术进步越快。

③设备的综合磨损。设备在使用期内，既要遭受有形磨损，又要遭受无形磨损，所以设备所受的磨损是双重的、综合的。两种磨损都会引起设备原始价值的贬值。

④设备磨损的补偿。要维持企业生产的正常进行，必须对设备的磨损及时进行补偿。由于设备遭受的磨损形式不同，补偿磨损的方式也不一样。补偿分为局部补偿和完全补偿。

修理是对有形磨损和无形磨损的局部补偿；完全补偿的方式则是更新，即用新设备更换旧设备。

更新也有两种形式：一种是原型更新，即用结构、性能完全相同的新设备更换旧设备，这是对原有设备有形磨损的完全补偿。另一种是新型更新，即用结构更先进、技术更完善、效率更高、性能更好的新型设备更换旧设备，这是对第Ⅱ类无形磨损的完全补偿，也是技术进步的表现之一，是目前设备更新的主要方式。

设备的磨损与对应补偿方式如表 9-1 所示。

表 9-1　　**设备的磨损与对应补偿方式**

设备磨损的形式	补偿方式
机械磨损	修理
自然磨损	更新
第Ⅰ类无形磨损	不影响使用，不需要补偿
第Ⅱ类无形磨损	更新、技术改造

（2）设备磨损规律。设备的有形磨损规律大致可以分为三个阶段，如图 9-1 所示。

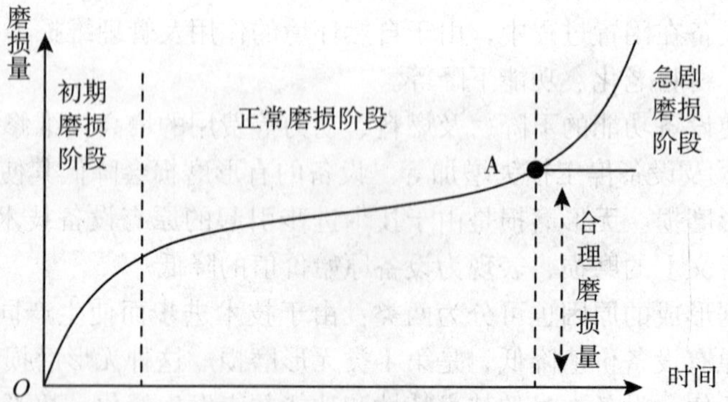

图 9-1　设备磨损规律示意图

第一个阶段：初期磨损阶段。又称磨合磨损阶段，或走合期。在这个阶段中，由于零件表面粗糙度、不平度等，在受力情况下迅速磨损，不同形状零件之间的相对运动也会发生的磨损。这个阶段的主要特点是设备磨损快，时间短。

第二个阶段：正常磨损阶段。此阶段设备磨损的速度比较平稳、磨损缓慢。这时设备处于最佳的技术状态，设备的生产率、运转的稳定性、精确性最有保证。

第三个阶段：急剧磨损阶段。当零件磨损超过一定限度（如图 9-1 中 A 点为正常磨损阶段的终点），磨损率急剧上升，以至设备的工作性能明显下降。这就要求停止设备使用、及时进行修理。

设备的磨损有一定的规律，不同设备各个磨损阶段的时间不同，即使是同一型号、同一规格的设备，由于使用和维修不同，其损坏的时间也不尽相同。因此，掌握了设备的磨损规律，在磨损的不同阶段给予不同的养护和维修，就能使企业设备经常保持良好的技术状态。

2. 设备的更新决策

对一台物流设备来说，应不应该更新？应在什么时候更新？应该用什么样的设备来更新？这主要取决于更新的经济效果。适时更新设备，既能促进企业技术进步，加速经济增长，又能节约资源，提高经济效益。下面将分别介绍设备的两种不同更新类型的决策方法。

（1）原型设备更新的决策。

原型设备更新问题，可以通过分析设备的经济寿命进行更新决策，即在设备年平均费用最小时更新是最经济的。也就是说，原型设备更新问题也就是计算设备经济寿命问题。计算设备经济寿命的方法有低劣化数值法、面值法等。

（2）新型设备更新的最佳时机选择。

当市场上出现同类功能的新型设备时，选择旧设备的合理使用年限的原则是：当旧设备再继续使用一年的年费用（即旧设备的年边际成本）超过新型设备的最小年费用时，就应该立即更新。

案例分析9-1

某物流配送中心有旧叉车一台，若要现在出售，预计市场价格为40000元，并估计还可以继续使用4年。目前市场上出现的新型叉车的价格为100000元。两种叉车的年经营费用及残值如表9-2所示，旧叉车的合理使用年限是多少呢？

表9-2 旧叉车与新型叉车的年经营费用及残值 （单位：元）

使用年限	旧叉车			新叉车		
	年经营费	残值	年总费用	年经营费	残值	年总费用
1	30000	30000	44000	20000	75000	55000
2	35000	20000	45905	22500	56200	52050
3	40000	10000	47744	26000	43000	49862
4	45000	0	49528	29600	33000	48583
5				34000	21000	48697
6				38500	10000	46159
7				50000	1000	46458

从表9-2中旧叉车与新型叉车年费用可以看出，旧叉车使用3年时年费用超过了新型叉车的最小年费用，即47744元>46159元，因此，旧叉车的合理使用年限为2年，说明旧叉车只能再使用2年就应该更换为新型叉车。

9.3.2　设备的技术改造

物流设备改造是根据物流作业的需要，用现代科技和先进经验，对设备进行局部革新、改造，以改善设备性能，提高使用性能和设备的技术水平。

1. 设备改造的主要内容

①改造或更新设备的动力装置。
②加装节能装置或改善耗能装置，降低能耗。
③增加安全装置或改造原机结构，提高设备安全性和环保性。
④改造或增加必要装置，扩充设备功能。
⑤对设备薄弱环节进行改造，提高可靠性和耐用性等。
⑥改进原机结构，更换某些装置或总成，统一机型，以利于维修和配件供应。

2. 设备改造应注重以下四个方面

①提高物流效率和服务质量。设备经过改造后，要使原设备的使用性能和技术性能得到改善，提高效率或增加功能，使之达到或局部达到新设备的水平，满足物流运作的要求。

②提高设备运行安全性。提高设备对人身、物品的安全性，应进行针对性改造，防止人身伤亡、货物毁损事故的发生，确保安全。

③节约能源。通过设备的技术改造提高能源的利用率，大幅度地节电、节煤、节水，在短期内收回设备改造投入的资金。

④保护环境。有些物流设备对生产环境乃至社会环境造成较大污染，如粉尘污染、噪声污染等。要积极进行设备改造，消除或减少污染，保护环境。

3. 设备改造的优点

与更换新设备相比，设备改造的优点有：设备改造是在原有设备的基础上来提高设备的性能，大大节约了投资。某些设备改造的周期短，比重新设计、制造或购置新设备所需时间短，见效快。设备改造的针对性和适应性较强，方便解决实际问题，需要什么就改什么，需要改到什么程度就改到什么程度，由企业自己决定。对进口设备的国产化改造和对闲置设备的技术改造，也有利于降低修理费用和提高资产利用率。

案例分析9-2

输送机的技术改造

某煤矿是20世纪80年代初建成投产的矿井，原煤输送一直采用DX4型强力胶带机。随着原煤产量逐年提高，原煤运输环节的瓶颈问题逐渐凸显出来，为此，决定对输送机进行技术改造。他们采取加大功率、提高带速（改造驱动和控制单元）等方式对胶带机进行技术改造。

分析：改造内容包括：（1）将原来 2×500kW 两机拖动改为 3×500kW 三机拖动，带速由 2.5m/s 提升至 3.15m/s。（2）更换强力胶带，带强由 2000N/mm 提高到 2500N/mm。（3）改造原电控系统。通过改造，使该矿井在短短 10 天之内，实现了使运输能力的大大提升。

知识掌握

□ 阅读理解

（1）设备管理的含义及特点？

（2）设备保养的类型和作用分别是什么？

（3）简述设备点检的含义和步骤。

（4）设备的磨损形式有哪些？分别采用什么样的补偿方式？

（5）与更换新设备相比，设备技术改造有哪些优点？

□判断题

（1）企业要建立一套科学的设备管理制度，如持证上岗、安全操作规程、操作人员岗位责任制等。(　　)

（2）设备在使用期内，既要遭受有形磨损，又要遭受无形磨损，所以设备所受的磨损是双重的、综合的。(　　)

（3）一般来说设备改造比更新成本更高。(　　)

（4）当零件磨损超过一定限度，正常磨损关系被破坏，磨损率急剧上升，以至设备的工作性能明显下降。(　　)

（5）设备更新有两种类型：一种是原型设备更新，另一种是新型设备更新。(　　)

□选择题

（1）在设备的技术管理和经济管理中，用于记录设备管理和技术活动以及经济核算，并明确管理各方责任的书面证明的是(　　)。

A. 凭证管理　B. 数据管理　C. 定额管理

（2）不属于基础设施状况的是(　　)。

A. 是否靠近交通主干道　B. 该处地形平坦　C. 水、电、通信等公共设施齐备

（3）以维修人员为主，对设备进行部分解体检查和修理，更换或修复磨损件的保养是（　）保养。

A. 日常　B. 一级　C. 二级

（4）物流企业的设备在使用过程中发生的实体磨损称为(　　)。

A. 无形磨损　B. 有形磨损　C. 综合磨损

（5）由操作工人按规定，以五官感觉为主，每日对设备的关键部位进行的检查是(　　)。

A. 人工点检　B. 日常点检　C. 定期点检

知识应用

□ 技能题

查阅资料，结合所学的知识，总结企业常用货运车辆的类型、企业的车辆管理制度、车辆保养的方法、技巧，写一篇1000字左右关于企业货运车辆管理的体会。

实训目的：要求学生了解典型企业设备——货运车辆的类型、企业的车辆管理制度、车辆保养方法等。

实训要求：多查阅资料，如专业书籍、杂志以及知名网站，认真思考和分析，结合所学知识写体会。

□案例分析

安达物流公司设施与设备管理的改进

安达物流公司位于我国中部地区，是一家由传统的物资储运公司发展起来的物流公司，公司成立于20世纪80年代，主要以仓库库位出租为核心业务，此外还提供运输、装车、卸车、对货品进行贴标、换包装、简单加工（如分包、重新组合包装、简单装配等）等流通加工服务。

该公司目前在职员工约40名。包括5名管理人员，10名左右的叉车工人和搬运工人，另外还有客户服务人员、仓库管理员、运输司机、勤杂人员（含门卫和设备检修人员）等20多人。

公司仓库占地有3000多平方米，仓库内部储存区有立体货架区、托盘货架区、还有地面堆垛区。仓库内部主要布局如图9-2所示。

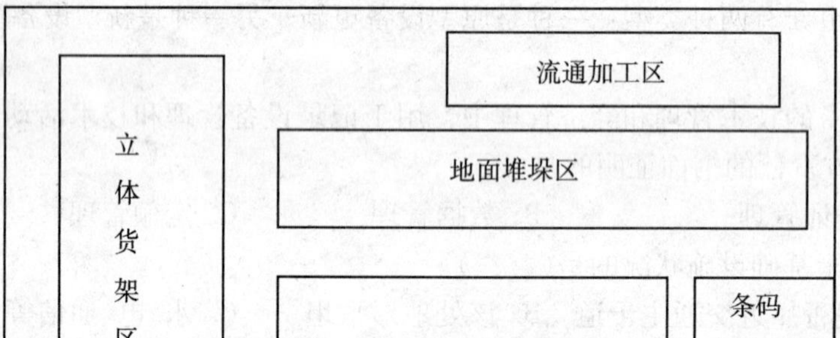

图9-2　仓库内部布局图

该仓库作业流程如图9-3所示。

该仓库以托盘为主要储存和搬运单元，立体货架区用1台巷道式堆垛机存取物

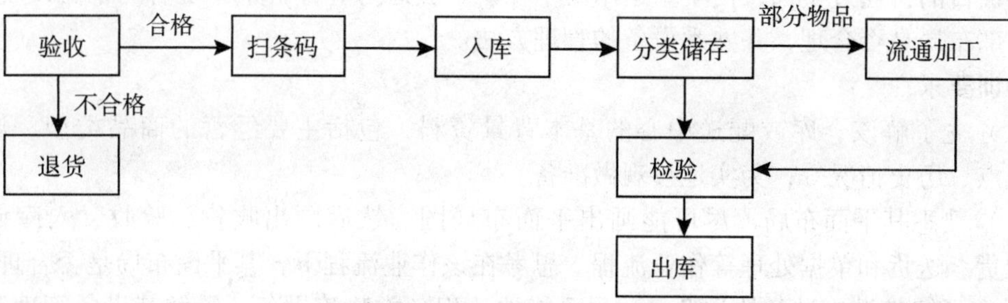

图 9-3 作业流程图

品。用叉车和地牛进行进出库搬运和库内搬运，少量采用手工搬运。车辆停靠的月台有十多个车位，适合于中小型厢式货车的快速装卸作业。公司自有运输车辆5辆。

公司的固定资产超过8000万元，而每年的利润却不到500万元，仓库收入太低，员工工资较低，导致仓库区工作人员士气不佳，服务意识、服务品质也有待提高。

随着我国现代物流的快速发展，该公司也希望向现代物流企业转变。希望大幅度扩大业务量，并提供更多增值服务，增加公司盈利，改善公司管理现状，提高士气。

在仓库设施与设备管理方面，该公司主要存在以下几个方面的问题：

(1) 仓库内部布局不合理，造成长距离的搬运。并且库内作业流程混乱，形成重复搬运，大约有70%的无效搬运，这种过多的搬运次数，损坏了商品，也浪费了时间。

(2) 由于进出库的搬运设备的现代化程度低，只有几个半旧的叉车和地牛，部分作业仍处于人工作业的原始状态，工作效率低，花费时间长，且易损坏物品，成为扩大业务量的瓶颈。

(3) 设备管理方面，在计划经济体制下形成的就设备管设备的陈旧观念和消防式、跟着故障跑的被动检修方式，设备（包括货运车辆、叉车、堆垛机等）故障率高，技术状况下降，设备维修费大幅上升，严重制约了公司生存发展。仓库的立体货架区自购置安装后，一直都未充分利用，员工对设备使用技能不熟练，设备故障率高，导致储位空置率高。

问题：面对上述主要问题，该公司应该怎样改进呢？

分析提示：

该公司有以下解决方法：(1) 首先理清作业流程，使其简化、顺畅。(2) 要改善进出库的装卸作业，必须根据作业量和作业内容，合理地配置设备的种类、数量。(3) 设备管理方面，只有实现全员参与设备管理，全方位落实设备管理责任，全过程自主维修，才能从根本上解决设备管理存在的深层次问题，提高设备综合管理水平和企业经济效益。

□综合实训

实训目的：通过实训，使学生运用所学知识，去思考和评价某些现有的物流设施的选址、内部布局是否合理，并熟悉设备的管理方法。

实训要求：

（1）先了解该仓库或配送中心的基本背景资料，包括主要经营的商品类型、规模、选址地点、历史情况等，为实地参观做准备。

（2）熟悉其平面布局，尽可能画出平面布局图。然后画出收货、验收、入库储存、拣选配货、送货和单据处理等作业流程。思考在该作业流程下，其平面布局是否合理。

（3）了解其设施设备的类型，并尽可能地认识各类物流设备，了解其设备管理制度，多向现场工作人员请教。分组讨论其在设备管理制度上有哪些优点和缺点，有哪些可以改进的地方。

（4）整个实训过程，要求学生认真细致地思考，能提出自己的看法。

背景资料1：捷迅物流配送中心专门为某网上商城提供仓储、配送服务。顾客在网上订购商品后，由捷迅物流配送中心负责湖北及周边省市的配送。

该配送中心建立之初，有3处地址可供选择，各地址的主要费用和多种影响因素的评价以及它们的权重如表9-3所示，试用因素评分法选择最佳地址。

表9-3　**选址因素比较表**

地址	地价（万元）	运输费用（万元）	能源费用（万元）	交通条件	劳动力条件	公共设施状况	周边状况
A	5000	150	180	一般	很好	很好	一般
B	3000	200	210	很好	较好	很好	较好
C	1000	180	250	较好	一般	一般	很好
权重	0.2	0.15	0.15	0.2	0.1	0.1	0.1

背景资料2：该配送中心作业时使用设备情况如下。

（1）商品入库。

进货验收后，用手持终端扫描该商品的条码，并用WMS（仓库管理系统）进行登记，同时发出是否能入库的指示。如果可以入库时，工作人员将货物堆放在空托盘上，并扫描该托盘的条码进行登记。

在入库登记处理后，工作人员用手动叉车或电动叉车将货物搬运至货架储存。货架有托盘货架和普通的层格式货架。

（2）商品拣选。拣选人员用手动叉车、手推车以及周转箱，根据订单进行拣选和配货。

（3）商品包装。拣选结束后，进行合适的包装，有两台半自动打包机负责打包。

（4）商品配送。包装完成后，分类送到等待运输的车辆上进行配送。

该公司在设备的使用中，很注重设备安全性能的检测和维修，实施了“以点检制度为核心的设备管理模式”，希望将故障消灭在萌芽阶段。但是由于实施点检的人员多是操作人员，对设备的技术不够熟悉，因此经常不能及时发现故障隐患。

该公司还实施了设备的日常管理制度，如在使用过程中建立设备的技术档案以及操作人员的交接班制度。但通常在设备发生故障后，存在多个操作人员都不愿承担责任的情况，因不能及时找到责任人，导致修理拖延时间长，设备使用效率低。

为提高物流效率，2010 年该公司购买了一套自动分拣设备。但是购买后发现由于规模、技术等原因不能有效使用，出现了手工分拣成本低于自动分拣成本的情况。因此，该设备被闲置起来。

请说出该配送中心所使用到的物流设备的类型，针对该公司物流设备管理的现状，根据所学知识进行分析，并提出措施。

第十章　项目管理

学习目标

◎了解项目及项目管理的概念和特点，网络计划技术的特点，了解网络图的优化；
◎明确项目管理的主要内容；
◎熟知项目计划管理的常用方法，常用的项目管理组织结构及优缺点；
◎掌握简单网络图的绘制，计算时间参数，确定关键路线。

技能目标

◎能绘制甘特图、网络图，计算关键路线；
◎利用网络图进行资源和成本优化。

引例

某汽车公司的项目管理

在产品研发的过程中，某汽车公司特别强调项目管理。“项目的特性是要有比较大的投入，这就对项目立项过程、分解、预算以及进度状态节点的管控等提出了非常高的要求。”该公司老总指出。

项目管理系统建设启动伊始，团队就意识到就研发部门的项目管理而言，每家都有其特殊的管控方式。“我们引进这个概念是在探索管理流程、理念和方法层面上，实际上也是在不断变化的。”为了适应变化的多样性，该公司引进了一套比较完整的项目管理平台，它的主要功能是可以针对管控的流程不断地做出调整。最初，对项目管理平台的选择也使老总及其团队颇费周折。老总意识到，从系统角度来讲，考量一个项目管理平台主要有两个角度：其一是广度，“管一个班子是项目管理，管一个企业也是项目管理，如果放到整个价值链上，从企业外的上游段、一级零部件厂商，甚至两级零部件厂商，一直到下游端、售后服务的反馈，这是一个业务的广度”；其二是业务垂直的深度，这主要包括从单次人工合并，到车型预算开始，到最后的管控和结算。

最初，该公司的项目管理平台是以研发院为主线建设，而研发院又比较侧重于过程的管理，于是老总及其同事逐渐加入了财务、规划、采购的前期质量控制，这样就从不同维度和层面把管理丰富了。其实，项目管理最重要的一件事情是预算的管理，如果企业要想知道钱花在什么地方，那么每一步流程的管控必须相当到位。正如该公司老总所言：“这样有两个好处，一个是在精细化的项目管理里面，可以极大地提升协调的效率；此外是把整个项目的流程、管控模式标准化的时候，就能够很好地对投资做出预算。”

该公司的研发过程工作分解会越来越细。以前的研发项目层主要是管理三大模块，每个模块再打探下去，从而可以把管控的力度最小单元化，这个过程甚至牵涉到一些跨部门协作的问题。对于项目管理系统而言，这也是一个需要不断摸索的过程，管得太粗会有漏洞，管得太细也不行。

从整体来看，有效监控研发过程和协调资源对研发过程至关重要，这样就可以把进度慢的资源调整到进度快的地方。而如果每个单元都是按照这个来设计的话，那么研发的效率就会得到大幅提升。

这一案例表明：在进行项目管理时，首先要认识到项目管理的重要性，明确该如何做好项目管理；其次要有项目管理的计划；最后要熟知项目管理的内容以及使用正确的项目管理的方法。

10.1 项目管理概述

项目管理普遍存在于社会经济生活中，2010 年上海举办的世界博览会就是一项宏伟的项目，为了保证世博会的成功举办，就要在场馆、交通设施、通信等一系列方面进行周密的规划和建设。从企业开发一个新产品、一个管理信息系统的实施，到我国发射的载人宇宙飞船、长江三峡工程的建造，项目管理涉及社会的方方面面。

10.1.1 项目概述

1. 项目的概念

项目是指一系列独特的、复杂的并相互关联的活动，这些活动有着一个明确的目标或目的，必须在特定的时间、预算、资源限定内，依据规范完成。项目参数包括项目范围、质量、成本、时间、资源。鲁布革水电工程、长江三峡工程，以及美国的曼哈顿计划、阿波罗登月计划都是项目的例子。从生产类型上划分，项目也是一种单件生产。但它与一般单件生产有不同之处。其特点是规模大，耗资多，参加的单位多，没有或很少有经验可借鉴，管理十分复杂。如举世闻名的长江三峡工程，是一个解决防洪、发电、航运、调水等多功能、多目标协调运行的巨型复杂工程。它的主体工程的工程量为：土石方开挖 1.02 亿立方米，填筑 2933 万立方米，混凝土 2715 万立方米，钢材 28.08 万吨，钢筋 35.43 万吨。按 1993 年 5 月末价格计算，枢纽工程静态投资为 500.9 亿元。工程分三期施工，持续 17 年。施工准备和第一期工期 5 年，第二期 6 年，第三期 6 年。

2. 项目的类型

在社会经济生活中，项目普遍存在，依据不同的标准，可将项目划分为不同类型。

（1）按项目所涉及的行业，可将项目分为科研项目、教育项目、农业项目、工业项目、社会福利项目等。科研项目包括基础研究、应用研究和开发研究项目。教育项目包括人才培育、教育基地的建设、教材的编写等。农业项目包括良种的改良和培育、农业机械化的实施、水利设施的建造等。工业项目可以是工厂的改扩建、设备的生产或改造、新产品的开发。社会福利项目可以是建造一所医院，开办一所福利院等。

（2）按项目涉及的各种资源的规模，又可将项目划分为大型项目、中型项目和小型项目。大型项目一般所需投入的资源多，花费的时间长，有时甚至要动员整个社会的资源，才能完成，例如两弹一星、南水北调等。小型项目所需的人、财、物相对要少很多，完成的时间短，在一个企业内部就可完成。

（3）按项目的复杂程度，可将项目划分为复杂项目和简单项目。简单项目涉及的部门少、所需的各种资源有限、技术简单、水平低，项目的组织和管理较为容易。而复杂项目涉及的部门多、所需的资源巨大、技术复杂水平高、项目的管理和组织较为复杂。

3. 项目的特性

（1）一次性。一次性是项目与其他重复性运行或操作工作最大的区别。项目有明确的起点和终点，没有可以完全照搬的先例，也不会有完全相同的复制。项目的其他属性也是从这一主要的特征衍生出来的。

（2）独特性。每个项目都是独特的。或者其提供的产品或服务有自身的特点；或者其提供的产品或服务与其他项目类似，然而其时间和地点，内部和外部的环境，自然和社会条件有别于其他项目，因此项目的过程总是独一无二的。

（3）目标的确定性。项目必须有确定的目标：①时间性目标，如在规定的时段内或规定的时点之前完成；②成果性目标，如提供某种规定的产品或服务；③约束性目标，如不超过规定的资源限制；④其他需满足的要求，包括必须满足的要求和尽量满足的要求。

目标的确定性允许有一个变动的幅度，也就是可以修改。不过一旦项目目标发生实质性变化，它就不再是原来的项目了，而将产生一个新的项目。

（4）活动的整体性。项目中的一切活动都是相关联的，构成一个整体。多余的活动是不必要的，缺少某些活动必将损害项目目标的实现。

（5）组织的临时性和开放性。项目班子在项目的全过程中，其人数、成员、职责是在不断变化的。某些项目班子的成员是借调来的，项目终结时班子要解散，人员要转移。

参与项目的组织往往有多个，多数为矩阵组织，甚至几十个或更多。它们通过协议或合同以及其他的社会关系组织到一起，在项目的不同时段不同程度地介入项目活动。可以说，项目组织没有严格的边界，是临时性的、开放性的。这一点与一般企、事业单位和政府机构组织很不一样。

（6）成果的不可挽回性。项目的一次性属性决定了项目不同于其他事情可以试做，做坏了可以重来；也不同于生产批量产品，合格率达99.99%是很好的了。项目在一定条件下启动，一旦失败就永远失去了重新进行原项目的机会。项目相对于运作有较大的不确定性和风险。

10.1.2　项目管理概述

1. 项目管理的含义

项目管理（Project Management，PM）就是项目的管理者，在有限的资源约束下，运用系统的观点、方法和理论，对项目涉及的全部工作进行有效的管理。即从项目的投资决策开始到项目结束的全过程进行计划、组织、指挥、协调、控制和评价，以实现项目的目标。

知识链接10-1

项目管理的重要性

项目管理是一项十分复杂的系统工程，不论是项目的立项、论证、咨询、设计，还是项目的批准、施工、投产、运营以及以后的改造、更新、报废，都是一个不断发展、变化的系统，需要多学科、多部门、多地区、多技术相互协调。

一个项目管理得好，可以带来显著的经济效益和社会效益；反之，管理得不好，就会带来社会财富的巨大浪费，甚至带来灾难性后果。

2. 项目管理的目标

项目管理一般涉及三个主要目标：质量、费用和进度，以较低的费用、较短的时间完成高质量的项目。

（1）质量。“百年大计，质量第一”，质量是项目的生命。如果一项大型工程项目的质量好，就可以福泽子孙，功在千秋；如果质量差，不仅会造成经济上的重大损失，而且会贻误子孙，祸及后世。

（2）费用。项目的费用包括直接费用和间接费用的总和。项目管理者的工作就是通过合理组织项目的施工，控制各项费用支出，使之不要超出项目的预算。值得指出的是，要注意控制项目的寿命周期费用，它包括研制费、建设费和运行（使用）费三大部分。对一般项目而言，这三部分的费用的比例大致为1∶3∶6。从总体考虑，大头在运行费上。因此，不能单纯追求研制和建设费用最低，忽视运行费用。

(3) 进度。项目的进度控制是项目管理的核心内容。项目的完工期限一旦确定下来，项目经理的任务就是要以此为目标，通过控制各项活动的进度，确保整个项目按期完成。在进行项目的进度控制时，项目经理需要采用网络计划技术，进行科学管理。

不同的项目具有具体的各种目标，但质量、费用和进度对所有项目都很重要，但在不同的情况下，在不同的项目阶段和子系统中，目标会有所侧重，项目的质量、进度和费用常常会发生冲突，在处理这三者的关系时，要以质量为中心，通过科学的计划统筹，实现三大目标之间的优化组合。

知识链接10-2

项目管理中的控制

项目管理试图获得对时间、成本、质量、范围和风险五个变量的控制，有三个变量可以由内部或者外部的客户提供，其余的变量则由项目经理理想地基于一些可靠的估计技术来设定。这些变量的最终的值还需要由项目管理人员与客户协商确定。通常，时间、成本、质量和范围将以合同的方式固定下来。

为了从项目开始到自然结束的整个过程中保持控制。项目经理需要使用各种不同的技术：如项目策划、净值管理、风险管理、进度计划和过程改进等。

项目控制概念的进一步发展是融合了基于过程的管理。这个领域由成熟度模型的使用而得以发展，如CMM（能力成熟度模型）和ISO/IEC15504（SPICE-软件过程改进和能力决断）。这两种模式已经被世界范围内的组织成功地应用，以更好地管理项目。为了提高估计的紧缺度，降低成本和预防缺陷，CMMI被广泛用于美国和澳大利亚的国防工业及其分包商，SPICE在欧洲的私人部门的使用正在增长。

3. 项目管理的流程

项目管理包含五个阶段的管理。

(1) 项目启动：启动项目，包括发起项目，授权启动项目，任命项目经理，组建项目团队，确定项目利益相关者。

(2) 项目策划：包括制订项目计划，确定项目范围，配置项目人力资源，制订项目风险管理计划，编制项目预算表，确定项目预算表，制订项目质量保证计划，确定项目沟通计划，制订采购计划。

(3) 项目执行：当项目启动和策划中要求的前期条件具备时，项目即开始执行。

(4) 项目监测：包括实施项目，跟踪项目，控制项目。

(5) 项目完成：也叫收尾项目，包括项目移交评审，项目合同收尾，项目行政收尾。

不是每个项目都必须经过以上每一个阶段，因为有些项目可能会在达到完成阶段之前被停止。有些项目不需要策划或者监测。

4. 项目管理组织

项目管理组织是为了完成特定项目任务而由不同部门、不同专业人员所组成的一个特别工作组织。它的机构可以很小，也可以很庞大。对一般的中小型项目来说，团队应是首选的工作方式，而对较大或很复杂的项目，则需要采取矩阵结构的组织形式。

团队工作方式的基本思想是全员参与，调动每个人的积极性和创造性，使工作效果尽可能好。它通常是为了完成某项特定任务，由来自不同部门或班组的人员组成一个小组。在小组内部，每个成员的工作任务、方法和进度等都可以自行决定。一般来说，小组成员的素质、技能都较高，工作内容智能性也较强。由于摆脱了传统管理模式中的众多从属关系，管理层次大大减少，小组的自主性得到增强，所以，团队的工作效率一般很高。矩阵组织是一种项目—职能混合结构，相当于一个具有水平关系、垂直关系和对角线关系的网络。典型的矩阵组织结构如图 10-1 所示。

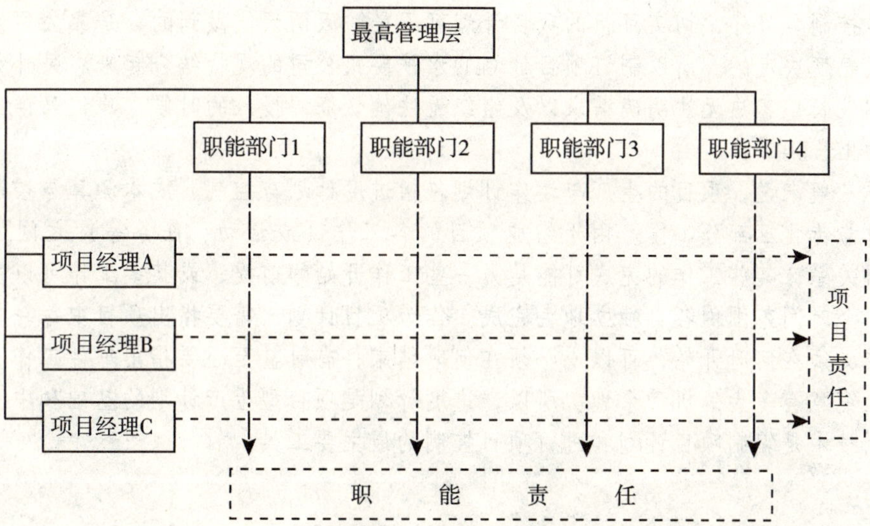

图 10-1 矩阵组织结构

在矩阵组织中，每个项目经理要直接向最高管理层负责，并由最高管理层授权。而职能部门则对各种资源做出合理分配和有效的控制调度。项目经理在项目活动的内容和时间方面对职能部门行使权力，而各职能部门负责人则需决定“如何”支持项目工作，他们既要对其直线上司负责，也要对项目经理负责。由于矩阵组织中的职权以纵向、横向和斜向在一个公司里流动，因此在任何一个项目的管理中，都需要有项目经理与职能部门负责人的共同协作。这是项目管理效率高低的关键。

虽然团队和矩阵方式有很多优点，但在实际工作中也不能一概套用。除了项目本身以外，对参与员工的素质和组织者要求较高是它的实施要点，而能否建立起健康有效的企业文化则是其深层次的主要问题。

5. 项目计划管理

小思考10-1

如何制订切实可行的项目计划

下面是一个同志的困惑，你能解答吗？

“我所从事的是一通信公司研发项目管理工作，主要是对公司所有项目进行管理，当然不是像项目经理那样管理到位，我想知道，项目经理在制订项目计划的时候，应该怎样做？因为我感觉目前手中的项目计划很难做到过程控制，在进度跟踪中没有明确的考核标准，项目计划有点形同虚设，希望各位大师不吝指教！”

答：制订项目计划要运用一些成熟的计划技术，比如网络计划技术，对关键路线实施控制。另外，切实可行的项目计划可不是一天两天能做到的，是靠公司组织的管理成熟度决定的。所以制订项目计划的水平要跟公司的现状结合起来。另外如果项目周期较长，客户无法明确需求以及组织无法确认资源投入的时候，建议只详细策划最近的里程碑工作。

一般来说，项目的生产与运作计划包括进度计划与控制、成本测算与控制和资源安排与优化三部分工作。由于组成项目的各工作（或活动、任务等）之间往往具有逻辑关系，某些工作的完成可能是另一些工作开始的前提，或某些工作可以被安排在同一个时间范围内各自独立地去完成。作为项目计划，需要指出项目中每一件工作可以或必须在何时开始，可以或必须在何时结束，有时甚至还要指出每件工作在时间安排上究竟有多大的机动余地。所以，进度计划是项目型生产计划的基础和中心。网络计划技术是编制项目计划和进行项目控制的最主要工具。

10.2 网络计划技术

10.2.1 网络计划技术及其基本原理

1. 网络计划技术与原理

网络计划技术是指许多相互联系与相互制约的活动（作业或工序）所需资源与时间及其顺序安排的一种网络状计划方法。它的基本原理是：利用网络图表示一项计划任务的进度安排和各项活动之间的相互关系；在此基础上进行网络分析，计算网络时间，确定关键路线；利用时差，不断改进网络计划，求得工期、资源和成本的优化方案。网络计划技术主要适用于单件小批生产、新产品试制、设备维修、建筑工程等。其优点是能缩短工期、降低成本、提高效益。

应用网络计划方法可以解决的问题包括：完成项目需要多长时间，每项活动应该计划在什么时间开始，什么时间结束，哪些活动最可能造成项目延误，项目主管应把工作重点放在哪些项目上，如何权衡时间与成本等。

2. 网络计划技术的优点

网络计划技术具有如下优点：

（1）网络计划技术把数学方法和图示法结合起来，简单明了，直观性强，可以形象地反映工程全貌；

（2）利用网络计划技术能把各项工序之间的逻辑关系表达清楚，有利于项目管理者分清主次、缓急，抓住主要矛盾；

（3）可利用非关键路线上的工作潜力，加速关键作业进程，因而可缩短工期，降低工程成本；

（4）可估算各项作业所需时间和资源。

3. 网络计划技术的工作步骤

网络计划技术实际工作步骤，可以归纳如下：

（1）确定目标，进行计划的准备工作。在确定计划对象（如某项工程或任务）后，应提出具体目标，如工期、费用以及其他资源。并考虑结合其他管理制度，如组织流水生产、全面质量管理、设备管理、岗位责任制、奖励制度等。

（2）分解计划任务、列出全部工作或工序明细表。计划任务的分解应随对象而异。对厂部领导来说，重要的是纵观全局，掌握关键、分析矛盾、做出决策、因而可以分得粗一些。对于业务部门和基层生产单位来说，需组织和指挥生产，解决具体问题，因此应该分得细一些。

（3）确定各项作业的定额时间、先后顺序和相互关系。对每一项作业应作必要的分析，主要是：该项作业开始前，有哪些作业必须先期完成；该项作业或哪些作业可以平行交叉；该项作业完成，有哪些后续作业接着开始。

（4）绘制网络图。绘制方法有两种。顺推法，即从网络图的始点事项开始，为每一项作业确定其直接的后续作业，直到网络图终点事项为止；逆推法，即从网络图的终点事项开始，直到网络图的始点事项为止。

（5）计算网络时间。一般先计算事项时间，有了事项时间，也就易于计算作业时间了。

（6）确定关键路线。计算完成任务的最早期限，即总工期。

（7）进行综合平衡，选择最优方案，编制计划文件。在进行综合平衡时，注意三点：要保证在规定期限内完成任务；保证生产的连续性、协调性与均衡性，尽快形成新的生产能力，迅速发挥投资效果，坚持质量第一，确保安全生产；讲究经济效益，降低生产成本。综合平衡后，即可绘制正式网络图、编制工程计划和工程预算等。

（8）网络计划的贯彻执行。总结评比，调整、改进和提高。

10.2.2 网络图的绘制

1. 网络图的构成要素

由若干结点和箭线组成的网络图，用于表示工程项目的作业构成及其相互关系。它由活动、事项和路线三部分组成。

（1）活动（作业、工序）。是指一项作业或一道工序。活动通常是用一条箭线“→”表示，箭杆上方标明活动名称，下方标明该项活动所需时间，箭头表示该项活动的开始，箭尾表示该项活动的结束，从箭尾到箭头则表示该项活动的作业时间。有些作业或工序不消耗资源也不占用时间，称为虚作业，用虚箭线表示。

（2）事项（结点、网点、时点）。是指某项作业的开始或结束，它不消耗任何资源和时间，在网络图中用“○”表示，“○”是两条或两条以上箭线的交结点，又称为结点。网络图中第一个事件（即○）称网络的起始事件，表示一项计划或工程的开始；网络图中最后一个事件称网络的终点事件，表示一项计划或工程的完成；介于始点与终点之间的事件叫做中间事件，它既表示前一项作业的完成，又表示后一项作业的开始。为了便于识别、检查和计算，在网络图中往往对事件编号，编号应标在“○”内，由小到大，可连续或间断数字编号。编号原则是：每一项事件都有固定编号，号码不能重复，箭尾的号码小于箭头号码（即 $i<j$，编号从左到右，从上到下进行）。在网络图中有始点事项，中间事项和终点事项之分。

（3）路线。是指从网络图的始点事项开始，顺着箭线方向连续不断地到达网络图的终点事项为止的一条通道。在一个网络图中均有多条路线，其中作业时间之和最长的那一条路线称为关键路线，关键路线可能有两条以上，但至少有一条。关键路线可用粗实线或双线表示。

例如，在图 10-2 中，活动和事项可以很明显地看出来。要注意的是活动把活动名称和时间标在一起，这是一种简化的方法，也是可以的。路线有两条①→②→⑤和①→③→④→⑤，其中①→③→④→⑤的总时间为 13，是最长的，为关键路线。

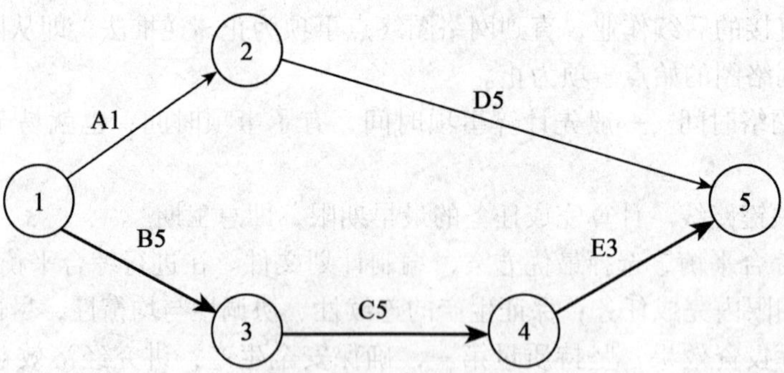

图 10-2 某项目的网络图

2. 网络图的绘制一般应遵循的规则

（1）有向性。各活动顺序排列，从左到右，不能反向。

（2）无回路。箭线不能从一个事项出发，又回到原来的事项上。

（3）箭线首尾都必须有结点。不允许从一条箭线中间引出另一条箭线。

（4）二点一线。指两个结点之间只允许出现一条箭线，若出现几项活动平行或交叉作业时，应引进虚箭线“…→”表示。

（5）汇源合一。每个网络图中，只能有一个始点事项和一个终点事项。如果出现几道工序同时开始或结束，可用虚箭线同网络图的始点事项或终点事项连接起来。

3. 网络图的画法

（1）分解任务：要注意分解的详细程度、确定作业之间的关系：先行作业、后续作业、并行作业、中途作业。

（2）编制作业清单；

（3）绘制网络图：要正确、简单。

（4）结点编号：不能同号，开始结点号必须小于结束结点号，编号要有规律。

例如：某项目的有关资料和数据如表10-1所示，请画出网络图。

表10-1　　**项目工序的紧前工序和工作安排表**

工序名称	A	B	C	D	E	F	G	H
紧前工序	—	—	A	A	C、B	C、B	D、E	DEF
所需时间	1	5	3	2	6	5	5	3

结合表10-1提供的资料和上述网络图的画法，则其网络图如图10-3所示。

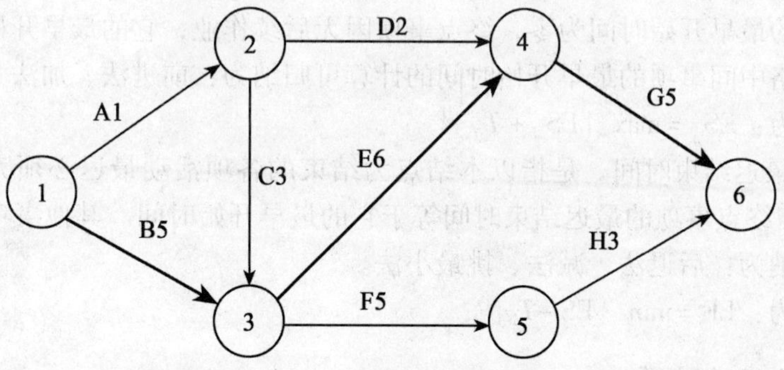

图10-3　某项目的网络图

10.2.3　网络时间参数的计算

计算网络计划的时间参数，是编制网络计划的重要步骤，可以说，网络计划如果不计算时间参数，就不是一个完整的网络计划。

1. 工序时间

工序时间是指完成某一项工作或一道工序所需要的时间。工序时间的估计可采用单一时间估计法和三种时间估计法。

单一时间估计法：每项作业仅确定一个具体的时间值，以完成作业可能性最大的时间为准，不考虑偶然性因素的影响。适用于：有同类作业的时间参考资料，不可控因素较少的情况。

三种时间估计法：最乐观时间（a），指最有利的条件下顺利完成一项作业所需的时间；最可能时间（m），指正常情况下完成一项作业所需的时间；最悲观时间（b），指最不利的条件下完成一项作业所需的时间。

工序所需时间的期望值（平均时间）和方差的公式如下：

平均时间 $t_{ij}=\dfrac{a+4m+b}{6}$

方差为 $\delta^2=\left(\dfrac{b-a}{6}\right)^2$

单一时间估计法适用于不肯定因素较少，有较完整的统计资料，或有先例可循的工作；三种时间估计法，适用于不肯定因素多且无先例可循的工作，例如对研制项目、新开发项目等的估计等。

2. 结点时间的计算

结点本身不占用时间，它只表示某项活动应在某一时刻开始或结束。因此，结点时间有最早开始时间和最迟结束时间。结点时间是一个瞬时的概念。

（1）结点最早开始时间。是指从始点事项到该结点的最长路程的时间，用 ES_j 表示。网络始点事项的最早开始时间为零，终点事项因无后续作业，它的最早开始时间也是它的结束时间。网络中间事项的最早开始时间的计算可归纳为：前进法、加法、挑最大法。

计算公式为：$ES_j=\max\{ES_j+T_{ij}\}$

（2）结点最迟结束时间。是指以本结点为结束的各项活动最迟必须完成的时间，用 LE_j 表示。网络终点事项的最迟结束时间等于它的最早开始时间。其他事项的最迟结束时间的计算可归纳为：后退法、减法、挑最小法。

计算公式为：$LF_j=\min\{ES_j-T_{ij}\}$

3. 工序时间的计算

工序时间包括：工序最早开始时间（ES_{ij}）、工序最早结束时间（EF_{ij}）、工序最迟开始时间（LS_{ij}）、工序最迟结束时间（LF_{ij}）。有了结点的时间参数，工序时间参数的计算就很简单了。工序时间的计算步骤如下：

（1）工序最早开始时间等于代表该工序的箭尾所触结点的最早开始时间。

（2）工序最早结束时间等于该工序最早开始时间加上该工序的作业时间之和。

（3）工序最迟结束时间等于该工序箭头结点最迟结束时间。

（4）工序最迟开始时间等于该工序最迟结束时间减去该工序的作业时间之差。

4. 时差的计算

（1）总时差。指在不影响整个项目总工期的条件下，某工序的最迟开工时间与最早开工时间的差。它表明该工序开工时间允许推迟的最大限度，也称“宽裕时间”。

（2）单时差。指在不影响下一道工序最早开工时间的前提下，该工序的完工期可能的机动时间，又称“自由时差”。

（3）干预时差。指某一工序拖延后，可以占用其后续工序的自由时差多少而不影响总工期完成，又称“干涉时差”。

计算公式为：$IF_{ij}=LF_{ij}-ES_{j}$

总时差等于单时差加上干预时差，即 $TF_{ij}=FF_{ij}+IF_{ij}$

5. 确定关键路线

在一个网络图中，总时差为零的工序称为关键工序；由关键工序组成的路线，称为关键路线，它是从网络图始点事项到达网络图终点事项时间最长的路线；关键路线上的关键工序时间之和称为总工期（*T*），它是完成该项目所必需的最少时间。关键路线可以不止一条。图 10-3 中①→③→④→⑥的时间最长，为关键路线。

小思考10-2

考虑下列某服务运作流程。已知每天要处理 100 个客户，每个客户都是依次通过 A、B、C 三个工序中的每一个。每小时每个工序中接受服务的客户人数如图 10-4 所示。

入口 ⟶ A ⟶ B ⟶ C ⟶ 出口

15 人 / 小时　10 人 / 小时　12 人 / 小时

图 10-4　某服务运作流程

a. 每天工作 8 小时，确认服务过程中的瓶颈工序环节。

b. 瓶颈问题在整个产出和其他的工序中会有怎样的影响？

c. 假设所有的工序是按每天 10 小时来运作的，还存在瓶颈问题吗？

d. 如果客户是随机到达的，将会如何影响这个服务过程的产出和效率？

答：根据关键路线的相关定义来确定瓶颈环节，利用相关公式和知识进行计算。

瓶颈工序环节为B，每小时处理人数最少，仅为10人/小时。一天工作8小时，B环节每天只能处理80人，处理不完100个客户。

10.3 网络计划的优化

网络计划的优化方法有：工期优化、时间—成本优化、时间—资源优化。

10.3.1 工期优化

1. 工期优化的含义

工期优化就是不考虑人力、物力、财力资源的限制，寻求最短工期。这种情况通常发生在任务紧急、资源有保障时。由于工期由关键路线上活动的时间所决定，压缩工期就在于如何压缩关键路线上活动的时间。缩短关键路线上活动时间的途径有：（1）利用平行、交叉作业缩短关键活动的时间；（2）在关键路线上赶工。

由于压缩了关键路线上活动的时间，会导致原来不是关键路线的路线成为关键路线。若要继续缩短工期，就要在所有关键路线上赶工或进行平行交叉作业。随着关键路线的增多，压缩工期所付出的代价就越大。因此，单纯地追求工期最短而不顾资源的消耗是不可取的。

制订一项计划时，总希望资源的耗用能够尽量保持均衡，使计划期内每天的资源消费量不出现过大的高峰或低谷。例如，一项计划的人力资源消费量，若能每天基本保持均衡，则可避免工人的大量窝工或忙闲不均等现象，这在经济上是有利的。又如，对于某些非库存性材料，例如建筑使用的混凝土及砂浆等，只能随拌随用，不能库存，若每天的消费量大致均衡，则搅拌设备及运输设备等的利用率就会提高，否则，各种设备的能力将会不必要扩大，导致利用率降低，造成浪费。

评价一项计划的均衡性，常使用方差和标准差指标，方差（标准差）越大说明计划的均衡性越差，方差（标准差）越小表示均衡性越好。

2. 工期优化的方案

（1）缩短作业时间，主要是缩短关键路线上的时间。

（2）调整网络，利用非关键路线上的资源或采取其他措施，充实关键路线，以缩短关键路线上的时间。

（3）调整网络结构，尽量采用平行作业或交叉作业，制订多种方案，调整网络结构并计算总工期，通过对比，选工期最短者为优。

工期优化举例：设某项任务的计划网络图如图10-5所示，图中箭杆上数字为作业时间，箭杆上数字后括号内为某种资源的每日需要量。

此项计划网络属于固定工期，资源最优利用问题，可按下述步骤进行：

（1）计算各项作业的时间参数。

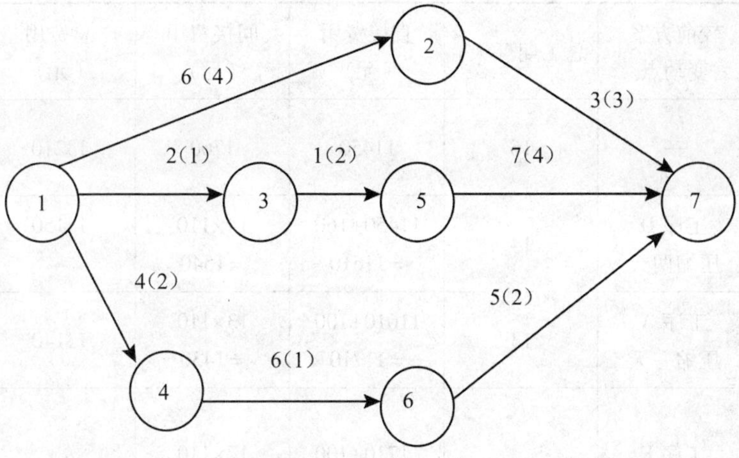

图 10-5 计划网络图

（2）按作业最早开工与最早完工时间，将网络图画在时间坐标上，计算资源逐日消费量，并绘出相应的资源消费曲线。

（3）由终端开始，逆箭杆方向，顺序逐个调整非关键作业的开工与完工时间。

（4）按步骤 3 将所有非关键工序全部调整（优化）一遍后，还需进行第二次、第三次……调整（优化），直至 σ^2 不再减少为止。此时，才算得到最优计划方案。

10.3.2 时间—成本优化

就是在使工期尽可能短的同时，也使费用尽可能少。能够实现时间—成本优化的原因是，工程总费用可以分为直接费用和间接费用两部分，这两部分费用随工期变化而变化的趋势是相反的。

产品（或工程项目）的成本是由直接费用与间接费用两部分组成的。缩短工期会引起直接费用的增加和间接费用的减少；延长工期会引起直接费用的减少和间接费用的增加。时间—成本优化，就是要使总费用支出最小，而工期最短。

间接费用是指不能或不宜直接计入而必须按一定标准分配于成本计算对象的费用，如企业管理费。工期越长，间接费用总额就越大，从而按一定标准分摊到单位产品中的间接费用也相应地增加。直接费用是指能够并宜于直接计入成本计算对象的费用，如直接生产工人工资、原材料费用以及机具费用等。

除了以正常工期方案为基础进行压缩，求得方案优化，还可以采取另一方法，即先制订极限工期方案，再以此为基础逐次延长非关键工序的延续时间，最后延长关键工序的延续时间（以不超过正常工期为限），并使直接费用的降低额为最大。用这两种方法求得的结果是一样的。

表 10-2 为某项目用时间—成本优化得到的方案表。方案Ⅳ总费用最少，为最优方案。

表 10-2 **各个方案费用表**

计划方案	较前方案变动点	总工期（天）	直接费用（元）	间接费用（元）	总费用（元）	关键线路
Ⅰ	—	16	11450	1760	13210	①→②→④→⑤→⑧
Ⅱ	工序 D 压缩两天	14	11450+160 =11610	14×110 =1540	13150	同上
Ⅲ	工序 A 压缩一天	13	11610+100 =11710	13×110 =1430	13140	同上
Ⅳ	工序 F 压缩一天	12	11710+100 =11810	12×110 =1320	13130	①→②→④→⑤→⑧ ①→②→③→⑥→⑧
Ⅴ	工序 B 压缩一天 工序 F 压缩一天	11	11810+200 =12010	11×110 =1210	13220	①→②→④→⑤→⑧ ①→②→③→⑥→⑧ ①→②→⑤→⑧
Ⅵ	工序 H 压缩一天 工序 I 压缩一天	10	12010+300 =12310	10×110 =1100	13410	同上
Ⅶ	工序 E 和 I 各压缩一天	9	12310+350 =12660	9×110 =990	13650	同上

10.3.3 时间—资源优化

1. 时间—资源优化的概念

时间—资源优化是指在资源有一定限度的情况下，寻找最短工期，或者在工期有一定限度的情况下，通过利用时差，寻找资源平衡。

2. 时间—资源优化的步骤

（1）根据作业清单绘制网络图，通过计算，各作业均按最早开始时间绘制资源需求动态表，从中找出关键路线、关键作业和非关键作业的总时表。

（2）利用时差，按时间顺序在资源需要不超过规定限度的时间内，在非关键作业中选择需要后移的作业逐项进行后移。

(3) 非关键作业逐项后移后，绘制新的资源需求量动态表，检查其满足资源平衡的条件。

例如：针对某项目，根据网络图，调整前，各工序对资源的需求情况是不平衡的，具体见表10-3。

表10-3　**调整前资源需求情况（ 表示时差）**

工序＼需求量＼日期	1	2	3	4	5	6	7	8	9	10	11	12	13	14	15	16
A	6	△														
B	14	14	14	14	14											
C		8	8	8	△											
D		9	9	△	△	△	△	△	△	△						
E						7	7	7	7	7	7					
F						12	12	12	12	12	△	△	△			
G												8	8	8	8	8
H												16	16	16	△	△
调整前资源量合计	20	31	31	22	14	19	19	19	19	19	7	24	24	24	8	8

该种资源现有数量为20单位，但需求最高时达到了31个单位，最低时只有7个单位。这种不平衡状况，通过利用网络图的非关键工序的时差，做出适当的调整与安排后，该种资源的需求状况得到了平衡。调整后资源需求状况如表10-4所示。

表10-4　**调整后资源需求情况**

工序＼需求量＼日期	1	2	3	4	5	6	7	8	9	10	11	12	13	14	15	16
A	6															
B	14	14	14	14	14											
C		6	6	6	6											
D						9	9									
E						7	7	7	7	7	7					
F								12	12	12	12	12				
G												8	8	8	8	8
H													12	12	12	12
调整前资源量合计	20	20	20	20	20	16	16	19	19	19	19	22	20	20	20	20

知识掌握

□ 判断题

（1）项目可用的资源是无限的。（ ）

（2）网络图中关键线路有且只有一条。（ ）

（3）关键线路是网络图中历时最长的线路。（ ）

（4）结点最迟结束时间是指以本结点为结束的各项活动最迟必须完成的时间。（ ）

（5）总时差表明该工序开工时间允许推迟的最大限度，也称"宽裕时间"。（ ）

□选择题

（1）完成某一项工作或一道工序所需要的时间是（ ）。

A. 工序时间　B. 结点时间　C. 总时差　D. 开工时间

（2）关于项目的特征，下列叙述错误的是（ ）。

A. 通常是为了一项新的任务才组织项目

B. 项目可利用资源预先要有明确的预算

C. 项目有严格、公开的时间界限

D. 项目组大多以垂直方式来组织

（3）在资源有一定限度的情况下，寻找最短工期是（ ）。

A. 时间—资源优化B. 时间—成本优化C. 工期优化　D. 成本优化

（4）网络图的构成要素是（ ）。

A. 活动　B. 事项　C. 路线　D 时间

（5）项目管理一般涉及的三个主要目标是（ ）。

A. 质量　B. 进度　C. 费用　D. 进度

□简答题

（1）什么是项目？项目的主要类型有哪些？

（2）什么是项目管理？项目管理的目标和主要内容是什么？项目成功的关键因素有哪些？

（3）什么叫网络图？绘制网络图的基本规则是什么？

（4）时间资源优化的步骤是怎样的？

（5）什么叫工期优化？工期优化的方案是怎样的？

知识应用

□实践训练

（1）假设你是某家企业新上任的项目经理，你将如何领导你的团队完成项目目标，并说明如何对项目管理进行优化。

实训目的：让学生会用掌握的项目管理的基本内容进行项目管理。

实训要求：到某个企业进行调研，请相关项目经理谈谈他们的体会或者感受，结合你所学的相关知识，撰写一篇不少于1000字的调查分析报告。

（2）查阅网上相关资料，并访问企业的项目经理，利用网络计划技术进行项目管理。

实训目的：让学生会用网络计划法制订计划。

实训要求：查阅某个企业或某几个企业的项目管理情况，与项目经理座谈，能够运用网络计划技术进行项目管理，并对企业项目管理现状提出优化建议。

（3）在下列网络图中：进行结点编号、计算结点的时间参数、找出关键路线。

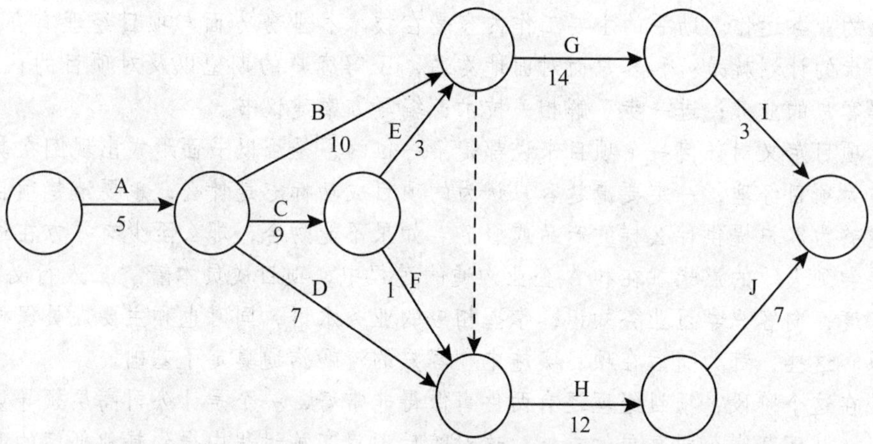

（4）某设备维修需进行9项作业，作业之间的逻辑关系及作业时间如表10-5所示。

要求：①画出网络图；②指出关键路线；③计算总工期。

表10-5 作业明细表

作 业	A	B	C	D	E	F	G	H	I
紧后作业	C	D、E、F	E、F	G、H	G、H	I	I	—	—
作业时间	5	9	3	2	5	7	5	7	4

□案例分析

成功的项目管理

某年，B计算机公司（以下简称B公司）了解到A企业要建设一个客户服务中心，向客户提供有关本企业产品的咨询、查询、委托、投诉等服务，并希望能够尽可能采用各种计算机和通信技术，为客户提供快速、准确和渠道多样（包括电话、传真、WEB、邮件等）的服务。

A企业的原有业务运作只有一小部分采用计算机处理，而且原来并不存在客户服务中心这样的机构。B公司擅长的领域是典型的基于UNIX与TCP/IP的交易处理系统，对于建立客户服务中心所需要的CTI知识知之甚少，WEB开发也从来没有尝试过。总而言之，这是个新领域，在机会存在的同时，风险也非常大。B公司在项目中采用多种从未使用过的技术和产品：Browser/Web Server/Database Server 结构、CTI 技术、排队机，并独立开发语音传真服务器，最后按时完成项目。该项目的完成为后续合作奠定基础，在第二年很快就签署二期合同。那么，B 公司是如何成功完成这个充满风险的项目呢？项目完成后，公司及客户都认为，因为有一个合格的项目经理。接下来，我们就看看在项目实施过程中项目经理做了哪些事。

在项目意向明晰后，项目经理首先做的事情是：查阅资料，确定助手，制订下一步计划。查阅资料主要分两方面：一方面是客户服务中心的技术实现，另一方面是 A 企业的业务运作。助手的主要工作内容是在技术和业务方面与项目经理有互补作用。下一步的计划就是：和客户面对面地沟通，了解客户的期望以及对项目的认知情况，了解客户的业务；进一步了解相关技术；编写方案建议书。

项目定义对任何一个项目来说都是第一位的，是否以书面形式出现倒在其次，但是作为项目经理，一定要清楚客户认为的项目成功标志是什么，也要清楚项目团队到底能够为客户提供什么样的产品或服务。如果不能吻合，那么至少有一方在这个项目中要尝到失败的滋味。在和 A 企业沟通的过程中，项目成员本着“三人行必有我师”的态度，向客户学习业务知识，掌握相应的业务术语，同时也和主要人员保持良好的关系。这些，都为随后在项目实施中和客户的流畅沟通奠定了基础。

在这个阶段，项目经理还有两件事做得非常好，一个是让公司高层领导重视这个项目，从而获得公司高层的支持，这对随后项目实施过程中得到其他部门的配合是非常重要的；另一个是和销售经理形成良好的分工合作关系，各自完成分内工作，并注意时刻分享项目信息。

资料来源：http：//www. yesky. com/155/1735155. shtml.

问题：

1. 已识别的需求是什么？项目目标是什么？项目牵涉的风险是什么？
2. 项目经理应该如何进行项目管理？

□综合实训

运用计算机模拟出的竞争环境，将学生置身于模拟的企业项目管理情景之中，使他们面对项目管理中出现的各种问题，通过理性分析，做出适当的决策。在本练习中，重点是训练学生通过网络计划技术的使用，达到企业的目标，并实际感受企业管理的喜悦与痛苦。

1. 模拟规则

一般规则：模拟参加者要服从模拟管理者的领导和指挥。参加本次模拟的有若干人，代表下面模拟情景中出现的人物，并置换角色。

2. 模拟情景

2001 年春节刚刚过去，某电子玩具厂研究所的小王突然来了灵感，准备开发一种新的电动玩具娃娃。刘厂长看过他的设计之后，认为创意不错，估计市场前景非常乐观。并当即拍板决定投产。但对能否赶在“六一”儿童节之前推出，心里没有十分的把握。因此，刘厂长决定召集有关人员研究一下，看看是否可行。

在会议上，大家看了小王的样图后，也都觉得设计非常新颖。但对其复杂性提出异议，认为可以再设计得简化一些。并且，这种新产品对生产工艺的要求较高，如果要投产的话，还需购进一台新检测设备。

生产副厂长张工计算了一下。估计生产周期至少需要120天。表10-6是他的计算依据。

表10-6 新产品开发活动时间表

序号	活动名称	估计需要时间（天）
1	产品开发决策	2
2	市场调查	10
3	筹资	8
4	确定规模	3
5	修改设计	15
6	设备调查	4
7	物资采购	3
8	工艺准备	20
9	设备采购	10
10	设备安装	8
11	试生产	5
12	生产	20
13	销售准备工作	10
14	投入市场	2
合计		120

张工进一步解释说："明天是2月1日，离'六一'正好有4个月，如果一天也不休息，一共有120天。要是再减去39天休息日，那么，实际工作日才只有81天。缺口这么大，靠一般的加班是难以解决的。"

经张工一说，原本热烈的会场一下冷清下来。因为以前工厂的新产品开发一般在半年左右，这回要想提前两个月完成，困难实在是大了些。

经营副厂长老陈一见这种情况，心里的气儿就不打一处来，接茬说："现在顾客的要求越来越高，玩具市场的竞争也越来越激烈。按照我们的推测，今年北方'六一'的玩具市场的'火药'味肯定要比去年浓得多。年前我曾去南方考察了一圈。他们的新产品生产周期已经缩短到了3个月。如果我们的生产周期还是比他们长一倍的话，那咱们大家迟早都得下岗。"

刘厂长一听老陈的话音，知道他心里还在为未能完成去年的销售任务而有怨气。赶紧接过话题，说道：“老陈的话有道理，我们去年没有完成销售计划目标的主要原因是新产品开发周期太长。如果电动狗熊能够提前一个月上市的话，就不会让别人占了先机。大家去年的年终奖也就至少可以增加1成。今天会议的主题是看大家有没有什么办法，缩短我们的生产周期。”

刘厂长的这一番话，又勾起了大家的记忆，大家七嘴八舌，会场一片嗡嗡声……

过了一会，只见企管科新毕业分配来的大学生小吴站起来，怯生生地说：“关于如何缩短生产周期的事情，我们老师专门讲过。一个方法是将平行作业改为交叉作业。用网络图的形式做计划。另外一个方法是采用并行工程的方法，就是将原来首尾相接顺序进行的活动变成并列进行，不必等前一个完成，再进行下一个。我们的新产品开发可以考虑采用这种办法。”

小吴的话又一次引发了大家的议论，只不过这次怀疑的成分更多了些。

刘厂长没想到是这么个结局。但他也意识到小吴的话不是一点道理都没有。看着涨得满脸通红的小吴，刘厂长心里不觉闪现出一丝欣慰之情。他清了清嗓子，宣布今天的会议先开到这里，大家回去想想小吴的话有没有道理，自己的工作能不能改进，应该怎样改进。明天大家再来继续讨论。最后，他又一次强调：这次的新产品开发工作一定要在“六一”前完成！谁要是砸了工厂的饭碗，我就先砸他的饭碗！

会后，他将小吴、小王、老陈和张工留下，专门讨论了缩短生产周期的各种可能。小吴自告奋勇，要在明天拿出按时完成的网络图。

3. 教学建议

教师可根据学生情况适当调整难度系数；为突出教学重点，教师可事先布置一定的相关作业等；为突出网络计划技术特点，教师可事先固定一些次要参数，以便于学生掌握。

第十一章 生产成本控制与经济核算

学习目标

◎理解生成本控制的含义及生产成本控制项目；
◎掌握生产成本控制的程序和方法以及生产系统经济核算的内容和方法；
◎了解生产系统经济核算的体系。

技能目标

◎能开展生产成本控制工作；
◎能对生产活动进行经济分析。

引例

戴尔公司的低成本管理

公司直接通过网站和电话接受客户订单，然后按单生产，并以最快速度直接将产品寄送到客户手中。按单装配、产品直销、低成本、高效率，这就是戴尔独创的“戴尔模式”的精要。

戴尔公司采用了一种较好的商业模式——即著名的“戴尔模式”，或曰“直销”模式。正是依靠这种模式，辅以高效率的生产流程和科学化成本控制管理，戴尔公司过去20年在个人电脑市场取得了成功。

戴尔公司创造了在业界号称“零库存高周转”的直销模式，即公司接到订货单后，将电脑部件组装成整机，采用“拉式”生产，而不是像很多企业那样，根据对市场预测制订生产计划，批量制成成品再推向市场的传统型“推式”生产。真正按顾客需求定制生产，利用信息技术全面管理生产过程。通过互联网，戴尔公司和其上游配件制造商能迅速对客户订单做出反应：当订单传至戴尔公司的控制中心，控制中心把订单分解为子任务，并通过网络分派给各独立配件制造商进行排产。各制造商按戴尔公司的电子订单进行生产组装，并按戴尔公司控制中心的时间表来供货。戴尔公司所需要做的只是在成品车间完成组装和系统测试以及客户服务。由于戴尔公司采用了顺应多品种、小批量、高质量、低消耗、快速度的市场需要的JIT生产方式，并且在生产过程中采用了适时适量、同步化生产、看板方式及生产均衡化等措施，使得公司仅需要准备手头订单所需要的原材料，因此工厂的库存时间仅有7个小时。这一切取决于戴尔公司的雄厚技术基础——装配线由计算机控制，条形码使工厂可以跟踪每一个部件和产品。在戴尔公司内部，信息流通过自己开发的信息系统，和企业的运营过程及资金流同步，信息极为通畅。

一般认为，戴尔公司的成功可以归因于自身的核心竞争力，即低成本、高效率和高水平的服务。低成本一直是戴尔的生存法则，也是“戴尔模式”的核心，而低成本必须通过高效率来实现。戴尔公司的生产和销售流程，以其精确管理、流水般顺畅和超高效率而著称，有效地将成本控制在最低水平。

这一案例表明：高效率的生产流程和科学化成本控制管理对于任何一个生产企业都很重要，企业要想具有竞争力，就必须降低生产成本，科学的生产管理方法是节约各个环节成本的最好途径。

11.1　生产成本控制

11.1.1　生产成本控制的含义及内容

1. 生产成本及生产成本控制的含义

生产成本，也称制造成本，是指生产活动的成本，即企业为生产产品而发生的成本。生产成本是生产过程中各种资源利用情况的货币表示，是衡量企业技术和管理水平的重要指标。

生产成本是生产单位为生产产品或提供劳务而发生的各项生产费用，包括各项直接支出和制造费用。直接支出包括直接材料（原材料、辅助材料、备品备件、燃料及动力等）、直接工资（生产人员的工资、补贴）、其他直接支出（如福利费）；制造费用是指企业内的分厂、车间为组织和管理生产所发生的各项费用，包括分厂、车间管理人员工资、折旧费、维修费、修理费及其他制造费用（办公费、差旅费、劳保费等）。

生产成本控制（production cost control）是企业为了降低成本，对各种生产消耗和费用进行引导、限制及监督，使实际成本维持在预定的标准成本之内的一系列工作。

2. 生产成本控制的内容

成本控制应该有计划、有重点地区别对待，不同行业、不同企业有不同的控制重点。

控制内容一般可以从成本形成过程和成本费用分类两个角度加以考虑。

（1）按成本形成过程可分为三个部分。

①产品投产前的控制。产品投产前的控制内容主要包括：产品设计成本、加工工艺成本、物资采购成本、生产组织方式、材料定额与劳动定额水平等。这些内容对成本的影响最大，可以说产品总成本的60%取决于这个阶段的成本控制工作的质量。这项控制工作属于事前控制方式，在控制活动实施时真实的成本还没有发生，但它决定了成本将会怎样发生，它基本上决定了产品的成本水平。

②制造过程中的控制。制造过程是成本实际形成的主要阶段。绝大部分的成本支出在这里发生，包括原材料、人工、能源动力、各种辅料的消耗、工序间物料运输费用、车间以及其他管理部门的费用支出。投产前控制的种种方案设想、控制措施能否在制造过程中贯彻实施，大部分的控制目标能否实现和这阶段的控制活动紧密相关，它主要属于始终控制方式。由于成本控制的核算信息很难做到及时，会给事中控制带来很多困难。

③流通过程中的控制。包括产品包装、厂外运输、广告促销、销售机构开支和售后服务等的费用。在目前强调加强企业市场管理职能的时候，很容易不顾成本地采取种种促销手段，反而抵消了利润增量，所以也要做定量分析。

（2）按成本费用的构成可分为四个部分。

①原材料成本控制。在制造业中原材料费用占了总成本的很大比重，一般在60%以上，高的可达90%，是成本控制的主要对象。影响原材料成本的因素有采购、库存费用、生产消耗、回收利用等，所以控制活动可从采购、库存管理和消耗三个环节着手。

②工资费用控制。工资在成本中占有一定的比重，增加工资又被认为是不可逆转的。控制工资与效益同步增长，减少单位产品中工资的比重，对于降低成本有重要意义。控制工资成本的关键在于提高劳动生产率，它与劳动定额、工时消耗、工时利用率、工作效率、工人出勤率等因素有关。

③制造费用控制。制造费用开支项目很多，主要包括折旧费、修理费、辅助生产费用、车间管理人员工资等，虽然它在成本中所占比重不大，但因不引人注意，浪费现象十分普遍，是不可忽视的一项内容。

④企业管理费控制。企业管理费指为管理和组织生产所发生的各项费用，开支项目非常多，也是成本控制中不可忽视的内容。上述这些都是绝对量的控制，即在产量固定的假设条件下使各种成本开支得到控制。在现实系统中还要达到控制单位成品成本的目标。

知识链接11-1

生产成本控制的具体措施

建立成本分级归口控制制度；建立严格的费用审批制度；建立原始记录与统计台账制度；建立定员、定额管理制度；建立材料计量验收制度；加强生产现场定置管理；加强物料流转控制；提高全体员工成本意识。

11.1.2　生产成本控制的程序和方法

1. 生产成本控制的程序

（1）制定成本标准。成本标准是成本控制的准绳，成本标准首先包括成本计划中规定的各项指标。但成本计划中的一些指标比较综合，还不能满足具体控制的要求，这就必须规定一系列具体的标准。确定这些标准的方法，大致有三种：

①计划指标分解法。即将大指标分解为小指标。分解时，可以按部门、单位分解，也可以按不同产品和各种产品的工艺阶段或零部件进行分解，若更细致一点，还可以按工序进行分解。

②预算法。就是用制定预算的办法来制定控制标准。有的企业基本上是根据季度的生产销售计划来制定较短期的（如月份）的费用开支预算，并把它作为成本控制的标准。采用这种方法特别要注意从实际出发。

③定额法。就是建立起定额和费用开支限额，并将这些定额和限额作为控制标准来进行控制。在企业里，凡是能建立定额的地方，都应把定额建立起来，如材料消耗定额、工时定额等。实行定额控制的办法有利于成本控制的具体化和经常化。

在采用上述方法确定成本控制标准时，一定要进行充分的调查研究和科学计算。同时还要正确处理成本指标与其他技术经济指标的关系（如和质量、生产效率等关系），从完成企业的总体目标出发，经过综合平衡，防止片面性。必要时，还应搞多种方案的择优选用。

（2）监督成本的形成。这就是根据控制标准，对成本形成的各个项目，经常地进行检查、评比和监督。不仅要检查指标本身的执行情况，而且要检查和监督影响指标的各项条件，如设备、工艺、工具、工人技术水平、工作环境等。所以，成本日常控制要与生产作业控制等结合起来进行。

（3）及时纠正偏差。针对成本差异发生的原因，查明责任者，区分情况，区分轻重缓急，提出改进措施，加以贯彻执行。对于重大差异项目的纠正，一般采用下列程序：

①提出课题。从各种成本超支的原因中提出降低成本的课题。这些课题首先应当是那些成本降低潜力大、各方关心、可能实行的项目。提出课题的要求，包括课题的目的、内容、理由、根据和预期达到的经济效益。

②讨论和决策。课题选定以后，应发动有关部门和人员进行广泛的研究和讨论。对重大课题，可能要提出多种解决方案，然后进行各种方案的对比分析，从中选出最优方案。

（4）通过生产管理控制生产成本。

基于整个生产过程的控制，掌握生产过程中的物流、信息流和资金流的实时流转动态，使生产企业人员、设备、物料、工艺等资源有效地利用于生产过程，从事前、事中、事后控制生产质量和生产成本。既可实现对连续制造企业的管理，又可实现对离散制造业的生产管理，并能完成对区别于连续制造企业和离散制造企业的复杂混合型企业的生产管理。

生产制造企业通过订单制订生产计划，主要分为主生产计划、MRP 物料需求计划和相应的排产计划。生产计划的制订要求生产物料信息、产能信息和工艺管理信息可靠、准确、翔实。生产物料信息不仅包含了一般生产物料的基本信息，同时结合生产制造企业的实际需求对各种专业、特殊的物料清单信息进行管理，了解详尽的物料结构；产能信息的分析，将加工单位、人员、设备、场地等信息有效地集合，科学分析为排产计划制订提供合理数据，客观上拉动了生产；工艺信息对生产工艺和工序信息进行管理的同时设定工艺标准的参数，明确了 MRP 物料需求计划中所需物料的信息，MRP 物料需求计划也因此更加合理、更具保障力。排产计划制订中的每段工期时间都把主生产计划的交货作为最终生产完工期，以此倒推，科学安排每个环节和每个生产周期的时间，综上所述，生产活动开展之前，生产过程需要的是人、机、物以及合理的时间计划等资源的合理利用，摒弃传统的人为经验式的管理，取而代之的则是科学、合理、高效的信息化自动管理。

（5）通过 MES 系统控制生产成本。

制造执行系统（Manufacturing Execution System，MES）是美国 AMR（Advanced Manufacturing Research）公司在 20 世纪 90 年代初提出的，旨在加强 MRP 计划的执行功能，把 MRP 计划通过执行系统同车间作业现场控制系统联系起来。这里的现场控制包括 PLC 程控器、数据采集器、条形码、各种计量及检测仪器、机械手等。MES 系统设置了必要的接口，与提供生产现场控制设施的厂商建立合作关系。

通过 MES 系统进行管理，管理部门和操作人员可以根据订单首先制订出主生产计划，由主生产计划的交货时间作为最终的完工时间，以此倒推，制定出生产周期和排产时间。操作者通过 MES 系统制订 MRP 物料需求计划和排产计划，首先要对物料信息和工艺信息进行管理；物料信息的管理除了对产品物料的基础信息进行管理之外，对于一些具有产品结构复杂、工艺工序繁琐、生产形式多样等特点的生产行为，MES 系统还对各种 BOM 信息进行管理，包括工程 BOM、装配 BOM、工程装配 BOM、装箱 BOM 等，在生产之前就能够对产品结构有深入的了解，在设置工艺和工序时便能获得基础数据信息支持，而对于工艺和工序进行管理，不仅有基础的工艺管理要求，同时要结合工序和工艺标准，根据工艺要求的工序和物料，科学可靠地自动制订出排产计划和 MRP 物料需求计划，高效准确，提高整体效率。

传统的生产企业将生产开始到完工转出之间的过程，都称为“黑箱操作”阶段，也就是说所有生产资料从第一道工序开始直至成为产品转出整个生产过程，不清楚生产物料的流转情况，不清楚每道工序的完成情况，不清楚生产过程中损耗的实际情况，不清楚生产过程中人员和设备的实际运行情况，人为的信息传递方式，造成信息失真、冗余和虚假，所以导致了监督控制无力，信息混乱，效率降低，生产合格率下降，资源浪费，生产成本增加。现在通过 MES 系统，生产过程中的人员、设备、场地、物料、每个工艺标准和每一道工序都已自动生成唯一的计算机代码，并以代码的形式在整个生产过程中进行信息流转和记录，生产过程全程可追溯生产。此外，MES 系统采用了工业条码技术，成为计算机代码的载体，这样使得生产过程全程可控，实现了可视化生产。而产品质量也可以通过生产过程得到控制，前一道工序出现问题将不能进入下一道工序，从事中控制产品质量，防止资源浪费，有效控制生产成本，提高生产合格率。

知识链接11-2

MES的功能

MES能通过信息传递对从订单下达到产品完成的整个生产过程进行优化管理。当工厂发生实时事件时，MES能对此及时做出反应、报告，并用当前的准确数据对它们进行指导和处理。这种对状态变化的迅速响应使MES能够减少企业内部没有附加值的活动，有效地指导工厂的生产运作过程，从而使其既能提高工厂即时交货能力，改善物料的流通性能，又能提高生产回报率。MES还通过双向的直接通信在企业内部和整个产品供应链中提供有关产品行为的关键任务信息。

2. 生产成本控制的方法

（1）基于经验的成本控制方法。这是一种最为基础的和较低级别的，但是应用最为普遍，在一定的条件下效果也是十分好的一种成本控制法。大多数企业的成本管理都是由此开始的，而其他每一种成本控制方法的最底层部分其实都是由此构成的。它是管理者借助过去的经验来现实对管理对象进行控制，从而追求较高的质量、效率和避免或减少浪费的过程。比如说，经验告诉我们，在采购的过程中，“货比三家、反复招标、尽量杀价”，可以降低采购成本，于是管理者就要求他们的下属在采购时这样做。又比如，经验告诫我们，对外采购的过程中，如果缺少必要的监督机制，有的采购人员就可能产生自私行为，从而导致企业损失，于是大量的企业常常不惜牺牲效率和成本设置“关卡”来防止采购人员的自私行为。还比如，人们注意到只要对员工盯紧一点，员工的工作效率就会得到相应的提高，于是企业普遍十分强调对员工行为的监督。

（2）基于历史数据的成本控制方法。绝大多数企业有意识或无意识地、全面地或部分地采取了这种成本控制办法。其基本原理是，根据历史上已经发生的成本，取其平均值或最低值（管理者通常会要求以最低值）作为当前阶段或下一阶段的最高成本控制标准。比如，过去三年或三个月，某种食品原料的平均或最低采购价格是每公斤8.13元，企业的有关部门或个人就将这个8.13元确定为当前或未来一个时期同等级原料的最高采购限价来予以控制。采用这种方法最普遍的是那些工程建设类企业和制造业中的企业。

（3）基于预算的目标成本控制方法。在国内企业中间，采取严格的预算管理的企业并不多见。尽管一些企业管理者从各种渠道了解到实行预算管理的种种好处，因而每到年底，他们总会要求财务部门，或者是销售部门，或者是“总经办”这样的部门去为来年做一份预算。然而，由于大家都对怎样做预算一知半解，企业平时又没有积累起做预算所需要的各种数据，以及做预算所需要的相应的组织环境，加上时间十分紧迫（通常他们会要求有关人员在1~7天内完成）和其他一些原因，他们做出的预算，其实只是做预算者在揣摩领导意图后拿出的一个来年的花钱的计划。而且做这个计划的人通常明明知道这个花钱计划只是做一做，满足老板当前的要求而已。在大多数企业中，很少有人认为预算会是有用的，不是指预算从理论上讲无用，而是在他们的企业没有用。

（4）基于标杆的目标成本控制方法。所谓标杆，就是样板，就是别人在某些方面做得比自己好，所以要以别人为楷模来做，甚至比别人做得还要好，或说别人做到了那样的效果，所以我也要求自己达到甚至超过那样的效果。这里的“别人”有三层意思：其一，它可以是别的企业。其二，以自身企业过去的某些绩效为标准来作为未来的目标予以控制。其三，以本企业的某个部门或某个人创造的某项纪录为目标，要求其他部门或其他人以此为标杆，并力争超越它的。

（5）基于市场需求的目标成本控制方法。基于市场需求的目标控制方法有时也把它称为“基于决策层意志的成本控制法”，因为这种方法在使用过程中，决策者的意志将起主导作用。下面是一个典型的基于市场需求的目标成本控制方法的操作案例。

案例分析11-1

某公司计划开发生产一种新产品A型涂料，公司技术人员经过攻关，终于研制出了这种涂料的配方。生产这种涂料需要用清铅粉、黑铅粉、黏土和糖浆四种原料，它们所占的比重分别为：35%、45%、14%和6%。该公司通过市场调查发现，该类型涂料具有竞争性的市场价格0.50美元/公斤，公司确定的产品投放市场后的目标毛利为0.25美元/公斤。

（6）基于价值分析的成本控制方法。一些优秀的制造业中的大企业都使用了这种方法。这类企业往往设有一个专门的部门来负责“降低成本”，它们分析现有的工作、事项、材料、工艺、标准，通过分析它们的价值并寻找相应的替代方案，可以相应地降低成本。比如，某企业的成本管理人员经过认真分析，发现将企业内的保洁工作外包给公司以外的专业保洁公司完成，比企业自己养清洁工成本更低，于是提出议案，公司领导看后认为可以，于是就把公司的保洁工作委托给了一家专业保洁公司。

11.2　生产系统的经济核算

11.2.1　生产系统的经济核算概述

1. 生产系统的经济核算含义、内容

经济核算是对企业进行管理的重要方法，它通过记账、算账对生产过程中的劳动消耗和劳动成果进行分析、对比和考核，以求提高经济效益。生产系统的经济核算是它以获得最佳经济效益为目标，运用会计核算、统计核算和业务核算等手段，对生产经营过程中活劳动和物资消耗以及取得的成果，用价值形式进行记录、计算、对比和分析，借以发掘增产节约的潜力和途径。

企业经济核算包括生产经营全过程的核算，包括：①生产消耗的核算，即对生产经营中人、财、物消耗的计算、对比、分析、检查，如对职工工资总额、职工人数及构成、工资水平、劳动生产率、工时利用、工资产值率、固定资产折旧、材料消耗、装备生产率、机械利用率等分项核算，并全面核算成本和成本降低额。②生产成果的核算，即对工作量、工程量、竣工产值（商品产值）、净产值、工程质量、工期、合同履约情况等进行记录、计算、对比、分析和检查。③资金的核算，即计算和分析流动资金周转率、产值资金率、流动资金利润率、固定资金利润率等。④财务成果的核算，即计算分析资金利润率、成本利润率、工资利润率、产值利润率、人均利润及上缴税金和利润等。

企业经济核算一般分为三级核算单位：①实行经济核算制的企业（公司）为独立经济核算单位。国家赋予法人地位，拥有独立的固定资产和流动资金，独立计算盈亏，有独立的资金平衡表，在银行有结算账户，有权对外签订经济合同，对内制定内部经济核算办法和内部结算价格，对所属生产单位下达各项技术经济指标并负责物资技术、生产机具等的供应。②企业所属的工区（工程处）、厂（站）为内部经济核算单位，不作为经济法人，不能独立对外（企业特别指定者除外），无权建立独立的会计制度，只能在企业（公司）统一会计制度控制下实行内部经济核算，执行企业规定的会计制度和下达的指标，计算本单位的盈亏。内部经济核算是企业核算的重要环节。③企业所属的车间（工段）为基层核算单位，一般只核算实物工程量、产量、质量、工料消耗、机械使用等指标。但在实行施工队包工制的单位也同时核算价值指标，计算包工队的盈亏。

班组核算是企业经济核算的基础，属于群众性的核算。本着干什么、管什么、算什么的原则，确定核算内容。它具有简明性、群众性的特点，指标简便易行，核算结果作为评比计奖的依据。

2. 企业生产系统实行经济核算的意义

第一，是劳动时间节约规律的客观要求。这一规律要求企业在生产经营过程中严格节省物化劳动和活劳动耗费，合理地利用一切生产资源，为社会提供更多更好的财富，不断提高经济效益。为此，就必须实行和加强经济核算。

第二，可以寻求降低成本，提高经济效益的途径。企业在商品生产和市场经营中，必须核算成本，降低消耗，取得盈利，提高经济效益，因而必须实行严格的经济核算。

第三，在企业内部实行经济核算，以确定企业和每个劳动者的经营成果和贡献。进一步加强职工的责任感和使命感，促进职工立足岗位、创造价值，调动职工的积极性和创造性。

3. 生产系统经济核算的基础工作

为保证经济核算工作正常进行，必须做好企业内部的原始记录、定额管理、计量工作、清产核资和厂内计划价格等基础工作。通过经济核算，职工个人的经济利益要同工厂的经济利益挂起钩来，做好考核、分析、评比工作，提高核算的效果。企业的经济核算普遍采取统一领导，分级归口管理，专业核算与群众核算相结合的方法。大型企业一般实行厂级、车间、班组三级核算，中、小型企业一般实行厂级、车间二级核算或厂级一级核算。科室的核算属于专业核算。企业经济核算的日常工作，通常由计划、财务部门组织有关科室、车间的职能人员进行。实行经济核算，有利于加强企业管理，调动职工的积极性，促进企业改善生产经营。

原始记录是反映企业生产管理和经济活动的第一手资料，它对于提高企业管理水平，加强成本管理，开展经济核算和完成国家生产计划起着重要作用。原始记录的建立与健全，应以计划、财会部门为主，各职能部门和车间、班组密切配合。原始记录的制定要充分考虑本单位的生产特点，既要符合生产技术管理的要求，又要满足成本核算的需要，还要简便易行，讲究实效。要达到以上要求，必须抓好几个环节：一是抓表格的制定，必须全面考虑项目、内容的设置，二是抓计量设施的完备、准确，三是抓操作者对原始记录的填记是否准确、认真，四是抓原始记录的利用，必须很好地利用每一张原始记录上的数据资料。通过原始记录，严格控制各项费用，并进行分析、统计和成本的计算。在企业管理过程中，必须重视原始记录的整理工作，狠抓原始记录的管理工作。

案例分析11-2

某仓储公司的原始记录送货单如表11-1所示。

表11-1　　　　**送　货　单**　　　　NO. 0312789

单位：　　　　日期：2012年12月26日

品名	规格	单位	数量	单价（元）	金额（元）	备注
螺帽	20mm	个	100	1.00	100.00	
螺栓	20mm	个	100	2.00	100.00	
漏电保护器	3型	个	20	10.00	100.00	

收货单位：（盖章）　　　　制单：陈胜　　　　送货单位：（盖章）

经手人：　　　　经手人：王红

4. 生产系统的经济核算的指标体系

各项核算内容通过一系列技术经济指标来体现。经济核算的指标体系一般包括产量指标（实物产量、工时产量）、产值指标（总产值、商品产值、净产值）、品种指标（产品品种数量、新产品数量等）、质量指标（产品或零部件合格率、优质品率成品或部件一次装配合格率等）、劳动指标（全员或生产工人劳动生产率工时利用率等）、物资消耗指标（单位产品消耗量、万元产值物资消耗量等）、设备利用指标（设备利用率等）、成本指标（主要产品单位成本、可比产品成本降低率等）、资金占用指标（固定资金利润率、流动资金利润率、流动资金周转天数等）、利润指标（资金利润率、产值利润率）等。

11.2.2　班组经济核算

1. 班组核算的含义和要求

班组经济核算是在轮班、生产小组或流水线范围内，利用价值或实物指标，将其劳动耗费和劳动占用与劳动成果进行比较，以取得良好经济效果的一种管理方法：它是整个生产现场管理的基础，又是组织广大群众当家理财的好形式，也是现场成本控制不可缺少的重要环节。班组核算要求是：建立起适应班组生产和经营特点的核算组织；确定适合班组生产特点的经济核算指标并使班组和个人有明确的经济责任；做好定额管理、原始记录、计量验收等各项基础工作，做到事事有记录，考核有依据，计量有标准；建立严格的考核、检查评比和奖惩制度；做到以较少的劳动耗费，取得较大的劳动成果，保证厂级和车间各项指标的完成。

班组经济核算一般是在车间主任领导下，由班组长负责组织，由核算员具体承担。班组核算员在业务上要接受车间和有关科室核算人员的指导。班组经济核算一般不设专职核算员，由现场生产工人兼任。核算工作一般都在业余时间进行。为了不影响工人的生产和休息，有的企业在班组内建立兼职核算机构，将核算工作分摊到人，设立几大员：材料核算员、考勤员、设备管理员、质量检查员等，各项指标分别由几大员进行核算。这样做，有利于把班组所有成员动员起来，对本班组的生产活动进行记录、计算分析和考核，做到事事有人管、人人有专责，形成一个人人参加核算、控制的网络。搞好班组核算，必须建立相应的规章制度。包括：材料、工具的领、退、保管制度；考勤和劳动组织制度；设备管理和维修制度；质量检验制度；成本控制制度；评比奖励制度等。为了便于执行上述各项制度，各班组可根据具体情况，制定各种实施细则和有关补充规定。

2. 班组经济核算的要求

确定班组经济核算单位指标应注意的问题：（1）应根据“干什么，管什么，算什么”和以生产为中心的原则来确定，那些与班组和职工主观因素无关和不能控制的指标不能列入班组的考核指标；（2）既要照顾不同班组的生产特点，又要与专业核算一致和衔接；（3）既要包括与班组相关的全部主要经济指标，又要反对事无巨细，过分强调全面，搞烦琐哲学，影响主要经济指标考核的倾向；（4）要通俗易懂、简便易行。如果指标规定得太繁，计算过于复杂，工人难以胜任，将会影响班组经济核算工作的开展与坚持；（5）既要便于经济指标的核算和分析，又要有利于经济责任的划分，使各班组及职工责任清楚、目的明确、物质利益分配合理，认真地实施控制与核算。

3. 班组经济核算指标和形式

班组经济核算指标有：

（1）产量指标。可采用实物、劳动工时、计划价格和产量计划完成率计算。

（2）质量指标。可以采用等级品率、合格品率、废品率、返修品率等指标形式反映。

（3）材料消耗指标。可以采用材料耗用数量、耗用金额表示，也可用材料利用率等相对数表示。

（4）工时指标。包括工时利用率和出勤率等指标。

（5）设备完好率和利用率指标是用相对数表示的指标。

（6）成本降低指标。这是综合性指标。一般只包括班组直接消耗的各种材料和支出的费用，不包括固定资产折旧及修理费用。

班组经济核算的形式：（1）指标核算、计分计奖形式。车间将经济指标分解落实到班组，班组按规定核算完成情况。考核方式是按核算指标的重要程度和计分标准，逐项打分，按分数的多少反映指标完成情况，并确定相应的奖惩。（2）限额卡核算形式。这种方式是根据生产任务和材料消耗定额核定的定额材料费用，制定限额卡，班组依卡领用材料。到月末，车间按完成任务和领用材料的情况进行考核，按材料的节约或超支情况决定奖惩。（3）其他方式，如厂币核算形式，账、卡、表核算形式等：也可以将几种核算形式结合起来使用。

4. 班组经济核算单位的确定

班组经济核算单位，应根据班组生产和劳动组织的特点以及岗位责任制的要求来确定，一般有以下几种：（1）以整个班组为经济核算单位，它适用于没有轮班或各轮班经济责任不易划分或难以考核的单位。（2）以轮班为经济核算单位，它适用于生产周期短，能按轮班分清经济责任和计算生产成果的单位。（3）以机台为经济核算单位，它适用于能按单机进行核算的单位。（4）以生产线为经济核算单位，它适用于连续生产而又无法按轮班划清经济责任和计算生产成果的单位。

11.3　生产系统的经济活动分析

11.3.1　生产系统的经济活动分析的含义、内容和作用

生产系统经济活动分析，是运用各种经济指标和核算资料，对企业的经济活动过程及其成果进行分析研究，它是企业经济核算工作的重要环节，是促使企业改善经营管理，提高经济效益的一种管理活动。使企业的经营者了解企业的过去，预测未来控制现在，提高企业管理水平。

生产系统经济活动分析的内容，主要取决于企业业务的性质。在工业企业，通常有生产分析、成本分析、销售和利润分析以及资金分析，还有专项资金项目的经济效果分析。

生产分析。包括对生产均衡性、产品产量、产品品种、产品质量和生产成套性以及固定资产利用情况、材料供应和利用情况、劳动生产率、工时利用情况等影响生产各个主导因素的分析。

人员配备和劳动效率分析。在进行分析时，应对企业人员配备，职工队伍的素质，工作时间的利用，劳动和工作的效率进行分析，寻找以较少的人力或工作时间，完成和超额完成生产经营和管理工作任务的途径。

成本分析。主要包括对生产费用预算执行情况的分析、全部商品产品成本计划完成情

况的分析、可比产品成本降低任务完成情况的分析、主要产品单位成本的分析、主要技术经济指标的变动对成本影响的分析，以及产品成本功能分析。

销售和利润分析。包括对产品销售和产品销售利润、其他销售利润、营业外收支以及利润分配的分析。

资金分析。主要包括资金来源和资金占用状况的一般分析、固定资金利用情况的分析、定额和非定额流动资金的分析、流动资金周转率的分析、资金利润率的分析以及产值资金率的分析。在商业企业，除资金、利润分析外，着重进行商品流转分析和商品流通费分析。

生产系统的经济活动分析的作用：

①促使企业全面完成生产经营计划。通过对计划完成情况的检查，可以促使企业的各部门和职工加强计划的观念，提高执行计划的自觉性，提出保证完成计划的措施，使整个企业的生产经营计划能够顺利执行：也可以了解企业在制订和执行计划中，是否存在预测不准，计划不周，执行失控，监督不严等现象，以便从中总结经验，改进计划管理工作。

②督促企业的经营活动遵守国家政策法令和规章制度。分析企业的生产经营活动，必然要了解企业的生产经营活动是怎样进行的，要对企业经营活动的合理性、合法性、效益性作出评价。因此，有了经常性的经济活动分析工作，就能够对企业遵守国家政策法令和规章制度起到一定的督促作用，增强企业遵纪守法的观念。

③推动企业健全经济责任制。经济活动分析工作能否深入，效果大小，同经济责任制的建立有关，通过建立经济责任制，把企业生产经营的目标，合理利用人力、物力、财力，提高经济效益的要求，进行分解落实，成为各部门的具体目标，把经济责任的考核同经济利益的奖罚密切结合起来，有利于加强各部门的责任心，提高职工的积极性。

④为提高企业素质和经营管理水平提供决策资料。在分析企业的经济活动中，往往要联系企业的素质，从经营决策，指挥调度，人员设备保证上，研究其对取得生产经营成果和效益的影响。针对存在的问题，采取有效措施，以提高企业素质，提高企业管理水平。因此，经济活动分析可以为有关部门和领导提供这方面决策的参考资料。

11.3.2　生产系统的经济活动分析的种类、程序和方法

1. 生产系统的经济活动分析的种类

按范围可分为全企业的经济活动分析、车间或部门的经济活动分析、班组或柜组的经济活动分析；按要求可分为综合分析、典型分析和专题分析；按时间可分为定期分析和不定期分析；按任务可分为事前的预测分析、事中执行过程的控制分析，以及事后的检查分析等。按分析包括的内容划分，有全面分析和专题分析。按分析资料的形式划分，有书面分析、报告式分析。按分析的层次划分，有全厂分析和部门分析。不管经济活动采取何种形式，都要注意经济活动分析的有效性，即重实效，而不重形式。

2. 生产系统的经济活动分析的程序

经济活动分析一般由四个步骤组成，即对比找出差距，研究查明原因，计算确定影

响，总结提出建议。在每一步骤中，运用一定的方法，现分别说明如下：

（1）对比找出差距。对比找出差距，在一般情况下，也是经济活动分析工作的起始点。对比或比较的范围是很广的，在实践中，作为对比标准的主要有：同预定目标、同计划成定额相比；同上期或历史最好水平相比；同国内外先进水平相比。对比所运用的方法，通常称为比较法。比较所利用的指标数据，可以是绝对数，也可以是相对数或者是相关比例数。在运用对比找差距方法时，必须注意经济现象或经济指标的可比性，即被比较的现象或指标，必须在性质上同类，范围上一致，时间上相同。

（2）研究查明原因。在对比找出差距的基础上，研究查明差距（或差异）产生的原因，是分析工作的重要一步。每项经营活动的结果，都可能由很多的原因造成，或者说会受到多种因素的影响，这些原因或因素有些是密切联系的。因此，我们可以按照这种联系，经过逻辑判断和推理，确定经济指标间相互关系的模式，排成固定的公式，在分析中加以运用，以确定差距产生的原因。

（3）计算确定影响。计算确定影响，就是根据影响经济指标的因素或原因，计算它们的变动对经济指标的具体影响，以明确作用的方向（有利或不利）和影响程度的大小。根据因素影响的方向和程度，就便于在进行决策和制定措施中，抓住主要矛盾，有重点地解决问题。

在实践中，确定原因和计算影响，一般是同时进行的，因此，也可以把它们看作一个步骤，称为确定影响的因素。计算因素的影响，即测定各个因素变化对某一经济指标的影响程度，通常采用"连环代替法"或者它的变形"差额计算法"。

（4）总结提出建议。根据分析的结果，总结企业的工作，提出改善企业经营管理的建议，提供领导作为进行决策、制定措施的参考，以充分发掘企业的潜力，不断提高生产经营的经济效益。所以，总结提出建议，是整个分析工作的重要步骤。

知识链接11-3

财务分析和经济活动分析

财务分析和经济活动分析的相同点在于"分析"，有相同或相近的分析程序、分析方法、分析形式等。区别主要在：

对象与内容不同。财务分析的对象是企业财务活动包括资金的筹集、投放、耗费、回收、分配等。经济活动分析的对象是企业的经济活动，除了财务活动，还有生产活动。

分析的依据不同。财务分析的依据主要是企业会计报表资料，经济活动分析的资料则包括企业内部各种会计资料、统计资料、技术或业务资料等。

分析的主体不同。财务分析的主体具有多元性，可以是企业的投资者、债权人，也可以是企业经营者、企业职工及其他与企业有关或对企业感兴趣的部门、单位或个人。经济活动分析通常是一种经营分析，分析的主体是企业经营者或职工。

2. 生产系统的经济活动分析的方法

常用的技术方法有：①对比法，又称比较法。就是把有关指标的本期实际数对比本期计划数、对比上期实际数、对比本企业历史最优成绩或对比同行业先进实绩等，以找出差距，查明原因。②比率分析法。是把对比的数值改成相对数，计算出比率，然后进行对比分析的方法，具体有趋势比率分析、构成比率分析和相关比率分析。③因素分析法。具体有连锁替代法、差额计算法和线性规划法等。连锁替代法又称因素替换法，是将影响某项指标的几个相互联系的因素合理地加以排列，依次把其中一个因素视为可变，其他因素视为不变，逐个替代，以计算每一因素对指标变动的影响程度的方法。合理排定诸因素的顺序，是运用这种方法的前提条件。因为变换因素替代顺序，会得出不同的结果。差额计算法是连锁替代法的简化形式，它以各个因素的实际数与基数（计划数或者其他对比的数值）之间的差额，计算确定各因素对指标变动的影响程度。线性规划法是把相互联系、相互制约的因素纳入一定的数学模型求解，得出一定限制条件下最优方案的方法（线性规划模型）。

在中国，有些企业定期地举行经济活动分析会议，由厂长或经理、总会计师、财务会计科长、经济核算人员和职工代表参加。它是专业分析与群众分析相结合、领导检查与群众监督相结合的一种有效形式。

案例分析11-3

某酒店经济活动分析管理内容提要

经济活动分析是酒店经营管理的一个重要工具，搞好经济活动分析对指导酒店加强经营管理，促进成本控制，提高经济效益，保证各项预算的完成具有重要作用。

1. 经济活动分析的任务

(1) 在经济核算基础上，通过对酒店经营活动过程及结果的分析研究，考核预算的执行情况，通过正确评估经营活动，揭示预算执行中的矛盾，分析预算与实际差异的原因，提出改进措施，以促进酒店经营管理水平的提高。

(2) 挖掘增收节支潜力，高效地使用人力、物力、财力，提高经济效益。

(3) 通过经济活动的分析，使各部门领导层和执行层都能了解本部门的经营情况和酒店的财务状况，以调动全体员工参与管理的积极性和主动性。

(4) 通过对预算执行情况的分析，积累酒店经营情况资料，为编制下期预算提供依据。

2. 经济活动分析的组织与分工

经济活动分析工作在总经理领导下，由财务部经理负责组织实施，按“统一领导，分级管理”的原则，各有关部门都负有分析预算完成情况的责任。各部门分工如下：

(1) 销售部：市场、客源、房金收入和市场营销费用情况分析。

（2）客房部：客房消耗用品、全店布件洗涤与PA清洁用品等分析。

（3）前厅部：商务中心的收入和费用分析。

（4）康乐部：销售情况分析以及康乐营收和成本耗用分析。

（5）餐饮部：餐饮营收与成本分析，物料、器皿等费用消耗分析以及商品销售情况分析。

知识掌握

☐ 简答题

（1）生产系统的经济活动分析的程序是怎样的？

（2）举例说明生产成本及生产成本控制的含义。

（3）班组经济核算指标有哪些？

（4）生产成本控制的方法有哪些？

（5）举例说明生产系统的经济活动分析的程序。

☐判断题

（1）财务分析和经济活动分析的内容是相同的。(　　)

（2）生产系统经济活动分析，是企业经济核算工作的重要环节。(　　)

（3）班组经济核算一般是在车间主任领导下，由班组长负责组织，由核算员具体承担。(　　)

（4）班组核算是企业经济核算的基础，核算结果不能作为评比计奖的依据。(　　)

（5）为保证经济核算工作正常进行，必须做好企业内部的原始记录。(　　)

☐选择题

（1）对生产均衡性、产品产量、产品品种、产品质量等的分析属于(　　)。

A. 生产分析　　B. 人员配备和劳动效率分析

C. 成本分析　　D. 销售和利润分析

（2）生产系统的经济活动分析的种类按范围可分为(　　)。

A. 事前的预测分析、事中执行过程的控制分析，以及事后的检查分析等

B. 全企业的经济活动分析、车间或部门的经济活动分析、班组或柜组的经济活动分析

C. 综合分析、典型分析和专题分析

D. 有全厂分析和部门的分析

（3）生产系统的经济活动分析常用的技术方法有(　　)。

A. 对比法　　B. 比率分析法

C. 因素分析法　　D. 成本分析

（4）别人在某些方面做得比自已好，所以要以别人为楷模来做属于（　　）。

A. 基于经验的成本控制方法　　B. 基于标杆的目标成本控制方法

C. 基于历史数据的成本控制方法　　D. 基于预算的目标成本控制方法

（5）确定成本标准的方法有(　　)。

A. 计划指标分解法　　　　B. 预算法
C. 经验法　　　　　　　　D. 定额法

知识应用

□实践训练

（1）调查了解企业生产成本的控制情况。

项目内容：走访几家企业，调查企业生产系统成本控制情况。

项目目的：加深对企业成本控制的认识和理解。

项目要求：写一份调查报告。

项目评价：根据报告对实践活动成绩打分。

（2）查阅网上相关资料，并访问企业，了解企业如何对经济活动进行分析。

实训目的：让学生学会分析问题、思考问题；掌握实践中经济活动分析法的一些运用情况。

实训要求：分组调查，撰写报告，做 PPT，讨论汇报。

□案例分析

北大荒薯业“三最”冠全国——产量、质量、成本三项主要指标名列全国之首

日前，记者从全国马铃薯专业委员会年会上获悉，北大荒马铃薯产业有限公司从8月23日带料试车以来，创下了三个“全国之最”，即生产精淀粉最多、产品质量最好、整体成本最低。现已销售产品5000多吨，其中部分产品直销韩国，还有大量客商等待签约，预计全部淀粉销售后可实现利润1000万元。

今年，在齐齐哈尔农垦分局的支持下，北大荒薯业进行了体制创新，组建股份制公司，克山农场的职工、马铃薯种植大户和公司的全体员工共4461人入股北大荒马铃薯产业有限公司，农场职工、企业员工与马铃薯产业结成了紧密的利益共同体。克山农场还聘请专家对全场1398个马铃薯种植户进行全员培训，帮助他们解决种植和管理的技术难题。全场落实了230个种植马铃薯300亩以上的大户，形成市场牵龙头、龙头带基地、基地连大户的产业化格局。体制的创新，将原料基地与公司紧密联结在一起，确保了原料的生产和交售。

今年，克山农场在降水天数、降水量、相对湿度达标天数等适合晚疫病大发生的几项气候指标都较上年更加严重的情况下，攻克了马铃薯晚疫病防治这一世界性难题，取得了平均亩产两吨的产量，为公司提供了原料保证。

公司狠抓了全面质量管理，由外国专家从8月23日开始带领员工带料试车，至10月28日，共加工马铃薯近10万吨，生产淀粉近1.5万吨，马铃薯精淀粉提取率达到96%以上。其中优级品达到60%左右，一级品达到100%，淀粉的白度在92与95之间，黏度在1500与1700之间，各项指标完全达到甚至超过国家规定标准，达到欧

盟标准。

资料来源：赵景才，迟玉梅．北大荒薯业“三最”冠全国［J］．农垦日报，2006-12-29.

问题：北大荒薯业产量、质量和成本三项主要指标名列全国之首的主要原因是什么？

□综合实训

1. 实训目的

（1）能用所学知识对企业生产系统进行分析；

（2）能结合企业具体情况提出如何经济性分析的一些措施。

2. 实训内容

背景资料

某硬质合金厂已经确定了目标质量成本。管理人员在分析该车间质量成本时发现，废品损失是最主要的质量成本内容，于是将其作为控制质量成本的重点对象。在确定质量目标成本时，他们对造成废品损失的各个项目逐一分析并参考了历史资料，特别是近年来的资料以及同行业的先进水平，确定分品种合格率以及全品种综合合格率作为目标值。在2010年实际水平的基础上，确立2011年的目标质量和质量成本为：综合合格率提高5%，不低于87%，质量成本费用下降52万元。

3. 实训要求

（1）以五到六人为一组，进行合理分工，每人应有明确的任务；

（2）根据背景资料中企业制定的质量成本控制目标，分阶段实施控制，请制订控制计划和控制措施；

（3）利用所学的成本考核指标进行模拟考核；

（4）考核各单位质量成本管理开展情况，并制定质量改进措施；

（5）撰写实践报告，并做PPT；

（6）实践报告完成后设课堂讨论课，相互交流实训经验。

第十二章 先进的生产方式

学习目标

◎了解先进生产方式的类型及特点；
◎了解生产性服务的特征；
◎掌握准时制生产、大量定制、敏捷制造等的含义；
◎熟知准时制生产、大量定制、敏捷制造等产生的背景及应用情况。

技能目标

◎能够在实践中有针对性提出先进生产方式的应用；
◎能够寻找到实践中先进生产方式运用中产生的问题。

引例

某机床厂推广先进制造技术和清洁生产方式

某机床厂推广先进制造技术和清洁生产方式，提高材料利用率和生产效率，降低能耗和污染物排放。解决占机械总加工量80%左右的单件和小批量生产的自动化难题。它综合应用了电子、计算机、检测、自动控制和机床结构设计等各个技术领域的最新技术成就，该机床厂是典型的机电一体化产品。数控机床经过40年来的发展，品种日益增多，性能不断完善，其中以轮廓控制的数控机床和带有自动换刀装置和工作台能自动转位的数控加工中心发展更为迅速。该机床厂由控制介质、数控装置、伺服系统和机床本体等部分组成，其中伺服系统的性能是决定数控机床加工精度和生产率的主要因素之一。

在实际生产中，由于大量存在一些用开关量控制的简单的程序控制过程，而实际生产工艺和流程又是经常变化的，该机床厂因而传统的继电器接触式控制系统常不能满足这种要求，因此曾出现了继电器接触控制和电子技术相结合的控制装置，叫作顺序控制器。它能根据生产需要改变控制程序，而又远比电子计算机结构简单，价格低廉，它是通过组合逻辑元件插接或编程来实现继电器接触控制的。随着大规模集成电路和微处理机技术的发展及应用，上述控制技术也发生了根本性的变化，该机床厂在20世纪70年代出现了将计算机的存储技术引进顺序控制器，产生了新型工业控制器——可编程序控制器（PLC），它兼备了计算机控制和继电器控制系统两方面的优点，故目前在世界各国已作为一种标准化通用装置普遍应用于工业控制。

案例表明：该机床厂推广先进制造技术和清洁生产方式，提高材料利用率和生产效率，降低能耗和污染物排放。面对激励竞争，企业要想生存立足发展，生产方式必须不断改进。

12.1 先进生产方式概述

由于信息技术的发展和应用，20世纪70年代以来，世界上制造业出现了一系列新的技术和新的生产方式。在管理信息系统（MIS）的基础上，采用计算机辅助设计与制造（CAD/CAM），建立计算机集成制造系统（CIMS）；在开发决策支持系统（DSS）的基础上，通过人机对话实施计划与控制，从物料资源规划（MRP）发展到制造资源规划（MRP-II）和企业资源规划（ERP）；在生产和营销上，有集开发、生产和实物分销于一体的适时生产（JIT），有不断消除浪费的精良生产，也有供应链管理中的快速响应和敏捷制造以及通过网络协调设计与生产的并行工程、虚拟企业和电子商务等。这些新的生产方式把信息技术革命和管理进步融为一体，使生产方式发生了根本的变化。

12.1.1 先进生产方式的特点

在营销层次上，信息技术的应用能够适应需求的个性化需要，提供个性化的服务，并且能够得到快速响应，从而提高产品和服务的价值；在生产层次上，先进信息技术的应用，使得根据顾客需要，任意批量制造产品和提供服务成为可能；在设计层次上，先进信息技术的应用，可以从设计开始就产生出一套整合供应商关系、生产过程、经营过程、顾客关系以及产品使用和最终处理的方法；在组织层次上，先进信息技术的应用，无需额外增加投入，可以从企业内部与外部来整合生产所必需的优质资源（员工的专业技能、设备的有效利用），以形成新的生产能力；在管理层次上，以指挥和控制为主的现代管理思想，转向领导、激励、支持和信任。企业组织结构由垂直型的科层组织，向扁平的网络型组织转变；在人力资源层次上，先进信息技术的应用，要求企业员工强化知识、技能和创新的意识和能力。

12.1.2　制造业生产方式的发展

制造是人类按照所需目的，运用主观掌握的知识和技能，借助手工和可以利用的客观物质工具，采用有效的方法，将原材料转化成最终物质产品，并投放市场的全过程。因此，制造不是指单独的加工过程，而要包括市场调研和预测、产品设计、选材和工艺设计、生产加工、质量保证、生产过程管理、营销、售后服务等产品寿命周期内的一系列相互联系的活动。制造生产方式通常指制造系统的内部构成和动作方式。

知识链接12-1

制造系统的价值取向

将制造企业对制造生产相关的各个环节或要素重要性的评价视为制造系统的价值体系，而将制造系统的注意重点放在何处称之为价值取向。显然，价值取向影响人们对制造生产方式的选择。例如，最早出现的作坊式生产（job shop）就是面向制造技能的。大量生产（mass production）则以产品为中心；产品市场的进一步扩大超出国境，就可能出现“跨国公司”；若要素市场交易困难，纵向一体化便会发生；制造技术的改进（如数控机床的出现）会引起制造过程的重新安排；若为了保证原材料的充分及时供给，传统就需采取以大量库存为特征的制造流程。而以顾客为中心的价值体系的建立，必须实现多品种、小批量的高效生产，从而预示着创立先进的制造生产方式。价值取向受到制造的客观条件、人的认知能力和环境变化等因素的综合影响。制造生产发展史说明：价值取向是沿着技术（能造出）—产品（造得多）—产品市场（有人要）—顾客（要什么）这样一条轨迹演进的。从制造业的现状和发展趋势来看，制造企业的价值取向主要有两类：面向产品（product oriented）和面向顾客（customer oriented）。前者与大量生产方式相对应，后者与先进制造生产方式相联系，而对其他要素的重视与强调，改变着这两类生产方式框架中的某些重要特征。

在石器时代，人类利用石料制造劳动工具，以采集、利用自然资源作为主要生活手段。到青铜器、铁器时代，人们开始采矿、冶炼、织布，使用铸锻工具，满足以农业为主的自然经济的需要，采取了作坊式手工业的生产方式。18 世纪初，瓦特发明蒸汽机，纺织业、机器制造业取得了革命性的变化，引发了第一次工业革命，近代工业化大生产开始出现。从 19 世纪初到 20 世纪 20 年代，主要是用机器代替人力进行生产。第一次世界大战后，美国人福特（Henry Ford）和通用汽车公司的斯隆（Alfred Solon），将欧洲人创造的技艺性生产方式改为流水线、大批量生产方式，使制造业发生了革命性变化。大量生产方式为社会提供众多的廉价产品，满足消费者的基本生活需求。

大量生产方式的困境，使制造企业将价值取向转移到产品市场和顾客，将制造战略重点移到质量和时间。然而为实施这一转变，人们经历了一个曲折的学习过程。开始人们仍沿袭传统思路，期望依靠制造技术的改进来解决问题。具体地讲就是抓住电子计算机的普及应用所提供的有利契机，以单项的先进制造技术，如计算机辅助设计（CAD)、计算机辅助制造（CAM）、计算机辅助工艺规程设计（CAPP)、制造资源计划、成组技术(GT)、并行工程（CE)、柔性制造系统（FMS）等作为工具与手段，来全面提高产品质量和赢得供货时间。

时间一直是制造生产中的一个重要因素，但它从来没有像今天这样被人们所看重。这一方面是市场激烈竞争的结果，另一方面也反映了现代社会生活的快节奏以及人们对时间效用的新理解。时间作为新的制造战略重点，已被学者和企业家们所公认，并在实践中也做了多种努力。表 12-1 展示了这种制造战略重点的转移。要实现面向顾客的、基于时间的制造战略，就必须采用全新的制造生产方式，突破金字塔式的科层组织结构的束缚。

表 12-1 **制造战略重点的转移**

顾客	对产品的要求	制造企业	对策制造战略重点	顾客相应制造方式（或技术）
买得起	价格低	降低成本	成本	大量生产
愿意买	质量好	提高质量，广告宣传	质量	全面质量管理、先进制造技术、准时生产、柔性制造系统等
能买到	交易便利、多样化、个性化	迅速提供	时间	柔性生产和智能制造、精益生产、敏捷制造等

信息化带动工业化，出现了柔性和自动化程度很高、由计算机控制的生产设备，通过过程控制、准时生产、授权工作、质量管理等制造过程革新的精益制造，瞄准更小的市场、提供范围更广、更新换代寿命期更短的产品等新的营销战略，使得在不增加成本的情况下，改进产品的质量、提供更广泛的选择和快速响应成为可能，因而，新的生产方式同时具备了质量的可靠性、个性化的设计和合适的价格，并出现了准时制、精益生产、计算机集成制造系统（SIMS)、敏捷制造、虚拟制造与虚拟企业等新型制造模式。

知识链接12-2

制造战略重点转移的代表企业

在当今经济全球化、贸易自由化和社会信息化的形势下，制造业的经营战略发生了很大变化，在 20 世纪 30—60 年代企业追求的是规模效益，如美国福特汽车公司、通用汽车公司相继采用刚性流水线进行大批量生产；70 年代更加重视降低生产成本，如日本丰田公司采用准时化生产；80 年代提高产品质量成为主要目标；进入 90 年代新产品开发及交货期成为竞争的焦点。由此产生了多种多样的制造哲理，如精益生产、并行工程、敏捷制造和虚拟制造等，它们各有侧重，从不同角度研究如何增强企业的竞争力。

12.1.3　生产性服务特征分析

所谓生产性服务业，是指为保持工业生产过程的连续性、促进工业技术进步、产业升级和提高生产效率提供保障服务的服务行业。它是与制造业直接相关的配套服务业，是从制造业内部生产服务部门独立发展起来的新兴产业，包括现代物流业、科技服务业、金融保险业、信息服务业、商务服务业五类企业。

生产性服务业是高技术和新产品研发的重要推动力，能够对制造业的技术变革和产品创新起到引导作用。创新才能生存，激烈的市场竞争推动了制造型企业向服务型企业的转型。大量的产业实践证明：生产性服务业是当今经济活动中最活跃、创新能量最强、发展潜力最大的产业，是未来经济发展的趋势。

生产性服务首先具有服务产品的一般特点，即：不可存储性；非实物性，即生产服务是无形的；生产和消费在时空上的高度一致性。在提供服务的同时，服务的接受必然同时发生，如果不同时接受，该服务产品随即消失。与消费性服务业相比，生产性服务业是一种高智力、高集聚、高成长、高辐射、高就业的现代服务产业，它还具有其自身的一些特征：

（1）中间投入性。对生产性服务的消费不是一种最终消费，而是为了生产，为了创造更大价值而进行的中间性的生产消费。

（2）产业融合性。生产性服务业融合了金融、物流、通信等多个行业，综合利用到了互联网技术、数据库技术、物联网技术，既有管理概念，又有营销内容，是一个产业融合的典型代表。

（3）产业关联性。从产业关联效果来看，生产性服务业是为生产者提供服务投入的行业，它与其他产业关联密切，在整个产业链中是不可或缺的重要一环，与上下游各种服务相互关联、相互依存。

（4）服务知识性。生产性服务业以先进科技、专业人才为主要生产要素，技术和知识含量较高。

（5）技术创新性。生产性服务业是当今经济活动中最活跃、创新能量最强、发展潜力最大的产业，是未来经济发展的趋势。

（6）要素密集性。金融、电信等基础设施类生产性服务业是资本和技术要素密集型的产业。

（7）产业集聚性。生产性服务业是各种生产要素在一定地域范围的大量集聚和有效集中的反映，在优化资源配置、加快制度创新、营造产业生态环境等方面发挥着越来越重要的作用。

（8）服务外部化性。近年来信息技术及网络技术的发展，使服务外包所需的技术水平逐渐提高，目前全球服务外包涉及的范围已由传统的信息技术外包和业务流程外包拓展到金融、保险、会计、人力资源管理、媒体公共管理等多个领域。

（9）信息技术支撑性。信息技术是现代生产性服务业发展必不可少的、重要的技术支撑条件。垂直化专业性：专门的服务对应着各生产行业产前、产中、产后各个程序环节，分工明确，各司其职。而且，随着生产性服务业的发展这些服务将会越分越细，专业化程度将会越来越高。

12.2 主要先进生产方式

12.2.1 准时生产

1. 准时生产的含义

准时生产方式是起源于日本丰田汽车公司的一种生产管理方法。它的基本思想可用现在已广为流传的一句话来概括，即“只在需要的时候，按需要的量生产所需的产品”，这也就是“Just in Time”（JIT）一词所要表达的本来含义。这种生产方式的核心是追求一种无库存的或使库存达到最小的生产系统。为此而开发了包括“看板”在内的一系列具体方法，并逐渐形成了一套独具特色的生产经营体系。准时生产方式在最初引起人们的注意时曾被称为“丰田生产方式”，后来随着这种生产方式被人们越来越广泛地认识研究和应用，特别是引起西方国家的广泛注意以后，人们开始把它称为 JIT 生产方式。

2. 准时生产的目标

JIT 生产方式将“获取最大利润”作为企业经营的最终目标，将“降低成本”作为基本目标。在福特时代，降低成本主要是依靠单一品种的规模生产来实现的。但是在多品种中小批量生产的情况下，这一方法是行不通的。因此，JIT 生产方式力图通过“彻底消除浪费”来达到这一目标。所谓浪费，在 JIT 生产方式的起源地丰田汽车公司，被定义为“致使成本增加的生产诸因素”，也就是说，不会带来任何附加价值的诸因素。任何活动对于产出没有直接的效益便被视为浪费。这其中，最主要的有生产过剩（即库存）所引起的浪费。搬运的动作、机器准备、存货、不良品的重新加工等都被看作浪费；同时，在 JIT 生产方式下，浪费的产生通常被认为是由不良的管理所造成的。比如，大量原物料的存在可能便是由于供应商管理不良所造成的。因此，为了排除这些浪费，就相应地产生了适量生产、弹性配置作业人数以及保证质量这样三个子目录。JIT 生产方式的基本手段也可以概括为：生产流程化；生产均衡化和资源配置合理化。

3. 准时生产的适用性

实践证明，JIT 的有效应用需要有合适的市场环境和合适的企业生产类型。在制造业中，JIT 一般适用于工序相对固定的重复式生产类型。JIT 式横向信息结构适合于市场需求在一定范围内波动的环境，如果市场需求变化过于剧烈，横向信息结构由于传递的信息较为分散，其效率比不上等级式集中信息结构；根据采用 JIT 的日本丰田汽车公司的经验，当市场需求变化超过10%时，由生产现场进行的微调就没有通过管理层集中计划和协调效率高。而且，如果市场需求波动微小，横向信息结构显得多余，其效率也得不到有效的发挥。由此可见，JIT 主要适合于生产工艺相对较稳定、市场需求较为波动而又并不剧烈的制造企业。

尽管有以上的限制，JIT 的应用早已超出了汽车业的范围，被成功地应用于多品种、小批量的生产中，并为世界上多个国家所采纳。

服务业的两个主要问题是如何提高服务业的质量和如何提高服务业产能的柔性。下面将围绕这两方面的问题，提出在服务业中应用 JIT 哲理的具体方法。

采用 JIT 中集体解决问题的方式，建立解决问题小组，由员工共同解决服务中存在的问题，及早排除隐患；JIT 强调对员工的激励；把质量管理深入每一个服务过程；理清服务流程，改善服务业绩；改善服务工艺技术和设备，实现服务工艺柔性化；培训员工掌握多种技能，使服务业有较好的柔性，能应付服务的高峰期。采用 JIT 中设备排列方法使服务设施的负荷均衡；提高服务作业的连续性，缩短作业周期；重组外部环境，重新配置工作区域；引入需求拉动的排队系统；建立供应网络。

案例分析12-1

准时生产在服务业中的应用

在宾馆业中，可以培训员工既能做客房服务工作，也能做餐厅服务工作。当就餐高峰到来时，客房服务员可以充当餐厅服务员，从而实现了产能的柔性化。医院的设施是按照 X 光室、注射科、诊所、住院部等进行排列，对此，可以按疾病的种类成立 JIT 式治疗小组，形成医院内部的一个个小诊所，使治疗的流程更加简单，治疗小组与病人的接触更加直接，让病人感受到更好的服务。在快餐店，首先是前台接收到顾客需求，通知后台进行工作，然后服务产品再由前台传递给顾客。如果引入 JIT 式需求拉动的排队系统，通过顾客的需求直接拉动后台的工作，则可以使服务更直接、更迅速。比如在汉堡店，可以使用玻璃墙让后台的厨师直接看到顾客的到来，从而将相应数量的汉堡放在烤架上，实现 JIT 式的服务。

分析：上述案例涉及的方式方法都是把 JIT 的原理应用于服务，而且应用广泛，效果好。

在服务业中应用 JIT，有如下的优点：第一，投资少，见效快。JIT 不要求复杂的设备投资，只需要对现有的生产服务系统进行适当的改造和排列。第二，在服务业中，雇员与顾客的接触度高，一旦雇员提供更好的服务质量，可以更直接、更快地提高顾客满意度。第三，在服务业中提倡以人为本和团队精神更容易。第四，服务业的生产系统和流程往往比较简单，培训员工成为多面手所需成本较低，生产设备调整起来也更简单。这些都是在服务业中实施 JIT 的有利因素。

但是在服务业中实施 JIT 也存在一定的困难。首先，服务业的需求变化幅度很大，存在高峰和低谷期之分，在统计的基础上进行一定的计划是必需的，单纯依靠 JIT 进行服务的调整是不够的。其次，实施 JIT 需要良好的通信和交通环境，为了保持及时的供货，要有稳定的供应商网络。因此，JIT在服务业中的应用要与其他方法结合起来实施，同时考虑到外部的环境，灵活使用，才能取得较好的效果。

12.2.2 敏捷制造

1. 敏捷制造的产生背景

为了响应日本企业的挑战，重振美国制造业的雄风，1988年，美国通用汽车公司（GM）与美国里海大学的几位教授共同首次提出了一种新的制造企业战略——敏捷制造（Agile Manufacturing，AM）的概念。1991年，美国Iacocca研究所在美国国会和国防部的支持下，主持召开了21世纪发展战略讨论会，历时半年形成了一份著名报告——“美国21世纪制造战略报告”，并向美国国会提交。这份报告对敏捷制造的概念，方法及相关技术作了全面的描述。

2. 敏捷制造的概念

美国Agility Forum（敏捷制造的研究组织）将敏捷制造AM定义为：能在不可预测的持续变化的竞争环境中使企业繁荣和成长，并具有面对由顾客需求的产品和服务驱动的市场作出迅速响应的能力。

3. 敏捷制造有三大组成要素

集成、高速和各级工作人员的自信心和责任心。敏捷制造模式强调将柔性的、先进的、实用的制造技术，熟练掌握生产技能的、高素质的劳动者以及企业之间和企业内部灵活的管理三者有机地集成起来，实现总体最佳化，对千变万化的市场作出快速反应。

4. 敏捷制造的特点

（1）技术研发能力。高技术含量的产品带来高附加值。技术成为决定产品利润的重要因素。这也正是美国企业赖以抗衡日本企业的武器。日本人提出了精益生产模式，主要是通过降低成本的方法来提高利润。而美国人的敏捷制造模式认为，决定产品成本、产品利润和产品竞争能力的主要因素是开发、生产该产品所需的知识的价值而不是材料，设备或劳动力。

（2）生产的柔性能力。现在生产潮流由大批量生产转向小批量多品种的方式，因此刚性生产模式也要改成敏捷化生产。即通过可重组的、模块化的加工单元，实现快速生产新产品及各种各样的变型产品，从而使生产小批量、高性能产品能达到与大批量生产同样的效益，达到同一产品的价格和生产批量无关。

（3）个性化生产。敏捷制造型企业按订单组织生产，以合适的价格生产顾客的定制产品或顾客个性化产品。这种方式取代了单一品种的生产模式，满足了顾客多种多样的要求。

（4）企业间的动态合作。敏捷制造要求企业对内部的生产工艺、流程、机构能迅速进行重组，以对市场机遇作出敏捷反应，生产出用户所需要的产品。当企业发现单独不能作出敏捷反应时，就要进行企业间的合作。

（5）激发员工的创造精神。敏捷制造型企业建立一种能充分调动员工积极性、保持员工创造性的环境，以巩固和提升企业持续的创新能力。有远见的领导者将具有创新能力的员工看成是企业的主要财富，而把对员工的培养和再教育作为企业长期投资行为。

（6）新型的用户关系。敏捷制造型企业强调与用户建立一种崭新的“战略依存关系”，强调用户参与制造的全过程。

迄今为止，敏捷制造的研究是在两个方面上进行的，一方面侧重于“软的因素”，从企业组织、结构和管理、营销策略的角度研究敏捷制造的实现；另一方面则侧重“硬的因素”，从技术的角度研究敏捷制造的实现方法和关键技术。最初，敏捷制造的研究大多集中于前一个方面的研究，到20世纪90年代中期，获得了一批较为成熟的研究成果，提出了一系列新的制造概念与模式，如企业重组、动态联盟、虚拟组织等。90年代后期，信息技术的飞速发展（如：分布式计算技术、网络通信技术、万维网技术），为实施新的制造概念和模式提供了更有效的手段，一些技术突破原有技术的限制，为创造更新一代的制造思想和模式提供了空间。

12.2.3　计算机集成制造系统 CIMS

计算机集成制造系统（Computer Integrated Manufacturing System，CIMS），是计算机应用技术在工业生产领域的主要分支技术之一。它的概念是由美国的 J. Harrington 于1973年首次提出的，但是直到20世纪80年代才得到人们的认可。对于CIMS的认识，一般包括以下两个基本要点：企业生产经营的各个环节，如市场分析预测、产品设计、加工制造、经营管理、产品销售等一切的生产经营活动，是一个不可分割的整体；企业整个生产经营过程从本质上看，是一个数据的采集、传递、加工处理的过程，而形成的最终产品也可看成是数据的物质表现形式。因此对CIMS通俗的解释可以是“用计算机通过信息集成实现现代化的生产制造，以求得企业的总体效益”。整个CIMS的研究开发，即系统的目标、结构、组成、约束、优化和实现等方面，体现了系统的总体性和系统的一致性。

一个制造型企业采用CIMS，概括地讲是提高了企业整体效率。具体而言，体现在以下方面：在工程设计自动化方面，可提高产品的研制和生产能力，便于开发技术含量高和结构复杂的产品，保证产品设计质量，缩短产品设计与工艺设计的周期，从而加速产品的更新换代速度，满足顾客需求，从而占领市场。在制造自动化或柔性制造方面，加强了产品制造的质量和柔性，提高了设备利用率，缩短了产品制造周期，增强了生产能力，加强了产品供货能力。在经营管理方面，使企业的经营决策和生产管理趋于科学化。使企业能够在市场竞争中，快速、准确地报价，赢得时间；在实际生产中，解决“瓶颈”问题，减少在制品；同时，降低库存资金的占用。

案例分析12-2

CIMS 成功应用

在我国，成都飞机工业公司自1989年开始开展CIMS工程，经过10年的发展完善，使得企业在产品制造能力和公司管理水平方面上了一个新台阶，从而赢得了国外航空产品转包生产的订单，经济效益十分明显。10年来，企业仅在网络和数据库方面累计投资就超过2000万元，但是企业CIMS工程总设计师钱应璋女士认为当初的投资在今天得到了回报。企业目前很好地实现了信息共享和集成，并且利用开放系统避免建设信息孤立岛，省去了大量的重复性劳动。但是，对于系统的建设完善，钱应璋女士认为CIMS工程要分为一期、二期、三期，不断进行，要不断地推动系统走向实用化，逐步获得效益。

资料来源：http：//so.163.com/search.php.

分析：这是一个典型的采用CIMS而提高了经济效益的实例，开展CIMS工程不能急功近利，CIMS工程的发展完善要有一个长期过程。

12.2.4 大量定制生产

大批量定制（Mass Customization，MC）是一种集企业、客户、供应商、员工和环境于一体，在系统思想指导下，用整体优化的观点，充分利用企业已有的各种资源，在标准技术、现代设计方法、信息技术和先进制造技术的支持下，根据客户的个性化需求，以大批量生产的低成本、高质量和效率提供定制产品和服务的生产方式。MC的基本思路是基于产品族零部件和产品结构的相似性、通用性，利用标准化模块化等方法降低产品的内部多样性。增加顾客可感知的外部多样性，通过产品和过程重组将产品定制生产转化或部分转化为零部件的批量生产，从而迅速向顾客提供低成本、高质量的定制产品。

案例分析12-3

摩托罗拉公司的大量定制

当日本竞争对手通过不断改善加强了竞争力时，摩托罗拉采用了大量定制生产方式，使它在竞争中处于领先地位。仅仅用了18个月，摩托罗拉公司开发了一个几乎达到全自动的制造系统。利用这个系统，各地的销售代表用笔记本电脑与顾客签订订单的一个半小时之内，它就能制造出2900万不同组合的寻呼机的任何一种机型。摩托罗拉可以做到星期五带着与客户商定的设计方案离开，星期一早晨就带来了可使用的寻呼机。摩托罗拉公司从电子产品的大量生产方式转向精细生产方式，采用了很多提高产品质量和寿命的措施，使废品率降到百万分之三点四。

分析：该案例说明了企业要在竞争中取胜，必须不断改进生产系统，大量定制生产式就是很好的生产模式，可以迅速向顾客提供低成本、高质量的定制产品。

12.2.5 虚拟制造

虚拟制造技术是制造技术与仿真技术相结合的产物。基于虚拟现实技术的虚拟制造

(Virtual Manufacturing) 技术是在一个统一模型之下对设计和制造等过程进行集成，它将与产品制造相关的各种过程与技术集成在三维的、动态的仿真真实过程的实体数字模型之上。其目的是在产品设计阶段，借助建模与仿真技术及时地、并行地模拟出产品未来制造过程乃至产品全生命周期的各种活动对产品设计的影响，预测、检测、评价产品性能和产品的可制造性，等等。从而更加有效地、经济地、柔性地组织生产，增强决策与控制水平，有力地降低由于前期设计给后期制造带来的回溯更改，达到产品的开发周期和成本最小化、产品设计质量的最优化、生产效率的最大化。

虚拟制造技术的研究内容是极为广泛的，除了虚拟现实技术涉及的共同性技术外，虚拟制造领域本身的主要研究内容有：

- 虚拟制造的理论体系；
- 设计信息和生产过程的三维可视化；
- 虚拟制造系统的开放式体系结构；
- 虚拟产品的装配仿真；
- 虚拟环境中及虚拟制造过程中的人机协同作业等。

一般来说，虚拟制造的研究都与特定的应用环境和对象相联系，由于应用的不同要求而存在不同的侧重点，因此出现了三个流派，即以设计为中心的虚拟制造、以生产为中心的虚拟制造和以控制为中心的虚拟制造。

知识链接12-3

虚拟制造技术和虚拟企业

虚拟制造技术将从根本上改变了设计、试制、修改设计、规模生产的传统制造模式。在产品真正制出之前，首先在虚拟制造环境中生成软产品原型（soft prototype）代替传统的硬样品（hard prototype）进行试验，对其性能和可制造性进行预测和评价，从而缩短产品的设计与制造周期，降低产品的开发成本，提高系统快速响应市场变化的能力。虚拟企业是为了快速响应某一市场需求，通过信息高速公路，将产品涉及的不同企业临时组建成为一个没有围墙、超越空间约束、靠计算机网络联系、统一指挥的合作经济实体。虚拟企业的特点是企业的功能上的不完整、地域上的分散性和组织结构上的非永久性，即功能的虚拟化、组织的虚拟化、地域的虚拟化。

知识掌握

□ 简答题

(1) 有哪些先进的生产方式?

(2) 什么叫准时制生产？其产生的背景是怎样的?

(3) 准时制生产在服务业中如何应用?

(4) 简述敏捷制造的含义及要素。

（5）什么叫虚拟制造？有哪些内容？

□判断题

（1）虚拟企业才从事虚拟制造。（　　）

（2）虚拟制造的内容很狭窄。（　　）

（3）MC 的基本思路是基于产品族零部件和产品结构的相似性、通用性。（　　）

（4）计算机集成制造系统的概念由美国的 J. Harrington 于 1973 年首次提出的。（　　）

（5）价值取向不影响人们对制造生产方式的选择。（　　）

□选择题

（1）敏捷制造三大组成要素是(　　)。

A. 集成、高速、各级人员的自信心　B. 生产流程、生产技术，生产人员

C. 项目、产品、人员

（2）JIT 生产方式将“获取最大利润”作为(　　)。

A. 生产目标　B. 企业经营的最终目标

C. 基本目标

（3）虚拟制造技术是基于(　　)。

A. 仿真技术　B. 虚拟技术

C. 虚拟现实技术

（4）大批量定制集于一体的因素有(　　)。

A. 政府、企业、顾客　B. 企业、客户、供应商、员工和环境

C. 政府、员工和顾客

（5）最初提出精益生产模式的是(　　)。

A. 日本人　B. 美国人

C. 中国人

知识应用

□ 案例分析

案例1：虚拟制造的应用

作为全国最大的机床制造商，沈阳机床集团第一机床厂扔掉“大而全”的理念，把全球300多家配套厂变成自己的“生产车间”，使机床月产量从500多台稳步攀升到2500多台。去年，该厂机床产销量全国第一。标准件、钣焊件、总装件等库房陆续解体；机床月产量却从500多台，稳步攀升到2500多台——最近两年来，沈阳机床集团第一机床厂发生的这两件事儿，让业内外同行困惑不解：这么多零部件连储备都没有，产量为啥还能大幅度提升？1月24日，该厂主管生产制造的副总经理车欣嘉一语道破：我们靠“全球采购”、“虚拟制造”突破了“规模瓶颈”。第一机床厂过去月均产量只有500多台。近两年来，旺盛的市场需求和生产供货不足成为企业

的突出矛盾。为了实现机床集团大发展的目标，第一机床厂大打扩产攻坚战。通过合理安排工序、科学组织生产，机床月产量很快突破千台大关。紧接着，第一机床厂又提出了“月产机床1500台，挑战生产极限”的口号。但是月产量猛增到1500台以后，厂内高负荷运转的设备开始出现故障。生产能力的瓶颈和极限出现了，自身再怎么干，也就是这个量了，大好的市场机遇眼看就要白白溜走。怎么办？在短时间内上设备、上加工能力显然不可行。第一机床厂的经营者想到了全球采购，想到了先进的企业制造模式：虚拟制造。工厂把床身、床头箱、主轴、丝杠等技术含量高的九种关键零部件留在厂内加工，把其他零部件全部交给配套厂家去做，变过去的单纯经济合约关系，为战略合作伙伴关系，全力打造供应链联盟，使配套厂家成为自己的“生产车间”，用责任链对其进行约束，从而达到双方面对共同的市场和用户，承担共同的竞争压力，谋求共同的发展和利益。

通过全球招标采购方式，目前第一机床厂的国内外配套厂家已经达到300多家，其中很多是国际知名机床企业：直线滚动导轨、轴承采用日本THK的，数控刀架采用意大利巴拉法蒂公司的，系统采用西门子和日本法拉克的。因为这些企业长期专门从事机床某一零部件的生产，不但质量能够保证，而且价格也比较低廉，与过去第一机床厂自己生产的零部件相比，成本要降低10%至40%。车欣嘉兴奋地说，“虚拟制造”让全球资源为企业所用，我们的生产潜力可以比想象的更大。目前，全球配套厂家已经融入第一机床厂的管理中。第一机床厂已经将自身的发展规划、市场要求乃至月生产计划，直接下达给配套厂家，使生产周期长的物资，在成品、半成品、毛坯阶段都有在制数量，有效地解决了大幅度拉动式生产带来的装配人员短缺、作业面积小、加工能力不足、铸件吨位低、铸件品种少等问题。在全球拥有众多的“生产车间”后，第一机床厂开始解体部分仓库。在计算机上建立“虚拟库房”，上、下工序之间直接配送，即由配套厂家将指定的零部件、在指定的时间、送到指定的生产场地。此举不仅可以避免因大批储备零部件而大量占用资金问题，还可以节省人员、库房等管理费用。现在，第一机床厂在增产上量方面得心应手，而且在调整产品结构上也游刃有余。去年，生产难度大的数控机床产量比前年递增了62%；但是深受用户欢迎的普及型数控机床的交货期却缩短了两个月。

资料来源：http：//www. c-cnc. com/news/newsfile/2009/9/17/160521. shtml.

问题：结合本案例谈谈在现有的条件和技术的基础上，如何充分地发挥虚拟现实技术的作用，为制造业作出有益的贡献。

案例2：海尔的定制冰箱

根据中国市场调查机构的消息，2007年1—10月国内冰箱市场，中国家电大企业海尔占据25%，连续18年位居国内首位。海尔公司不满足于国内第一，以2010年前全球冰箱市场第一为目标，展开了全球化攻势。

海尔是以冰箱起家的家电企业，冰箱是海尔的招牌产品，是支撑企业营业额的中坚事业之一。在竞争激烈的电器制造业，一个增长性已经不再高的行业，海尔不但保持了高速增长，而且踏入世界级品牌行列。海尔成功的秘诀在哪里呢？

著名的营销大师米尔顿·科特勒先生说过：“发现还没有被满足的需求并满足它，你的成功不是跟着别人干已经干成功的事，而是找到人们想买却只有你能卖的东西。”海尔就是整合全球供应商资源，利用全球设计和制造网络，开发出了一系列能够满足国外消费者个性化需求的产品。

如今是个性化的时代，其特征是：个性强的产品备受青睐，同质化的产品遭人冷落，消费行为从“你生产什么我买什么”的被动接受，转向“我需要什么你生产什么”的主动选择。

个性化时代向企业提出了新的要求：你的经营目标要调整到满足用户个性化需求上来；你的管理体制要调整到能够与个性化市场的速度相适用上来；你的基础实力要能够迅速不断地开发出个性化产品，只有达到个性化时代的要求，才能生存和发展，否则，就会逐渐被淘汰。

无数事实已证明这一点。硝烟弥漫的中国家电市场，从某种意义上说就是同质化产品在自相绞杀。市场永远青睐超前者，而海尔冰箱率先走进了个性化时代。

目前，个性化家电在国外已开始流行，特别是发达国家，人们的生活水平和信息化水平的提高，使消费者非常关注家电功能的多样化和个性化。一些发达国家从20世纪80年代末开始逐步淘汰大批量生产一种产品的家电生产方式，在生产布局、技术工艺管理、组织流程上实行柔性化，进行小批量生产，一条生产线可以生产几十种型号的产品，以满足不同消费者的个性需求。而这种互动式个性化营销将成为市场营销的主流模式。

与国外相比，我国的个性化家电尚处于初级阶段。1999年中国家电市场彩装化渐成时尚，诸如此类的家电给了消费者比以前大的多的选择空间，带有浓厚的个性色彩。但严格地说，这并不是真正意义上的个性化家电，它们仍然是批量生产，是流水线上的产物。真正意义上的个性化家电，应是从功能到外形完全由客户来确定的。

随着新经济时代的来临，个性化的需求愈加突出。个性化家电将越来越受到市场的追捧。

海尔人认为，新经济时代，企业面对的是千千万万的个体，或者说是一对一的消费者，他们会提出无数个性化的需求。能够满足这种需求，才会在新经济中掌握主动。谁占领了制高点，谁将成为家电行业的胜者。为了应对新经济时代的要求，海尔制定了从制造业向服务业转移的战略。

定制冰箱，可以说是海尔从制造业向服务业转移的“先行者”。定制冰箱对厂家来说，就是把“我生产你购买”转变成了“你设计我生产”。虽然这两者都是做冰箱，但前者是典型的制造业，后者却有了服务业的概念它更能满足消费者的个性化需求。定制冰箱对企业提出了更高的挑战。设计系统、模具制造系统、生产系统、配送系统、支付系统、服务系统等都比普通冰箱的要求高得多。比如，消费者看中了“金王子”的外观、“大王子”的容积、“欧洲型”的内置、“美国型”的线条，设计人员需要对其进行科学合理的搭配，模具要重新制作，生产线要重新调试，配送系统要送对型号，服务系统要清楚这种机型的配置。一台冰箱容易做到，几百万台各不相同的冰箱都能做的丝毫不差，将是一项浩繁的工程！

从海尔宣布要向服务业转移到推出定制冰箱，仅仅用了三四个月时间。因此，有人不免对海尔的这种“神速”感到惊异，甚至怀疑：海尔真能做到？其实，海尔早在几年前就已经开始尝试冰箱定制生产。海尔冰箱出口的国家达100多个，每个国家都有不同的气候、电压状况及消费习惯，所以对冰箱的设计要求也各不相同。而海尔从市场细分以及个性化的角度出发，设计了数千种不同类型的冰箱产品，总是能满足不同国家消费者的需求。如，海尔的冰箱超大容积设计满足了国外消费者“一日购物，六日休闲”的生活习惯；自动制冰、吧台等功能设计，为喜欢“红酒加冰块”的欧洲消费者增添了一份浪漫情调；容积庞大，却达到了A+级能耗标准的省电功能，使澳洲客户不断追加订单；多路风冷设计的冰箱让地处热带荒漠、气候炎热干燥的中东国家消费者感受到无限凉爽；另外根据国外消费者喜欢放长假出游的生活习惯，海尔还设计了具有“假日功能”的冰箱。只要用户在外出度假前将冰箱设置在“假日”档，冰箱内就不会因为长期密封而产生异味，而且耗电量也大大降低这些，是海尔定制冰箱的前奏。

如今，海尔的定制冰箱，已在全国掀起一股“定制冰箱”热。现在海尔冰箱生产线上的冰箱，有一半以上是按照各大商场的要求专门定制的。

资料来源：http：//data. book. 163. com/book/section/0000FdHf/0000FdHf29. html.

问题：结合本案例谈谈海尔定制冰箱是如何取得成功的。

□技能题

（1）参观1～2家制造型和服务型企业，要求学生写一份参观报告，报告内容包括先进生产方式的运用等情况。

实训目的：了解典型的生产方式在实践中的应用。

实训要求：仔细观察，认真听讲解；结合所学知识。

（2）查阅企业管理的知名网站，写出3～4个网址，对某一自己感兴趣的网页栏目的话题写一篇1000字左右关于生产方式的体会。

实训目的：对先进生产方式有进一步认识。掌握一些先进生产方式运用的经验。

实训要求：结合所学知识认真思考。

参考文献

［1］丁慧平，俞明南．现代生产运作管理［M］．北京：中国铁道出版社，2004.

［2］王关义．现代生产管理［M］．北京：经济管理出版社，2005.

［3］方爱华．生产与运营管理［M］．武汉：武汉大学出版社，2005.

［4］申元月．生产运作管理［M］．济南：山东人民出版社，2005.

［5］陈荣秋，马士华．生产运作管理［M］．北京：机械工业出版社，2004.

［6］党凤兰．生产与运作管理［M］．北京：中国林业出版社，2002.

［7］周敏．生产运作管理［M］．徐州：中国矿业大学出版社，2006.

［8］阎子刚，赵继新．供应链管理［M］．北京：机械工业出版社，2004.

［9］陈国华．生产与运作管理［M］．南京：南京大学出版社，2006.

［10］马士华，林勇．供应链管理［M］．北京：高等教育出版社，2003.

［11］刘丽文．生产与运作管理［M］．北京：清华大学出版社，2002.

［12］许统邦．生产管理学［M］．广州：华南理工大学出版社，2003.

［13］田英等．生产与运作管理［M］．西安：西北工业大学出版社，2005.

［14］王建明．生产运作管理［M］．北京：北京大学出版社，2007.

［15］黄宪律，刘福广．生产运营管理［M］．合肥：安徽人民出版社，2002.

［16］陈福军．生产与运作管理［M］．北京：中国人民大学出版社，2005.

［17］杨东龙．最新生产运作精要词典［M］．北京：中国经济出版社，2002.

[18] 刘丽文.生产与运作管理［M］.北京：清华大学出版社，2006.
[19] 李晓春，曾瑶.质量管理学［M］.北京：北京邮电大学出版社，2005.
[20] 胡子谷.质量管理［M］.上海：上海交通大学出版社，2004.
[21] 韩之俊，许前.质量管理［M］.北京：科学出版社，2003.
[22] 陈心德，吴忠.生产运营管理［M］.北京：清华大学出版社，2005.
[23] 王道平，谭跃雄.生产运作管理［M］（第一版）.长沙：湖南大学出版社，2004.
[24] 王关义.生产管理［M］.北京：经济管理出版社，2004.
[25] 崔平.现代生产管理［M］.北京：机械工业出版社，2004.
[26] 姚月娟.工作分析与应用［M］.大连：东北财经大学出版社，2007.
[27] 朱勇国.工作分析与研究［M］.北京：中国劳动社会保障出版社，2006.
[28] 赵永乐.工作分析与设计［M］.上海：上海交通大学出版社，2006.
[29] 张晓东.现场管理与5S［M］.北京：中国计量出版社，2001.
[30] 朱昊.如何进行现场管理［M］.北京：北京大学出版社，2004.
[31] 李启涛等.项目管理［M］.郑州：黄河水利出版社，2006.
[32] 池仁勇.项目管理［M］.北京：清华大学出版社，2004.
[33] 于忠江，郭广珍：影响劳动生产率变化的因素［J］.沈阳工程学院学报（社会科学版），2008（4）：45-48.
[34] 肖田，于立：制造业生产效率的影响因素及评估［J］.科技与管理，2008（10）：43-45.
[35] 罗伯特·西蒙斯.高绩效从岗位设计开始［J］.管理与财富，2005（9）：54-54.
[36] 周清华，杨萍.工作研究在服务业流程优化中的应用［J］.商场现代化，2008（1）：351-351.
[37] 何敏.贯彻劳动定员标准的难点及对策［J］.中国劳动，2005（8）：60-61.
[38] 李景元.企业现场管理历史沿革与发展态势［J］.中国质量，2007（8）：8-11.
[39] 段立文.生产现场管理若干要素［J］.全球软包装工业，2007（1）：94-94.
[40] 于顺游.生产现场管理的定置管理方法［J］.辽宁经济，2006（8）：81-81.
[41] http：//classroom. dufe. edu. cn/jp/C404/kcms-2. htm.
[42] 李晓春，曾瑶.质量管理学［M］.北京：北京邮电大学出版社，2005.
[43] 胡子谷.质量管理［M］.上海：上海交通大学出版社，2004.
[44] 韩之俊，许前.质量管理［M］.北京：科学出版社，2003.
[45] 王毅.纺织企业管理基础［M］.北京：中国纺织出版社，2008.